郑州商品交易所

Zhengzhou Commodity Exchange

期货市场研究丛书

期权操作

OPTIONS OPERATION

魏振祥　左宏亮　著

中国财政经济出版社

编纂委员会名单

出版说明

郑州商品交易所（ZCE）是经国务院批准的国内首家期货市场试点单位。由远期现货交易起步，1993年5月28日正式推出标准化期货合约交易。

20年来，郑州商品交易所始终坚持“三公”原则和科学发展，不断创新实践，加强一线监管，防范市场风险，市场发展取得了令人可喜的成绩。初步形成了以关系国计民生大宗农产品为主，兼有工业品的期货品种体系，交易法规制度体系日趋完善，风险防范和化解能力日益增强，信息技术系统更加稳定高效，市场稳步健康发展，市场规模不断扩大。

由郑州商品交易所资助出版的“期货市场研究丛书”，旨在鼓励有志于期货市场研究的专家、学者多出书、出好书，以推动我国期货市场稳步健康发展，发挥期货市场服务国民经济的积极作用。

期货市场研究丛书编纂委员会

2011年6月

前　言

2005年郑州商品交易所（以下简称“郑商所”）与中国期货业协会联合举办了五期期权培训班，又邀请台湾专家于10月份到郑州作专题报告。期间，笔者在不同场合作了多次期权演讲，也聆听了不了专家的精彩报告，对期权有了更深入的认识。尤其是郑商所于2005年9月至12月举行了期权模拟大赛，笔者也参与了模拟交易，对期权有了更深切的体会。在期权讲课和与市场人士沟通的过程中，深感普及中国期权知识任重道远。学好期权不容易，讲好期权更不容易。“讲”期权容易，要让听众很明白地听懂不容易。在期权培训中听了台湾专家的讲课和阅读台湾的宣传材料后，深感要讲好期权理论和操作需要学习的东西还很多。笔者对台湾期权的发展和台湾投资者对期权的认识以及有关书籍的浅显易懂十分欣赏，于是阅读了很多书籍，反复研读，感觉台湾业界对期权的思维更符合我们的需要。但是，国内符合投资者需求的书并不多，尤其是操作方面的。

在郑商所期权模拟交易期间，《期货日报》开辟了“期权大讲堂”，笔者连续刊发了期权操作策略，深受投资者的喜爱。笔者从国内新品种期货上市初期市场人员满天飞去讲课感到，如果期权上市后市场需求很大，而培训讲课将成为开拓市场的重要工作。加之近几年期货品种上市步伐不断加快，期货公司不断扩容，且缺乏研发人才。想到这里，倍感任务艰巨。笔者想把对期权的认识通过书籍的形式更广泛地传播，把对期权的认识通过讲解的形式更直接地告诉大家。一旦期权上市需要培训，大家看书基本也是可以的，这样能加快期权培训的进度。

本书第一章由魏振祥执笔，第二章由左宏亮执笔。写完后，我们又交换修改，其目的有二：一是对各自所写的内容有所了解；二是从写作风格上保持一致。第一章多是在期权宣讲中的体会和前期的积淀，也是第一次系统介绍，阅读后能够使您对期权产生兴趣，并减少对期权复杂性的恐惧，真正认为期权是非常有潜力的投资工具。笔者一贯主张：没有不好的学生，只有不好的老师。因此，不同投资群体对期权应该有不同的认识、不同的使用方法，期权上市将给期货公司带来新的希望，对中国期货市场发展带来新的起点。本章为您做好参与期权交易的思想准备。第二章是基本的游戏规则，从交易、结算、执行以及做市商的角度，对期权交易规则作了深入浅出的分析，为您进行期权交易做好规则准备。

第三章由左宏亮执笔，第四章由魏振祥执笔。第三章从投资者做期货交易前对后市的常规分析思路入手，具体分为对后市看涨、看跌、盘整、方向不明等方面，然后告诉大家如何使用期权，可以说为大家指明了方向，运用起来非常简单。第三章告诉大家后市判断后怎么做期权。第四章是分析入市后如果行情发生大涨、大跌、盘整等情况，或与先前判断的方向一致或稍有出入、或完全相反、或盈利或亏损，面对这种种市场情况又该怎么办？可以说，大家在期权交易中，对号入座就可以了。看完这些内容，大家会知道期权复杂的、众多的交易策略，其实在交易中并不是都要运用，完全是根据自己对期权的需要决定的。

第五章由左宏亮执笔，第六章由魏振祥执笔。虽然笔者介绍得很好，您也很感兴趣，但世界上没有一个没有风险的投资工具。第五章就告诉大家如何控制期权风险，即便风险既定的买方也要控制风险。投资者要控制风险，期货公司要控制风险，交易所也要控制风险，这些是第五章介绍的内容。第六章介绍了国外市场的现状，介绍了大家感兴趣的韩国市场，介绍了风险事件的教训和可资借鉴的经验，而且通过波动率的介绍使大家开阔眼界。

本书动笔于2005年，初稿于2006年，完善于2007年，终稿于2011年。如果有什么意见建议请与我们联系：zxwei@ czce. com. cn；hlzuo@ czce. com. cn。

期权可写的内容很多，但是大众投资者使用的并不是太多。本书《期权操作》相当于中级读本，魏振祥写的另一本书《期权投资》（中国财政经济出版社2003年出版）是初级读本。如果大家感兴趣，两本书可以结合阅读，因为本书对交易策略没有进行单独介绍，直接讲述操作，而《期权投资》则对每一个策略都有详尽的介绍。

如果广大期权爱好者和期权投资者读完本书能有进一步的提高，对自己的期权交易有所指导，笔者就心满意足了。也希望本书能成为您交易时的案头工具。更希望感兴趣的读者对本书策略进行程序化设计，这样大家操作起来更会得心应手！

感谢您对本书的阅读！

笔者

2011年10月于郑州

目　录

第一章

认识期权——掌握新工具，拥抱新机会

期权，是一个很多人向往已久的投资工具。学过期权的人，一般会认为期权太复杂；没学过的，又听说期权买方风险既定、收益可观，因而心向往之。其实，期权的难易、复杂或简单，完全因人而异。有些交易者认为期权很简单，有些交易者认为期权很复杂；到底是简单还是复杂，全在于交易者如何运用期权了。本章告诉大家应该如何认识期权。其实，期权没那么神秘，我们完全可以一步步把它弄清楚。相信读过本章，交易者将会对期权更感兴趣。

第一节 认识期权交易

一、打破神秘，走近期权

在台湾，有人形容“期权是穷人的期货”，因为它资金成本低、风险也低，但仍与期货一样，享有高获利的机会，所以资金雄厚的人做期货，资金不足的人做期权。

在韩国，连家庭主妇都做期权，普及率非常高，期权并不神秘。

在一些人的认识中，期权就是和复杂联系在一起的。例如，权利金计算模型、德尔塔（Delta）、伽玛（Gamma）、执行价格、交易策略等等，这些内容都使投资者迷惑，但事实上并非如此。

> 期权给了更多的选择机会。

期权，可以满足所有人的需要：钱不多的可以买期权；钱多的买卖都行，而且想怎么玩都行。不懂的或懂得少的，可以做简单的买卖，因为风险既定；懂得多的，期权更是一个发挥才智的地方，可以要多复杂有多复杂，因为的确有很多策略可以利用。总之，期权知识的了解可浅可深，只要了解了期权是个什么东西，就可以简单地玩儿它！要想发挥聪明才智巧赚钱，更可以去深入地研究和掌握它！

1. 一般散户如何认识期权

如果投资者对股票的投资报酬没有太大兴趣，但又觉得做期货的风险太大，那么期权是可以考虑的投资工具。套用一句广告词，期权是“有风险，但风险又不会太大”。

以大家都比较熟悉的彩票为例，绝大多数人都是没有中过奖的，但是，很多没有中过奖的人也并不在意购买彩票的成本。事实上，期权和彩票的道理一样，交易者拿出少量的钱买个期权，对交易者有利就赚了，不利就亏了，最多也就亏掉了交易者投入的那么多既定的本钱，亏损绝对不会增加。

具体来说，当您对某品种比如小麦期货后市看涨，您就可以付出权利金（相当于现实生活中的定金，或者相当于您买彩票的钱）买个看涨期权获得将来上涨的获利机会；如果您认为未来期货价格会下跌，则可以付出权利金买个看跌期权，来获取将来价格下跌的收益。

简单地说，您认为未来价格会上涨，就买进看涨期权；认为未来价格会下跌，就买进看跌期权，就这么简单。在台湾，看涨期权（Call）被形象地比喻为“可乐”，买个看涨期权就说是买个“可乐”，价格涨了，交易者就会很高兴，因为赚钱了。买个看跌期权（Put）被比喻为“葡萄”，因为葡萄长在藤上是向下的，所以价格跌了，就赚了。

至于买期权时，选什么执行价格，交易者不用花费太多思考，哪个活跃就买哪个。

至于出多少钱（权利金）买，以看涨期权为例，可以考虑两点：（1）如果您认为价格会涨，按市价买就可以了；（2）可考虑“执行价格 + 市价”是否低于您预期的期货价格。比如，执行价格为 1 700，权利金为 30，如果您认为在到期日之前期货价格会超过 1 730 就可以买。

至于是否一开始就卖出期权，我们认为还是等您学会了再说，初期还是以买为主。

至于复杂的期权策略，交易者也不用考虑，应该光从简单的策略着手，然后从简单到复杂，逐渐学习和掌握了期权交易的各种策略后，再考虑复杂的交易策略。

- 初期不要建议客户选择太复杂的交易策略。
- 全世界的所有期权市场，一般投资人刚入市场时均偏向买方。
- 风险既定、希望无穷是期权市场吸引一般投资人的最重要原因。
- 新手操作六式：

第一式：大盘看涨，就买看涨期权（见第三章第一节第一招）。

第二式：大盘看跌，就买看跌期权（见第三章第二节第一招）。

第三式：涨跌方向不明，但判断会有大行情，则同时买入看涨期权和看跌期权（见第四章第一节第一招）。

第四式：买近月份期权，流动性大，进出灵活。

第五式：买近月份且虚值一、二档期权，成本较低。

第六式：买进期权策略，风险既定，不想平仓，可一直持有。如果是判断错了，可以平仓再弥补些权利金。

2. 套期保值者如何认识期权

做过期货套期保值的人恐怕没被套过的很少，有时保证金追加不足还会被强行平仓。

而期权可以避免“套保变套牢”的状况。买期保值，就买看涨期权；卖期保值，就买看跌期权。永远没有被套，也没人让您追加保证金。期权交易就是这样轻松和简单！

至于执行价格怎么选，权利金怎么出？原则是：(1)“看涨期权执行价格 + 权利金”比如“1 700 + 30”，只要符合您的购买成本，或您认为将来会大于这个价，就可以买。(2)“看跌期权执行价格 - 权利金”比如“1 740 - 40”，只要符合您的卖价，或您认为未来期货价格或现货价格会下跌，就可以买。记住：买看跌期权，将来是按执行价格卖现货或期货。

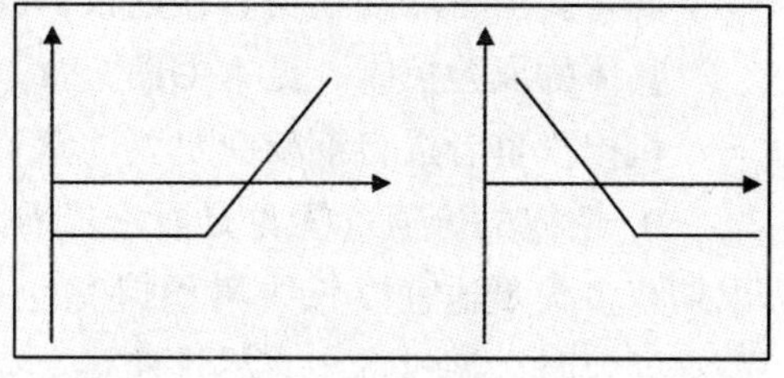

图 1.1 买入看涨和看跌期权损益图

从图 1.1 您可以看出，左图是买进看涨期权的盈亏情况，期货价格上涨您赚钱，下跌对您不利但损失固定，这就不需要担心了。右图是买进看跌期权的盈亏图，期货价格下跌您赚钱，上涨对您不利但是亏损固定，这也同样不需要担心。

买期权就好比买（汽车）保险，以买看涨期权对比为例。如果汽车不出事故（期货价格下跌了），您的保险费就全归保险公司了（看涨期权权利金亏了）；如果汽车出事故了（期货价格上涨了），则保险公司陪您损失（看涨期权赚了）。

具体内容请阅读本章下文介绍。

3. 机构投资者如何认识期权

在国内期货市场中，机构投资者作为市场的中坚明显力量不足。机构不像散户一样，船小好掉头，机构追求的是稳定获利。因此，就提出了这样一个问题：在波澜壮阔的商品行情中，机构投资者只能进行多或空的方向性交易，做错方向的风险如何规避？除此之外，市场还有无其他赢利模式？这对于机构投资者来说，是不容回避的问题。而有了期权，这些问题都将在一定程度上得到解决。风险规避的手段有了，市场的赢利模式更多了，套利机会更多了。

机构投资者如果对期权不是很熟悉，可以简单地大量单向买、卖期权，就像买、卖期货一样。

机构投资者如果对期权熟悉，可以简单地单向买、卖期权，也可以多向（买看涨期权、买看跌期权、卖看涨期权、卖看跌期权）买、卖期权，还可以将期权与期货结合使用，或做各种各样的套利，或单纯投机，可以运用很多的交易策略。

期权市场的熟练操作者，会随市场多空的变化选择适当的交易策略。

但是，策略越多越复杂，风险控制也比较难。有时策略多了，交易者自己都不知道风险有多大，这要比期货复杂。毕竟，期权的风险包括期货和权利金。因此，策略用得多了，您就得考虑期权敏感性指标：德尔塔（Delta，Δ）、伽玛（Gamma，γ）、西塔（Theta，θ）、维嘎（Vega）等。

同时卖出看涨期权与看跌期权，并以期货作动态避险，是大户很好的理财方法。

具体的风险控制，见本书第五章。

机构投资者进行期权交易要注意资金运用：

- 期权的价值（无论是看涨或看跌期权）一定会随着到期日的迫近而耗损，所以期权多头不适宜以长线累积持有的态度入市；尤其是在逆势时，加仓的风险相当高；逆势时，期权多头宜尽快离场。
- 顺势时，期权多头最简单直接的做法，就是继续持仓，让利润滚存，等候及捕捉平仓获利的时候。投机性较大者，可利用虚盈利润加仓买入虚值期权。由于买卖期权有时平仓较难、成本较高，故在加仓前，要先确认单边市况是否仍将持续。
- 期权空头的最大风险就是遇到单边市况。由于期权空头的风险是随市场的不利变化而增加的，因而在逆势时绝不宜加仓，期权空头组合可能会在被追加保证金时被迫离场。对于期权空头，在资金管理方面，较期权多头要更为严谨；更重要的是要通过其他期权或期货部位进行风险对冲。

有了上述的认识，机构投资者是不是都做期权而不做期货了呢？这也不是绝对的，要具体问题具体分析。可能有些投资者还是愿意做期货而不做期权，因为期货每涨10个点就赚10个点，而在期货涨10个点时，平值期权理论上只涨5个点，虚值更少。虽然期权盈利率会比期货高，但有的投资者更愿意计算绝对盈利数。对资金实力大、又希望绝对数增大的投资者来说，可能还是愿意做期货。虽然我们说做期权可以通过计算德尔塔（Delta）把头寸搞得与做期货一样大，但毕竟德尔塔变化之后风险计算还有点麻烦，所以会有机构投资者一开始仍偏爱期货。不过，我们认为，从长远角度、从利益稳定角度看，即便做期货也要考虑使用期权。毕竟，期权是期货的避险工具。

4. 做市商如何认识期权

做市商首先要知道自己的职责是双边报价，一旦有一边成交而另一边没有成交，则必须用期货或期权做策略避险。期权需要做市商，其出发点是市场不活跃或流动性不足，但是不至于所有执行价格都不活跃，您报价的执行价格可能不活跃，但其他执行价格会活跃或能成交；您报价的看跌期权不活跃，但看涨期权会活跃，或期货也可以成交。总之，一旦一边成交，就要立即考虑避险。如果不避险，就变成投机了。

但是，怎么避险？面对各种报价，风险怎么控制？这就需要对各种交易策略或常用的策略比较熟悉，而交易者即便对期权熟悉了，如何能够运用自如地进行交易，仍旧是一个问题。因此，在国外，做市商都有自己的一套软件，或自动报价，或策略提示。但不管计算机如何提示，前提是您对各种策略的风险收益情况要比较熟悉。具体策略运用请阅读各有关书籍，或参考《期权投资》（魏振祥著，中国财政经济出版社 2003 年版）。本书介绍的策略，已经是运用阶段，而不是选择阶段，因此我们没有单独介绍每个策略的具体情况。

做市商只要每笔单子成交后都做了避险策略，理论上是不会有大风险的。国外也有做市商由于没有做好避险而损失严重的，但是还没有听说做市商操纵市场的。因此，也希望做市商做好避险交易，好好锻炼自己。可以说，做市商是对各种策略运用最熟的，只要能完成好义务，做好避险策略，期权的其他交易运用就更简单了。

做市商除了通过报价来赚取价差收益，在套利方面也具有优势。做市商完成交易所规定的义务后，可以享受手续费方面的优惠。这样，在一些情况下，别人眼中不存在的套利机会，而做市商由于费用低，却可以套取利润。尽管利润很小，但却没有风险。这就是做市商的以量取胜之道。

5. 研究者如何认识期权

有不少人员尤其是期货公司的研发人员对期权有一定的研究，那么在指导客户时如何把握、如何指导呢？我们认为，即便研究得再深，一开始也不应该向客户介绍太多，要让客户循序渐进。期权是期货市场的高级形式，手段多样，也相当复杂。向客户介绍投资工具的真实情况是期货公司的职责，但是期权的真实情况也是多样的。做简单的策略就是简单的真实，做复杂的策略就是复杂的真实。我国的期权市场需要一个培育过程，不管是投机还是套保，抑或对做市商的指导，都需要一个过程，投资者在交易的过程中随着盘感、培训、学习的持续进行，会逐步由简单到复杂。作为研究人员或风险监控人员，要对客户的交易进行严密监管，如果客户把策略做复杂了，风险变大了，研究人员要及时指导，并指出其行为的潜在风险。我们在历次培训班上介绍期权时，都是把期权的全面知识进行了讲解，因为这是培训，而且如果培训的是研究人员，更应该进行全面培训。如果培训的是初学者，则不一定要花费两天的时间。市场开发人员需要对期权有全面的了解，因为您面对的投资者掌握了多少期权知识，懂的有多深，谁也不知道。一旦遇到期权行家，而市场开发人员又不怎么懂，则必然影响市场开发，因此，期货公司人员对期权要有全面深入的研究，能研究多深就研究多深。

二、撩开面纱，把握期权

1. 低成本、低风险、高获利

如图 1.2 所示，期权与期货相比，最大的优势是杠杆作用更明显，第二大优势是买方风险既定，不会扩大。

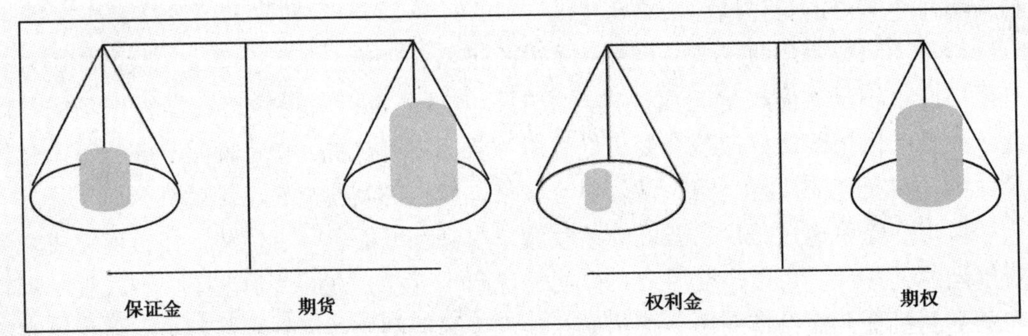

图 1.2 期权杠杆作用比期货更强

做期权的成本高低，投资者可以选择。如图 1.3 所示，看涨期权的权利金随执行价格的由低到高而不断降低，看跌期权的权利金随执行价格由高到低而不断降低。投资者想付出多少成本，由不同的执行价格决定。

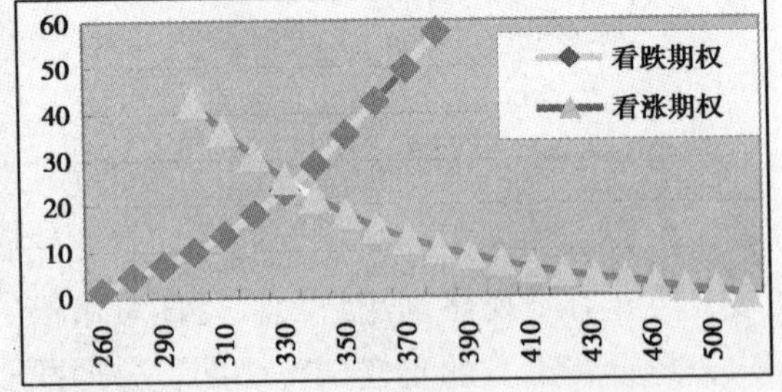

图 1.3 芝加哥期货交易所（CBOT）小麦不同执行价格结算价关系图

在期权交易中，买方的最大支出是权利金，风险也只有这么多，而获利几率比期货更大，或者说并不比期货差。比如

2005年11月2日，郑州商品交易所模拟交易小麦期货价格1 675元/吨，买进1手（10吨）的成本=1 675×10×8%=1 340元，到11月22日期货价格涨到1 735元/吨，获利（1 735－1 675）×10=600元，获利率=600/1 340=44.8%。当然在实际交易中，获利率更低，因为您不可能满仓，投入成本也就不可能只是1 340元。假若同样的时间是做期权（当时有模拟交易），11月2日执行价格1 680元/吨的看涨期权权利金为300元（10吨），到11月22日权利金升为500元（10吨），则收益率为500/300=166.7%。即便是其他执行价格，获利率也都在百分之百以上。期权交易，买方可以满仓交易。

卖方在卖出平值或虚值期权时，成本也比期货低，风险比期货滞后。虚值期权比平值期权成本低，平值期权比实值期权成本低（见图1.4）。

比如，期货价格为1 700，卖出执行价格为1 740的看涨期权，卖方的执行风险要等期货再涨40个点以后，所以风险滞后；而平仓风险也比期货小，如果是在1 700卖出期货，则价格涨到1 740就亏了40个点，但是期权在此时的权利金变动不可能涨40个点，加之如果是距到期日较近，此时的权利金时间价值流失会非常快，对卖方比较有利，不仅不亏钱，还有赚钱的可能。

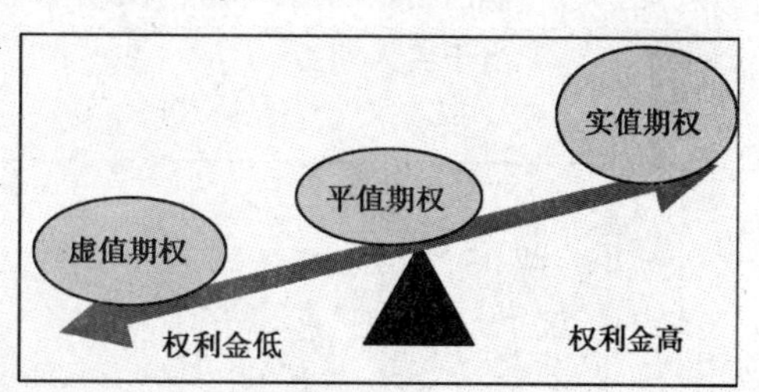

图1.4　权利金成本比较图

另外，期货交易所在保证金的规定上会对不同的策略有所优惠，这也会降低卖方的资金占用。

2. 期权策略多元、灵活、实用

期权交易策略很多，可以单一做多、做空，也可以组合成许多模式，常用的也有二三十种，而且各种交易策略以及对行情的不同判断，运用起来非常灵活（见图1.5至图1.12）。

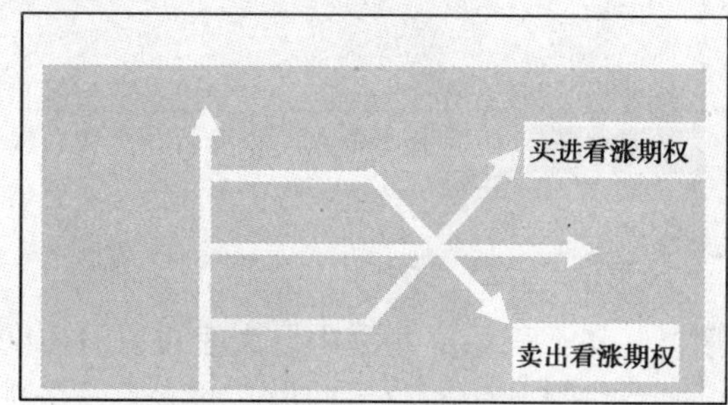

图1.5　买进看涨期权和卖出看涨期权损益

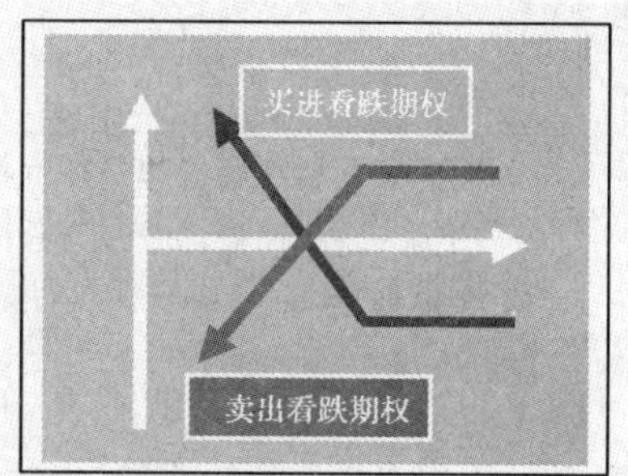

图1.6　买进看跌期权和卖出看跌期权损益

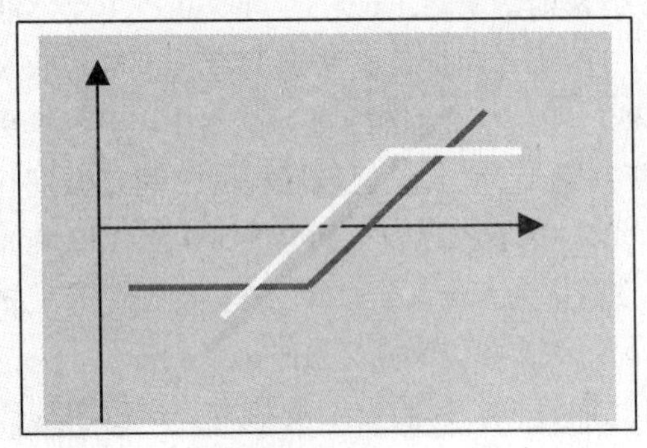

图 1.7 卖出看跌期权并买入看涨期权相当于买入期货

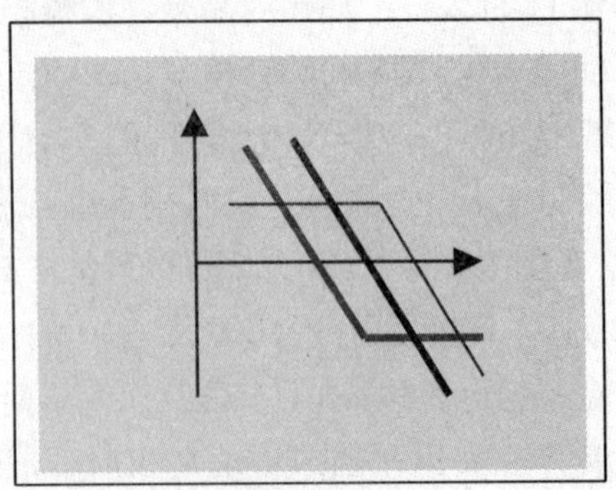

图 1.8 买入看跌期权并卖出看涨期权相当于卖出期货

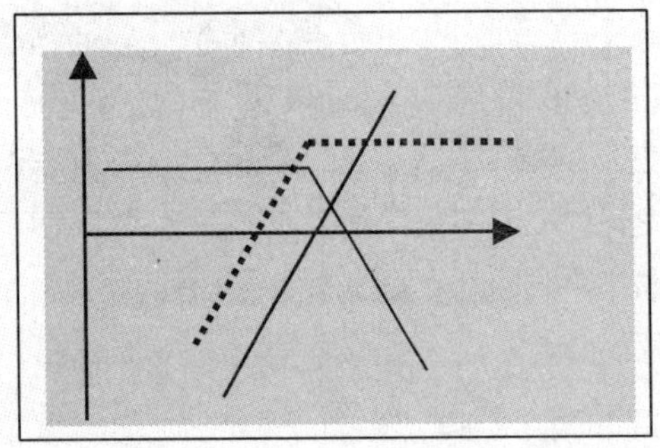

图 1.9 卖出看涨期权又买入期货相当于卖出看跌期权（虚线）

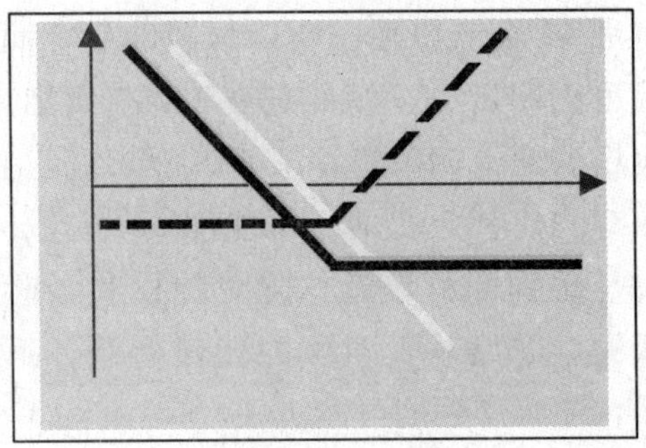

图 1.10 买进看涨期权又卖出期货相当于买进看跌期权（虚线）

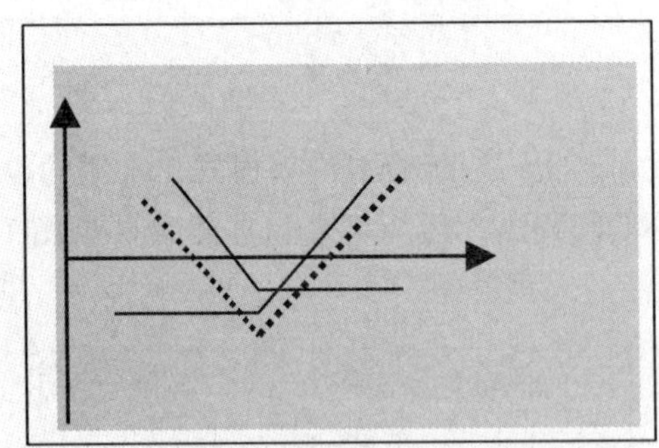

图 1.11 同时买入看涨期权和看跌期权，属于买入跨式期权，虚线为合成之后的损益

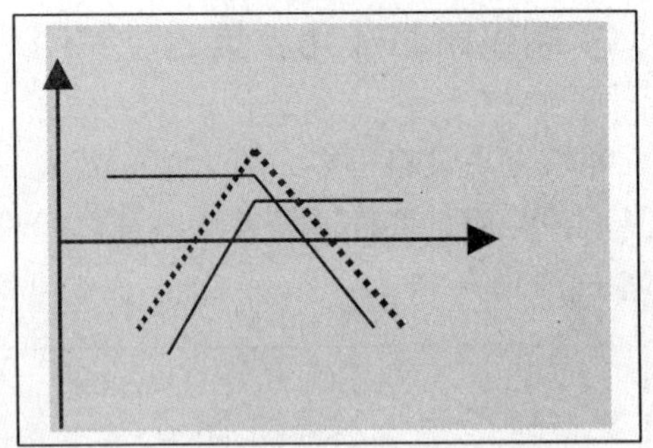

图 1.12 同时卖出看涨期权和看跌期权，属于卖出跨式期权，虚线为合成之后的损益

期权的策略还很多，就不再一一列举了。从上面的这些图中，大家可以看出期权与期权可以组合成期货，期权与期货可以组合成另外的期权。期权策略非常灵活，给了您施展才华的广阔空间。但是，有的人做期权永远只用一两种策略，比如有人只用跨式期权。

不一样的人有不一样的策略，这就是本书提供这么多策略以供投资者选择的原因。只要您熟悉某项策略，使用起来很顺手，成功几率又很大，就不要轻易改变。

3. 买卖双方权利、义务不对等

在期货交易中，买卖双方的权利义务是对等的。买方在交割月有交割的权利，也有交割的义务，只要不平仓，配对后必须接货，否则构成违约，进行违约处罚。卖方在交割月配对后也必须交割，没有货物也构成违约，也要进行处罚。在到期日之前的买卖平仓是买卖双方的权利，但到了交割月或最后到期日配对交割就是各自的义务。

而期权不是如此，买方有行使期权的权利而没有义务，对自己有利就可以执行权利，不利就可以放弃权利。而卖方在买方提出执行权利时则必须履约，履约是卖方的义务。也就是说，卖方在期权执行与不执行的选择上是被动的（见图 1.13 和表 1.1）。

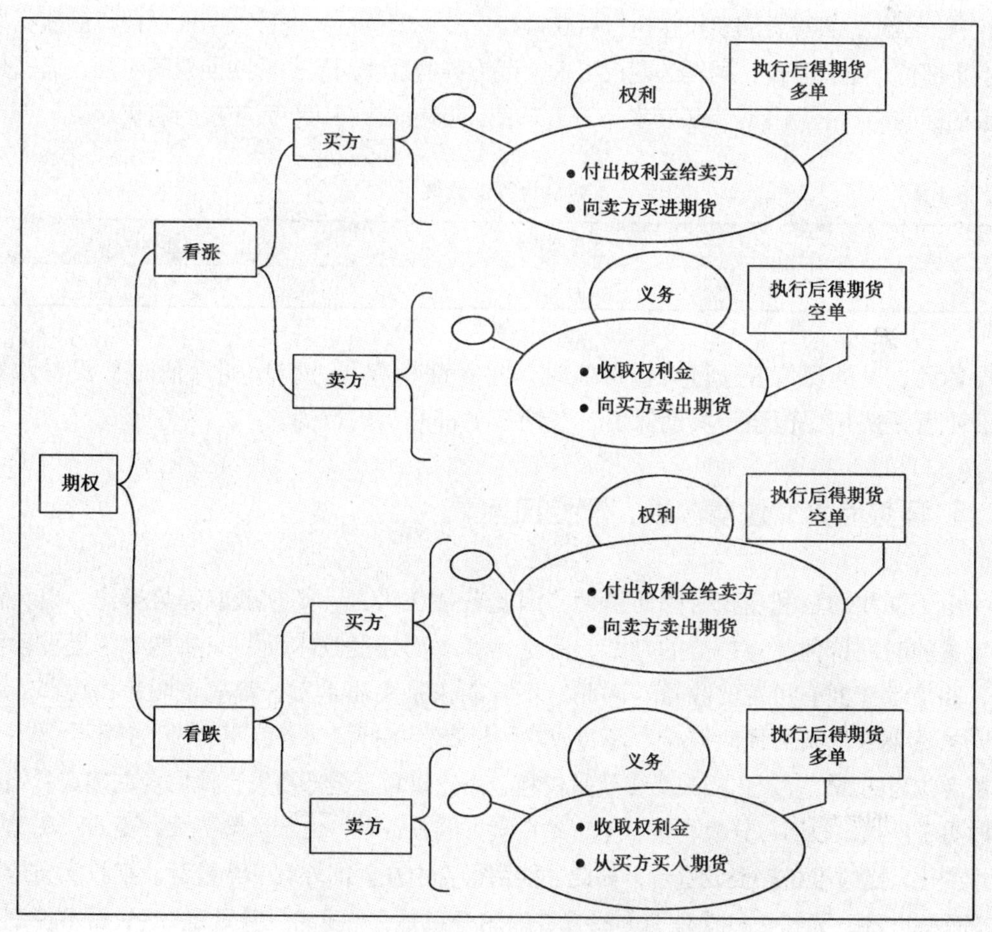

图 1.13　期权权利义务综合分解图

表 1.1　　期权权利义务表

	期货买方	期货卖方	期权买方	期权卖方
权利	有	有	有	无
义务	有	有	无	有

不管期货或是期权，我们讲的权利、义务都是站在交割或执行的角度分析的。在日常交易中，何时买卖、买卖多少、何时平仓或是否平仓，都是各自的权利。

4. 买方可买期权，也可卖期权

在期货交易中，您要买期货就下买的指令，您要卖期货就下卖的指令。

而期权因为分看涨期权和看跌期权，看涨期权是一种买的权利，看跌期权是一种卖的权利。因此，买进看涨期权在执行后获得期货多头部位，买进看跌期权在执行后获得期货空头部位。也就是说，同样的期权买入，因为买的看涨期权和看跌期权的不同，而造成最后的标的物——期货分为买和卖。表 1.2 表示买进期权并执行后转换的期货部位。

表 1.2　　期权执行部位表

	看涨期权	看跌期权
买进	期货多头	期货空头

因此，套期保值者进行买期保值时是买看涨期权，进行卖期保值时是买看跌期权，不管是买期保值还是卖期保值，在期权上都是买的行为。

5. 顺势而为，注意停损，严控风险

由于期权的权利金随时间而消耗，因此若站在买方，则须顺着趋势操作，以免浪费宝贵的时间价值。而趋势的判断，不论是基本面还是技术面，只要能够把握波段涨跌，相信都能拥有可观的收益。因此，不管期权是买还是卖，都应该顺势而为。

虽然期权的买方风险既定，不过成功的投资者在行情对自己不利时，并不会像一般投资者认为的那样，反正损失最多就是权利金而让权利金全部损失，他们会在确定看错行情时勇于停损，收回部分权利金。至于站在卖方的投资者，由于风险更大，更需严密监控行情变化，随时准备停损或避险，如此才能留得青山在。国外有一个统计，期权卖方的赢利率比买方高，为什么？就是因为买方普遍的观点是，“我的风险既定”，从而不控制风险，任期权到期作废。希望国内的投资者重视行情分析，不要让权利金白白损失。

期权的风险虽然既定，本小利大，但一旦投入过大或全数投入，遇到不利行情，

也会全部损失，无力回天。投资者绝对不能因为风险固定而不问行情胡乱交易，如果在距到期日很近时入市，则一定要分析期货价格变化，否则时间价值的损耗是非常快的。

三、解读图表，剖析期权

行情表是认识期权的最基本表格，只要做交易就要认识表 1.3。表 1.3 与期货行情表基本内容差不多，只是涵义有些差别。

1. 上下排列式

表 1.3 期权行情上下排列表

名称	昨结算	今开盘	最高价	最低价	最新价	涨跌	买量	买价	卖价	卖量	交易量	持仓量	持仓变化	涨跌幅%	结算价
WS611C1740	70	72	80	65	76	6	20	76	77	123	345	56 788	200	8.6	73
WS611C1760	50	55	70	60	66	16	30	66	67	88	543	3 523	301	32	57
WS611C1780	30	34	53	33	50	20	44	50	51	43	456	56 778	407	66.7	48
▼WS611C1800	20	23	30	18	25	5	120	21	22	33	12 357	94 987	2 653	25	23
WS611C1820	10	12	15	8	13▼	3	123	13	14	55	89 705	876 033	5 620	30	13
WS611C1840	8	10	12	6	10	2	66	10	11	337	1 372	4 568	806	25	11
▲WS611P1740	6	7	9	5.5	7▲	1	80	8	9.5	655	288	997	3 459	16.7	8
WS611P1760	9	10	15	6	11	2	66	10	11.5	337	1 372	4 568	8 061	22	10
WS611P1780	11	12	16	9	13	2	123	13	14	55	89 705	8 760	1 562	22	15
WS611P1800	22	24	37	18	25	5	120	25	26	33	1 257	9 498	1 265	22.7	28
WS611P1820	30	34	53	33	50	20	44	50	51	43	456	56 778	1 407	66.7	44
WS611P1840	44	50	60	40	51	7	30	51	53	88	543	3 523	2 301	16	55
WS711C1740															
WS711C1760															
WS711C1780															
WS711C1800															
WS711C1820															
WS711C1840															
WS711P1740															
WS711P1760															
WS711P1780															
WS711P1800															
WS711P1820															
WS711P1840															

（1）“名称”包含多项内容：品种：WS；月份：311、401；期权类型：看涨期权 C，看跌期权 P；执行价格：表 1.3 中每个月份看涨期权和看跌期权各有 7 个执行价格供您选择。您可以根据交易策略的不同来选择，也可以根据活跃原则来选择。看涨期权是一种买的权利，看跌期权是一种卖的权利，而且这种权利是买方的，而不是卖方的。卖方的立场与买方完全相反。执行价格是买卖双方最终把期权部位转换到期货的建仓价格。

（2）昨结算：是指昨日用来结算期权合约的权利金价格。

（3）今开盘：是指今日开盘时权利金的第一笔成交价格。

（4）最高价：是指今日交易期间权利金的最高价格。

（5）最低价：是指今日交易期间权利金的最低价格。

（6）最新价：是指今日交易期间权利金的即时价格。在收盘时，这个价格就是权利金的收盘价。权利金随看涨期权执行价格由低到高而逐步升高，随看跌期权执行价格由高到低逐步降低（见表 1.3 中箭头方向）。

（7）涨跌：是权利金相比昨日结算价的涨跌绝对数。比如昨日结算价为 10，现在为 15，则涨 5。权利金涨跌停板价由交易所根据规则确定。如果交易所规定期权涨跌幅度与期货相同，比如期货今日停板价为 50，昨日权利金如果为 20，则今日涨停板价为 70，跌停板为 0.5（假若交易所规定最小变动价位为 0.5）；如果昨日权利金结算价为 60，则今日涨停板价为 110（60 +50），跌停板价为 10（60 –50）。

（8）买价：是指期权买方愿意出的最高买价。

（9）买量：是指买方愿意出的最高买价的最新数量。

（10）卖量：是指卖方申卖的数量。

（11）卖价：是指卖方愿意出的最低卖价的最新数量。

（12）交易量：是指该期权合约（如 WS611C1740）成交的数量。

（13）持仓量：是指该期权合约（如 WS611C1740）到目前为止没有平仓的数量。

（14）持仓量变化：是指该期权合约（如 WS611C1740）今日最新持仓量与昨日收盘时的持仓量之差。

（15）涨跌幅：是指当日权利金的涨跌变化量与昨日权利金结算价的百分比。这个百分比可能高达 100% 以上，也就是说变化幅度会比较大，这与期货每日涨跌 3% 的幅度是不同的。这个幅度也是投资者如果即时平仓相对于昨日权利金的损益百分比。

（16）结算价：是当日交易所用来对投资者持仓进行结算的价格。具体结算价的确定由交易所在规则中明确。

期权行情表会因软件商的不同而增加更多的内容。比如隐含波动率、Delta 等等。

真实的期权行情表的内容会比表 1.3 更多，但是投资者没必要因为眼花缭乱而烦恼。

初学者注意的第一要点是哪个活跃就关注哪个，第二要点是根据对期货价格的趋势判断决定做 C 还是 P，第三要点是衡量市价与您的预期。

熟练者可以根据不同的价格变化，寻找其中的套利机会或拣钱机会，可以根据自己的策略不同进行选择。

2. 左右排列式

与期货相比，期权交易有许多独特之处，资讯和交易系统必须能够反映期权交易的特点，以方便投资者使用。图 1. 14 是郑州商品交易所 2005 年模拟交易中使用的行情资讯系统。

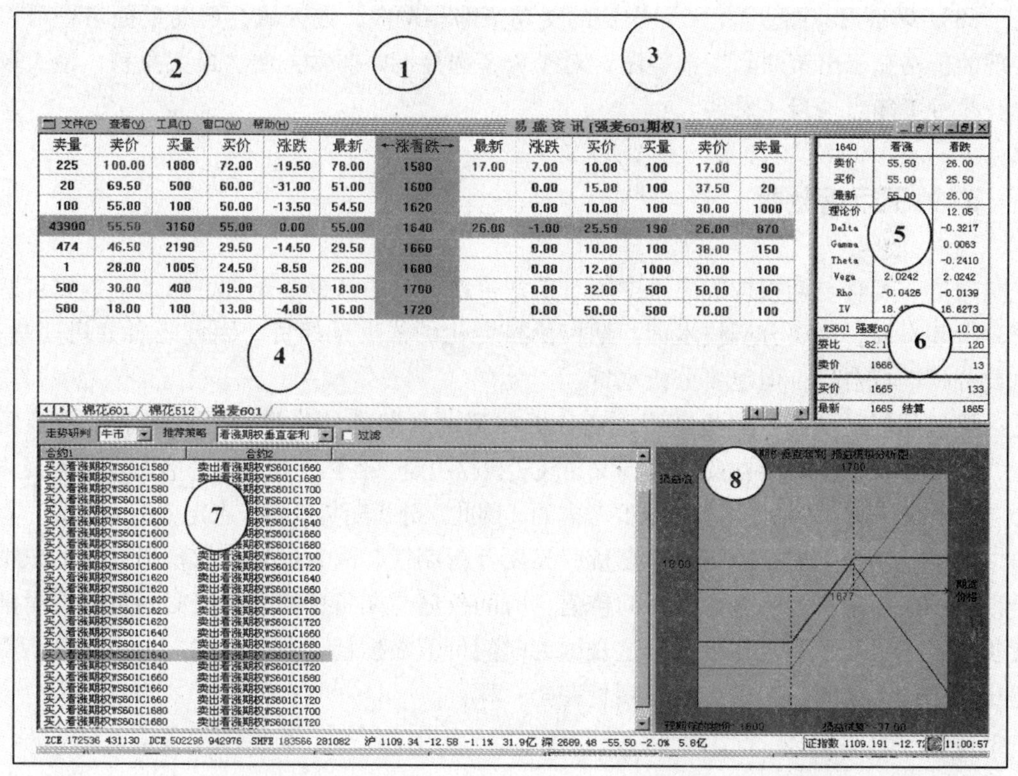

图 1. 14　期权行情左右排列表

（1）执行价格。行情表中间一列为可交易期权合约的执行价格，执行价格从上至下按由低到高的顺序排列。同一执行价格的看涨期权和看跌期权分列左右两边，从横向看，有利于交易者比较相同执行价格的看涨期权与看跌期权的价格。从纵向看，方便观察不同执行价格期权合约的价格关系。

（2）看涨期权行情区。包括买卖价、最新价、买卖数量和涨跌、成交量等市场即时行情。交易者可以自行定制表头项目和顺序。

（3）看跌期权行情区。内容同（2）。

（4）期权合约标的区。包括可以交易的月份和品种。选定后，行情区会显示以该品种月份为标的的所有期权合约。

（5）理论价格区。选定执行价格，显示相应看涨期权和看跌期权的理论价格，Δ、γ 等风险参数。IV 为隐含波动率。

（6）期货行情区。显示标的期货合约的即时行情。如买入卖出价、最新价、成交量等。

（7）策略分析区。使用者先根据对标的期货的看法在走势研判中确定是牛市、熊市、盘整或突破行情，系统会自动提供相应市况下所有可能的（有报价的）期权交易策略。

（8）策略损益图。与（6）选定的交易策略相对应，该区域会自动根据市场可以实现的价格显示出策略到期损益图，对投资者选择策略非常方便。最大盈利、最大风险及盈亏平衡点一目了然。

3. 关于行情分析

现货、期货与期权构成三维空间。期货价格变化的依据是现货，因此，投资者既要分析基本面，也要分析技术面。期权价格变化的依据是期货，因此既要分析期货，也要分析期权自身，但也要分析现货。

期权从损益平衡点的角度看，要分析在到期日期货价格是否会在损益平衡点附近，而期货价格是否会在此价位，又由现货价格决定。当然，期货价格有时在交割月未必会完全回归现货价格，这些都是要考虑的，因此，分析期货价格未来走势更为重要。

从平仓的角度看，既要分析期货，又要分析期权。因为虽然期权价格变化的依据是期货，但是由于权利金含有时间价值，时间价值与期货价格变化未必一致，有时期货价格上涨，而权利金却下跌，这是因为时间价值在损耗。但无论如何，技术分析都是少不了的。技术分析的方法与期货完全一样。

第二节 了解期权的优势

一、期货公司新的增长点

1. 套保客户更容易开发

鉴于期货价格波动风险和逼仓等行为，使很多本来应该进行套期保值的客户宁愿承受现货价格变动的风险也不愿参与期货市场，而且由于期货市场的成熟度与市场的现货成熟度不一，因此很难用平仓的方式进行套期保值。因此，期货套期保值往往是以现货交割的心理和价位入市居多，而且一旦被套还得交割，要不然期货与现货之间的价差趋合不但不能实现，平仓还得亏损，这样就限制了广大的现货商入市。另外，由于期货套期保值只能保值，不能增值，使得部分套保客户由套保变投机，最终以失败告终。当然，这样并不意味着期货就不能套保了，也不意味着有了期权，期货就一无是处。

有了期权以后，套保客户不用顾虑被套，不用顾虑保证金追加，不用顾虑被套交割，不用顾虑逼仓，可以说，目前的期货套期保值顾虑都没有了。最重要的是选好执行价格与权利金之间的入市成本，只要市场有符合套保的成本要求，就可入市。套保者不需要考虑或顾虑很多，或者简单地说，顾虑比期货小，操作比期货简单。

还有一点，期货交易中自然人因没有增值税发票而不能交割，所以单户的农民进行套期保值比较困难。而有了期权，农民不用担心交割，只用考虑价格波动趋势就可以了。

2. 投机客户持久力增强

- 做期货的客户很容易被市场淘汰（挤仓、洗仓等）。

在我国期货市场发展史上，期货投资者大浪淘沙，前赴后继，走一波再来一波，每个投资者都认为自己是最聪明的，但被淘汰的还是占多数。而期权由于买方的亏损不具有扩散性和扩大性，因此，只要投资者不贪，眼光放远一点，重视长期利益，不那么容易被淘汰。

- 期权更利于培育客户。

由于期货价格涨跌无常，使得很多期货公司或经纪人鉴于风险而不敢指导客户，他们只重视拉客户而不重视培育客户，有时更是因为自己对期货基本面或技术面研究不够，涨跌判断没有把握，所以将拉客户作为主要工作。至于拉来一批死一批，经纪人也不管。有了期权，一方面买方风险既定，经纪人也敢分析指导了；另一方面，不少策略可以不用考虑是涨还是跌，这样既增加了经纪人与客户之间的关系，更利于期货公司对客户的培养。

- 期权更利于指导客户。

比如在期货交易中，有不少客户在价格上涨过程中，不断探顶而不断被套，亏损面不断扩大，因此大亏的人多的是。而如果用买入看跌期权探顶，即便继续上涨，亏损的也只是权利金，损失不会扩大。

如果是期货价格一路下跌，可以用买进看涨期权探底。

- 做期权更有趣，是智力投资。

期权有看涨期权和看跌期权的买与卖，加之交易策略众多，可以说想玩多复杂有多复杂。可以用数学模型进行各种计算，也可以用软件进行自动交易；可以单独做期权的各种组合，也可以将期货与期权结合运用。客户一旦感受到期权的魅力，会投入时间不断学习，既增进了投资者的进步，更利于期货市场的长足发展。

• 期权利于客户心态稳定。

期货投资者往往会因对市场价格的过度紧张而产生心理压力；夜里睡不着觉，做恶梦；会因短时不利变化而自乱阵脚。期权风险既定，利于身心健康，利于生活稳定，更适合长期投资。投资者心态的稳定有利于期货市场的发展。

• 期权，可以指导客户实现利润最大化的梦想。

任何投资者都希望自己能从底赚到顶，但做到的人极少。可是有了期权，一波行情可以做得利润最大化，可以从底做到顶。下面的例子，虽然是股票，但道理是一样的。

【例】您已经买进了20手（2 000股）某种股票，价格为40元，市场价已上涨到48元，继而又涨到53元，这时您想卖出股票，但又担心股价会继续上涨，一旦卖出，岂不少赚？这时，您可以卖出近期虚值看涨期权。

如果价格涨到53元，您可卖出5手执行价格为55元的看涨期权，权利金为3元/股；

如果价格涨到56元，您可再卖出5手执行价格为60元的看涨期权，权利金为2元/股；

如果价格涨到61元，您可再卖出5手执行价格为65元的看涨期权，权利金为4元/股；

如果价格涨到64元，您可再卖出5手执行价格为70元的看涨期权，权利金为1元/股。

至此，您已卖出20手即2 000股看涨期权，总权利金收入＝（3＋2＋4＋1）×5×100＝5 000元。

如果期权到期时，股票价格为66元，则您的总收益是多少呢？除执行价格70元的看涨期权不要求执行外，其他会执行，则收益分别为：

（55－40）×5×100＝7 500

（60－40）×5×100＝10 000

（65－40）×5×100＝12 500

（66－40）×5×100＝13 000（剩余股票全部卖出的收益）

总收入＝7 500＋10 000＋12 500＋13 000＋5 000＝48 000元，相当于您所有的股票以每股64元卖出。当然，如果您没有卖出期权，则2 000股股票的总收益为52 000元。但是，如果您没有卖出期权，您的股票会坚持到64元不卖出吗？

• 期权机会多，便于客户的持久生存。

期权可以不做方向，只做波动性。只要判断价格波动会增大或是减少，即可运用期权策略进行交易（见图1.15）。

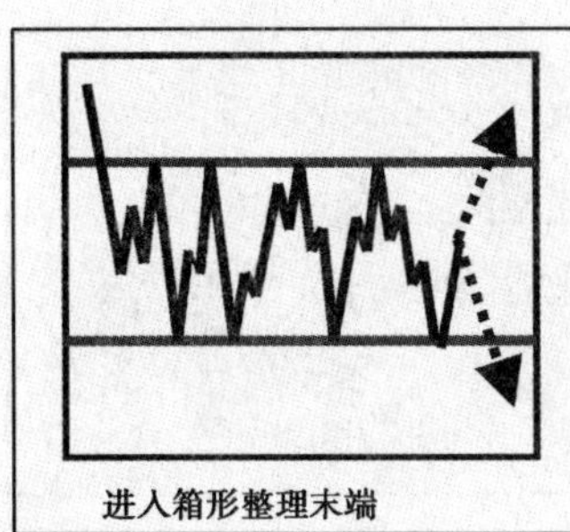

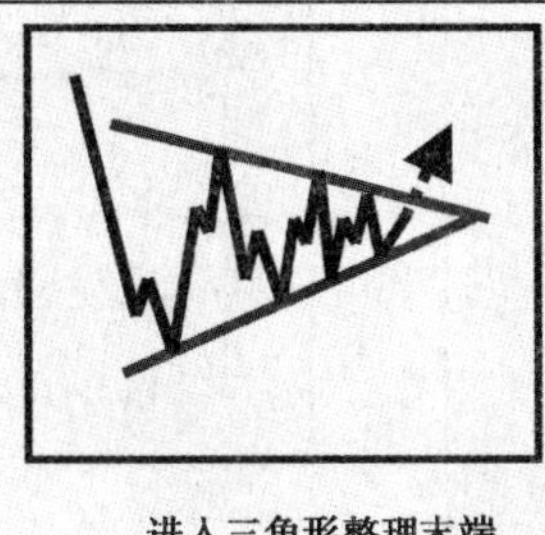

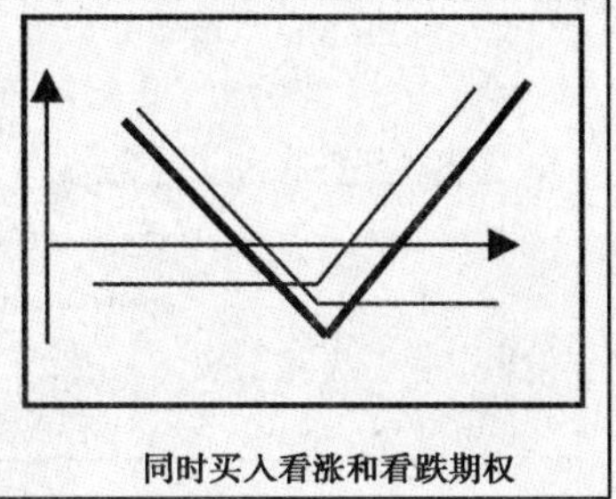

图 1.15　大行情与买入跨式期权图

尤其是盘整行情也有赚钱机会，即运用卖出期权赚取时间价值（见图 1.16）。

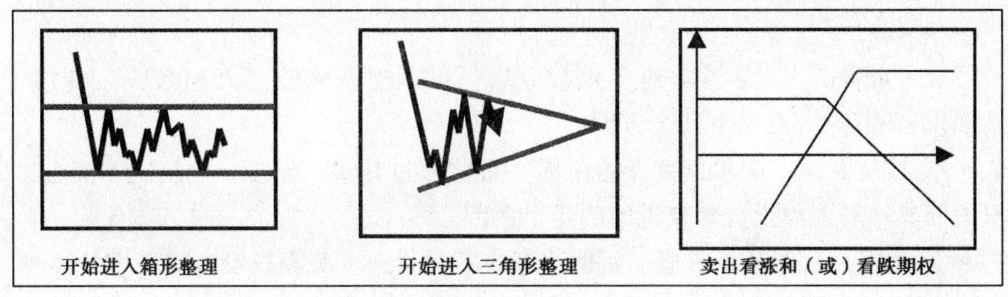

图 1.16　盘整行情与卖出期权图

3. 更容易开发套利客户

期权套利机会比期货多得多，尤其是套利策略很多，不管牛市、熊市，给期货公司指导客户带来很多机会（见图 1.17 至图 1.20）。

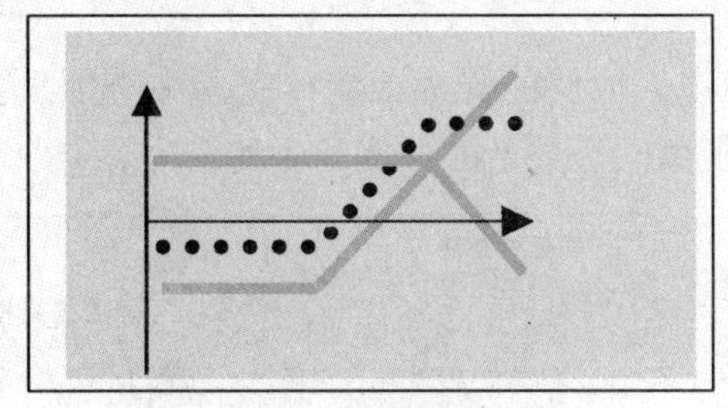

图 1.17　牛市看涨期权垂直套利
（虚线为套利损益）

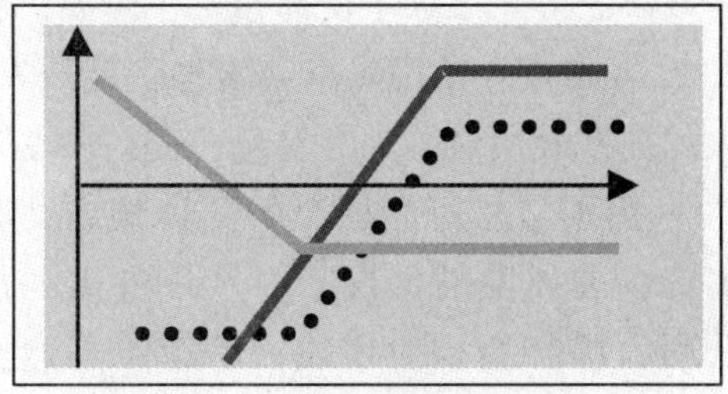

图 1.18　牛市看跌期权垂直套利
（虚线为套利损益）

投资者可以根据自己的投资偏好和投资需要选择不同的策略。如果没有期权，就会错失很多投资机会。这种套利虽然收益是有限的，但关键是风险也有限，而期货跨期套利会扩大风险。

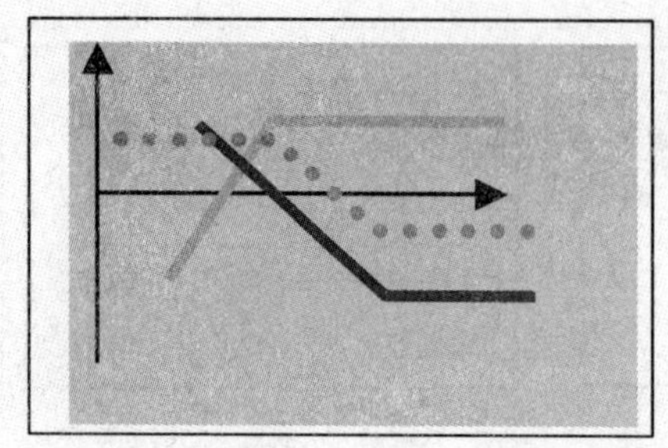

图 1.19　熊市看跌期权垂直套利（虚线为套利损益）

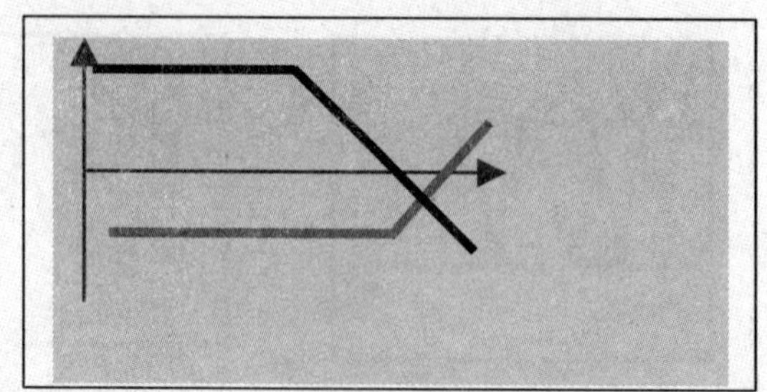

图 1.20　熊市看涨期权垂直套利（虚线为套利损益）

4. 会大量增加客户数量

期权可以吸引大量客户。有了期权以后，可以把原来的“万民炒股”变成“万民炒期权”。其原因有以下几个方面：

- 虽然前面说“期权是穷人的期货”有些言过其实，但多少也反映了部分事实。期权的低成本对不少投资者来说的确是个诱因。
- 期货因为有保证金的追加而使小客户不受欢迎。买期权没有保证金的追加。
- 期权，只要能交足权利金的人都可以成为客户，允许其买入期权，尤其是平值和虚值期权，达到投资的目的。
- 因单纯做期货风险太大而不愿入市的客户，可能会因买期权风险既定、获利可观而成为新的投资者。可以通过期权以“试”的形式先少量感受，逐步介入。不像期货，如果“试”，弄不好就会亏大钱。
- 期货与期权的组合策略，可以为不同的投资者量身定做，长期而言，应能获得更多市场参与者的欢迎和支持。同时，期货与期权的组合策略本身就包含多个交易，效果上等于增加了交易量和手续费。
- 客户资金使用效率会增加。就现有客户，他们的资金在期权交易中会因发挥更大的杠杆效用而增加交易量，同时不必承担做同等数量的期货承受的风险。
- 由于交易所保证金的不同规定，在不增加资金和风险的情况下，客户进出的次数和获利的机会会相对增加，手续费当然会增加，但却不必为让客户炒手续费操作不当而受到冲击。
- 期权可助长长线投资基金的流入，促进资金供给。

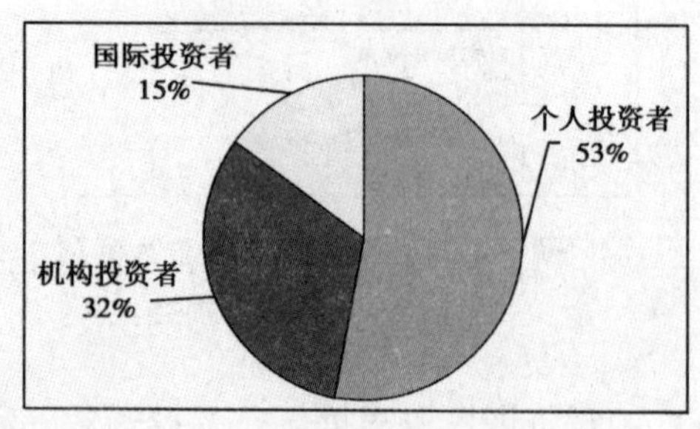

图 1.21　韩国 Kospi 200 期权投资者结构

在韩国 Kospi200 的期权交易量中，个人投资者一直占一半以上（见图1.21）。日交易量达到1 000万手以上。

台湾期权交易初期自然人占绝对比重，法人占少部分（见图1.22）。之后，两者的比重逐步交替变化。台湾2001年底上市台指期权，到2003年一年半时间，交易量增长100倍。

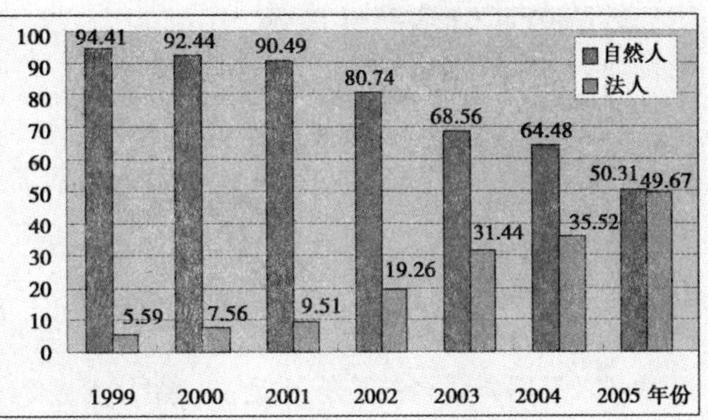

图1.22 台湾期权交易量结构

正因为期权的种种优势，那些上班族就可以参与期权交易了。以前的上班族上班时偷偷看盘下单，下班后更是研究股票走势；那些做期货的，更是因为被套而影响工作。不管是股票或是期货，常常容易错失良机，不仅赚不到钱，还会被套，总是提心吊胆的，造成更大的金钱损失及心理负担。有了期权后，这些问题可以解决一大部分，可以下班研究，上班前利用网络下预备单。由于无法频繁进出，加上资金风险，建议上班族少量买进看涨期权或看跌期权，并以波段操作为主。可以投入月薪10% ~20%的资金为限，千万不可高度扩张。

同时，家庭主妇也可以成为期权的参与者，就像韩国一样。那些炒股票的，在股市行情不佳时，可以做做期权，也不失为有效的投资手段。

更大的客户是机构投资者，尤其是参与权证交易的机构，更是期权上市后的开发对象。他们对权证有着深入的研究、深刻的认识、深切的体验，期权上市给他们增加了施展才能的天地。

5. 弱化客户总体风险

- 交易策略多了，客户防御风险的手段增强了。可以期权与期货套做、期权与期权套做，只要想避险，手段多的是。这些从本书以后的分析中，您会有更深的认识。
- 逼仓行为减少了。逼仓是期货散户的克星。有了期权，逼仓难了。多逼空，成本高；空逼多，没意义，因为多头拉不爆。这样，期权交易可以减少市场风险，避免逼空和逼多，也就是说，期权降低了市场操纵者操纵期货价格的可能性。
- 期货市场停板时风险最大，但期权可以化解。期货停板时，期权不可能全部停板，这时可以用期权减少风险扩大。

对于做权证的买方投资者，在权证上不能做空、不能套利，在期权上就可以套利了，参与期权的风险要比权证小得多。

6. 降低手续费恶性竞争

获利才是硬道理。

期货交易由于期货公司缺乏指导或指导水平低，好多客户都靠自己分析，加上网上交易，因此投资者自然要选成本低的公司。而期权相对于期货要复杂得多，因此有了期权后，要“让专业的人来做专业的事”。

- 期货公司的知识多了，研究多了，也就敢于指导客户了。尤其是期权的很多策略可以不用告诉客户是涨还是跌。期货交易虽然涨跌的概率各占50%，但是就有人老踏不住点。期权交易可以避免这些。
- 经纪公司的指导多了、服务多了，客户就不会在乎期货公司能帮他们省多少钱，而会在乎能够帮他们赚多少钱。未来，期货公司之间的竞争真正可以体现为比服务，比附加值，而不是比谁手续费低。
- 期权上市后，客户需求多，前期有研究的公司优势更大。同时，对期权有研究也是开发市场的优势。如果连期权都讲不清，客户能不在乎交易成本吗?
- 个性化服务。期权独特的非线性收益特征和众多的执行价格可以让期货公司根据客户的不同风险偏好、收益、要求，灵活地设计投资策略。期货公司就可以向客户推荐更丰富的交易策略和投资组合，有保本型的、稳健型的（损失封顶的或赢利概率大但赢利数额有限的），也有激进型的（损失不封顶的或赢利概率小但数额不受限的），等等。

7. 提高公司人员素质

由于大多数人对期权比较陌生，而且其操作策略多样，以及风险控制的复杂性，对期货公司从业人员也有更高的要求。因此，有了期权，从业人员需要学习更多的知识，这对期货公司也是一个考验。

期权，即便是我们第一节讲的可以“打破神秘，撩开面纱”，但绝对不是可以不指导，散户的简单买卖只是暂时的，长期的投资还需要期货公司的指导。因此，人员素质的提高是期权发展的基础和保障，期货公司应该有一个研发团队。

8. 降低期货公司的风险

- 期货公司所承受的风险大体分为：来自于市场价格波动的市场风险；源自于行政疏忽的管理风险；客户不增加资金的信用风险。这三类风险随着期权的推出，都可以适当的加以规避。鼓励客户投资期权，就公司而言，可以避免市场风险、减少信用风险、降低管理风险。

- 就买方来说，期权买方最大的风险是权利金，最多亏完，不会将风险扩散而波及公司和经纪人。故对公司而言，等于免除了信用风险和市场风险。加之买方没有追加保证金的问题，自然减少了经纪公司因保证金追加控制流程不当而招致损失的可能性。因此，经纪公司的管理者可以专心致力于内部管理、行情分析、研发训练及客户开发等工作。

- 就卖方来说，卖方虽然风险比买方大，但其风险大不过期货。其所收取的权利金中含有时间价值，故而使它的抗风险系数会大于单纯持有期货多头或空头的人，相对来说等于减少了经纪公司的风险。况且，卖方往往是避险者或综合策略使用者，只要有足够的保证金，期货价格的波动对其实质影响不大，也不会因为他们成为卖方而增加市场整体风险。

9. 通过优胜劣汰公司会更强

有了期权，期货公司如何开发客户，如何设计投资方案，都需要创新，由此将为市场参与者的投资理念带来一场革命性的变化。

虽然期权能够帮助投资者回避期货风险，但是如果不注意风险控制的话，同样会酿成损失。例如，卖出虚值期权虽然能够收到权利金收入，并且当时不大可能有被执行的危险，但是一旦期货价格发生不利变化使卖出的虚值期权变为实值甚至是深实值，那么卖方就要面对被执行的指令，有时候先前收到的权利金也不能覆盖被执行带来的损失。在期权市场上很便宜的东西不一定不会带来大的风险。所以，投资者的持仓合约、方向和数量都是公司应该关注的事项。巴林银行和中航油的监管不力事件应该给我们以深刻启示。

那些对期权没有研究或不重视期权的公司，一旦客户做大，发生风险，更容易被市场淘汰。小公司被淘汰了，大公司的机会就更多了。

二、投机者的乐园

> 期货为现货避险，期权为期货避险。

期货投机的风险有多大，相信做过期货的人都有感受。而期权可以为期货避险，可以提供更多的灵活策略，可以让您安然入睡，可以让您真正感受投资的乐趣！

1973 年期权定价模型的出炉和芝加哥期权交易所（CBOE）的开业，促使期权市场走向繁荣。近几年来，亚洲期权市场引人注目，最成功者莫过于韩国的 KOSPI200 指数期权，日均交易量达 1 000 万手以上，连续位居全球期货、期权合约交易量之首位。台湾期货交易所于 2001 年底推出台指期权后，投资者积极参与，2004 年日最高交易量 41.86 万手，日均成交量达 17.5 万手，空盘量最高达 103 万余手，市场地位也大幅提升。从全球市场看，期权已成为投资者的新宠。

1. 期权投资优势大

（1）以小博大。期权可以为投资者提供较大的杠杆作用。对于买方来说，买入平值期权特别是到期日较短的虚值期权，就可以用较少的权利金控制同样数量的合约，不需太多资金就可以从期货价格的涨跌中寻找机会，适合资金较少的散户。

（2）风险确定。买入期权，无论价格如何变化，变化多么剧烈，风险只限于所支付的权利金，但利润可以随着期货价格的有利变动而不断增加，而且免受保证金追加之忧虑，远离爆仓的噩梦，可以保持良好的交易心态。

（3）延迟交易决策。当投资者对期货价格看涨（看跌）但又不确定时，可以先行支付少量的权利金，买入看涨期权（看跌期权）。风险既定，价格趋势明朗后，再做进一步的判断和交易行动。

期权买方拥有的是权利，可以选择执行，也可以选择不执行。买入期权后，等于下了一个止损定单，最大的损失就是权利金。在行情振荡市场中，当期货价格不利变化时，可以等待观察市场变化，当行情发生回转时，期权价格回升，避免了期货交易止损平仓后价格回转的尴尬境地。

（4）更多的投资机会与投资策略。期货交易中，只有在价格发生方向性变化时，市场才有投资的机会。如果价格处于波动较小的盘整期，做多做空都无法获取投资利润。在期权交易中，无论期货价格处于牛市、熊市或盘整，均可以为投资者提供获利的机会。期权上市后，根据不同月份、不同执行价格的期权之间，期权与期货之间的价格关系，可以派生出众多的套利交易策略。

（5）交易策略选择性强。期货交易中，只有多空两种交易部位。期权交易中，有四种基本交易部位：看涨期权的多头与空头，看跌期权的多头与空头。如果投资者不想承担太大的风险，可以买入期权。如果投资者能够承担风险，可以选择卖出期权。投资者买入期权，认为权利金成本较高，可以选择虚值期权。如果对期货价格有务实的看法，则可以卖出不同执行价格或者不同月份的期权，收取权利金以降低成本。同样，投资者卖出期权后，可以通过买入不同执行价格或者不同月份的期权来降低风险。期权交易的灵活性在于：通过不同的组合交易策略和不断调整，投资者可以获得不同的风险收益和成本的投资效果。只要确定您的目标和风险能力，就会有一项投资计划适合于您。期权投资策略的多少，取决于想象力的丰富程度。

（6）保护期货持仓。期权买卖既可以赚取价差，也可以用来规避期货交易的风险，改善期货持仓状况。对于持有期货多头的投资者，可以买入看跌期权，一旦做错方向，可以防止期价下跌的风险；而如果价格上扬，也可保有获利的能力。对于持有期货空头的投资者，可以买入看涨期权，规避期价上涨的风险。

2. 盘整也能赚大钱

期货交易中，遇到长期盘整的行情最令投资者没脾气，遇到不活跃行情更头疼。但是，这种情况如果是卖出了期权，则是难得一遇的绝佳时机，可以大大赚取权利金中的时间价值。具体请参看本书第三章有关内容。

3. 涨跌不明也能赚钱

做期货，下单时必须知道或预测行情的涨跌方向。如果预测后市会上涨，则买入期货；预测后市下跌，则卖出期货。如果您只预感或判断未来会有大行情，但是涨是跌不知道，在这种情况下，还是谨慎为妙，否则可能会遭受重大损失。

但是，有了期权，也无需太多担心。只管同时买进看涨期权和看跌期权即可，执行价格可以相同，也可以不同。具体请参看本书第三章有关内容。

4. 期权交易技巧多

（1）选择月份与执行价格的技巧。面对众多繁杂的期权合约，有不同的品种、不同月份的期权，有看涨期权与看跌期权，还有不同执行价格的期权，对于一个刚刚接触期权交易的投资者来说，可能会感到惊讶和无从下手。投资者应该买入什么、卖出什么，可供挑选的范围的确太大了。从国际商品期权市场的经验看，期权交易一般集中在近期月份。根据期权交易的原理，平值期权不确定性强，可以由平值变为实值，也可能转化为虚值，因此平值及其附近的合约的投机性也强，交易比较活跃。而波动率大的品种，虚值期权会相对活跃。另外，作为一个简单的办法，投资者最好参与交易比较活跃的合约。建议大家集中关注平值或靠近平值的上下两档的合约。

不同执行价格的期权合约的选择，决定着期权交易的权利金成本、盈亏平衡点、投资收益率和风险程度。买入深虚值期权的好处在于权利金十分便宜，但其转化为实值期权的过程需要期货价格更大的变化。买入深实值期权，需要支付高额的权利金成本，杠杆作用十分有限。

（2）买入还是卖出的技巧。买方的风险既定而利润是可观的，而卖方正好相反，但这只是从理论上说明了买卖双方各自的赢利能力与风险程度，赢利与否还要看对市场的判断是否正确，这与实际交易的盈亏是两码事。无论是做买方还是卖方，都有各自的优劣。关键是对市场的判断与不同时机的应用。如果持续单纯的买入期权，您会发现安然入睡的代价是不菲的，您可能会亏掉许多的权利金。而单纯卖出期权的风险是很大的，或者说有与期货一样的风险。因此，投资者对期权买卖有了一些交易体会后，就要思索如何降低买入期权的成本及卖出期权的风险，各种价差交易等组合策略自然成为投资者的较好选择。

（3）期权交易出场方式技巧。

①平仓。买方支付权利金开仓买入期权，卖出平仓后收取权利金，赚取或亏损的是权利金的差价部分。卖方开仓收取权利金，并缴纳保证金，买入平仓支付权利金，同时释放保证金。

②行权或履约。期权买方可主动行权。卖方履约，建立相反的期货部位。

③到期。平值与虚值期权于到期日分文不值，买方放弃权利，任其失效，亏损全部权利金，卖方赚取全部权利金。

5. 投资策略简单实用

> 巴菲特投资首要原则：追求简单，避免复杂。

投资者可能会觉得期权交易原理高深复杂。实际上复杂的策略并不见得是赚钱的策略，简单实用最好！世界上最成功的交易者一般也只使用一两个交易策略。做投资判断的时候要考虑的东西很多，不必再把事情复杂化。事实上，未来行情只有三种可能，不是上涨就是下跌，不然就是横向盘整。其他需要考虑的参数，就是时间尺度，也就是上涨或下跌需要多久的时间，或者价位维持停滞或区间振荡需要多久的时间。如果细分的话，可细分为大涨、小涨、大跌、小跌和盘整等不同市况，而不同的情况可以采用不同的交易策略。

下面的策略，既简单实用，又能让大家感觉到期权的“有意思”之处。

（1）即将大涨（大跌），买入看涨（跌）期权赚钱最快。基本面有重大利好（空），预期期货价格会大幅上升（下降），就买入平值或虚值看涨（跌）期权。期货价格涨（跌）得越多，就赚得越多。达到目标利润，提前平仓赚取价差。如看错，也不会套牢，最多的损失限于权利金。如看对，可赚取倍数利润。买入期权本小利大，盈亏的绝对数小，但赢利率（亏损率）往往很大。

（2）涨不上去，卖出看涨期权，赚取权利金。买入看涨期权是希望期货价格大涨，但有时期价上涨面临强阻力、跌易涨难，或者未来多空局势不明朗，这时可以用卖出看涨期权的方式，先赚取权利金再说。虽然获利有限，但可充分利用市场机会，在市场盘整时，也能获得稳定收入。

（3）跌不下来，卖出看跌期权，赚取权利金。投资者认为大幅下跌的几率不大，可以用卖出看跌期权的方式赚取权利金。预期下档有限或出现强力支撑时最为适用。

（4）看小涨，买入牛市垂直套利稳稳赚。预期期货价格上涨幅度有限或者为跌市反弹，投资者可买入低执行价格如平值的看涨期权，卖出高执行价格如向上二档以上的虚值看涨期权。获利虽有限，但却充分利用了市场的走势，同时风险也有限，比单独买入看涨期权的成本和风险都低。

（5）看小跌，买入熊市垂直套利风险小。预期期货价格下跌，但空间有限，可买入高执行价格的看跌期权，卖出低执行价格的看跌期权。两个期权的执行价格的选择可与预期跌幅相对应，这是获利稳健的策略，比单纯买入看跌期权的成本低，比单纯卖出看跌期权的风险小。

（6）同时买进看涨期权和看跌期权，大涨大跌您都赢。期货价格的走势受各种经济政策因素、天气等自然因素影响，有些事件不易预测结果，但一旦出台，会造成市场的大涨或大跌。这时就可以采用同时买入看涨期权和看跌期权的策略，无论价格朝哪个方向变动，都可以赚取未来大幅波动的利润。如果期货价格大涨，则买入的看涨期权大赚，放弃看跌期权；如果期货价格大跌，则买入的看跌期权大赚，放弃看涨期权。

（7）同时卖出看涨期权和看跌期权，盘整时赚最多。据统计，股市每年有一半的时间在盘整，期货价格也有1/3以上的时间在寻找方向，市场趋势明朗或大涨大跌的机会其实有限，因此操作中也要考虑在适当的时候卖出期权。当期货价格处于牛皮盘整中，上有阻力，下有支撑，情势混沌不明，投资者可以同时卖出看涨期权和看跌期权，赚取时间价值。

（8）买入期权，为期货持仓买份“保险”。权利金就是保险费。期货多头，可以买入看跌期权；期货空头，可以买入看涨期权。这样可以有效锁定期货损失，提升操作绩效，释放心理负担。期权的最大好处还在于：当市场走势于期货部位不利时，期权可以规避其风险；当市场走势于期货部位有利时，仍可以保有利润，不会抵消全部的获利。

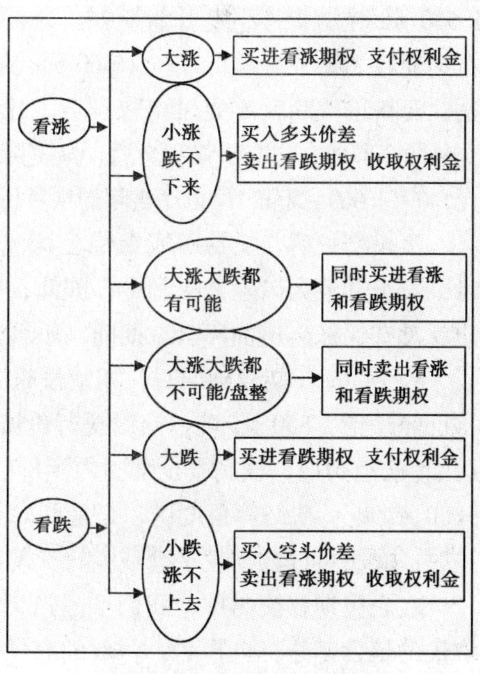

图1.23 期权涨跌策略使用图

总之，有了期权，给了交易者无尽的投资机会，就看交易者如何运用期权交易策略了（见图 1.23）。

三、套保者的希望

有了期权，套期保值的范围会更广，效果会更好。

1. 农民也能卖期保值

期货，要想让千村万户的农民参与，这是一件比较难的事情。农民会考虑：如果被套了怎么办？钱不够怎么办？没有符合交割标准的货物怎么办？

而有了期权，这些都不是问题。

假若一农民认为未来小麦价格会下跌，做期货吧，保证金成本太高，而且一旦被套还有保证金追加风险；如果决定做期权套期保值的话，其需要的做法就是：在认为合适的价格买入看跌期权。比如在 7 月 1 日期货价格为 1 650 元/吨时，对未来价格看跌，买入执行价格为 1 660 元/吨的 9 月小麦看跌期权，这样该农民就获得了在到期日之前一直都可以按 1 660 元/吨卖出的权利。但是，要获得权利就需要付出权利金，比如 50 元，这是他交易的全部成本。交了权利金后，其实际卖价相当于 1 610 元/吨（1 660 -50），但也比实际的现货价（1 540）高。

内涵价值： 期权立即执行所具有的价值。比如期货价格为 1 540，执行价格为 1 500 的看涨期权，有 40 个点的获利价值；执行价格为 1 600的看跌期权，有 60 点的获利价值。

买入期权后，交易所或期货公司成交当日就把权利金从其账户上全额划出。同时，由于其最大风险是权利金，因此，交易所和期货公司都不进行每日结算，这样客户就没有保证金追加风险。期间，不管期货价格是涨是跌，都是如此。

8 月 5 日（期权到期日，期货没有到期），小麦现货价格为 1 500 元/吨，期货价格已经跌到 1 550 元/吨，这时执行价格为 1 660 元/吨的看跌期权权利金涨到 110 元（因为已经到期，权利金全部为内涵价值）。这时，农民如果平仓已经可以赚 110 - 50 = 60 元/吨（从结算角度讲，交易所向其账户划入了 110 元），相当于 1 斤赚了 3 分。这时，农民可以将期权平仓或者让交易所自动结算。

在农民期权交易中，我们不主张交割。因为期货交割对质量要求严，不可能所有农民的粮食都达标。再者，一般的农民也没有 10 吨粮食（1 手期货）。期权因为可以不交割，所以买几吨都无所谓，只要与保值部位匹配。

在上例中，如果期货价格上涨了，比如到期日为 1 800 元/吨，这样执行价格为

1 660元/吨的看跌期权权利金就会减少，比如为 10 元。在期货价格上涨过程中，如果农民卖出的是期货，则被套是肯定的了，而且如果保证金追加不足还会被强行平仓，这样保值效果会很差。期货交易中，期、现货之间的价差实现是建立在交割的基础上，被套又不能交割，只能认亏。而期权就没有被套之说，如果期货价格涨到 1 800元/吨时，该农民将期权以 10 元卖出平仓，则亏损仅 40 元（50－10）。而在这个过程中，期货价格涨了 150 点，现货价格上涨幅度肯定会大于权利金损失额 40 元，其保值效果和交易期间的心态都要比期货好得多。

如果上例不是农民，而是一家能够交割的企业，则效果更好，把期权平仓后，再按 1 800 卖出期货，最终实现交割，收益更大。执行价格 1 660 确定的是他的最低卖价，如果价格高了，可以放弃或平仓期权，以更高价格卖出。

利用期权套期保值的好处是：风险既定（权利金）；不存在被套追加保证金；没有拉爆的风险；可以不交割。其实，最明显的好处是：心态好，敢套保。

美国农业部 1993 年做的试验就是让农民买入看跌期权实现保值，效果很好。从表 1.4 的对比中，相信您对期权的认识会更明白。

表 1.4　　期权、期货对比一览表

	期　货	期权（买方）
保证金	需要	不需要
成本	高（保证金）	低（权利金）
保证金追加	有	无
每日结算	有	无
强行平仓	有	无
风险	无限	有限（仅权利金）
被套	存在	不存在
心态	不稳定	稳定
参与面	受限制	不受限制
交割	需要	不需要
保值效果	只能保值，不能增值	不仅保值，还能增值
买期保值	确定的是最低买价	确定的是最高买价
卖期保值	确定的是最高卖价	确定的是低卖价

期权买方不需要交保证金，成本低，仅缴纳规定的权利金；因风险既定不会扩

大，所以不需要每日结算，也就没有保证金追加问题，更不会强行平仓，也就无所谓被套；因此，投资者心态比较好，参与积极性高。对于套期保值来说，可以不交割，既能保值，也能增值。

如果农民都能卖期保值，粮食企业就更没有问题了。

2. 买期保值更简单

面粉厂用期权进行套期保值，应该买入看涨期权，而不是做上例的对手。比如，也在上例期初同一天，一面粉厂买入执行价格 1 660 元/吨的看涨期权，权利金为 30 元，到到期日期货价格已下跌到 1 550 元/吨，这时期货价格下跌幅度已大大超过其权利金成本，因此他可以任期权作废，而以 1 550 元/吨买入期货实现交割。这样，如果他一开始买入的是期货（当日价格为 1 650 元/吨），则亏损 1 650 - 1 550 = 100 元，或者说做期货交割实现的买价为 1 650 元/吨。而做期权，则实际买价为1 550 + 30 = 1 580 元/吨，比用期货保值成本节省 70 元/吨。更重要的是，期间没有被套，这是企业最喜欢的。

假若期货价格上涨到 1 800 元/吨，该面粉厂买入的看涨期权权利金必然大涨，比如涨到 140 元（全部为实值），这时可以将期权平仓，赚 140 - 30 = 110 元，或者将期权转换为期货，进行交割。

期权买方的结算只在开仓日和平仓日进行两次，中间不结算，比期货简单。期权卖方，需与期货一样进行每日结算。

从以上可以看出，用期权套期保值，对自己有利就平仓或交割；不利就放弃权利或平仓，或无风险等待，最多损失权利金，但可以按更好的价格实现增值。

如果套期保值者用卖出期权保值，则保值最大效果仅权利金，甚至更低或亏损。就像上例，假若保值者做了上例投机的一方，则必然亏损。因此，我们不建议投资者用卖出期权的方法保值。

3. 期权可保值、增值

期货套期保值是为了“保值”；而期权套期保值，不仅“保值”，还能“增值”。期权买期保值获得的是最高买价（即执行价格 + 权利金）；期权卖期保值，实现的是最低卖价（即执行价格 - 权利金）。

参与套期保值的企业，当现货价格上涨时，企业完成交割后，往往造成现货市场利润的损失，在粮价上涨过程中，企业与农民都没有得到粮价上涨的实惠。而如果买进看跌期权，期货价格上涨，可以任期权作废，然后以更高价格卖出，这样做，既保值了，也还可以增值，比期货卖价高。

有了期权之后，买期保值有三种形式：买看涨期权、买期货、卖看跌期权；卖期保值有三种形式：买看跌期权、卖期货、卖看涨期权。其综合效果按以上顺序，依次递减。

我们希望交易者在做期货保值时，比较一下期权的优劣，感受一下期权的魅力。相信交易者的套保天地会更宽广，拥有的选择机会也会更多。

附 1

套期保值案例分析

一、卖期保值分析

担心现货价格下跌对自己不利，则卖出期货或买入看跌期权。

比如，在期货价格在 1 700 元/吨时，您有 5 000 吨小麦需要保值。一种方法是卖出价格为 1 700 元/吨的期货 5 000 吨，另一种方法是买进执行价格是 1 700 元/吨的平值看跌期权，数量为 10 000 吨（平值期权德尔塔 = 0.5，10 000 × 0.5 = 5 000，与保值头寸相等），支付权利金 30 元/吨。如果期货价格上涨到 1 800，则卖期货会亏（1 800 − 1 700） × 5 000 = 50 万元。而此时，期权的处理有两种方式：一种是不管它，让期权到期作废，损失 30 元/吨 × 10 000 吨 = 30 万元权利金。然后，按 1 800 元卖出期货，这样您做期权比期货增值（1 800 − 1 700）元/吨 × 5 000 吨 − 30 万元 = 15 万元。当然，这么高的权利金也不能任其作废，因此，期权的另一种处理方式是，只要能平仓，就把期权平仓，因为平仓还能收回一部分权利金。平仓后，仍然再按期货市价卖出期货（见表 1.5）。

表 1.5

	期　货	期　权
起　初	卖价，价格 1 700，交保证金 = 1 700 × 8% × 5 000 = 68 万元	卖价 1 700，支付权利金 = 30 元/吨 × 10 000 = 30 万元（成本比期货低）
期　末	1 800，被套。追加保证金共 50 万元，如果没钱，则强行平仓	不存在被套（因为最大损失只有权利金）。期权可任其作废，更可平仓，再以 1 800 卖出期货
结　论	期货存在被套风险；资金成本较高	期权从开始交易到最后都不存在被套风险，最大风险是权利金完全损失；交易成本是权利金

1. 用期货卖期保值

从图 1.24 看期货套期保值的情况。

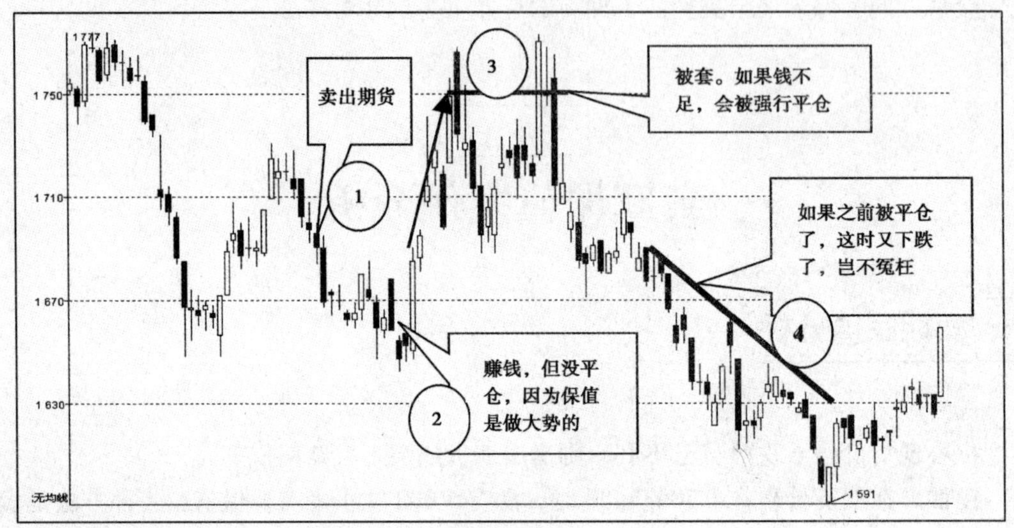

图 1.24　用期货卖期保值示意图

在①的位置卖出期货，到②的位置本来可以平仓，但没有平仓，到③的位置又被套，如果有钱追加，则可以坚持到④的位置，一直到交割月交割。如果③的位置已经没有钱了，则要被平仓，但④的位置价格又下跌了，又可赚钱了。但交易者已经被平仓了，行情这时与交易者无关了，交易者再后悔也没用了。

【说明】 图中的位置举例是随便举出的，交易者可以针对任何行情进行分析。

2. 用期权卖期保值

同样的行情，我们看看做期权的情况：在①的位置买入看跌期权，支付权利金，您最大的风险就是权利金，您一成交就知道最大风险。在②的位置，您想平仓就平仓，不平仓也无所谓。到③的位置行情也不存在被套，交易所不对您进行每日结算，只管何时到期或想什么时候执行您就执行（美式期权）。到④的位置，您可以执行权利。其实，即便是做期货，您只要能坚持到④，就一样 OK 了见图 1.25。

期权与期货相比的好处：一是不存在被套；二是成本低（权利金比保证金低）；三是可以更高价格卖出。如果期货在③的位置到期，则可以放弃期权，按③的价格卖出。而做期货，最终得到的货款只能是①的价格。这就是说，期权不仅能保值，还能增值。

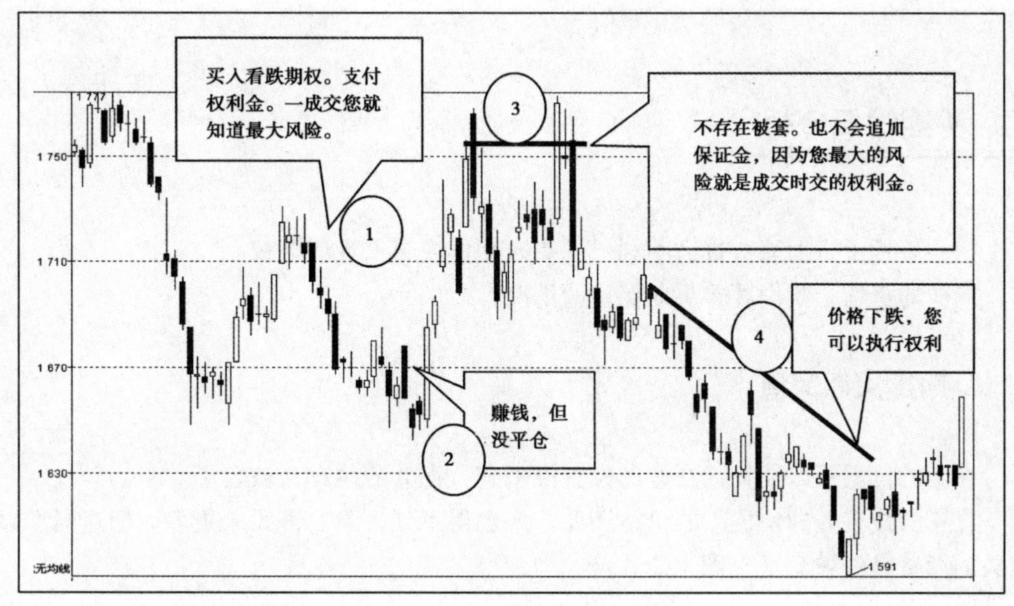

图 1.25　用期权卖期保值示意图

做期权的不利之处：一是如果您在③的位置做期货和期权，由于到④的位置一路下跌，行情判断得非常对，则这时做期权就比期货多损失了权利金（有时这笔资金也是相当大的）。如果您对行情看得很准，则做期货比期权好，虽然做期权成本比期货低；如果您不能保证自己是在最高价入市，则存在被套风险。如果您有钱不怕套，则做期货；如果怕套，则做期权。二是做期权套期保值，如果用平仓的方式，需要根据德尔塔对头寸进行调整，因为期货价格的变化与期权权利金的变化是德尔塔关系，即盈亏是一种德尔塔关系。比如，做期货是5 000吨，做平值期权需要1万吨；如果期权变为虚值期权，德尔塔为0.4，则需要12 500吨期权持仓；如果期权变为实值期权，德尔塔为0.8，则需要6 250吨期权持仓。这个过程可以每天调整，也可以在您要平仓的当日根据德尔塔数值进行持仓调整。否则，您保值的效果绝对不是期货的效果。从这一点说，期权保值又比期货复杂。

【注意】

第一，一旦按德尔塔调整了持仓，就要知道这种思维是平仓思维。如果最终是执行期权，则1万吨期权不管是实值、平值或虚值期权，执行后获得的都是1万吨期货，而不是您想保值的5 000吨。

第二，如果一开始就抱定最终以执行方式了结期权，则想保值多少（比如5 000吨）就建期权持仓多少（5 000吨），不要考虑德尔塔了。

第三，如果一开始计划最终是执行期权（建立了5 000吨持仓），但后来又想平仓了，则必须按德尔塔调整头寸，否则，保值效果不是您预期的效果。

二、买期保值分析

担心现货价格上涨对自己不利，则买入期货或买入看涨期权。

同样的行情，我们看看买期保值的情况：

1. 期货买期保值

在①的位置买入期货，在②的位置没平仓，在③的位置又被套了。

在④的位置，即便比①的价格还低，您也得不到，除非再买入更多。但这时您以前买的期货已经被套（见图 1.26）。

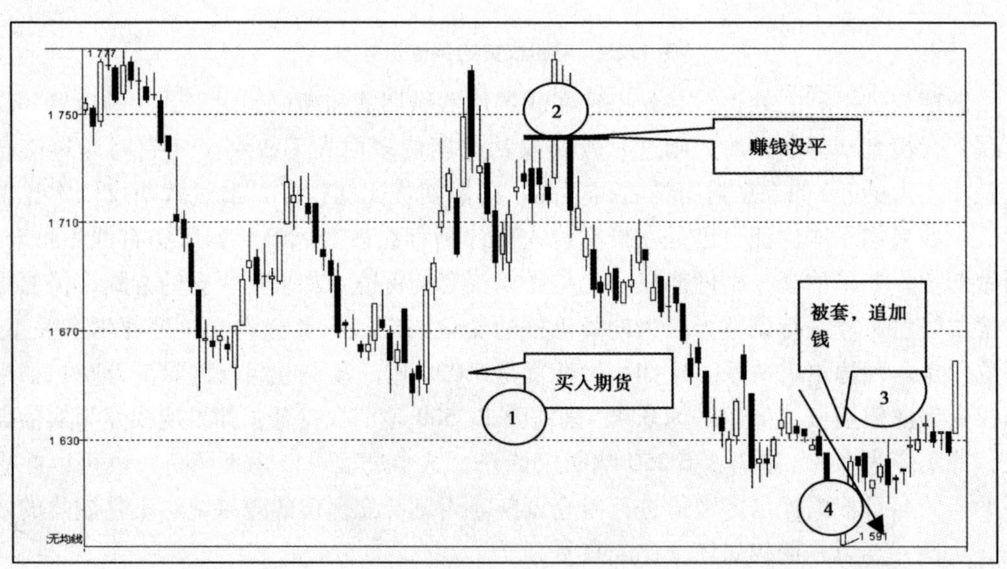

图 1.26 用期货买期保值示意图

2. 期权买期保值

在①的位置买入看涨期权，交权利金。最大成本是权利金，最大风险也是权利金，至于权利金交多少视当时的行情而定，但不会太多，只要您觉得用期权比期货好用就是了。在②的位置没平仓，在③的位置不管价格如何下跌，都与您没关系。您甚至可以在④的位置再买入看涨期权或者期货，让原来在①买的期权过期作废就是了。

反正没人会因为您买了双份期权而让您交割双份，因为交割多少或执行不执行期权，由您自己作主。不过，仍然要注意平仓时的德尔塔持仓关系（见图 1.27）。

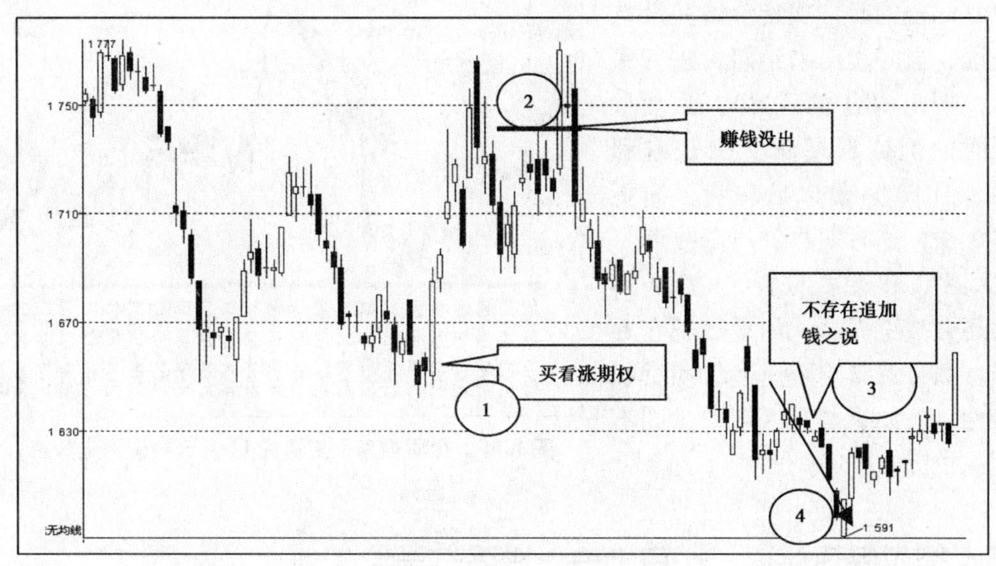

图 1.27　用期权买期保值示意图

附 2

期权——增强中国订单农业持久力

期货市场这几年在订单农业发展中的确起到了一定作用，但是，在实际操作中企业还是有一些问题或顾虑。不过，期权可以帮助解决。

期权是对期货交易机制的创新和完善，在期货与期权同时运行的情况下，投资者对两个工具的综合运用有利于实现两者的相互促进和共同活跃。

一、期权可以增加订单企业参与期货市场的积极性

参与期货存在被套现象，这虽然是不可避免的，但是由于企业资金有限，有时追加保证金着实让人头疼、睡不着觉。而如果有了期权，企业可以通过买进期权（看跌期权）规避价格下跌风险，这样就不存在被套，因为期权只要一成交就知道了最

大风险（所交的权利金）。比如，某年10月小麦播种前与农民签订合约时，现货价格并没有上涨，当时卖出来年期货进行保值（图1.28①的位置），虽然从当时的价格看期货交割是有利的，但10月份以后现货、期货都大涨，这时期货就严重被套了（如图1.28②的位置），资金不足还会被迫平仓。如果被斩仓亏损，则必然影响企业参与期货积极性；而如果是买入期权，则不存在被套。

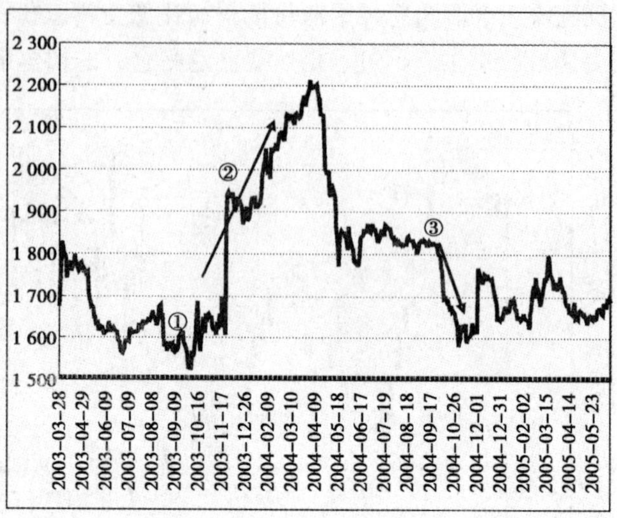

图1.28 优质强筋小麦期货11月合约价格走势图

二、期权既可保值，也可增值，增强订单持久力

参与套期保值的企业，当现货价格上涨时，企业完成交割后，往往造成现货市场利润的损失，在粮价上涨过程中，企业与农民都没有得到粮价上涨的实惠。而如果买进看跌期权，期货价格上涨，可以任期权作废，然后以更高价格卖出，这样做既保值了，也还可以增值，比期货卖价高。比如，还是这年10月份以后的行情，期货上涨后只有被套的份或被迫斩仓（如图1.28②的位置），而如果是买入看跌期权，则可以任期权作废，然后在期货市场以更高价格卖出，岂不获利更多。在本例中，一般来说，农民在图1.28①的位置已经将小麦卖出，这样价格上涨的利益农民就得不到，从而会造成农民在下一年卖粮不积极，而农民卖粮不积极就会影响订单企业的保值计划。

三、农民可以直接参与期权，订单有保障

让农民参与目前的期货套期保值是不现实的，不仅农民经不起被套，而且单户农民也不会有10吨小麦（大约需种25亩地）（期货交易单位为10吨）。如果有了期权，农民可以买进看跌期权，价格下跌有保障，价格上涨更有利（如图1.28①做期权，价格涨到图1.28②位置更有利）。美国农业部就是让农民参与期权的，虽然我们的农民不比美国农民，但方法是一样。参与期权，农民不用担心交割或被套交割，期

权没这现象。农民直接参与期权避险，必然会增加订单的积极性。

四、期权可以提高订单履约率

如果现货价格上涨了农民不履约，而要求订单企业按更高价格收购，这时由于订单企业做期货套期保值把最终价格定死了，所以企业此时也难履约。而有了期权，企业不用担心，因为期权没有锁定价格。买进看跌期权确定的是最低卖价。

五、有了期权，订单企业就可以与农民签订具体的收购价格

现在的订单农业真正与农民签订具体的收购价格的极少，往往只是一个幅度价格或百分比，而且也只是来年市场价格的百分比。如果来年市场价格下跌了，订单的价格也跟着跌，只是订单价格比非订单价格高一点。而有了期权后，就可以与农民签订具体的收购价格。一方面价格下跌了，期权有保障。这一点虽然期货也能做到，但很少有企业做，因为企业心中没数，担心价格上涨农民不履约，即便履约，企业也会亏损（如图1.28②的位置，现货价格上涨超过或接近最初的期货卖价在图1.28①的位置，交割也会亏损）。再比如在图1.28③的位置，7、8、9月这3个月企业把大量小麦收购上来，虽然卖出期货最终是赚钱的，但当时谁能搞准一定下跌，如果上涨了不就被套了？所以不少企业并没有做套期保值，这样必然影响订单效果。而期权不用担心被套，因此，有了期权，企业才可以安心做套期保值，做到签订具体的收购价格，农民利益方可获得全面保障。

六、期权可以在一定程度上解决资金问题

根据农发行的有关规定，粮食企业从事期货经营，只能用企业的自有资金，农发行不提供贷款支持，制约了粮食企业在期货市场上抢抓市场机遇、做大做强、做出规模。如果农发行能够支持固然很好，如果不能支持，则期权倒是很好的办法，因为期权买方不交保证金，所交的权利金很少，大大低于做期货所交的保证金。

总之，有了期权，更可以转移价格风险，提高订单农业履约率，更好地增加农民收入，提高企业效益，加快结构调整，促进农业产业化发展，保证国家粮食安全。

第三节
期权交易成功守则

本节最简单，按照容量来说，不应该作为一节，但是我们还是作为一节来介绍，足以说明它的重要和我们的诚心。

一个著名的统计分析指出，80%的成功归因于心理学，20%才归结于技巧。无论您的知识技能如何，您的心态才是关键的成功要素。

一、耐　心

获利，赚钱，想必是最令人兴奋的事。但是，我们并不希望您看完本书内容就立刻来做期权。期权的确优势非常大。我们前面介绍的期权的好处，可以说是目前世界上金融衍生品交易中最吸引人的地方，这是笔者的心声，也是我们研究的成果。如果您没有相同的看法，只能说明我们研究得还不够、理解得还不深。笔者从内心深处认为期权是非常非常好的投资工具，我们不是有意忽悠您，而是其的确是非常值得尝试的工具。

请您在学习本书或听了别人的演讲后，调整好心态，再来耐心操作。耐心也牵扯到交易策略、有利时机和规避风险的研究。赚钱要保持耐心，愈有耐心的人，回报愈大。有耐心不代表一味旁观或是漠不关心。先花点时间学习，累积经验后将知识和经验重复运用到累积财富的过程中。

由于做期权买方是没有保证金追加等风险，因此，您越有耐心，就越容易实现自己的财富目标。耐心并不等于什么都不做，因为坐着什么也不做表示的是缺乏兴趣，而不是耐心！给自己留下学习、积累经验的时间，然后开始坚持不懈地付诸实践，这样您才能走上挣钱和积累财富的过程。

做过股票的人都知道耐心的重要，中国股市2006年以后的牛市，有多少有耐心的人？在振荡中有多少人亏钱？没有耐心不可能赚大钱，而期权有助于使您培养耐心。

二、毅　力

永远不要停止追求目标。经验告诉我们，如果您相信一件事，就该坚持不懈，直到达到目标。一旦目标达成，再设定下一个目标。不管您是专业研究期权，还是业余投资者，想赚大钱，就要有目标。看看婴儿，他们并不因为几次失败就不再走路或说话。您做期权也如此，不能因为几次亏钱就轻言放弃。如果没有把握好，就再读读本书或请教一下专家。期权毕竟是市场经济的高级形式，您如果能够在此有更多的经历，相信对您人生的发展也是一次难得的机遇。话说回来，目标的设定要切合实际，要在合理的时间设置合理的目标。期权主要的交易方法只有四种：买进看涨期权和卖出看涨期权、买进看跌期权和卖出看跌期权。您可以在一个星期内完全理解和掌握这四种交易方法及风险示意图。您可以制订自己每天的学习计划，由浅入深慢慢学习，只要您慢慢学习，树立信心，慢慢调整策略，就可以保持信心和获取经验的动力。

三、知 识

了解耐心和毅力后，请记住，知识的获得其实既简单又迅速。人是有情绪和感情的动物，尽管我们都知道在交易中要抛开情绪，但总是光说不练于事无补。我们在市场推广过程中，总有人说，期权不上市就激不起大家学习的积极性，这说明实践出真知。对期权的认识要靠入市交易，旱地学游泳不下水，永远也不知道是否学会。因此，对期权有一定认识后，就要尝试入市交易，真正感受知识的价值。大多数的高手都有过惨痛的经验，不过，他们能化经验为实力。失败为成功之母，您不能因为入市不利而放弃，没有人在市场中不付出学费。如果您付出了学费，请再来看看我们介绍的知识，看是否真正理解了、弄懂了。

四、诚 实

想成为一名有格调的投资者，就必须对自己诚实。真正让您赚钱的因素无他，“您”才是交易的关键所在。不管别人怎么告诉您，您才是掌控局面的人。花时间责怪别人永远都没有帮助，试着面对自己、反问自己，还可以在哪些地方努力改进技巧、知识和表现，反而可以省下不少的力气。

五、规 划

每笔交易一定要有自己的规划。要清楚自己的底限：最大风险、承受风险的能力。

还需要规划：入市时间，获利或停损的出场点。不论是获利或是亏损，都要清楚何时平仓。

事先规划期权交易的阶段也包含挑选品种、月份、策略以及在决策过程中运用基本面和技术面辅助的分析。不过，最重要的还是要在妥善计划后全力以赴。

不管您选择的期权有多简单，在从事交易之前，请务必清楚想要做的部位，它的风险、报酬和损益平衡点（见图1.29）。

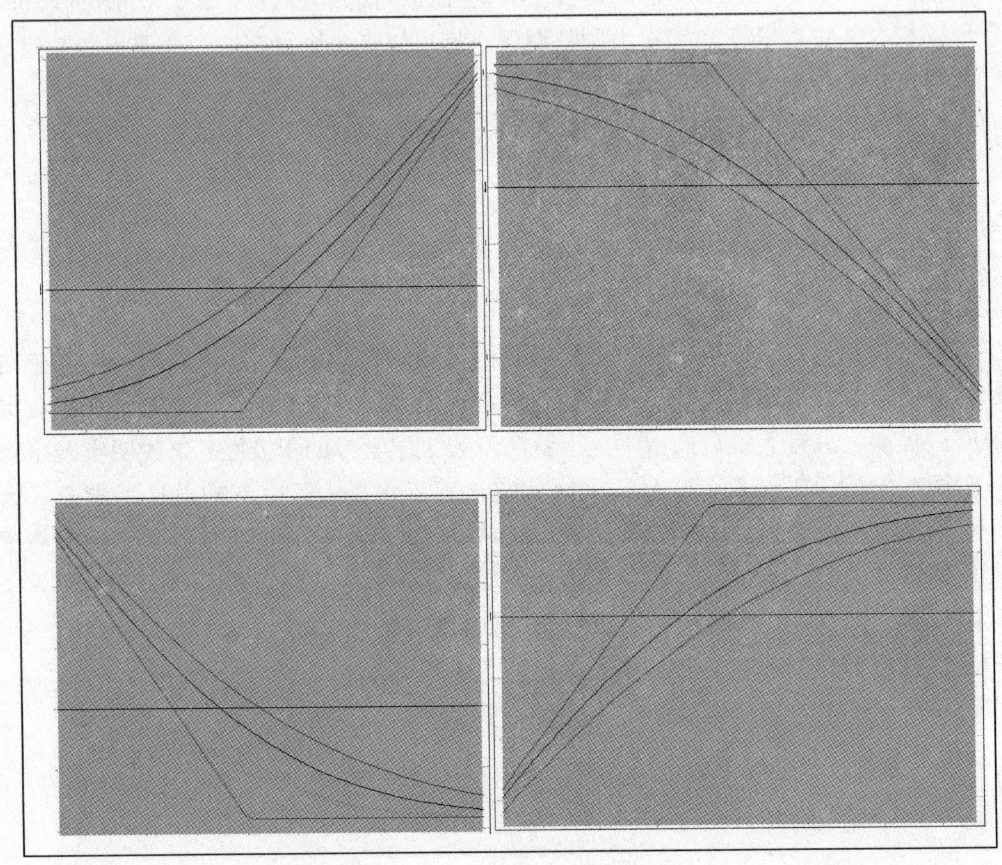

图1.29 期权四个基本的交易策略盈亏图

附：关于损益平衡点

本书会在很多地方提到损益平衡点。这个概念表面的意思是期货价格到了此点不盈不亏，那么在此之前是否就不能盈呢？不是。损益平衡点的概念是站在到期日的角度看待期权。而实际上并不是在此之前就不能赚钱。只要期货价格波动，期权价格就会波动；期货价格波动对部位有利，期权就有获利的可能，这是站在平仓的角度看待期权。

在交易过程中，实际盈亏是图中的弧线部分，而且距到期日越远，越离开直线。只有在到期日的盈亏才是图中的直线部分，其与横坐标的交点才是一般意义上的损益平衡点（见图1.29）。

六、纪　律

养成吸收知识的耐心和运用前述原则后，绝对不要前功尽弃！这就要靠在每一次的交易时坚守纪律并提醒自己：

做好事先规划。

交互运用自己和他人的经验。

不要偏离自己既定的合理策略。

换句话说，纪律就是资金管理，没有纪律管理，就算是用再精密的交易系统也不会成功。中航油之所以巨亏，不是没有纪律，而是没有执行纪律。

中航油内部有严格的交易制度：每位中航油期货交易员，每笔交易损失 20 万美元以上时，继续交易与否要提交给公司的风险管理委员会评估；累计损失超过 35 万美元的交易必须得到总裁的同意才能继续；任何将导致 50 万美元以上损失的交易将自动平仓。换句话说，中航油 10 位交易员的损失额上限本来只有 500 万美元，最终却损失 5.5 亿美元，110 倍，或者说中航油有 110 次的斩仓机会，但都没有执行。

中航油的头寸由 200 万桶一直做到 5 200 万桶（见图 1.30）。

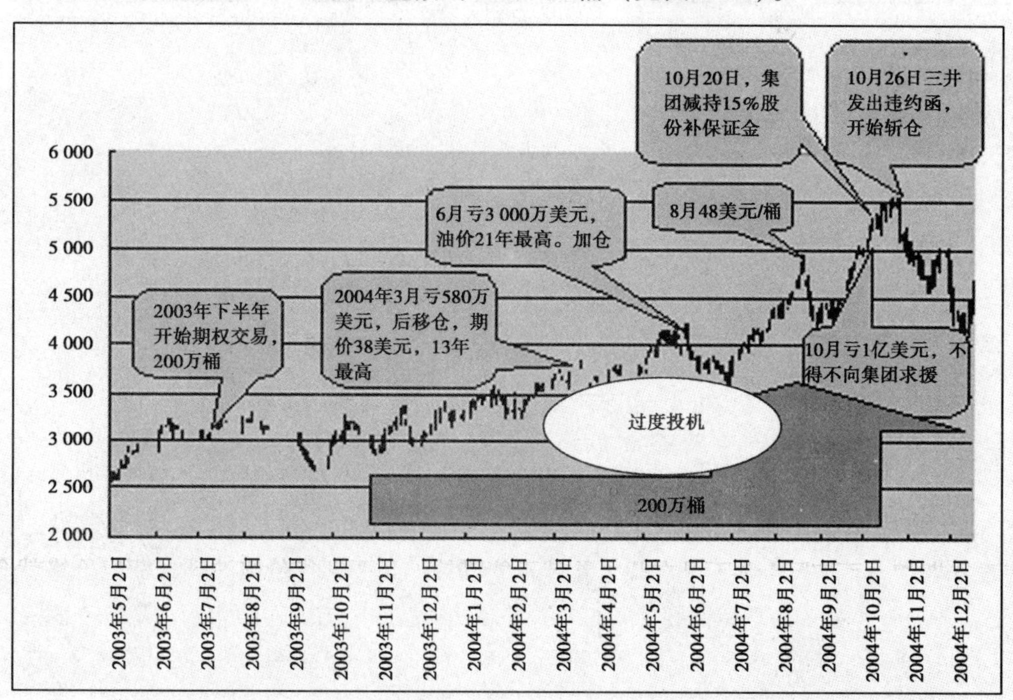

注：中航油主要做的是柜台交易，但受期货行情影响，因此我们用期货行情走势来说明其运过程。

图 1.30　美原油期货连续图

• 期货市场绝对可以帮助企业控制风险，而不是放大企业的风险，只有在不当使用的情况下才会放大企业的风险，给企业经营带来危险，甚至导致企业的破产。加强内部控制是首当其冲的事情。

• 赌博中输的人，一般会丧失理性，越丧失理性决策就越草率，越草率就越输，越输就越想翻本。这种现象的存在对公司的风险管理是一种威胁。

• 在国外，很多金融机构包括非金融企业，之所以在期货等金融交易过程中要进行平仓等强制性的措施，对实际损失宁可制定一个上限，也绝不会采取“博一把可能就赚回来”的做法，实际上也正是基于人性的这一弱点的考虑。

因此，制订交易计划、严守纪律是期货和期权交易中非常重要的。

第二章

弄清期权游戏规则[①]——赢在起跑点

第一节 认识期权合约

对于国内期货市场投资者来说，期权还是陌生的工具。在交易之前，首先要了解交易对象——期权合约。

同期货一样，期权合约是由交易所统一制定的标准化合约。期权合约是针对权利的约定，规定买方有权在规定期限内以事先规定的价格买进或卖出期货合约。因此，期权交易是一种权利的交易。权利有买入型的，即看涨期权；有卖出型的，即看跌期权。期权买方买入权利，有权在将来买入或者卖出期货；期权卖方卖出权利，在买方要求买入时，有义务卖出期货，在买方要求卖出时有义务买入期货。

一、期权合约文本式样

期权合约的内容包括：交易单位、报价单位、最小变动价位、每日价格最大波动限制、合约月份、交易时间、合约类型、执行价格、执行价格间距、执行方式、执行时间、最后交易日、合约到期日、交易代码、上市交易所等。表 2.1 为郑州商品交易所优质强筋小麦（简称“强麦”）期权合约式样。

① 国内期货市场尚未推出期权交易。2005 年 10—12 月，郑州商品交易所举办了期权模拟交易。本书所讲的期权交易规则及交易举例，未特别说明的，均按照当时期权模拟交易的规则进行介绍。

表 2.1 期权合约样式（优质强筋小麦）（样稿）

交易单位	与优质强筋小麦期货合约相同
报价单位	元（人民币）/吨
最小变动价位	0.5 元/吨
每日价格最大波动限制	与优质强筋小麦期货合约相同
合约月份	最近 3 个期货月份以及持仓量达到交易所规定的其他月份
交易时间	与优质强筋小麦期货合约相同
合约类型	看涨期权、看跌期权
执行价格	在优质强筋小麦期权交易开始时，以执行价格间距规定标准的整倍数列出以下执行价格：最接近相关优质强筋小麦期货合约前一天结算价的执行价格（位于两个执行价格之间的，取其中较大的一个），以及高于此执行价格的 3 个连续的执行价格和低于此执行价格的 3 个连续的执行价格。更多的执行价格由交易所根据市场情况另行公布。
执行价格间距	当执行价格位于 2 000 元/吨（含 2 000 元/吨）以下时，执行价格间距是 20 元/吨；当执行价格高于 2 000 元/吨时，执行价格间距是 30 元/吨
执行方式	欧式——期权买方只有在合约到期日才可以行使权利
执行时间	最后交易日交易时间内
最后交易日	合约月份前一个月第 5 个交易日
合约到期日	同最后交易日
上市交易所	郑州商品交易所

二、期权合约术语

（1）交易单位：指每张期权合约所代表标的期货数量。一般来说，期权合约的交易单位与其相应的期货合约相同，一张期权合约代表买入或卖出一张期货合约的权利。为了适合个人投资者，一些交易所推出了小型化的期权合约，如交易单位是期货合约的 1/5。投资者需要了解清楚不同期权合约的规定。

（2）最小变动价位：是指买卖双方在出价时，权利金价格变动的最低单位。期货合约的最小变动价位是固定不变的。不同执行价格的期权合约价值相差较大，交易中使用相同的最小变动价位是不合适的。因此，期权合约的最小变动价位会随着期权价格变化而进行分段调整。

（3）每日价格最大波动限制：是指权利金在一个交易日中的波动不得高于或低于规定的幅度，超出该涨跌幅度的报价视为无效。期权的波幅限制一般与标的期货相同。这里的“相同”是指绝对数相同。如强麦期货的波幅限制为 +3%，强麦期权的波幅限制 = 强麦期货昨结算价 ×（±3%）。并非：强麦期权的波幅限制 = 强麦期权昨结算价 ×（±3%）。

【例2-1】 强麦期货昨日结算价为1 700元/吨，按3%计算，当日期货的波动限制为±51元，期权权利金波动限制与之相同，为上下51元。如果昨日权利金结算价为60元，则当日可涨到111元，跌到9元；如果昨日结算价为30元，则今日可涨到81元，跌到0.5元（至少一个最小变动价位）。

期权权利金与期货价格比要低得多，权利金减去波幅限制很容易出现小于0的情况。但期权的价格不可能为0或负值。这时，期权跌停板价位就是最小变动价位。所以权利金最低为一个最小变动价位。

不同交易所期权合约的规定不同，有的期权合约不设波幅限制。投资者要注意合约规定。

（4）合约月份：为期权合约标的期货的到期月份，但并不一定是期权的到期月份。因为期权到期日一般在期货合约月份之前。

（5）执行价格：指期权合约规定好的价格。在规定期限内，不论期货价格涨有多高、跌有多深，买方都有权利以此价格买入或卖出期货。期权卖方都必须按此价格履行义务。

【例2-2】 买进执行价格为1 600元/吨的强麦看涨期权，如果强麦期货上涨，不管涨到多少，买方都可以行权，获得1 600元/吨的期货多头持仓。如果强麦涨至1 650元，行权后即可获利50元/吨（未扣除权利金成本）。如果期货价格跌破1 600元，买方可以放弃权利。

执行价格直接决定着期权的内涵价值高低。对于看涨期权而言，执行价格越低，权利金越高；对于看跌期权而言，执行价格越高，权利金越高。

（6）执行价格间距：指相邻两个执行价格之间的差。强麦的执行价格间距是20元/吨，即相邻两个执行价格的差均为20，同时所有执行价格都是20的整倍数；1号棉花的执行价格间距是200元/吨，相邻两个执行价格的差均为200，所有执行价格都是200的整倍数。一个月份的期货合约可以派生出许多执行价格的看涨期权和看跌期权。强麦和棉花期权新月份上市首日，会挂出七个执行价格，包括一个平值、三个实值和三个虚值。再分看涨期权和看跌期权两种类型，共14个期权合约。交易过程中，还要根据期货价格的变化挂出新的执行价格。新执行价格期权合约在每天开盘时自动挂出。确保与昨日期货结算价相比，都有一个平值、三个实值和虚值的看涨期权和看跌期权可供交易。

如何确定平值期权？从概念上讲，平值期权的执行价格与标的期货价格正好相等。在实务中，由于执行价格都是间距的整倍数，期货价格受最小变动价位的影响存在个位数，二者完全相等的平值期权并不常见。如WS609结算价为1 761元/吨。而执行价格都是间距20的整倍数，为1 740、1 760、1 780等。这种情况下并非不存在平值期权。平值期权是以期货当日结算价为基准并按照就近原则选取，期货价格正好处于两个执行价格中间时，按取大原则确定。上述结算价为1 761元/吨，位于1 760、1 780之间，明显距1 760更近。平值期权即为WS609C1 760和WS609P1 760。如果结算价为1 770元/吨，正好位于1 760、1 780的中间，按取大原则，平值期权即为WS609C1780和WS609P1780。

【例2－3】5月份强麦期权合约挂盘时，昨日强麦期货结算价格为1 810元/吨。按照就近原则，确定中间（平值）合约的执行价格为1 820元/吨，以20元/吨的间距分别向上确定三个执行价格：1 840元/吨、1 860元/吨、1 880元/吨；向下确定三个执行价格：1 800元/吨、1 780元/吨、1 760元/吨。分看涨期权和看跌期权后，一个月份的期货合约就有14个期权合约挂盘。若当日期货结算价格为1 829元/吨，按照就近原则，平值仍为1 820，次日不需要增挂新的执行价格期权合约。若当日期货结算价格为1 830元/吨，平值上移为1 840。为确保上下三个执行价格可供交易，次日需向上增挂一个执行价格为2 000元/吨的期权合约；若当日期货结算价格为1 809元/吨，平值下移为1 800，次日需向下增挂一个执行价格为1 740元/吨的期权合约。新执行价格期权合约的增挂原则为，每个交易日闭市后，均要将期货结算价与中间执行价格进行比较，确保挂出一个与之相近的执行价格及向上、向下分别三个执行价格的期权合约可供交易。不同执行价格的期权合约上市后，无论期货价格如何变化及其有无交易量，都将一直挂盘至到期日。

（7）执行方式：包括美式和欧式两种。欧式期权的买方在到期日前不可行使权利，只能在到期日行权。美式期权的买方可以在到期日或之前任一交易日提出执行。很容易发现，美式期权的买方“权利”相对较大。美式期权的卖方风险相应也较大。因此，同样条件下，美式期权的价格要高于欧式期权。

（8）最后交易日：指某一期权合约能够进行交易的最后一日。

（9）到期日：指期权买方能够行使权利的最后一日。为了减少期权执行对标的期货交易的影响，期权合约的到期日一般提前至其合约月份前的一个月内。

从国际商品期货期权来看，一般规定期权提前于期货合约月份到期，这为投资者和交易所均提供了管理风险的时间。国际市场上，农产品期货期权合约最后交易日与对应期货合约相距四周至六周，仅有极个别期权合约与对应期货合约同日到期；金属期货期权合约最后交易日与其对应期货合约一般相距两周或一个月；能源期货期权合约一般相距不超过一周。之所以提前到期，是因为期权到期后会转换成期货合约，而期货合约在交割月前一个月一般被要求提高保证金，为了不提高期权投资者转换期货后的交易成本，一般规定期权在进入期货提高保证金前到期，同时也给期权投资者转换到期货后留足平仓时间。

（10）期权合约代码。期权合约代码为：品种＋月份＋看涨/看跌期权＋执行价格。看涨期权和看跌期权分别用 C、P 表示。C 为看涨期权英文 Call 的首位字母，P 为看跌期权英文 Put 的首位字母。

【例 2－4】 WS711C1640 表示：标的为 2007 年 1 月份到期的强筋小麦期货、执行价格为 1 640 元/吨的看涨期权。CF711P16000 表示：标的为 2007 年 11 月到期的棉花期货，执行价格为 16 000 元/吨的看跌期权。

期权资料中，习惯用@来作为权利金的标志。如，买入 WS711C1740@20，就是买入执行价格为 1 640 元/吨的看涨期权，权利金为 20 元。

第二节
期权交易流程

一、开　户

投资者参与期货和期权交易，使用的是同一个账户。因此，已经在期货公司开具期货交易账户的投资者，可以直接交易期权。对于新入市的投资者来说，则需要到期货公司办理开户手续。有了交易账户，存入保证金，就可以同时操作期货和期权。

二、了解期权交易指令

目前期货交易下单的方式已经由电话或现场的方式转变为网络交易为主。通过下载安装网上交易软件和行情软件，下达交易指令后，通过期货公司服务器，直接传送到交易所主机进行撮合，速度快，又十分方便。对于定单（或称交易指令），投资者最常用和熟悉的指令莫过于限价单和市价单了。期权交易策略众多，为方便投资者进行组合交易，涌现出了一些新的交易指令。这里作一介绍，关键时候能用得着。

1. 限价单与市价单

限价指令：指执行时必须按限定价格或更好价格成交的指令。如买价为 50 元的限价指令，则成交时只能是 50 或更低价格。

市价指令：指按当时的市场价格成交的指令。如下达以市价买入 100 手的市价指令。如果当时的卖价为 51，数量为 101，则按 51 的价格成交 100 手；如果当时的卖价为 51，数量为 83，则按 51 的价格成交 83 手，剩下的 17 手，如果此时盘上的最新卖价为 53，数量为 20，则按 53 的价格成交 17 手。如果卖价还不足，则以更高价格继续成交。因此，下市价单时，一定要考虑盘面数量。如果过多数量买入，则会引起价格大涨（也可能只是瞬间）；如果过多数量卖出，则会引起价格大跌。

2. 单一指令与组合指令

单一指令：单一指令只买卖一个合约。单一指令又被形象地称为单腿指令。如投资者买入期货就是一个单一指令。再如开仓买入 WS711C1800@20，数量 100，即为单一指令。

组合指令：同时买卖两个或两个以上合约的交易指令。组合指令至少包括两条腿。期权交易中有一些常用的交易组合，如套利（spread①）交易、跨式交易等，就可以直接下达组合指令，建立组合部位。

（1）组合指令的特点。

- 两条腿的数量在任何时候都相同，因此下单时只需输入一个数量即可。
- 以价差形式下单。只需输入两个合约的价差即可，不需输入两个合约的价格。
- 两条腿必须同时成交，组合指令方可执行。因此，组合指令的成交限于立即成交否则作废（IOC）、全部成交否则取消（FOK）两种方式。

（2）组合指令构成与举例。

- 垂直套利。垂直套利可以用看涨期权或者看跌期权来构造，由买入期权和卖出期权两个部位组成。买入的期权与卖出的期权二者除了执行价格不同，其他方面如月份、类型均相同。

【例 2-5】用看涨期权构造的垂直套利：买入 WS705C1700 + 卖出 WS705C1740；用看跌期权构造的垂直套利：买入 WS705P1700 + 卖出 WS705P1740。

- 水平套利。水平套利也可以用看涨期权或者看跌期权来构造，由买入期权和卖出期权两个部位组成。买入的期权与卖出的期权二者除了月份不同，其他方面包括执行价格、类型均相同。

---

① 说明：英文 spread 是指不同期货合约之间的价差套利，所以也有称“价差”（The price difference between two futures contracts is called the spread. A spread trade consists of the simultaneous purchase and sale of two different but related futures contracts.）；arbitrage 是指不同市场间的套利，如期现货套利（Arbitrage can be defined as the simultaneous purchase and sale of equivalent commodities (either cash or futures) in different markets in order to profit from price discrepancies.））。因此，spread 和 arbitrage 汉语都翻译为“套利”。国内把 spread 看作有风险的套利，Arbitrage 看作无风险的套利。

【例 2-6】 用看涨期权构造的水平套利：买入 WS705C1740 + 卖出 WS705C1740；用看跌期权构造的水平套利：买入 WS705P1700 + 卖出 WS709C1700。

垂直套利与水平套利的由来见图 2.1。

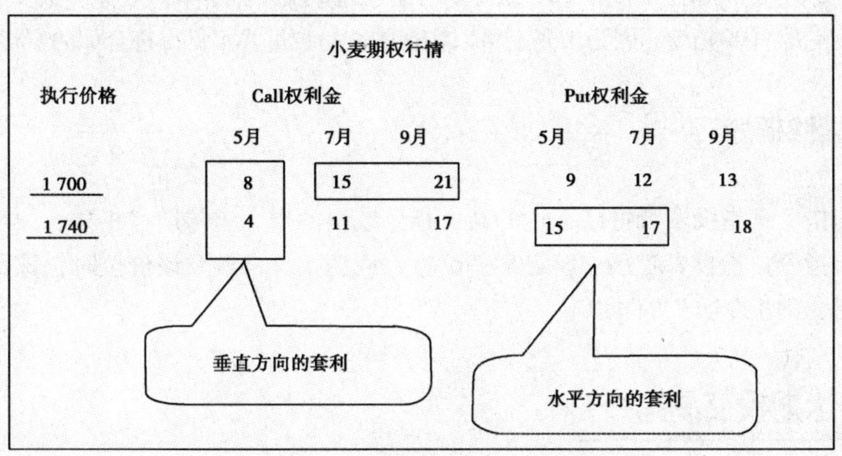

图 2.1　垂直套利与水平套利的由来

• 跨式组合。跨式组合中包含一个看涨期权和看跌期权，二者部位方向一致，要么全买入，要么全卖出。除了期权类型不同，两个期权的月份、执行价格均相同。

【例 2-7】 买入 WS709C1700 + 买入 WS709P1700。

• 宽跨式组合。宽跨式是在跨式基础上加上执行价格的变化而来。组合中同样包含一个看涨期权和看跌期权，二者部位方向一致，要么全买入，要么全卖出。但二者除了月份相同外，期权类型、执行价格均不同。看涨期权的执行价格要高于期货市价、看跌期权执行价格要低于市价。

【例 2-8】 买入 WS709C1740 + 买入 WS709P1700。

3. 有限制定单

（1）立即成交否则取消指令（Immediate or Cancel，IOC）。所下委托单要么全部成交，要么部分等量成交，否则即行取消。

【例 2-9】 投资者下达买入看涨期权垂直套利指令，数量为 10 手，价差为 20 元，限制条件为 IOC 指令。如果市场中两个合约的价差能够满足 10 手的成交，则指令立即被执行。如果市场中两个合约的价差能够满足 1 手的成交，则指令执行 1 手，其余则即行取消。如果两个合约的价差大于输入价差，则指令立即被全部取消。

（2）全部成交否则取消指令（Fill or Kill，FOK）。所下委托单要么全部成交，要么立即取消。与IOC指令相比，FOK指令不允许部分成交，只能全部成交。而IOC可以成交一部分，其余取消。因此，IOC指令更容易实现成交。投资者若要急于成交，最好选择IOC而不是FOK指令。因为市场上可以实现的交易数量并不见得符合你的愿望。

4. 其他指令

取消指令：指投资者将已下达的某一指令取消的指令。与期货相同。

止损指令：指投资者预先设定某一价格，当期权价格触及该价位时，该指令即变成市价指令的指令。

三、下达期权交易指令

期权交易指令可能包含的项目包括：①买进或卖出；②期权合约代码；③数量；④权利金（价差）；⑤开仓或平仓；⑥指令类型。

期权合约代码中包含期权合约的品种、月份、执行价格、看涨期权或看跌期权等信息。

指令类型在组合指令中需要输入。用于选择IOC或FOK等限制条件。

通过单一指令，投资者可以方便地买入或卖出期权。借助组合指令，投资者也同样可以买入或者卖出一个组合。买卖期权组合与买入单个期权在直观上具有相同的意义。只要是买入组合，一般为净支付权利金，卖出组合则要净收入权利金。对于跨式和宽跨式很容易理解。对于套利交易，买入组合中，买入的期权要么具有更高的实值额或者更小的虚值额，要么具有更长的到期时间。

【例2-10】 买入看涨期权垂直套利：WS709C1700+卖出WS709C1740。无论期货价如何变化，执行价格较低的WS709C1700的权利金一定高于WS709C1740。

买入看跌期权水平套利：买入WS709P1700+卖出WS711P1700。由于WS711比WS709具有更多的到期时间，也就具有更高的时间价值，因此，一般情况下前者要高于后者的权利金。

对于水平套利，会存在例外情况。当不同月份期货合约价差倒挂情况下，内涵价值的影响大于时间价值的影响。这时，近期的期权权利金会大于远期期权。这种情况下，用输入负价差来解决。

表2.2为可使用所有组合指令。

表2.2 **组合指令表**

	买入组合及举例	卖出组合及举例	备注
Call 垂直 套利	买低（执行价格）卖高 买入 WS711C1640 + 卖出 WS711C1660	买高卖低 卖出 WS711C1640 + 买入 WS711C1660	执行价格不同，品种月份、类型和数量均相同
Put 垂直 套利	买高卖低 买入 WS711P1680 + 卖出 WS711P1660	买低卖高 卖出 WS711P1680 + 买入 WS711P1660	执行价格不同，品种月份、类型和数量均相同
Call 水平 套利	买（月份）近卖远 买入 WS709C1740 + 卖出 WS711C1740	买远卖近 卖出 WS709C1740 + 买入 WS711C1740	月份不同，其他均相同
Put 水平 套利	买近卖远 买入 WS709P1740 + 卖出 WS711P1740	买远卖近 卖出 WS709P1740 + 买入 WS711P1740	月份不同，其他均相同
跨式	买入 call + put 买入 WS711C1640 + 买入 WS711P1640	卖出 call + put 卖出 WS711C1640 + 卖出 WS711P1640	期权类型不同，月份、执行价格均相同
宽跨式	买入 call + put 买入 WS711C1660 + 买入 WS711P1640	卖出 call + put 卖出 WS711C1660 + 卖出 WS711P1640	月份相同，执行价格与期权类型不同

四、成 交

交易指令由计算机按照成交原则撮合成交。权利金竞价原则与期货相同，即价格优先、时间优先。计算机撮合系统首先分买入和卖出指令进行排序，当买价大于、等于卖价则自动撮合成交，撮合成交价等于买价、卖价和前一成交价三者居中的一个价格。

对于组合指令，撮合原则为价差优先、时间优先。买入组合时，价差高的先成交；卖出组合时，价差低的先成交。同一价差按时间顺序成交。撮合系统会判断市场中两个合约的价差是否符合指令要求。如果符合，不论单个合约的价格是多少，就可以成交。

在开盘前采用集合竞价方式产生开盘价。其间不接受组合指令。开盘之后，为连续竞价方式，系统开始接受各种指令。

五、期权部位了结方式

期货开仓后，可以通过对冲平仓和实物交割两种方式进行了结。期权交易中则有以下了结方式：

1. 对冲平仓

期权的对冲平仓方法与期货基本相同，都是将先前买进（卖出）的合约卖出（买进）。平仓是针对“同一合约”的对冲了结。对于期权，“同一合约”是指同品种、同月份、同类型、同执行价格的期权合约。

同类型期权：指看涨期权（C）或看跌期权（P）。

如买进看涨期权，卖出同执行价格、同月份看涨期权对冲平仓；卖出看涨期权，买进同执行价格、同月份看涨期权对冲平仓；买进看跌期权，卖出同执行价格、同月份的看跌期权对冲平仓；卖出看跌期权，买进同执行价格、同月份的看跌期权对冲平仓。

【例2－11】小张买入开仓10手WS711C1700，权利金20元/吨。随着强麦期货价格的上涨，权利金也上涨到30元/吨。此时，小张选择平仓了结来锁定盈利。下面平仓指令中哪个是正确的？

- 卖出（平仓）10手WS711C1700，30元/吨
- 卖出（平仓）10手WS711P1700，30元/吨
- 买入（平仓）10手WS711P1700，30元/吨

三个指令中，只有第一个是正确的平仓指令。第二个指令中的期权类型不同，就不是同一个合约了。买了一个西瓜，卖出一个冬瓜，西瓜还在自己手里。第三个指令值得注意，一些新手会想当然：买入一个看涨期权后，再买入一个看跌期权，就算了结了。期权类型不同，买卖方向相同，这同样不是正确的平仓指令。

期权平仓盈亏的计算与期货类似，是期权买卖的权利金差价，卖出价减去买入价只要是正数就赚钱，是负数就亏钱，是零就不盈不亏（不考虑交易手续费）。

【例2－12】续上例，小张买进时权利金为20元/吨，卖出平仓时权利金涨至30元/吨，则平仓盈利10元/吨。10手共盈利1 000元。

2. 执行与履约

期权执行类似于期货的交割。通过交割，期货买卖双方进行的是货款和仓单的交收划转。而期权执行“交割”的是期货部位。美式期权的买方在合约规定的有效期限内的任一交易日闭市前均可通过交易系统下达执行期权指令，欧式期权的买方只能在到期日当日提出执行。买方提出执行后，卖方有履约的义务。交易所按照持仓时间最长原则找出期权卖方，期权买卖双方的期权部位在当日收市后转换成期货部位。由

期权执行而来的期货部位是否可以与期货已有的相反部位自动对冲，则由期货交易所自己规定，请投资者在交易时注意此类规定。

对于看涨期权多头，按照执行价格获得多头期货部位；对于卖出看涨期权，按照执行价格，卖方获得空头期货部位。

对于买进看跌期权，按照执行价格，买方获得空头期货部位；对于卖出看跌期权，按照执行价格，卖方获得多头期货部位（见表2.3）。

表2.3　　期权转换后的期货部位

	看涨期权	看跌期权
买　入	多头	空头
卖　出	空头	多头

期权执行进行部位转换的时间是在当日闭市后。买方在交易时间可以下达期权执行指令，也可在闭市前撤消。期权卖方不需要担心交易过程中被执行，但要注意检查当日结算单，是否有被执行的情况。

期权执行后，期权部位转换为期货部位（开仓），需要在期货市场平仓，才算彻底了结交易。因此，交易盈亏的计算要包含期权和期货的整体情况。对于期权买方来说，交易结果为期货平仓的盈亏再扣除权利金。对于期权卖方来讲，则为期货平仓盈亏再加上期初收到的权利金。

如何巧妙避免执行后期货风险?

如果交易系统不提供执行后自动对冲的功能，许多投资者直觉上会先执行再通过期货市场平仓。由于交易所都是在闭市后执行，投资者面临次日期货价格跳空的风险。按照执行当天市场价格是有利可图的，但次日价格却往相反方向大幅变动，反而使执行来的期货部位亏损了。一种更高明的方法是先在期货市场建立持仓锁定利润，再执行。因为对期权买方来说，其交易结果计算公式中的执行价格与起初支付的权利金都是固定不变的。只要抓住有利时机和价位，建立相反期货部位，无论市场如何变化，无论何时提出执行，交易结果都相同。

【例2－13】某日，小张买入10手WS705C1700，权利金为30元/吨，共支付权利金300元。次日，WS705期货价上涨至1 750元/吨，小张下达期权执行指令。获得10手5月份强麦期货多头持仓，成交价为执行价格1 700元/吨。第三日，WS705市价仍为1 750元/吨，小张将10手期货卖出平仓。由此，小张的交易结果为：期货平仓盈亏（1 750－1 700）×10－30×10＝200元。

与小张相反，小王以30元/吨卖出了10手WS705C1700，获得权利金收入300元，被要求履约，获得了10手期货空头。如果按1 750元/吨的市价买入平仓，则小王的交易结果为：期货平仓盈亏（1 700 - 1 750）×10 + 权利金 30×10 = -200 元。

投资者要注意交易所对期权执行方面的限制。如果交易所规定期货与期权是分开限仓，则执行后转换到期货的持仓加上期货已有持仓，超过了期货限仓数量，则无法提出执行，必须平仓。比如，期权多头持仓数量为 500 手，期货规定持仓为 1 000 手，期货已有持仓为 700 手，则只能执行 300 手，其余的 200 手必须平仓。

3. 期权到期

期权到期是指到期时，投资者的期权持仓没有平掉，多头持仓也没有提出执行，空头持仓没有被要求履约，在当日结算时，投资者的期权持仓在当日结算时就会被自动了结，期权持仓就如电脑硬盘格式化一样消失。随之而去的还有买方支付的权利金。在到期情况下，期权买方任凭权利失效作废，会损失全部的权利金，而期权卖方则可赚取全部的权利金收入。一般情况下，在到期日，虚值期权和平值期权没有内涵价值，买方执行是不明智的，所以只能任其过期作废。

期权到期时，实值期权是否自动执行由各交易所规定，请投资者注意交易所的规定。如果对于所有期权持仓，投资者提出执行才执行，不提出则作废，投资者就要对持仓中的实值期权主动提出执行，否则，就会白白送钱给卖方。因此，投资者一定要注意：莫让实值期权放任到期。对于内涵价值扣除手续费后仍有盈利的实值期权多头，记着行使你的权利，别让煮熟的鸭子飞了。

何种了结方式最有利？

期权权利金由两部分构成：内涵价值与时间价值。对于期权多头来说，平仓可以收回一些时间价值，因此平仓是最有利的了结方式，最不利的是到期作废。对于期权空头来说，最为有利的方式当然是到期买方放弃，这样可以赚取全部的权利金。但在交易中，市况在不断地变化，无论是买方还是卖方，长期持仓所占押的资金，会降低投资者的资金周转速度，并可能丧失更多的交易机会和更大的收益率。最好的选择是盈利情况下平仓锁定利润，在出现亏损时也要注意及时止损。因此，在以上四种了结方式中，与期货一样，最为常用的仍然是平仓。

第三节 期权保证金

期权交易中，买方向卖方支付权利金后，只有权利而无义务，损失也仅限于已经支付的权利金，所以不需要缴纳保证金。而卖方最大盈利限于收到的权利金，面临着价格不利变化情况下的风险和履约义务。为保障其履约能力，需要缴纳保证金。国际市场上期权保证金的计算较为复杂。针对国内期权交易刚刚开始的现实情况，采用简单化的收取办法，可以方便投资者计算和进行资金筹划。期权保证金的设计原理有二：一是根据期权的状态采用不同的收取办法。就卖方而言，实值期权、平值期权与虚值期权三者之间的风险依次递减，因此保证金收取的数量也依次递减。二是由于期货部位、期权多头对期权空头具有限制损失的保护能力，所以对于交易组合按照部位风险程度收取较少的保证金或者不收保证金。

期权状态：根据期权合约的执行价格与标的期货价格的关系，可以分为实值期权、平值期权与虚值期权。实值期权是期权执行后能盈利的期权。平值期权是执行后不盈不亏。虚值期权是执行后亏损的期权。

与看涨期权、看跌期权的概念相同，都是从买方的角度定义的。

一、单一部位保证金收取办法

期权卖方单一部位持仓交易保证金按实值、平值和虚值分别收取：

实值期权保证金 = 权利金 + 期货保证金 ×100%

平值期权保证金 = 权利金 + 期货保证金 ×70%

虚值期权保证金 = 权利金 + 期货保证金 ×40%

从公式中可见：

（1）期权保证金由两部分组成，一是权利金，二是期货保证金的一定比例。期权每日结算时都要根据权利金结算价和标的期货的结算价按上述公式进行计算和调整卖方的保证金。

期货交易中，期货保证金 = 期货合约结算价 × 保证金比例。而保证金比例会因所处月份、持仓量的变化而变化。在市场大幅波动及异常情况下，交易所可以按照程序调整期货保证金比例。这时，期权保证金中期货保证金部分的计算随之相应变化。

（2）期权具有更大的杠杆作用。公式中权利金部分可以从买方收到（随着持仓时间的延长及价格的变化，市价与当初收入的差异可能会越来越大，但成交当天差异会小些），因此卖方需要运用资金缴纳的保证金主要是第二部分——期货保证金的一定比例。实值期权由于买方要求执行的可能性很高，风险受期货价格变化的影响程度也较强，因此，保证金为期货保证金的 100%，即与期货保证金相当；同样的原因，平值期权与虚值期权分别为期货保证金的 70%、40%。由于期权交易中较为活跃的一般为平值附近的合约，实值期权由于权利金和保证金均较高，作为新开仓的交易较少，大部分是历史持仓，并不是交易的重心。平值与虚值期权的保证金都要少于期货保证金。因此，即使对于卖方来讲，期权也具有较大的杠杆作用。

【例2－14】6月5—6日，小张的期权空头持仓如表2.4所示。

表2.4

持仓合约	数量（张）	结算价（12.5吨）	结算价（12.6吨）
WS709C1700	10	30	50
WS709P1720	10	45	30
WS711C1740	10	28	35

6月5日，WS709结算价为1 700元，WS711结算价为1 722元，强麦期货保证金比例为5%。小张持仓合约的保证金计算方法如表2.5所示。

表2.5　　单位：元

持仓合约	期权状态	保证金
WS709C1700	平　值	(30+1 700×5%×70%)×10=895
WS709P1720	实　值	(45+1 700×5%×100%)×10=1 300
WS711C1740	虚　值	(28+1 722×5%×40%)×10=624.4

6月6日，WS709结算价为1 720元，WS711结算价为1 740元。假设WS709因双边持仓量达到42万手，按规则规定，强筋小麦保证金由5%调增至10%。小张应交保证金计算过程如表2.6所示。

表2.6　　单位：元

持仓合约	期权状态	保证金
WS709C1700	实　值	(50+1 720×10%×100%)×10=2 220
WS709P1720	平　值	(30+1 720×10%×70%)×10=1 504
WS711C1740	平　值	(35+1 740×5%×70%)×10=959

二、组合部位保证金收取方式

期权的合约多，套利关系也多，可以构造许多套利交易等投资组合。组合的盈亏不同于单一期权空头。单一空头的盈利上限是固定的，而风险是会增加的；许多交易组合的最大盈利和亏损都是明确而固定的，可以根据组合的最大亏损来确定保证金收取数额。在覆盖风险的同时，尽量提高投资者的资金使用效率。

郑商所期权模拟交易细则可以对一些常用的标准组合规定保证金收取办法，包括垂直套利、跨式组合、有保护的期权空头三种情况。

1. 垂直套利

买入垂直套利不缴纳交易保证金，卖出垂直套利按执行价格差缴纳交易保证金。

（1）买入看涨期权垂直套利：买入较低执行价格的看涨期权，卖出较高执行价格的看涨期权，不缴纳保证金。

【例2-15】棉花期货价格为15 000元/吨，老王看好棉花期货后市，买入一张CF709C15000，支付权利金510元/吨；但又认为价格不会突破15 600元/吨，所以卖出一张执行价格为15 600元/吨的同月份看涨期权CF709C15600，收入权利金280元/吨。净支付权利金230元/吨。这是一个牛市策略，面临的是期货下跌的风险。当期货价格跌破15 000元/吨时，两个看涨期权到期都没有价值。策略出现最大亏损就是老王已经支付的230元。所以不需缴纳保证金（见图2.2）。

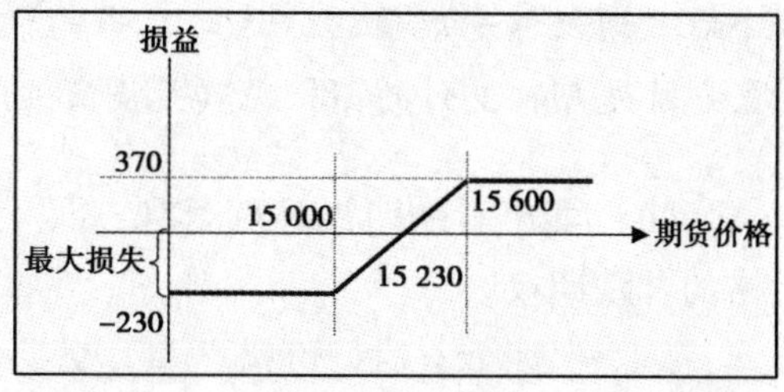

图2.2 买入看涨期权垂直套利到期损益图

（2）卖出看涨期权垂直套利：买入较高执行价格的看涨期权，卖出较低执行价格的看涨期权。

保证金 = 执行价格之差 × 交易单位 × 成交数量

【例2-16】棉花期货价格为15 000元/吨，与上例中老王完全相反，小王认为棉花期货后市上涨可能性较小，卖出一手CF709C15000，收入权利金510元/吨。为了防止万一上涨的风险，买入一手CF709C15600，支付权利金280元/吨。净收入权利金230元/吨。这也是该策略的最大盈利。如果小王对市场判断失误，价格大幅上涨，超过15 600元，小王卖出的CF709C15000就会被执行，而小王作为CF709C15600的买方也可以提出执行，这样可有效阻断15 600元/吨以上的风险，小王的最大损失就是（15 600 - 15 000） - 230 = 370元。小王应交保证金为（15 600 - 15 000） × 1 × 1 = 600元。由于小王在开仓时已经收到了230元/吨的权利金净收入，所以，实际上他所交的保证金即最大亏损370元/吨（见图2.3）。

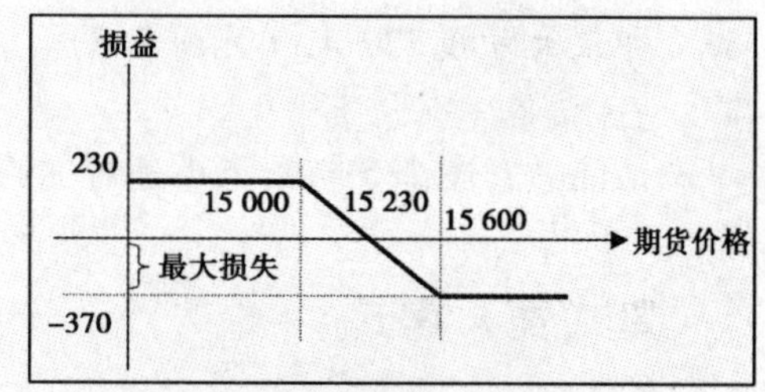

图2.3 卖出看涨期权垂直套利到期损益图

买入看涨期权垂直套利与卖出看涨期权垂直套利是对称的操作。损益图也是对称的，把图2.3翻转就是图2.2。

（3）买入看跌期权垂直套利：买入较高执行价格的看跌期权，卖出较低执行价格的看跌期权，不缴纳保证金。

【例2-17】棉花期货价格为15 000元/吨，老张看空棉花期货后市，买入一手执行价格为15 000元/吨的棉花看跌期权，支付权利金510元/吨；但又认为价格不会跌破14 600元/吨，所以卖出一手执行价格为14 600元/吨的同月份看跌期权，收入权利金330元/吨。净支付权利金180元/吨。如果到期时价格上涨到15 000元/吨以上，两个看跌期权都是虚值的。这时老张的最大损失也就是期初支付的180元（见图2.4）。

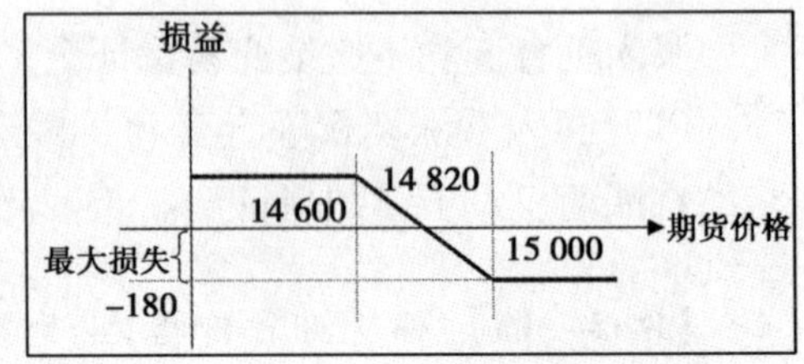

图2.4　买入看跌期权垂直套利到期损益图

（4）卖出看跌期权垂直套利：买入较低执行价格的看跌期权，卖出较高执行价格的看跌期权。

保证金=执行价格之差×交易单位×成交数量

【例2-18】棉花期货价格为15 000元/吨，小张认为CF709后市大跌可能性不大，卖出一手CF709P15000，收入权利金510，为预防万一，买入一手CF709P14600，支付权利金330元/吨，共收入权利金180元。如果小张对市场判断失误，价格大幅下跌，跌破14 600元/吨，小张卖出的CF709P15000就会被执行，而小张作为CF709P14600的买方也可以提出执行，这样有效阻断14 600元/吨以下的风险，小张的最大损失也就是（15 000-14 600）-180=220元。小张应交保证金为（15 000-14 600）×1×1=400元。由于小张在交易初期已经收到了180元的权利金净收入，所以，实际上他所交的保证金即最大亏损220元（见图2.5）。

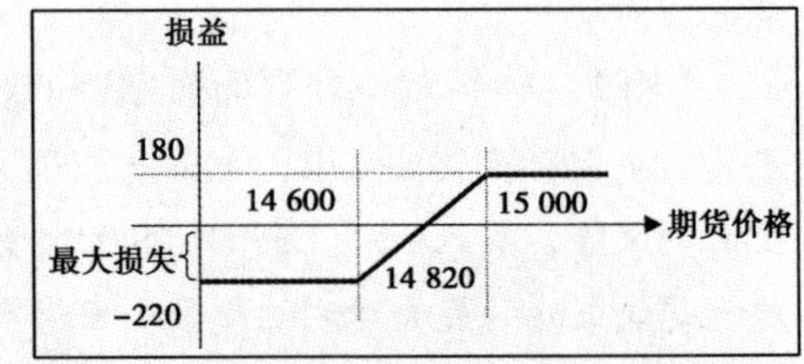

图2.5　买入看涨期权垂直套利到期损益图

请注意：图2.5与图2.4是对称的，把图2.5翻转就是图2.4。

2.（宽）跨式

（1）买入（宽）跨式组合：买入相同数量的同品种、同月份、（不）同执行价格的看涨期权和看跌期权。全是由期权多头部位组成，不需要缴纳保证金。

（2）卖出（宽）跨式组合：卖出相同数量的同品种、同月份、（不）同执行价格的看涨期权和看跌期权。保证金计算方法为先分别计算卖出看涨期权和卖出看跌期权交易保证金，取其中较大者加上另一部位权利金。

【例2－19】 小张卖出 WS709C1700 和 WS709P1700 各一手，如果期价大幅波动，无论是大涨或是大跌，小张都面临着较大的风险，所以卖出跨式必须缴纳保证金。由于期价方向只有一个，因此，小张的两个空头无需都交保证金，取其大者再加上另一部位权利金即可。当日强麦期货结算价格为 1 710 元/吨，看涨期权和看跌期权的权利金成交价分别为 40 元、20 元。结算价同成交价。跨式组合中，两个空头持仓合约的执行价格一样，与结算价相比，都是平值期权。因此，保证金计算过程等同于权利金之和加上期货保证金的一定比例：60＋1 710×5%×40%＝94.2 元（见图 2.6）。

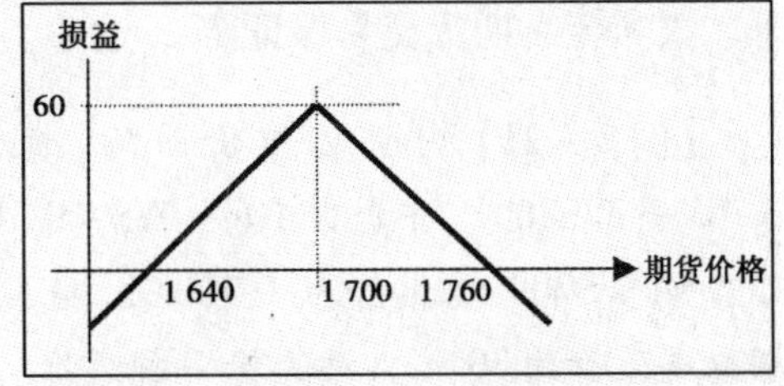

图 2.6 卖出跨式到期损益图

【例2－20】 若小张卖出 WS709C1720 和 WS709P1680 各一手，就是卖出宽跨式。当日强麦期货结算价格为 1 700 元/吨，看涨期权和看跌期权的权利金成交价分别为 30 元、10 元。结算价同成交价。保证金计算过程如下：

卖出 WS709C1720 应交保证金：30＋1 700×5%×40%＝64（元）

卖出 WS709P1680 应交保证金：10＋1 700×5%×40%＝44（元）

小张卖出跨式应交保证金为：64＋10＝74（元）

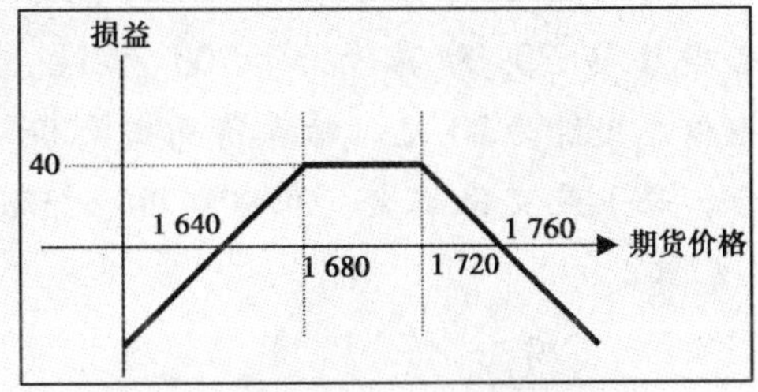

图 2.7 卖出宽跨式到期损益图

其结果见图 2.7。

计算卖出跨式与宽跨式保证金有一个简单的方法。两个期权空头中，权利金高的空头部位保证金肯定也高，因此可以直接用较低的权利金加上另一部位的保证金。

> **对垂直套利、(宽)跨式的总结**
>
> 如何灵活掌握上述组合的损益和保证金，以下两点对投资者十分有用：
>
> 1. 凡是期初净收入权利金的，权利金净收入即为最大盈利，需要缴纳保证金；
>
> 2. 凡是期初净支出权利金的，权利金净支出即为最大亏损，不需缴纳保证金。

3. 有保护的期权空头

有保护的看涨期权空头：卖出看涨期权，买入相同数量的标的期货合约。

有保护的看跌期权空头：卖出看跌期权，卖出相同数量的标的期货合约。

上述两种组合中期货与期权的数量必须相等，保证金收取标准为：

权利金+期货交易保证金

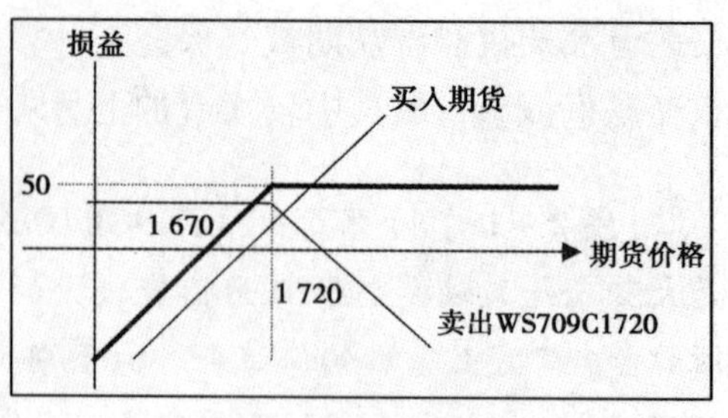

图 2.8　有保护的看涨期权空头到期损益图

【例 2-21】小张以市价 1 700 元/吨买入 10 手 WS709，并卖出 10 手 WS709C1720。若当日 WS709 结算价为 1 700 元/吨，看涨期权成交价为 30 元。结算价同成交价。期货多头与看涨期权空头作为一个组合，应交保证金：30+1 700×5%×40%=64 元。10 手共交保证金 640 元（见图 2.8）。

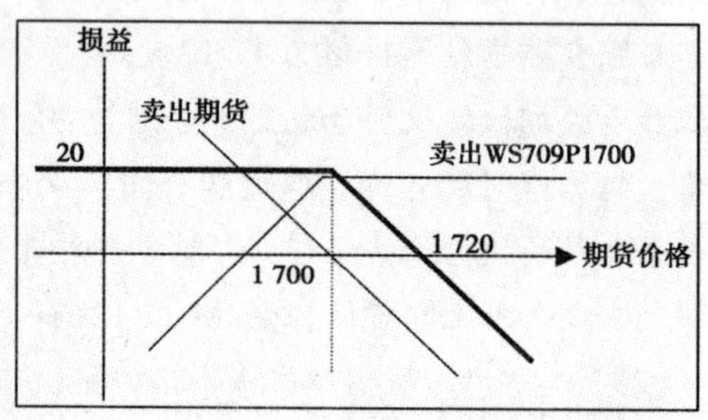

图 2.9　有保护的看跌期权空头到期损益图

【例 2-22】小张以市价 1 700 元/吨卖出 1 手 WS709，并卖出 1 手 WS709P1700。若当日 WS709 结算价为 1 700 元/吨，看跌期权成交价为 20 元。结算价同成交价。10 手期货空头与看跌期权空头作为一个组合，每手应交保证金：20+1 700×5%×70%=79.5 元。10 手共交保证金 795 元（见图 2.9）。

第四节

期权结算流程

一、期权多头结算流程

（1）开仓：买入期权，买方需要支付权利金，不需缴纳保证金。

（2）成交：成交后，按照权利金成交价计算成交总额，从结算准备金账户划出。与期货不同，期货成交后，资金从结算准备金划转至交易保证金。而权利金则是从买方账户划出，用于支付卖方。

【例 2-23】某期货公司客户小张于 2006 年 12 月 6 日买入 100 手 WS709C1700，权利金为 33 元，成交后交易所从期货公司结算准备金账户划出 33×100=3 300 元。

【注意】权利金全部从账户划走，而不是一定比例。这对买方来说，成本也是比较高的。因此，投资者在买入期权时要考虑与期货投资成本的对比。

（3）每日结算：当日闭市后，由于买方不需要缴纳保证金，也就不存在按结算价调整权利金和保证金，但需要扣划手续费；如果继续持仓，期权买方的多头历史持仓没有任何结算动作。同时，投资者的账户权益无法反映期权多头持仓的价值，只有在平仓后才能计算。

如何建立组合持仓？

标准组合持仓可以通过组合指令直接建立，也可以通过交易终端对同一账户历史持仓进行人工调整的方式建立，即根据期权空头持 仓选取相应数量的期货、期权持仓，建立符合上述标准的组合持仓。每交易日确认组合持仓的截止时间为15：10。（请留意交易规则）。

【说明】小张只要不平仓，持有期间交易所就不对其进行每日结算，这与期货是不同的。期货在每日价格变化时有浮动盈亏，盈利可以开新仓，浮亏要追加保证金。而买入期权不存在这些问题。请投资者务必注意。

（4）平仓：投资者卖出平仓，按成交价收入权利金，相应增加结算准备金余额。

【例2－24】小张于12月28日以50元的价格将WS709C1700平仓。结算时，交易所划入其账户50×100＝5 000元，结算完毕。

【注意】交易所并不是将其盈利差划入。这也是与期货的不同之处。

买方在大量买进期权时，其账户资金会大幅度减少，而平仓后又会大幅增加。在2005年9月至12月郑州商品交易所的模拟大赛中，有的投资者大量买入期权，其资金排行看不到或很靠后，而一旦某日大量平仓，则资金大量回笼，一下子进入前几名。当时就有投资者不明白，其实就是结算制度造成的。

（5）到期：只是减少期权持仓，资金无变化。

【说明】到期日，只要买方不平仓，也不提出执行，就意味着放弃权利。由于期初权利金已经划走，所以这时候就没有新的结算动作，只需交易所把其持仓删去即可。

（6）执行：下达执行指令前，需有充足的保证金（同期货开仓所需数量）；执行后，减少期权持仓，同时增加期货持仓，期货按新开仓缴纳交易保证金和交易手续费。

【说明】买方要想将期权部位变为期货部位，需要提出执行。但请注意：要有符合期货保证金要求的资金，否则执行指令会不成功。

二、期权空头结算流程

（1）开仓：卖出期权，投资者收入权利金，账户中需有足额的资金用于支付保证金。

（2）成交：成交后，系统按收支两条线来划转资金。一是按照成交价为卖方划收权利金，二是按照保证金计算公式从结算准备金账户划付交易保证金。交易所一般按照上一交易日结算价来计算当天的交易保证金。因此，卖方收到的权利金可以用来缴纳保证金，但要明白成交价与昨结算存在差别对资金变动的影响。

【例2－25】 某期货公司客户小李于2006年12月6日卖出100手WS709C1700，权利金为33元，期货昨结算价为1 720元，权利金昨结算价为20元，成交后交易所从期货公司账户划入资金33×100＝3 300，再划出资金20×100＋1 720×5%×100＝2 000＋8 600＝10 600。

【注意】 这是成交时的资金划转。

（3）每日结算：当日闭市后，按照期货、期权的当天结算价，期权的状态重新计算和调整交易保证金。与已经缴纳的保证金进行比较，多退少补；如果继续持仓，每天重复该过程。如果资金余额为负数，则应在规定时间内补足或者自行平仓，否则会被强行平仓。

【例2－26】 如果当日结算时，期货结算价为1 750元/吨，权利金为40元，则按公式计算的保证金＝40×100＋1 750×5%×100＝4 000＋8 750＝12 750元。此金额与10 620元/吨比较，需再从其账户划出资金2 130元（12 750－10 620）；另外，在结算时还要划出交易手续费。

如果小李一直持仓，则需要根据每日期货结算价和权利金结算价逐日盯市结算。

（4）平仓：投资者买入平仓，按成交价支付权利金，释放交易保证金。

【例2－27】 如果该投资者12月7日按30平仓，则划出资金30×100＝3 000元后，同时释放交易保证金12 750元。另外结算时，还要缴纳交易手续费。

（5）到期：减少期权持仓，释放交易保证金。

【例 2－28】 2007 年 8 月 7 日，WS709 的期权到期，对于买方没有提出执行的期权持仓，结算时由计算机全部取消，卖方的交易保证金相应释放。

（6）履约：卖方被配对后，期权持仓减少，同时增加期货持仓，释放期权保证金，同时期货按新开仓缴纳交易保证金和交易手续费。

三、期权与期货每日结算的区别

与期货结算相比，期权结算存在一些不同之处，投资者应了解：

（1）期货结算中买方卖方都要缴纳保证金，每天都要根据结算价进行调整，双方在结算中具有相同的重要性。而期权结算的重点是卖方。期权交易中，买方不交保证金，只交权利金，期权买方的结算只存在于交易的起点和终点。买入开仓时按成交价支付权利金，卖出平仓时按成交价收取权利金。成交时缴纳手续费。持仓期间不再存在其他的资金变化。

（2）持仓盈亏是期货每日结算的重要环节。而期权交易中，交易所对买方不进行持仓盈亏的计算。权利金上涨了，账户资金仍然没有变化，只有平仓后才能收到“实盈”，而真正赚了多少，还要以当初的开仓价计算。可见，对买方的结算方式不是期货式的，可以说是“现货式”的。期权卖方与买方又有所不同，存在持仓盈亏的计算。权利金上涨了，根据期权保证金结算公式，要增加保证金。相反则减少保证金，卖方可以使用的结算准备金相应变化。

（3）期货交易中，买卖双方都要缴纳保证金，但二者之间不存在费用的收付。期权交易中，买方要向卖方支付权利金。

第五节
期权限仓

限仓制度是期货市场风险管理的重要内容。实施限仓制度是为了防止投资者特别是大户利用资金优势，集中较大的持仓操纵市场，这对于期货市场的健康运行十分必要。期货期权以期货为标的，期权的部位与期货部位在方向及数量上具有约当等同关系，而买方通过期权执行则可以直接转换为期货部位，因此，交易所应综合考虑期货与期权两种持仓制订限额。通过持仓限制，规定了一个投资者或者会员的最大持仓数量，可以防止市场操纵，降低市场整体运行风险。

一、期权限仓的方式

期权是期货的衍生品，两个市场的运行存在内在联系。因此期权限仓的方式，应考虑如何与期货的规定相协调。期权持仓限制有以下两种方式：

1. 合并限仓

为同一品种的期货与期权持仓之和规定一个持仓上限。在计算期货与期权持仓总和时，国际市场上一般将期权持仓按其 Delta 值转换为期货持仓数量来计算。

【例 2－29】 CBOT 规定投资者的小麦单一月份（非现货月）持仓限制为 5 000 手。投资者持有的 5 月份小麦期货及期权持仓如表 2.7 所示。

表 2.7

持仓合约	数量（手）	合约 Delta	总 Delta
期货多头	3 000	1	3 000
看涨期权多头	3 000	0.8	2 400
看涨期权空头	1 000	－0.3	－300
看跌期权多头	1 000	－0.4	－400

CBOT 是按照 Delta 将期权持仓转换为约当期货持仓。如看涨期权合约的 Delta 值为 0.8，则 3 000 手看涨期权多头就相当于 2 400 手期货多头。该投资者持有 5 月小麦期货、期权的总 Delta 值（约当期货持仓数量）为 4 700。因此该投资者没有违反交易所的持仓限制。

由上例可见，CBOT 的持仓数量计算中，多空可以抵消，Delta 也可以正负相抵，因此是一种对净持仓的持仓限制，这与国内的单边持仓限制是不同的。对于合并限仓，也有交易所只是将期货、期权持仓数量简单相加来计算，即一张期权等同于一张期货。投资者要注意相关规定。

2. 分开限仓

期货与期权分别规定各自的持仓限制。期货持仓适用期货的持仓限制，期权持仓适用期权的持仓限制，二者是独立的。分开限仓的方式比较简单，不需引入Delta，对于刚刚接触期权的投资者来说，十分容易理解和掌握。

二、期权限仓的特点

1. 与期货限仓的共同点

- 实行分会员及投资者的限仓制度。
- 分到期月、到期月前一个月和一般月份进行限仓。在一般月份实行比例加绝对量限仓，到期月前一个月和到期月实行绝对量限仓。

提醒投资者注意：期权按月份合约进行限仓，也就是说，同一月份下的所有执行价格的看涨期权、看跌期权的持仓加在一起进行计算。

2. 期权限仓的特别之处

期货交易中只有多空两个部位，因此单边的计算一目了然。期权也是按单边持仓数量进行计算，但是期权有四个部位：看涨期权的多头，看涨期权的空头，看跌期权的多头，看跌期权的空头。

因此，期权单边持仓的计算就有点"意思"了。由于看涨期权的多头与看跌期权的空头转换为期货部位均为期货多头，而看涨期权的空头与看跌期权的多头转换为期货部位均为期货空头，因此，期权持仓限制中，将分月份的买入看涨期权与卖出看跌期权为一边（这两种部位都对期货价格持看涨的态度，Delta值方向与买入期货相同，均为正值）；买入看跌期权与卖出看涨期权为另一边（这两种部位对期货价格持下跌的看法，delta值方向与卖出期货相同，均为负值）。

【例2-30】 如果强筋小麦期权一般月份对投资者的单边持仓限制为15 000张。某投资者的持仓结构见表2.8。

表2.8

持仓合约	多空方向	数量（手）
WS209C1700	多 头	4 000
WS209C1740	空 头	5 000
WS209P1700	多 头	5 000
WS209P1720	空 头	10 000

可以计算：

看涨期权多头 + 看跌期权空头 = 14 000

看涨期权空头 + 看跌期权多头 = 10 000

因此，总的来说，无论是做多期货的一边还是做空期货的一边，这个投资者均没有超出期权持仓限制。

第六节 期权做市商

从国际期权市场的发展经验看，通过合理的做市商制度，发挥做市商的专业优势和规模效应，有利于提高市场的流动性，促进市场的合理定价，有利于维持期权与标的期货的密切关系，有利于充分发挥市场发现价格和规避风险的功能。

期权合约众多，随着期货价格的变化，还要不断增加新执行价格的期权合约，市场交易的重心也在相应地变化。持仓量及交易量分散在各个合约上，在一定程度上降低了交易的集中度。投资者想买入却无人卖出，想卖出期权却无对手买入，或者原来买入的期权成为深度实值或虚值期权后，由于交易清淡可能无法平仓。做市商制度就是为解决这个问题而出现的。

一、什么是期权做市商

期权做市商是为期权合约提供双边报价的特定机构。在国内期货经纪公司不具备自营资格情况下，可以成为期权做市商的只能是非经纪会员和法人投资者。成为期权做市商，还要符合交易所规定的条件，如资金实力、研发实力、内部管理健全程度等，这样才有实力和能力为市场报价。

做市商主要作用就是为市场提供报价。由做市商为期权交易提供即时的流动性，以满足投资者交易的需要。做市商满足交易所的报价规定后，可以享受一定的手续费优惠及其他权利。但做市商并没有成交优先权，做市商的报价输入系统后，同样按照价格优先与时间优先的原则参与竞价。

二、引入做市商的原因

1. 期权合约分散性强，需要做市商提供流动性

期权交易是通过不同的执行价格将一个期货合约的风险细化分散到一系列期权合约上，因此同一个期货合约衍生出不同执行价格的期权合约可多达上百个。执行价格较多使得期权投资非常分散，部分执行价格往往没有成交或成交很少，再加上期权定价本身较为复杂，因此细化后期权合约多面临不同程度的流动性问题，需要做市商双边报价为市场提供流动性。

2. 期权权利金买卖价差大，需要做市商缩小价差

期货交易竞价的是期货价格，而期权竞价的是权利金。权利金最根本的决定因素是期货价格的波动率。期货价格波动率越大，权利金越高；权利金越高，买卖价差就可能越大。从国外来看，期货波动率越高，越需要做市商；波动率越小，买卖价差就不会很大，做市商在缩小价差方面的作用就不大。这从郑州商品交易所期权模拟交易可窥一斑，如棉花由于期货波动大，期权权利金成本高，使得买卖价差往往很大，因此需要做市商。

3. 期权交易策略较多，需要做市商灵活运用

期权交易策略比期货多，给投资者提供了很多机会。但由于期权涉及多个执行价格以及看涨期权和看跌期权的选择，而且期权权利金的变动与期货波动幅度又不一致，各种策略组合非常多。在这种情况下，需要对期权有深入研究的专业投资者，对各种策略组合提供报价，做市商就属于这类投资者，这也是在一些流动性很好的期权交易中仍保留做市商的原因。

三、投资者如何询价

如果市场中没有报价或者价差太大，投资者就可以通过系统发出询价指令，系统即时传送至相应的做市商。做市商按要求进行报价。询价时，投资者只需要输入合约代码（或者在行情窗口双击相应合约）即可完成。

投资者询价时还应注意：

（1）开盘集合竞价期间，系统不接受投资者的询价要求。

（2）组合订单问题。投资者可以就组合订单进行询价，但非做市商的规定义务，做市商可回应，也可以不加回应。

四、做市商报价要求

做市商的报价必须是双边的，即包含一个买入价和一个卖出价。为了更好地满足市场需要，交易所对做市商的报价规定了时间、价差和数量的要求：

（1）最大回应时间：即做市商收到系统提示的报价信息至做市商的指令下达之间的时间，不得超过规定时间。

（2）最小挂单时间：指做市商回应后，如果没有立即成交，其买卖指令从系统收到时至其撤单时的时间，不得少于规定时间。

（3）最小下单量：做市商报价时下单的数量不得小于规定数量。如每边 10 手以上，两边相等，必须都大于 10 手。

（4）最大价差：指做市商双边报价中买入价与卖出价的最大差额。

五、做市商风险规避

在期权交易中做市商往往会成为期权的卖方，且持仓规模较大，从而面临着较大的风险。因此，做市商必须对这部分持仓进行风险对冲。从国际市场上看，做市商为了控制自身交易风险，通常不以持仓方向性的盈亏作为管理手段，而主要通过动态交易管理赚取报价差价，或者通过各种套利策略追求即时的交易盈利，这部分收益为做市商的主要利润来源，远大于交易所给予做市商的优惠。目前，国际市场上的做市商大部分是利用较为成熟的专门为做市商开发的软件进行风险控制操作的。

做市商的主要职责是为市场提供买卖报价，提高流动性。但是，买卖报价并不是都能成交，大多数情况是只有一边成交，这时做市商就要通过期权或期货进行风险回避。由于期权的交易策略众多，加之可以与期货组合，因此避险策略非常多，就如本书第三章、第四章所介绍的内容。

但是，如果市场需要的报价比较多，做市商就需要不断地报价，这样策略的使用就比较多，因此做市商需要对各种策略的风险和收益非常熟悉。但是，要如此熟悉和熟练使用并不是一般人力所能实现的，因此，国外做市商都有自己的一套计算机软件，可以实现自动下单或计算机提示。国内做市商也需要这样的软件。

六、国外做市商制度

1. 做市商制度的发展

做市商制度起源于证券市场。20 世纪 60 年代，美国准备推出专门进行中小型企业股票交易的 NASDAQ 市场，考虑到这些企业的股票交易可能缺乏流动性，全美证券交易商协会（NASD）在 1966 年专门成立了自动化委员会研究自动化报价的可行性。1971 年 2 月，NASDAQ 系统主机正式启用，全美有 500 多家证券经纪自营商登记为 NASDAQ 市场做市商，实现与 NASDAQ 系统主机联接，通过 NASDAQ 系统发布自己的报价信息。NASDAQ 市场的建立标志着规范的具有现代意义的做市商制度初步形成。

随着 20 世纪七八十年代场内期权交易的诞生及迅速发展，由于其特殊的交易原理和运作方式等原因导致市场流动性较差。于是，做市商制度被广泛引入期权交易中，通过做市商为期权交易提供连续双向报价，促进了交易的活跃，增加了市场流动性，抑制了市场的过度波动，为期权市场的发展作出了重要贡献。

目前国际市场上绝大部分交易所的衍生品交易都引入了做市商制度。如芝加哥期货交易所（CBOT）、芝加哥商业交易所（CME）、纽约商业交易所（NYMEX）、伦敦国际金融期货和期权交易所（LIFFE）、欧洲期货交易所（EUREX）和香港交易所（HKEX）等。上述一些市场在使用做市商制度后，多数取得了预期成效。

与我国相类似的新兴发展中国家或地区的期权市场，也都在期权交易中引入了做市商机制。比如，中国台湾期货交易所刚开始进行指数期权交易时，由于岛内没有专家型投资者，因此引进的是海外做市商，后来促进了岛内几家期货公司大力发展自身做市商，目前其指数期权已经成为世界第二活跃的期权品种。罗马尼亚商品交易所于 2001 年 2 月上市了基于外汇期货的期权合约，其交易机制引入了做市商机制，而罗马尼亚锡比乌金融与商品交易所远在 1997 年就已经开始了具有做市商机制的期权交易。罗马尼亚的期权上市初期，市场波动很大，时常出现过度投机行为，影响了金融市场的稳定与金融机构规避风险的行为，为此两家交易所都引入了做市商机制，在活跃交易的同时平抑了市场的过度投机行为，促进了市场的快速健康发展。匈牙利的布达佩斯股票交易所于 2000 年 2 月建立了具有做市商机制的标准化期权的交易市场，而布达佩斯商品交易所早在 1998 年 4 月就建立了具有做市商机制的期权市场。匈牙利的期权上市初期交易清淡，两家交易所引入做市商机制后，在短时间内促进了期权交易量的扩大，并进一步带动了基础期货市场的繁荣。

当然，也不是所有市场的期权交易都引入了做市商制度。如韩国交易所的 KOSPI200 指数期权是世界上交易最活跃的期权合约，但没有采用做市商制度。主要原因，一是 KOSPI200 指数期权属于金融品种，且其合约的价值量很小，权利金价差较小，交易活跃，不需要做市商提供流动性；二是证券公司等金融机构的交易量占其总交易量的 85%，这些专业的机构投资者不但有现货保护可以充当期权的卖方，还通过各种交易策略为市场提供了合理的价格；三是 KOSPI200 指数期权的交易初期，通过引入 QFII，对本国投资者进行培育，使其较快地熟悉了期权交易的手法和策略，促进了交易的活跃。

2. 做市商制度的种类

（1）传统型做市商制度。传统型做市商制度，即做市商必须事先报出买卖价格，而投资人在看到报价后才能下达定单，所有客户定单都必须和做市商成交，客户与客户定单之间不直接进行交易。可见，传统型做市商制度采用的是报价驱动（Quote - driven）机制。传统型做市商制度又分为垄断做市商和多元做市商。

垄断做市商也称为特许做市商或庄家制，是指在某一期货或期权合约中只有一个做市商来负责组织交易，提供报价。如纽约证券交易所实行的就是传统的垄断做市商制度。垄断做市商最大的特点是交易组织与价格控制能力较强，有助于价格稳定。但因为垄断做市商具有独享信息的特权，做市商成为市场中最大的知情交易者，价差大小完全可以由其控制，垄断做市商为确保其对信息的独享，必然会尽可能封锁各类信息，这使得市场信息透明度较差而影响到市场效率。同时，由于只有一个做市商来承担组织交易的责任，这对于做市商本身的各种实力都有很高的要求。在做市商引入之初，交易所较多的实行垄断做市商制度。据了解，目前只有纽约证券交易所（NYSE）规定一只股票只能由一个特许交易商负责做市，属于垄断做市商制度。

多元做市商是指在某一期权合约中有多个做市商来共同负责向市场提供连续报价。其优点是，多个做市商同时存在有助于削弱单个做市商对市场的控制能力。由于做市商之间存在竞争有助于减小买卖价差，降低交易成本，使做市商的报价更加市场化，价格形成更加准确客观。当然，由于竞争的存在，做市商无法从中获取像垄断做市商那样稳定可观的利润，但多元做市商中的单个做市商承受的风险小于垄断做市商，市场价格波动性也要强于实行垄断做市商的市场。多元做市商制度在垄断做市商制度的基础上，通过增加做市商的数量，在做市商定价中引入了竞争机制，从而使市场信息透明度得以改善，在实现连续交易、活跃市场的同时，又保证了交易的公开性和公平性。多元做市商制度目前在证券交易所的使用较多，如纳斯达克市场、期货交易所中伦敦金属交易所（LME）采用的是这种制度。

（2）混合型做市商制度。混合型做市商制度，即做市商有义务进行双边报价，但其报价指令下达后，需要和其他投资者的指令一样按照“价格优先、时间优先”的竞价原则进行排序，做市商没有成交优先权，投资者交易的对象是不确定的其他投资者，竞价是推动价格变化的决定性力量，采用这种制度的做市商更大的作用体现在缩小价格差距、提高成交的可能性及满足投资者需求的即时性方面。混合型做市商制度采用的是指令驱动（Order - driven）机制。目前，越来越多的衍生品交易所采用混合型做市商制度，如美国最大的期权交易所也是唯一的电子交易所国际证券交易所、欧洲交易所、香港交易所、台湾交易所等。

第三章

入市前行情分析与交易策略运用

期货行情无外乎大涨、小涨、盘整、小跌、大跌以及方向不明，但到底是哪种情况要靠投资者在入市前进行分析（本书不作此分析），投资者一旦分析了之后就要有策略的运用，或做期货或做期权。只要你对市场走势有看法，就有与之相对应的期权交易策略。本章就是告诉大家，不同市场情况下，期权交易策略如何选择。

第一节 牛市期权交易策略

牛市中买入期货是大家熟知的策略。有了期权，策略的选择更多了。投资者可以买入看涨期权、卖出看跌期权、买入看涨期权垂直套利等。但同为牛市交易策略，使用时机却不相同。还要将牛市根据看多的程度与幅度进一步区分，并据此采用相应的交易策略。在强烈看多时，可以采用合成期货多头的策略，其损益状况与买入期货相同，投机性最强；即将大涨，买入看涨期权是一个较好的选择。特点是风险既定收益可观，本小利多；如果预测期货价格上涨，但上有阻力，就可以买入看涨期权垂直价差，风险保底，收益有顶；如果预测期货价格很难下跌，或呈小幅振荡向上，卖出看跌期权就是最好的选择，可以赚取时间价值。都是牛市策略，各有不同的风险和收益。投资者在选择和运用时，要看对市况的看法和对风险的态度。

第一招：即将大涨，买入看涨期权赚取数倍利润

预测期货大涨时，可以买入期货，也可以买入看涨期权。二者的主要区别在于风

险的不同。买进看涨期权，即使看错行情，最大的损失就是期初支付的权利金，不需缴纳保证金。而买进期货，需要缴纳保证金。如果行情判断失误，损失则会随着行情的下跌而同步扩大。买入看涨期权之所以迷人，就是不仅可以享受多头行情带来丰硕的盈利，而且不用担心万一看错行情所产生的额外损失。如果投资者不喜欢潜在损失的扩大性，不喜欢追加保证金，买入看涨期权是一个较好的选择。另外，买入看涨期权则既看涨期货价格又对波动率预期上涨。如果对波动率没有看法，并对风险作好了准备，也可以直接买入期货。

1. 使用时机

买入看涨期权最合适的时机，是期货市场出现重大利多，或者技术反转（见图3.1各种情况），预期期货价格将要大涨。投资者就可以用较少的资金买进看涨期权，等待获利。

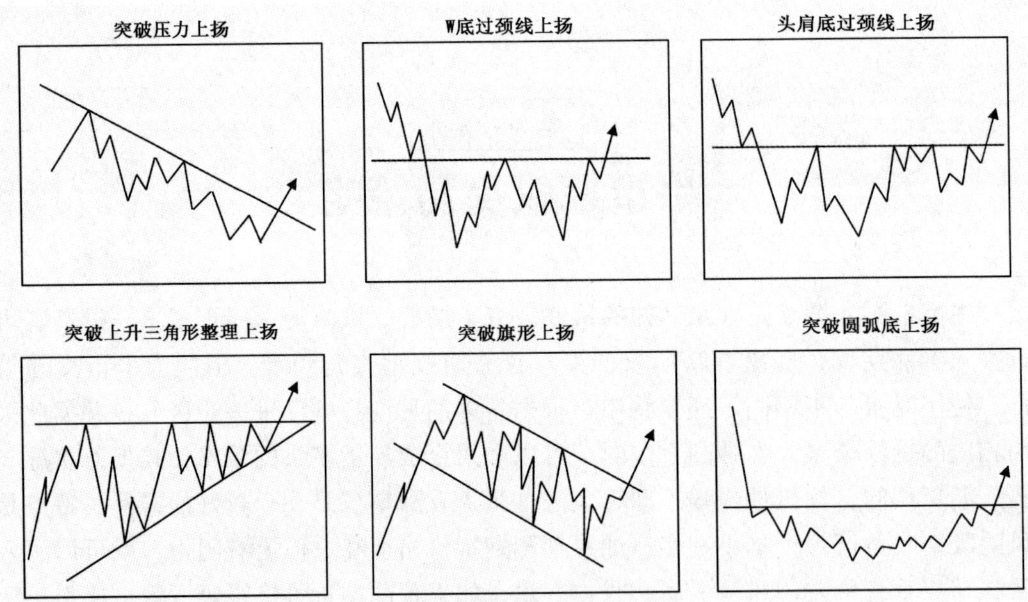

图3.1　买入看涨期权使用时的技术分析图

2. 应用举例

10月18日，模拟交易参与者小王认为WS601短期会上涨。于是决定买入看涨期权，以低成本赚取高获利。小王看到模拟交易中有许多不同执行价格的看涨期权，其中平值及浅虚值合约市场行情如表3.1所示。

表 3.1

期权合约	卖出价（元）	隐含波动率（%）
WS601C1640	30	10
WS601C1660	20	15
WS601C1680	15	16

看涨期权的执行价格越高，权利金越便宜。如果期货价格上涨，这三个执行价格的权利金都会水涨船高。但是买入哪个执行价格期权合约呢？小王觉得无论买入哪个，风险他都能够承受，关键是要物美价廉。而三个合约到期日一样，只是执行价格不同，因此，通过观察隐含波动率的高低可以简单判断期权的“性价比”。小王决定买入波动率相对较低的 WS601C1660，支出权利金 20 元。小王心想只当买了 20 元钱的彩票，价格真的上涨了，自己也就中奖了。价格没有上涨，最坏也就损失 20 元钱的权利金，又没有套牢和追加保证金的风险，实在划算。

买入 WS601C1660 交易指令如表 3.2 所示。

表 3.2

买/卖	合约代码	委托数量	委托价格（元）	开/平仓
买入	WS601C1660	1	20	开仓

买入 WS601C1660 损益情形如表 3.3 所示。

表 3.3　　单位：元

策略	权利金	保证金	盈亏平衡点	最大获利	最大损失
买入看涨期权	20	0	1 680	无限制	20
备 注	—	—	执行价格 + 权利金	—	权利金

3. 部位了结

（1）持有到期。交易结果根据到期结算价不同分为三种情形：

①到期结算价不超过 1 660 元，小王买入的看涨期权处于平值或虚值状态，没有任何价值，会损失 20 元的全部权利金。

②到期结算价格介于 1 660 ~ 1 680 元之间时，WS601C1660 为实值期权，但实值额还不足于弥补小王期初成本，总体会有损失。例如，到期结算价为 1 675 元，实值期权自动执行后小王获得实值额 15 元，与开仓支付的 20 元成本相比，小王赔去 5 元（1 680 - 1 675）。

③到期结算价涨过盈亏平衡点 1 680 元，WS601C1660 为实值期权，实值额大于小王的初始成本，总体为获利。例如，期价涨到 1 700 元，小王的获利为 20 元，收益率 100%。所以小王能赚多少，全看期货价格上涨的幅度，涨得越多，赚得越多（见图 3.2）。

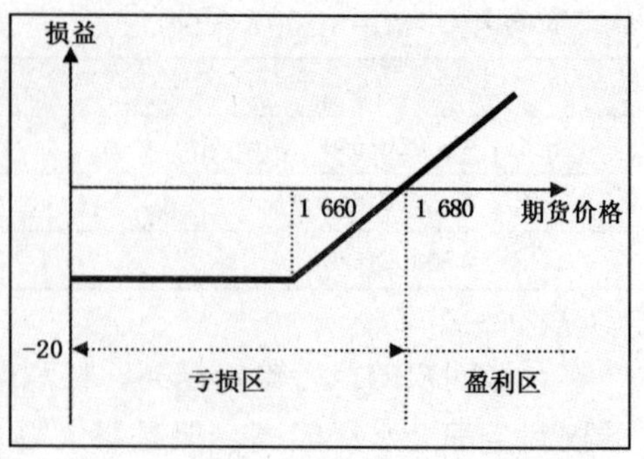

图 3.2　买入 WS601C1660@20

（2）提前平仓赚取价差。在看涨期权到期前，权利金可能已经大幅上涨。小王可以将看涨期权卖出平仓，获利了结。比如，小王在 10 月 25 日盘中以 40 元的价格卖出，平仓净赚 20 元。图 3.3 为模拟交易合约 WS601C1660 的日 K 线图。

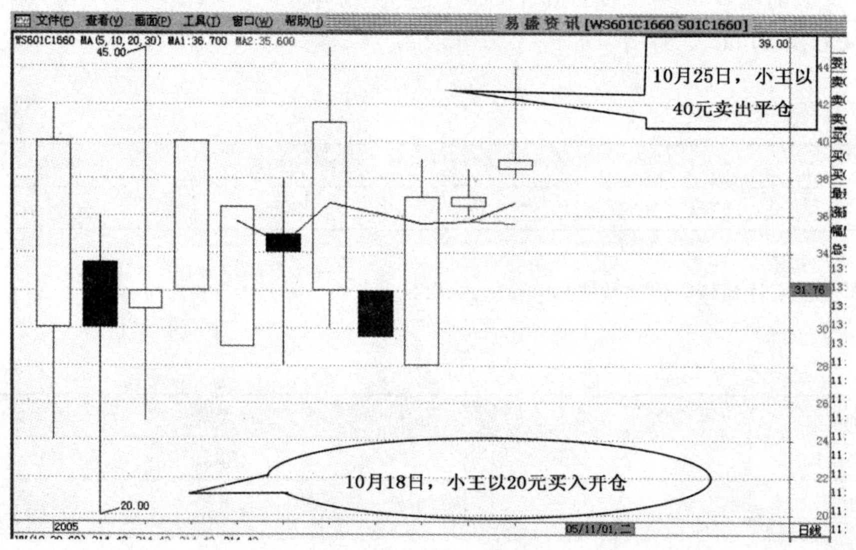

图 3.3　WS601C1660 日 K 线图

4. 操作技巧

（1）使用原则：预测期货行情处于大多头格局。

（2）执行价格的选择：

持有到期：如果是以持有到期的思路入市，则越是预期期货上涨力道越强时，选择虚值程度较高的看涨期权比较有利，不过，要注意接近到期日时虚值期权的风险也较大，原则上，以平值上面一档、二档为主。

平仓：如果以平仓的思路入市，应选择成交活跃的执行价格，否则会有想买买不到、想卖卖不出的流动性风险。

（3）计算损益平衡点的位置。尤其是想长期持有，更要考虑损益平衡点。

（4）买进后，观察期货价格行情是否往原先预期的方向发展。

（5）行情跟原先预期的一致，如果权利金涨幅已大，可以考虑平仓，赚取权利金价差；如果权利金涨幅并不大，或者持续看好至到期日，期货价格仍有上涨空间，则可以考虑到期，赚取更大的获利空间。

（6）如果行情跟原先预期的相反，且对后市不再看好，可以考虑平仓，认赔出场；如果行情虽然跟原先预期的发展相反，但仍有机会扭转劣势，重回多头轨道，则可考虑继续持有。

（7）买入看涨期权策略的优点：获利不限，但损失既定，具有低风险、高获利及以小博大的特点。缺点：必须承受权利金时间价值的流失。

第二招：看不跌，卖出看跌期权赚取权利金

1. 使用时机

买入看涨期权是希望期货价格大涨。有时期货价格下面有强力支撑，易涨难跌。何时上涨不好说，但可以确定欲跌不易，这时投资者就可以卖出看跌期权，赚取权利金。看不跌，是下跌的对立面。这里将其归入牛市交易策略，实际上包含两种市场情况：盘整和上涨（见图3.4）。该策略与买入看涨期权的最大区别在于对波动率看法不同。买入看涨期权是看多波动率，卖出看跌期权是看空波动率。

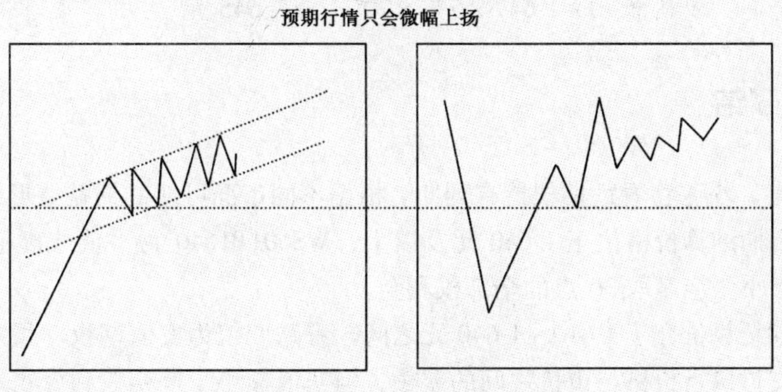

图3.4 卖出看跌期权技术分析图

2. 应用举例

10 月 17 日，小张认为 WS601 经过一个多月的底部横盘，下一步价格可能盘中有升。WS601 前一天收盘价格为 1 651 元，小张认为 1 640 元的价位不会被跌破，于是开盘卖出 1 手 WS601P1640，收到权利金 30 元。

卖出 WS601P1640 交易指令如表 3.4 所示。

表 3.4

买/卖	合约代码	委托数量	委托价格（元）	开/平仓
卖出	WS601P1640	1	30	开仓

卖出 WS601P1640 损益情形如表 3.5 所示。

表 3.5

单位：元

策略	权利金	保证金	盈亏平衡点	最大获利	最大损失
卖出看跌期权	30	87.4	1 610	30	无限制
备注	—	—	执行价格 – 权利金	权利金	—

小张卖出看跌期权，要缴纳交易保证金。根据第二章第三节之规定，计算保证金分实值、平值和虚值计算。与前一天结算价 1 647 元相比，小张卖出的是平值期权，应缴纳保证金为：权利金 30 + 1 647 × 5% × 70% = 87.645 元。

3. 部位了结

（1）到期。小张将看跌期权持有到期。根据不同市况可能的损益情形如下：

①如果到期结算价格位于 1 640 元及以上，WS601P1640 为平值或虚值状态，到期自动作废，小张会赚取 30 点的全部权利金。

②当到期结算价介于 1 610 ~ 1 640 元之间，看跌期权为实值期权，买方会要求行权，小张要支付执行价格与市价之间的差额，但实值额小于期初权利金收入，小张总体仍然盈利。例如，到期时 WS601 到期结算价为 1 628 元，小张需要支付买方 1 640 – 1 628 = 12元，与卖出开仓收入的权利金 30 元相比，小张净获利 18 元（30 – 12）。

③WS601 到期结算价低于 1 610 元，小张卖出的看跌期权为深度实值期权，要向买方支付执行价格与结算价之间的差额。小张收到的权利金全数用以支付外，还要动用保证金弥补不足部分。例如，期货结算价为 1 600 元，小张必须支付买方 1 640 - 1 600 = 40 元。除了原先收到的 30 元外还要从保证金账户中扣划 10 元，这也是小张的净损失（见图 3.5）。

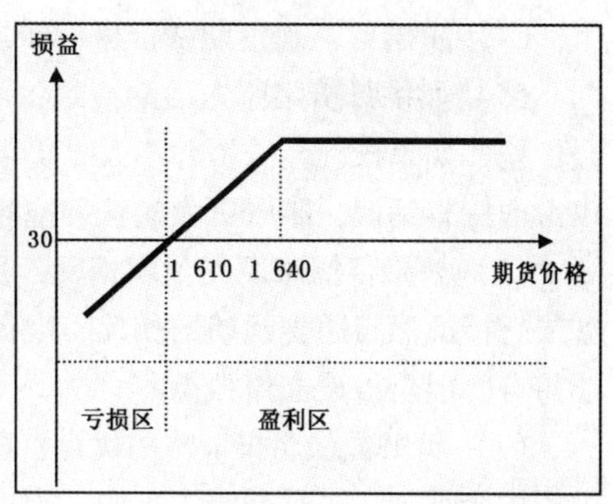

图 3.5　卖出 WS601P1640

（2）提前平仓赚取价差。在看跌期权到期前，权利金已经下跌。小张可以将看跌期权买入平仓，获利了结。比如，小张在 10 月 24 日开盘以 6 元的价格买入，平仓净赚 24 元。图 3.6 为模拟交易合约 WS601P1640 的日 K 线图。

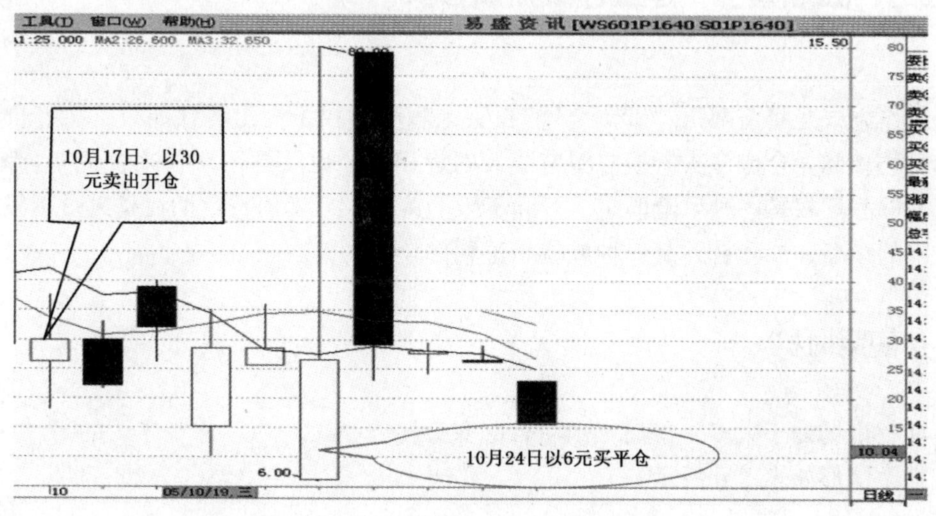

图 3.6　WS601P1640 日 K 线图

4. 操作技巧

（1）估计到期日之前，市场将处于偏多格局，特别是价格不会大幅下跌。

（2）执行价格的选择：

若持有到期：投资者可选择时间价值较高的看跌期权操作。比如说，越接近平值的期权时间价值越高。卖方只有持有到期，权利金才能全部得到。

平仓：如果想以平仓的方式操作，则应以成交活跃的执行价格为主。

（3）计算损益平衡点的位置，并在损益平衡点以下，设立停损。

（4）卖出后，观察期货价格行情是否往原先预期的方向发展。

（5）如果行情跟原先预期一致，而权利金涨幅已大，可以考虑平仓，赚取权利金价差；如果权利金涨幅并不大，仍可看好至到期日，期货价格有上涨的空间，则可以考虑持有到期，赚取更大的获利空间。

（6）如果行情跟原先预期相反，且对后市转为悲观，可以考虑平仓，认赔出场；如果行情虽然跟原先预期的相反，但仍有机会扭转劣势，重回多头轨道，则可考虑继续持有，但仍应设立停损点。

（7）卖出看跌期权策略的优点：赚取权利金时间价值的流失。缺点：获利既定，但损失会增加。一旦看错了方向，损失将随着期价的下跌而扩大。所以有必要设立停损，将风险控制在可以忍受的范围内（感兴趣的可提前阅读第六章第三节 PCR 内容）。

第三招：强烈看多，建立合成期货多头

操作方式是将前两招“双剑合璧”：买入看涨期权 + 卖出看跌期权。执行价格与到期日均相同。合成多头的损益图与买入期货相同，也就是用期权来合成期货多头。只买入看涨期权是一种风险既定、盈利不限的策略，只卖出看跌期权是风险不限、盈利有限的策略，二者合并是一种风险和盈利都较大的策略。

1. 使用时机

期货市场处于大多头格局，预期后市多头气势如虹。

损益情形如表 3.6 所示。

表 3.6

策略	保证金	盈亏平衡点	最大获利	最大损失
合成期货多头	一般比期货低	执行价格—净权利金	无限制	无限制

2. 应用举例

10 月 18 日，模拟交易参与者老张认为 WS601 会大幅上涨。于是决定买入 WS601C1660@20，卖出 WS601P1660@18。权利金为净支出 2 元。

3. 到期损益

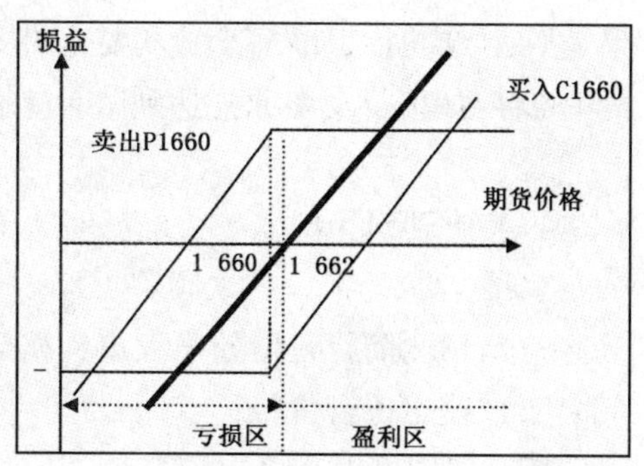

图 3.7　买入 WS601C1660@20 + 卖出 WS601P1660@18

交易结果根据到期时期货价不同分为三种情形（见图 3.7）：

（1）到期结算价不超过 1 660 元，小王买入的看涨期权处于平值或虚值状态，没有价值。卖出的看跌期权处于实值状态。因此，买方会提出执行，部位总体亏损。亏损额等于向看跌期权买方支付的实值额加上期初的权利金净支出。即：1 662—期货价格。期货价格越低，老张亏损就越大。如期货价格为 1 650 元。老张需支付看跌期权买方实值额 10 元，加上期初净支付 2 元的权利金，共亏损 12 元。

（2）到期结算价格介于 1 660 ~ 1 662 元之间时，WS601C1660 为实值期权。WS601P1660 为虚值期权，到期无价值。但看涨期权的实值额还不足于弥补老张的期初净支出，总体仍将亏损，亏损额介于 0 ~ 2 元。例如，到期结算价为 1 661 元，实值期权执行后小王获得实值额 1 元，与开仓支付的 2 元成本相比，老张还赔去 1 元。

（3）到期结算价涨过盈亏平衡点 1 662 元。WS601C1660 为实值期权，WS601P1660 为虚值期权，组合部位总体为获利，获利额为：期货价格 - 1 662 元。例如，期价涨到 1 700 元，老张买入的看涨期权可获得实值额 40 元。卖出的看跌期权为虚值期权，买方不会提出执行。因此，扣除期初的成本，老张总获利为 38 元。期货价格涨得越多，老张赚得越多。

从以上可以看出：

买入 WS601C1660@20 + 卖出 WS601P1660@18 = 买入 WS601@1662。

注意：这里对实值、虚值的确定与平日结算时的确认方法不同。由于平日结算是按实值、平值、虚值来调整保证金的，因此，平日的平值确定是：平值期权以期货当日结算价为基准并按照就近原则选取，期货价格处于两个执行价格中间时，按取大原则确定。比如，入市时期权价格为 1 657，则 1 660 为平值期权；如果期货价格为 1 670 ~ 1 680，则 1 680 为平值期权，1 660 的看涨期权为实值期权，1 660 的看跌期权为虚值期权。但是，上例分析的是到期结算，此时只要有一个点就是实值，比如期货价格为 1 661，则 1 660 的看涨期权为实值期权、看跌期权为虚值期权；如果期货价格为 1 659，则 1 660 的看涨期权为虚值期权、看跌期权为实值期权。而这些要在平日，则都成为平值期权。

在上面的分析中，也许有人会问，既然合成之后相当于买入期货，那与直接买入期货有何不同呢？我们认为可能有这些原因：一是做市商期权报价的需要，本来将买期货，但因为要报价，所以用合成的方法不改变初衷；二是保证金成本的考虑，因为上例入市时如果是平值或虚值，则保证金成本要比期货低很多；三是上例的初始权利金为净支出，而实际中也存在净收入，如果能达到做期货的目的，又能得到权利金收入岂不更好！

4. 操作技巧

（1）预测期货行情处于大多头格局。

（2）决定执行价格：

持有到期：以平值为主。

平仓：应选择成交活跃的执行价格。

（3）计算损益平衡点的位置，并在损益平衡点位置之下设置止损点。

（4）注意观察期货行情是否往原先预期的方向发展。

（5）行情跟原先预期的一致，如果权利金涨幅已大，可以考虑平仓，赚取权利金价差；如果权利金涨幅并不大，或者持续看好至到期日，期货价格仍有上涨空间，则可以考虑到期，赚取更大的获利空间。

（6）如果行情跟原先预期的相反，且对后市转为悲观，可以考虑平仓，认赔出场；如果行情虽然跟原先预期的相反，但仍有机会扭转劣势，重回多头轨道，则可考虑继续持有。

第四招：小幅上涨，买入看涨期权，垂直套利稳稳赚

1. 使用时机

预期期货价格上涨幅度有限或者为跌市反弹，投资者可买入看涨期权垂直套利，即买入低执行价格如平值的看涨期权，卖出高执行价格如向上二档以外虚值看涨期权。获利虽有限，但却充分利用了市场的走势，同时风险也有限，比单独买入看涨期权的成本和风险都低。

2. 应用举例

10 月 18 日，模拟交易参与者老王认为 WS601 短期会上涨。于是决定买入 WS601C1660。同时又觉得 1 700 元是一个强阻力，突破该价位的可能性不大，所以卖出 WS601C1700。模拟交易行情中，WS601C1660 的卖出价为 20 元，WS601C1700 的买入价为 10 元，因此，可以成交的价差为 10 元。这就是老王买入价差部位的成

本。与第一招中小王买入 WS601C1660 的策略比较如表 3.7 所示。

表 3.7　　　　　　　　　　　　　　　　　　　　　　　　　单位：元

	小王	老王
成　本	20	10
盈亏平衡点	1 680	1 670
最大盈利	无限	30
最大风险	20	10

表 3.7 中的项目是做期权必须清楚的东西。相比之下，老王策略的优势在于交易成本、盈亏平衡点、最大风险都比小王低。只有理论最大盈利输于小王的策略。因此老王的策略更加务实一些。买入看涨期权垂直套利是组合交易，可以直接下达组合委托。

买入看涨期权垂直套利（WS601C1660/1700）组合指令如表 3.8 所示。

表 3.8

定单类型	买/卖	开/平仓	组合类型	
组合定单	买入	开仓	看涨期权垂直套利	
合约 1	合约 2	委托价格	委托数量	成交属性
WS601C1660	WS601C1700	10	1	IOC

买入看涨期权垂直套利（WS601C1660/1700）损益情形如表 3.9 所示。

表 3.9　　　　　　　　　　　　　　　　　　　　　　　　　单位：元

策　略	成　本	保证金	盈亏平衡点	最大获利	最大损失
买入看涨期权垂直套利	10	0	1 670	30	10
备　注	净支付权利金	—	低执行价格 + 成本	执行价格差 - 成本	净支付的权利金

3. 部位了结

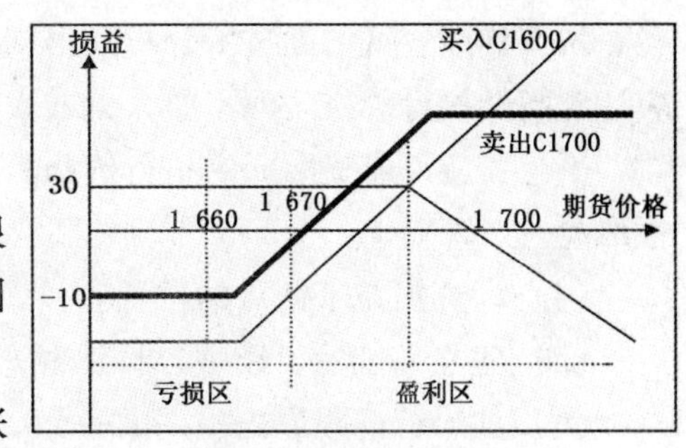

图 3.8　买入 WS601C1660@20 + 卖出 WS601C1700@10

老王将套利部位持有到期。交易结果根据不同市况可以分为以下几种情形（见图 3.8）：

（1）到期结算价不到 1 660 元，两个看涨期权均为虚值期权，到期全部作废，老王期初的判断错误，会损失 10 元的全部权利金成本支出。

（2）当到期结算价介于1 660～1 670元之间时，WS601C1700为虚值期权，到期作废，作为WS601C1700的卖方，老王可以赚取期初全部的权利金10元；WS601C1660为实值期权，但实值额不足于弥补期初成本。因此总体仍有亏损。例如，到期时期货结算价为1 668元，老王作为WS601C1660的买方可以执行权利，获得收益为8元。与开仓支付的10元成本相比，老王亏损为2元。

（3）到期结算价介于1 670～1 700元。WS601C1700为虚值期权，到期作废，作为WS601C1700的卖方，老王可以赚取期初全部的权利金10元；WS601C1660为实值期权，且实值额可以弥补期初成本，因此总体为盈利。例如，到期结算价涨到1 690元，老王的获利为20元。与期初的投资成本相比，收益率100%。

（4）到期结算价为1 700元以上时，老王买入的WS601C1660和卖出的WS601C1700均为实值期权，两个看涨期权均会执行或履约。这时，老王可以获得最大盈利30元。但是价格继续上涨，老王的盈利却不会再随之增加。例如，到期结算价为1 720元，作为WS601C1660的买方，老王可以行权获得60元的实值额；作为WS601C1700的卖方，老王会被要求履约，向买方支付20元的实值额，总体净收入为40元。扣除期初的投资成本10元，老王的净利润为30元。这也是老王这个策略的最大盈利。即使价格涨得再高，老王只能赚到30元。卖出高执行价格期权可以降低买入期权的成本，也会限制策略的盈利潜力。但老王觉得最大风险10元，最大盈利30元，理论收益率可达200%，足矣！如果价格上涨却没能突破1 700元，老王的策略就是可以赚到最多的交易策略！

4. 操作技巧

（1）预估到期日，市场属于多头格局，但期货价格上涨幅度不会太大。

（2）买进较低执行价格的看涨期权，卖出较高执行价格的看涨期权。

（3）确定执行价格：

持有到期：可借助技术分析找出支撑区与压力区，决定高低执行价格的位置，但应注意高低执行价格区间不要太大或太小。

平仓：应以成交活跃的执行价格为主，否则会有想买买不到、想卖卖不掉的流动性风险。

（4）计算损益平衡点的位置。

（5）建立部位后，经过数日观察，期货价格行情是否往原先预期的方向发展。

（6）如果行情跟原先预期的一致，而权利金涨幅已大，可以考虑平仓，赚取权利金价差；如果权利金涨幅并不大，或者持续看好至到期日，期货价格有上涨的空间，则可以考虑到期结算，赚取更大的获利空间。

(7) 如果行情跟原先预期的相反，且对后市转为悲观，可以考虑平仓，认赔出场；如果行情虽然跟原先预期的方向相反，但仍有机会扭转劣势，重回多头轨道，则可考虑继续持有。

(8) 买入看涨期权垂直价差的优点：低成本、风险有限；缺点：限制盈利。如果期价出现大涨，无法获取较高执行价格以上的利润。但劝大家不可事后诸葛，不可太过投机，期货市场的常胜将军不多。理性很丰满，现实很残酷，务实者常胜。

第二节 熊市期权交易策略

熊市中卖出期货是大家熟知的策略。有了期权，投资者可以买入看跌期权、卖出看涨期权、买入看跌期权垂直套利等。与牛市策略一样，还要将熊市进一步区分为不涨、小跌、大跌等不同的市况而作出相应的选择。强烈看空，可以采用合成期货空头的策略，其损益状况与卖出期货相同，风险与收益均会增加，可谓投机先锋；即将大跌，买入看跌期权是一个不错的选择。风险既定而收益会增加，适合小资金博大行情；如果预测期货价格下跌，但下有支撑，就可以买入看跌期权垂直价差，风险保底，收益有顶，比较符合务实交易者的口味；如果预测期货价格很难上涨，或呈小幅振荡向下，卖出看涨期权就是最好的选择，可以赚取时间价值。同为熊市策略，风险和收益各有特点。要想赚钱，关键是对市况的把握。要想降低风险，则在于对策略的运用。

第一招：即将大跌，买入看跌期权赚钱最快

对行情看大跌，卖出期货可以赚取收益。但如果投资者没有十分的把握，不愿承担判断失误的风险，就可以买入看跌期权，将最大风险锁定在权利金。既可享受价格下跌带来的利润，又可规避价格上涨造成的额外损失。买入看跌期权的好处还在于不用缴纳保证金，没有追加保证金的风险，更容易经受住振荡行情的考验。

1. 使用时机

期货市场出现重大利空，或者技术转空（见图 3.9），期货价格将要大跌。投资

者就可以用较少的资金买进看跌期权，等待获利。

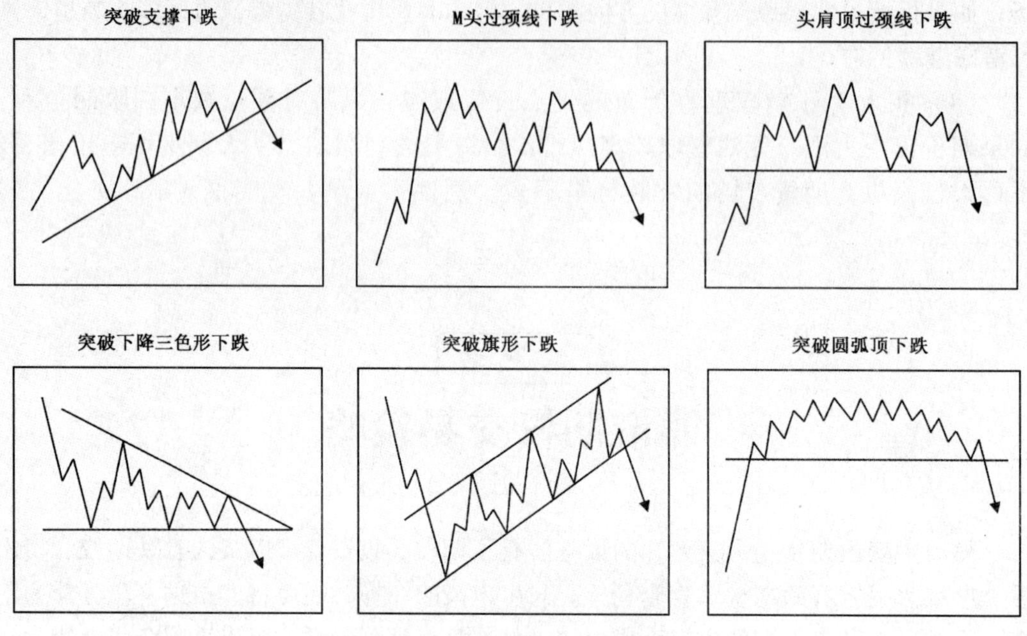

图 3.9 买入看跌期权行情分析图

2. 应用举例

10 月 17 日，模拟交易参与者小王认为 CF601 经过一段时期的上涨后，已形成短期头部，可能出现快速下跌行情。于是决定买入看跌期权，以低成本赚取高获利。模拟交易中平值及其附近棉花看跌期权合约市场行情如表 3.10 所示。

表 3.10

期权合约	卖出价（元）	隐含波动率（%）
CF601P15200	170	11
CF601P15400	200	8
CF601P15600	400	10

看跌期权的执行价格越高，权利金越贵。如果期货价格下跌，这三个执行价格的权利金都会水涨船高。三个合约到期日一样，只是执行价格不同。通过观察隐含波动率的高低，小王决定买入波动率相对较低的 CF601P15400。即使未来期价没有大幅下跌，也只是损失 200 元权利金。

买入 CF601P15400 交易指令如表 3.11 所示。

表 3.11

买/卖	合约代码	委托数量	委托价格（元）	开/平仓
买入	CF601P15400	1	200	开仓

买入 CF601P15400 损益情形如表 3.12 所示。

表 3.12

单位：元

策略	权利金	保证金	盈亏平衡点	最大获利	最大损失
买入看跌期权	200	0	15 200	无限制	200
备注	—	—	执行价格 - 权利金	—	权利金

3. 部位了结

（1）提前平仓赚取价差。在看跌期权到期前，权利金可能已经大幅上涨。小王可以将看跌期权卖出平仓，获利了结。比如，小王在 10 月 21 日开盘以 380 元的价格卖出，平仓净赚 180 元。图 3.10 为模拟交易合约 CF601P15400 的日 K 线图。

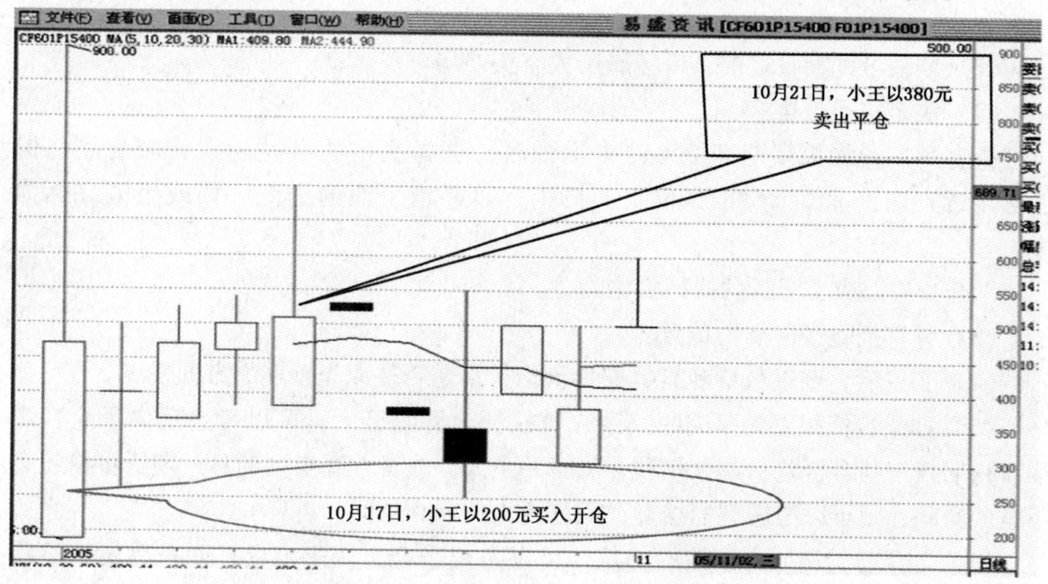

图 3.10　CF601P15400 日 K 线图

（2）持有到期。交易结果根据到期结算价不同分为三种情形：

①如果到期结算价位于 15 400 元及以上，小王买入的看跌期权处于平值或虚值状态，没有任何价值，会损失 200 元的全部权利金，但不会再多赔一元钱。（见图 3.11）

②当到期结算价格介于15 200～15 400元之间时，CF601P15400为实值期权，但实值额还不足于弥补小王期初成本，总体仍有损失。例如，CF601到期结算价为15 250元，实值期权自动执行后小王获得实值额150元，与开仓支付的200元成本相比，小王赔去50元。

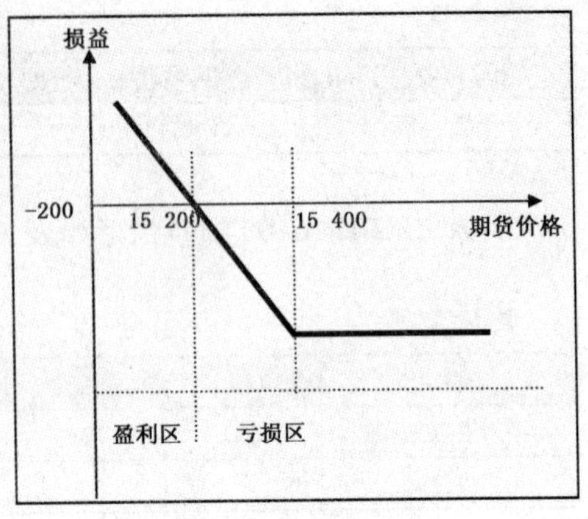

图3.11　买入CF601P15400@200

③到期结算价跌破盈亏平衡点15 200元，CF601P15400的实值程度进一步加深，实值额大于小王的初始成本，总体为获利。例如，期价跌至15 000元，小王执行后可获得实值额400元。扣除期初支付的200元权利金，获利200元。所以小王能赚多少，全看期货价格下跌的幅度，跌得越多，赚得越多。

4. 操作技巧

（1）预估至到期日之前，市场属于大空头格局。

（2）决定执行价格：

持有到期：如果预期期货下跌力道强时，选择虚值的看跌期权比较有利，但注意接近到期日虚值太深的风险。原则上，以平值下面的虚值一档或虚值二档为主。

平仓：应以成交活跃的执行价格为主。

（3）计算损益平衡点的位置。

（4）买进后，经过数日观察，期货价格行情是否往原先预期的方向发展。

（5）如果行情跟原先预期的一致，而权利金涨幅已大，可以考虑反向平仓，赚取看跌期权权利金价差；如果权利金涨幅并不大，或者看好至到期日，期货价格还有下跌的空间，则可以考虑到期结算，赚取更大的获利空间。

（6）如果行情跟原先预期的相反，可以考虑平仓，认赔出场；如果行情虽然跟原先预期的方向相反，但仍有机会扭转劣势，期价重回空头轨道，则可考虑继续持有。

（7）买入看跌期权策略的优点：获利会增加，但损失既定，具有低风险、低成本、高获利及以小博大的特点。缺点：必须承受权利金时间价值的流失。

第二招：看不涨，卖出看涨期权赚取权利金

1. 使用时机

相对于积极看跌的情况，投资者可能认为期货价格上面有强阻力，或者未来多空局势不明朗。虽不至于快速下跌，但可以确定继续上攻的机会不大或会微幅下跌（见图 3. 12）。这时可以用卖出看涨期权的方式，先赚取权利金再说。虽然获利有限，但可充分利用市场机会，在市场盘整时也能获得稳定收入。看不涨，是上涨的对立面。这里将其归入熊市交易策略，同样包含两种市场情况：盘整和下跌。该策略与买入看跌期权的最大区别也在于对波动率看法不同。买入看跌期权是看多波动率，卖出看涨期权是看空波动率。

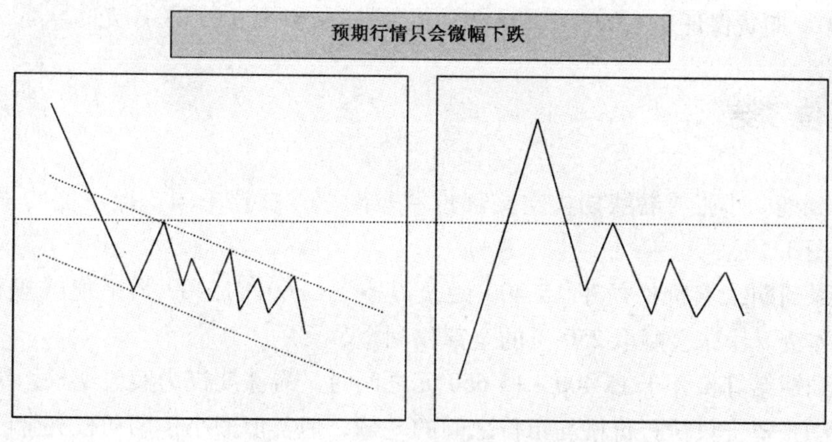

图 3. 12　卖出看涨期权行情分析图

2. 应用举例

10 月 17 日，小张认为 CF601 经过一个多月的上涨，短线面临获利回吐，价格调整在即。CF601 前一天收盘价格为 15 300 元，小张认为 15 400 元的价位构成上涨阻力，于是开盘卖出 1 手 CF601C15400。收到权利金 250 元。

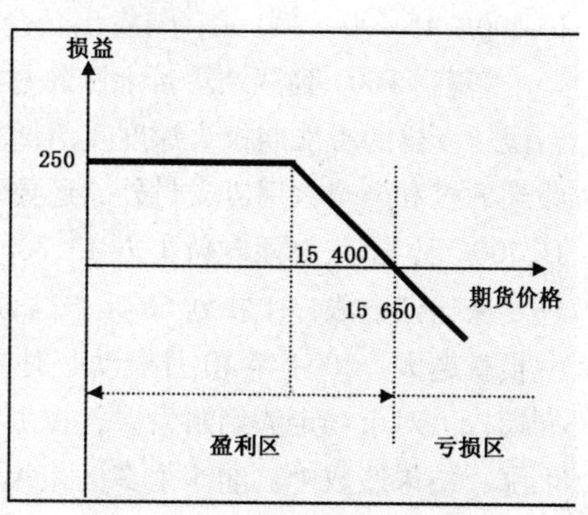

图 3. 13　买入 CF601C15400@250

卖出 CF601C15400 交易指令如表 3. 13 所示。

表 3.13

买/卖	合约代码	委托数量	委托价格（元）	开/平仓
卖　出	CF601C15400	1	250	开仓

卖出 CF601C15400 损益情形如表 3.14 所示。

表 3.14

单位：元

策略	权利金	保证金	盈亏平衡点	最大获利	最大损失
卖出看涨期权	250	1 003.6	15 650	250	无限制
备　注	—	—	执行价格 + 权利金	权利金	—

小张卖出看涨期权，要缴纳交易保证金。保证金分实值、平值和虚值计算。与前一天 CF601 结算价 15 380 元相比，小张卖出的是平值期权，开仓应缴纳保证金为：权利金 250 + 期货保证金 1 076.6（15 380 ×7%） ×70% =1 003.6 元。

3. 部位了结

（1）到期。小张将看涨期权空头部位持有到期，根据不同市况可能的损益情形如下（见图 3.13）：

①如果到期结算价格位于 15 400 元及以下，CF601C15400 为平值或虚值状态，到期自动作废，小张会赚取 250 点的全部权利金。

②当到期结算价介于 15 400 ~ 15 650 元之间时，看涨期权为实值期权，买方会要求行权，小张要支付执行价格与市价之间的差额，但实值额小于期初权利金收入，小张总体仍然盈利。例如，到期时 CF601 到期结算价为 15 600 元，小张需要支付买方 15 600 – 15 400 = 200 元，与卖出开仓收入的权利金 250 元相比，小张净获利 50 元。

③若 CF601 到期结算价上涨超过盈亏平衡点 15 650 元，证明小张对市场的看法错误。卖出的看涨期权为深度实值期权，小张为支付执行价格与市价之间的差额，除收到的权利金全数用以支付外，还要动用保证金弥补不足部分。例如，到期结算价为 15 700 元，小张必须支付买方 15 700 – 15 400 = 300 元。除了原先收到的 250 元外，还要从保证金账户中扣划 50 元，这也是小张的净损失。期货价格涨得越高，小张的亏损就越大。2004 年 10 月轰动一时的中航油事件中，中航油的策略就是卖出石油看涨期权。对市场走势判断失误，在牛市中运用熊市策略，由于国际原油价格持续大幅上涨，结果造成中航油 5 个多亿美元的巨亏。

（2）提前平仓赚取价差。在看涨期权到期前，权利金已经下跌。小张可以将看涨期权买入平仓，获利了结。比如，小张在 11 月 1 日开盘以 72 元的价格买入，平仓净赚 178 元。图 3. 14 为模拟交易合约 CF601C15400 的日 K 线图。

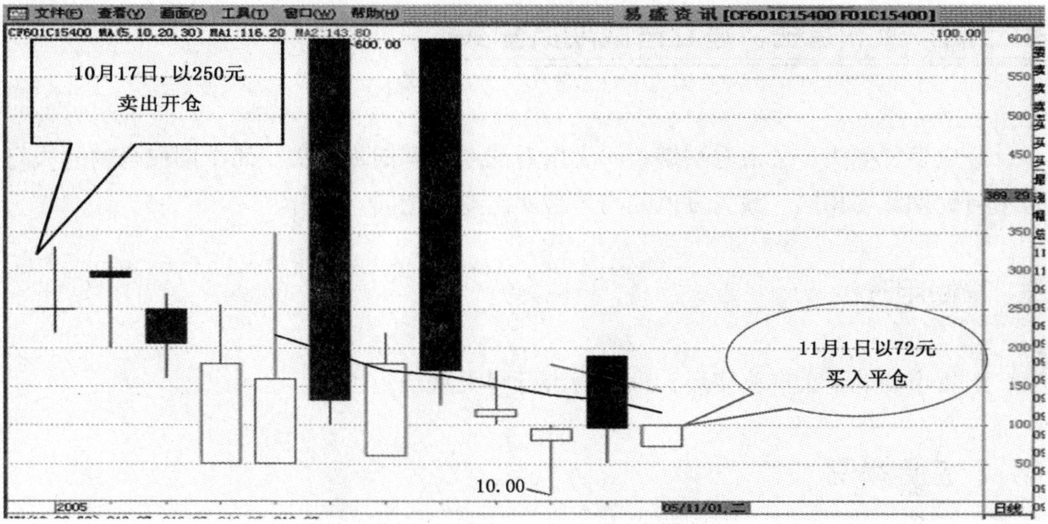

图 3. 14 CF601C15400 日 K 线图

4. 操作技巧

（1）预计到期日之前，市场偏空，特别是大幅上涨的可能性小。

（2）决定执行价格：

持有到期：投资者可按时间价值来选择卖出的执行价格，如时间价值高的平值看涨期权，获利空间更大。

平仓：应以成交活跃的执行价格为主。

（3）计算损益平衡点，并在损益平衡点以下，设立停损。

（4）卖出后，观察期货价格行情是否往原先预期的方向发展。

（5）如果行情跟原先预期的一致，而且权利金价差已有利可图时，可以考虑平仓，赚取权利金差价；如果权利金价差并不大，或者看好至到期日，期货价格还有下跌的空间，则可以考虑到期结算，赚取更大的获利空间。

（6）如果行情跟原先预期的相反，且认为后市也不会下跌到损益平衡点以下，可以考虑平仓，认赔出场；如果行情虽然跟原先预期的发展相反，但仍有机会扭转，重回空头轨道，则可考虑继续持有，但仍应设立停损点。

（7）卖出看涨期权策略的优点：赚取权利金时间价值的流失。缺点：获利有限，但损失无限制。一旦看错了方向，损失将随着期价的上涨而扩大。所以有必要设立停损，将风险控制在可以承受的范围内。

第三招：强烈看空，建立合成期货空头

合成期货空头：买入看跌期权 + 卖出看涨期权 = 期货空头。两个期权合约的执行价格与到期日均相同。其盈亏风险与单独卖出期货相同。

1. 使用时机

期货市场处于大空头格局，预期后市行将大跌。

2. 应用举例

10 月 17 日，模拟交易参与者老张认为 CF601 会大幅下跌。于是决定买入 CF601P15400@200，卖出 CF601C15400@250。净收入权利金 50 元。损益平衡点 =15 400 +50 =15 450。

损益情形如表 3.15 所示。

表 3.15

策略	保证金	盈亏平衡点	最大获利	最大损失
合成期货空头	一般比期货低	执行价格 + 净权利金	无限制	无限制

3. 到期损益

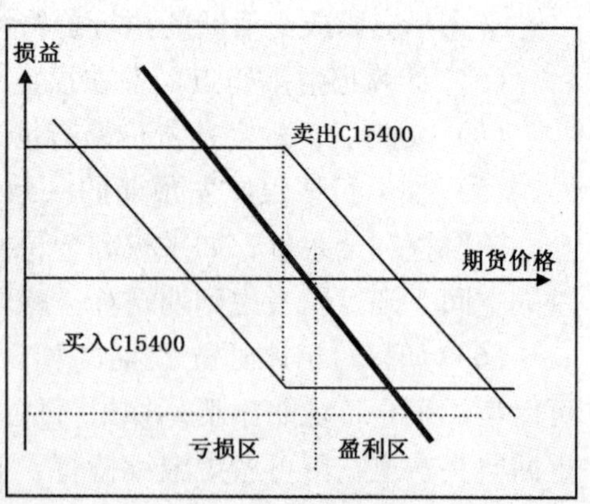

图 3.15 买入 CF601P15400@200 + 卖出 CF601C15400@250

交易结果根据到期结算价不同分为三种情形（见图 3.15）：

（1）到期结算价不超过 15 400 元，老张卖出的看涨期权处于平值或虚值状态，没有价值。买入的看跌期权处于实值状态。部位总体盈利。盈利额为：15 450 – 期货价格。例如，期价跌到 15 300 元，老张买入的看跌期权可获得实值额 100 元。卖出的看涨期权为虚值期权，买方不会提出执行。因此，加上期初权利金净收入，老张总获利为 150 元。期货价格跌得越多，老张赚得越多。

（2）到期结算价格介于15 400～15 450元之间时，卖出的看涨期权为实值期权。买入的看跌期权为虚值期权。但老张向看涨期权买方支付的实值额低于期初净收入，总体仍将盈利，盈利额介于0～50元之间。例如，到期结算价为15 420元，老张需向买方支付实值额20元，与开仓净收入相比，老张仍盈利30元。

（3）到期结算价涨过盈亏平衡点15 450元。卖出的CF601C15400为实值期权，需向买方支付实值额；买入的CF601P15400为虚值期权，到期无价值。组合部位总体为亏损，亏损额为：期货价格－15 450。期货价格越高，老张亏损就越大。比如，期货价格为15 500元。老张需支付看涨期权买方实值额100元。扣除期初净收入50元后，仍亏损50元。

从以上可以看出：

买入CF601P15400@200＋卖出CF601C15400@250＝卖出CF601@15450。

4. 操作技巧

（1）预测期货行情处于大空头格局。

（2）决定执行价格：

持有到期：以平值为主。

平仓：应选择成交活跃的执行价格。

（3）计算损益平衡点的位置，并在损益平衡点之上设置止损点。

（4）注意观察期货价格行情是否往原先预期的方向发展。

（5）行情跟原先预期的方向一致，如果权利金涨幅已大，可以考虑平仓，赚取权利金价差；如果权利金涨幅并不大，或者期货价格仍有下跌空间，则可以考虑到期，赚取更大的获利空间。

（6）如果行情跟原先预期的方向相反，且认为后市也不可能再大跌，可以考虑平仓，认赔出场；如果行情虽然跟原先预期相反，但仍有机会扭转劣势，重回空头轨道，则可考虑继续持有。

第四招：下跌有限，买入看跌期权，垂直套利风险小

1. 使用时机

预期期货价格下跌，但空间有限，可买入高执行价格的看跌期权，卖出低执行价格的看跌期权。两个期权的执行价格的选择可与预期跌幅相对应。这是一种稳健的策略。同为熊市策略，比单纯买入看跌期权的成本低，比单纯卖出看涨期权的风险小。

2. 应用举例

10 月 17 日，模拟交易参与者老王认为 CF601 下调行情属于获利回吐，后市偏空但低点有限，15 000 元有支撑。于是决定买入 CF601P15400，卖出 CF601P15000。模拟交易行情中，CF601P15400 的卖出价为 200 元，CF601P15000 的买入价为 90 元，因此，可以成交的价差为 110 元。这就是老王买入价差部位的成本。与第一招中小王买入 CF601P15400 的策略比较如表 3.16 所示。

表 3.16

单位：元

项目	小王	老王
成本	200	110
盈亏平衡点	15 200	15 290
最大盈利	无限	290
最大风险	200	110

相比之下，老王策略的优势在于交易成本、盈亏平衡点、最大风险都比小王有利。只有理论最大盈利输于小王的策略。老王策略的特点是更加务实和稳健。

买入看跌期权垂直套利（CF601P15400/15000）组合指令如表 3.17 所示。

表 3.17

定单类型	买/卖	开/平仓	组合类型	
组合定单	买入	开仓	看跌期权垂直套利	
合约 1	合约 2	委托价格	委托数量	成交属性
CF601P15400	CF601P15000	110	1	IOC

买入看跌期权垂直套利（CF601P15400/15000）损益情形如表 3.18 所示。

表 3.18

单位：元

策略	成本	保证金	盈亏平衡点	最大获利	最大损失
买入看跌期权垂直套利	110	0	15 290	290	110
备注	净支付权利金	—	高执行价格－成本	执行价格差－成本	成本

3. 部位了结

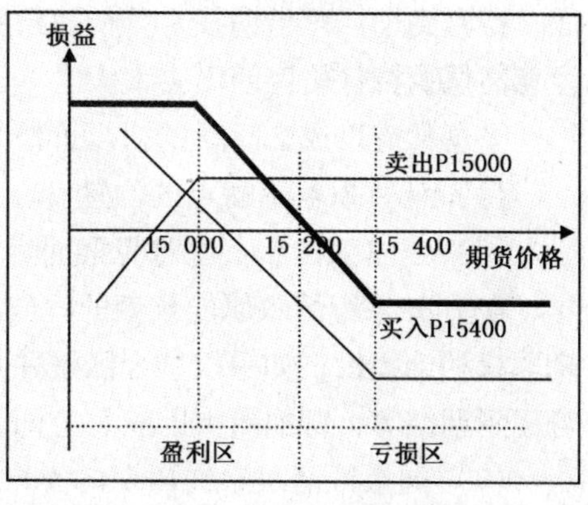

图 3.16　买入 CF601P15400@200 + 卖出 CF601P15000@90

老王将价差部位持有到期。根据 CF601 到期结算价不同可以分为以下几种情形（见图 3.16）：

（1）到期结算价高于 15 400 元，两个看跌期权均为虚值期权，到期全部作废，说明老王期初的判断有误，会损失 110 元的全部权利金支出。

（2）到期结算价介于 15 290 ~ 15 400 元之间时，CF601P15000 为虚值期权，到期作废，作为卖方，老王可以赚取期初全部的权利金 90 元；CF601P15400 为实值期权，但实值额不足以弥补期初成本。因此总体仍有亏损。例如，到期结算价为 15 300 元，老王作为 CF601P15400 的买方可以执行权利，获得收益为 100 元。与开仓净支付的 110 元成本相比，老王亏损为 10 元。

（3）到期结算价介于 15 000 ~ 15 290 元。CF601P15000 仍为虚值期权，到期作废。作为卖方，老王可以赚取期初全部的权利金 90 元；CF601P15400 为实值期权，且实值额可以弥补期初成本，因此总体为盈利。例如，到期结算价跌到 15 100 元，老王买入的期权执行后可获得实值额 300 元，总体获利为 190 元。

（4）到期结算价为 15 000 元以下时，老王买入的 CF601P15400 和卖出的 CF601P15000 均为实值期权，两个看跌期权均会执行或履约。这时，老王可以获得最大盈利 290 元。但若价格继续下跌，老王的盈利却不会再随之增加。例如，到期结算价为 14 500 元，作为 CF601P15400 的买方，老王可以行权获得 900 元的实值额；作为 CF601P15000 的卖方，老王会被要求履约，向买方支付 500 元的实值额，期末净收入为 400 元。扣除期初的投资成本 110 元，老王的净利润为 290 元。这也是老王这个策略的最大盈利。即使价格跌得再低，老王只能赚到这么多。卖出低执行价格看跌期权可以降低买入期权的成本，但也会限制盈利潜力的策略。但老王觉得最大成本和风险 110 元，最大盈利 290 元，理论收益率可达 260%，足矣！如果价格下跌却没能跌破 15 000 元，老王的策略就是可以赚到最多的交易策略！

4. 操作技巧

（1）预估到期日之前，市场属于空头格局，但期货价格下跌幅度不会太深。

（2）买进较高执行价格的看跌期权，卖出较低执行价格的看跌期权。

（3）决定执行价格：

持有到期：可借助技术分析找出支撑区与压力区，决定高低执行价格的位置，应注意高低执行价格区间不要太大。

平仓：应以成交活跃的执行价格为主。

（4）计算损益平衡点的位置。

（5）建立部位后，注意观察期货价格行情是否往原先预期的方向发展。

（6）如果行情跟原先预期的方向一致，而权利金价差有利可图，可以考虑平仓，赚取权利金差价；如果权利金涨幅并不大，或者认为期货价格有下跌的空间，则可以考虑到期结算，赚取更大的获利空间。

（7）如果行情跟原先预期的方向相反，应评估是否平仓出场；如果行情虽然跟原先预期的方向相反，但仍有机会扭转劣势，则可考虑继续持有。

（8）买入看跌期权垂直套利的优点：低成本、低风险；缺点：限制盈利。如果期价出现大跌，无法获取较低执行价格以下的利润。其实，这种思想都是事后的观点，如果起初就认为价格会大跌，肯定不会用此策略。套利本身就是风险有限、获利也有限的策略，是稳健型操作。

第三节
盘整行情中的期权交易策略

通常情况下，价格经过激烈的大涨大跌之后，就会进入盘整期。据统计，股市每年有超过一半的时间在盘整。期货市场中，商品价格也在用大量的时间去积蓄力量寻找方向。市场中大涨大跌的机会其实有限。市场有行情，做对了方向就会赚钱。如果市场在牛皮整理，做多做空赚钱都很难，期货市场就没有投资的机会。有了期权，这种状况可以改变。既可以做方向，也可以做波动。期权可以增加市场的投资机会！投资者可以考虑在适当的时候站在期权卖方。当市场进行区间整理，或者说波动趋小时，采用卖出跨式、宽跨式的及买入蝶式套利的交易策略，以逸待劳，就可以赚取时间价值。本节介绍三招盘整行情中的期权交易策略。其共同点，是预期期货价格波动率行将走低，都是做空波动率的交易策略。但卖出跨式和宽跨式收益既定，风险会增加；买入蝶式价差则是风险收益均有限的策略。不同风险偏好的投资者，可以据此进行选择。

第一招：卖出跨式，盘整时候赚最多

1. 使用时机

卖出跨式与买入跨式的使用时机完全相反。当行情陷入整理，上有锅盖，下有铁板。如果投资者认为上档压力与低档支撑都不会突破，就是使用卖出跨式策略的好时机。即同时卖出同月份同执行价格的看涨期权与看跌期权。

2. 应用举例

10 月 21 日，小王认为 CF601 价格经过下跌后将在 15 000 上下进行整理，于是决定卖出跨式组合。小王同时卖出 CF601C15000 和 CF601P15000。两个合约的卖出价分别为 250 元和 200 元。总计收入权利金 450 元。卖出跨式组合可以直接下达组合委托。

卖出跨式（CF601C/P15000）组合指令如表 3. 19 所示。

表 3. 19

定单类型	买/卖	开/平仓	组合类型	
组合定单	卖出	开仓	跨式	
合约 1	合约 2	委托价格	委托数量	成交属性
CF601C15000	CF601P15000	450	1	IOC

卖出跨式（CF601C/P15000）损益情形如表 3. 20 所示。

表 3. 20

单位：元

策略	保证金	盈亏平衡点	最大获利	最大损失
卖出跨式	1 189. 66	A：14 550 B：15 450	450	无限制
备注	—	执行价格 ± 权利金之和	权利金收入之和	—

卖出跨式策略的风险会增加，需要缴纳交易保证金。虽然此策略由两个期权空头部位组成，但价格只能向一方向大幅变化。因此，第二章第三节卖出跨式的保证金收取方式为：先分别计算两个期权空头的应交保证金，取其大者，再加上另一部位的权利金。与前日结算价 15 095 元相比，执行价格 15 000 元的期权为平值期权，保证金计算过程如下：

（1）分别计算：

卖出 CF601C15000 应交保证金：权利金 250 + 15 095 × 7% × 70% = 989. 66 元。

卖出 CF601P15000 应交保证金：权利金 200 + 15 095 × 7% × 70% = 939.66 元。

（2）取大者并加上另一部位权利金：989.66 + 200 = 1 189.66 元。

所以，小王卖出跨式应交保证金为 1 189.66 元。

3. 到期损益

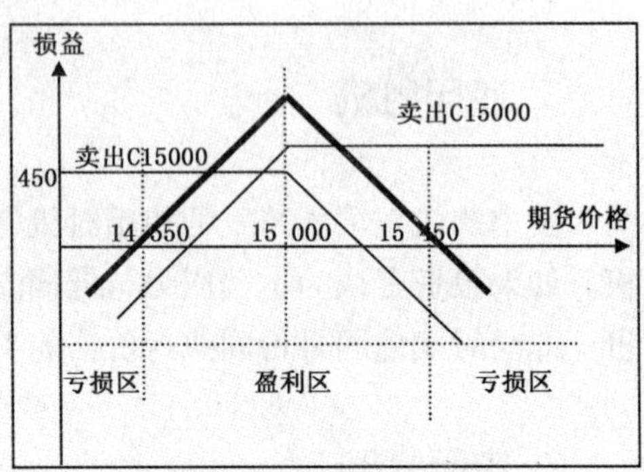

图 3.17　卖出 CF601C15000@250 + 卖出 CF601P15000@200

小王将跨式空头持有到期。根据 CF601 到期结算价不同可以分为以下几种情形（见图 3.17）：

（1）到期结算价上涨超过 15 450 元，小王会发生亏损。此时，看涨期权为实值，看跌期权为虚值，小王亏损金额等于看涨期权到期价值扣掉卖出跨式组合的收入。例如，到期结算价为 16 000 元，CF601P15000 为虚值期权，到期无价值；CF601C15000 为实值期权，需向买方支付实值额 1 000 元。到期价值减去期初的 450 元，小王的亏损为 550 元。亏损的原因：看空波动率，市场却发生大的波动。

（2）到期结算价介于 14 550 ~ 15 450 元。到期价值低于期初权利金收入，小王的跨式空头部位会有盈利。例如，到期结算价为 15 100 元，CF601P15000 为虚值期权，到期作废；CF601C15000 为实值期权，需向买方支付实值额 100 元。与期初收入 450 元相比，小王盈利 350 元。当到期结算价恰好为 15 000 元即等于跨式交易的执行价格时，两个期权都为平值，到期价值为 0。这时，小王会获得最大收益即全部的权利金 450 元。波动越小，小王的盈利越多。市场静止，可获得理论最大盈利。

（3）到期结算价跌破 14 550 元，小王会发生亏损。看涨期权为虚值，看跌期权为实值，小王亏损金额等于看跌期权到期价值扣掉跨式组合的收入。例如，到期结算价为 14 500 元，CF601C15000 为虚值期权，到期无价值；CF601P15000 为实值期权，需向买方支付实值额为 500 元。与期初收入 450 元相比，小王亏损为 50 元。

4. 操作技巧

（1）研判到期前期货是否处于区间盘整。

（2）卖出看涨期权，并同时卖出相同到期日、相同执行价格的看跌期权。

（3）决定执行价格：以平值期权为主。

（4）计算高低损益平衡点的位置，并在高损益平衡点之上、低损益平衡点之下，设立停损点。

（5）部位建立后，观察期货行情是否往预期的方向发展。

（6）如果行情跟原先预期的方向一致，而且权利金价差已有利可图，可以考虑平仓，赚取权利金差价；反之，如果权利金价差并不大，或者看好至到期日，期货价格波动的空间并不大，则可以考虑到期结算，赚取更大的获利空间。

（7）如果行情跟原先预期的方向相反，出现大幅单边行情，可以考虑平仓，认赔出场；如果行情虽然跟原先预期的方向相反，但期货价格仍有很大机会在两个损益平衡点间运行，则可考虑继续持有。

（8）卖出跨式策略的优点：可以赚取时间价值；区间行情的研判与实际一致，可以获取较高的权利金收入。缺点：期货价格出现大涨大跌时，发生损失的风险很大。

第二招：卖出宽跨式，获利区间更大

卖出宽跨式即同时卖出同月份不同执行价格的看涨期权与看跌期权。可见，与卖出跨式的区别在于期权的执行价格。

1. 使用时机

与第一招相同。如果投资者认为上档压力与低档支撑都不会突破，也可以使用卖出宽跨式策略，预期行情开始进行较长时间的整理（见图 3. 18）。

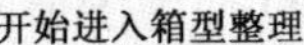

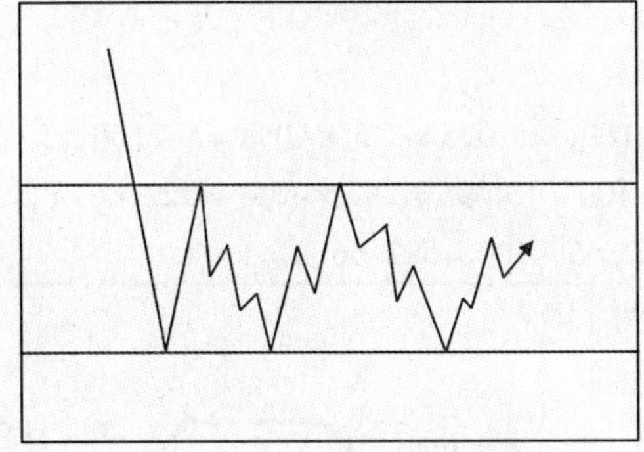

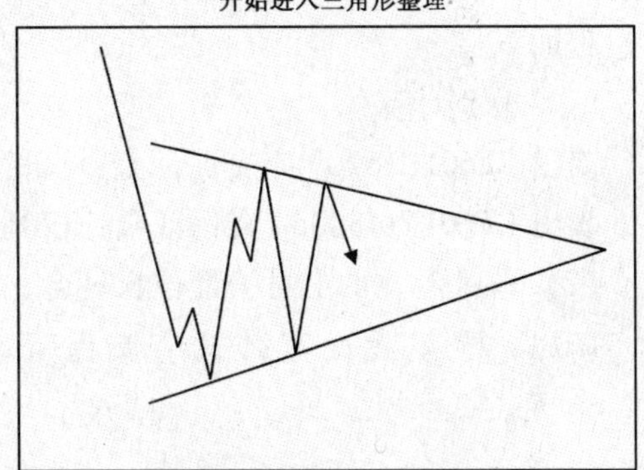

图 3. 18　宽跨式交易行情分析图

2. 应用举例

10 月 21 日，模拟交易参与者老王认为，CF601 经过下跌后将在 14 800 ~ 15 200 之间进行整理，于是卖出宽跨式组合：同时卖出 CF601C15200 和 CF601P14800，模拟交易中两个合约的买入价分别为160元和100元。老王总计收入260元。卖出宽跨式组合可以直接下达组合委托：

卖出宽跨式（CF601C15200/P14800）组合指令如表3.21所示。

表3.21

定单类型	买/卖	开/平仓	组合类型	
组合定单	卖出	开仓	宽跨式	
合约1	合约2	委托价格	委托数量	成交属性
CF601C15200	CF601P14800	260	1	IOC

卖出宽跨式（CF601C15200/P14800）损益情形如表3.22所示。

表3.22

单位：元

策　略	保证金	盈亏平衡点	最大获利	最大损失
卖出宽跨式	682.66	A：14 540 B：15 460	260	无限制
备　注	—	A：低执行价格 - 权利金之和 B：高执行价格 + 权利金之和	权利金之和	—

卖出宽跨式策略的风险会增加，需要缴纳交易保证金，收取方式与跨式空头相同：先分别计算两个期权空头的应交保证金，取其大者，再加上另一部位的权利金。与前日结算价15 095元相比，CF601C15200、CF601P14800均为虚值期权，保证金计算过程如下：

（1）分别计算：

卖出CF601C15200应交保证金：权利金160 + 15 095 × 7% × 40% = 582.66元。

卖出CF601P14800应交保证金：权利金100 + 15 095 × 7% × 40% = 522.66元。

（2）取大者并加上另一部位权利金：582.66 + 100 = 682.66元。

所以，老王卖出宽跨式应交保证金为682.66元。

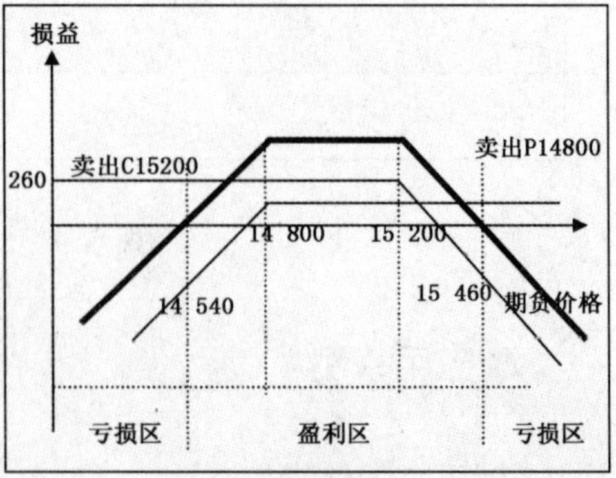

图3.19　卖出CF601C15200@160 + 卖出CF601P14800@100

3. 到期损益

老王将宽跨式空头部位持有到期。根据CF601到期结算价不同可以分为以下几种情形（见图3.19）：

（1）到期结算价上涨超过15 460元，老王总体会有亏损。看涨期权为实值，看跌期权为虚值，老王亏损金额等于看涨期权到期价值扣掉卖出宽跨式组合的收入。例如，到期结算价为 15 600 元，CF601P14800 为虚值期权，到期无价值；CF601C15200 为实值期权，老王需向买方支付实值额为 400 元。400 元到期价值减去期初的 260 元，老王净亏损 140 元。

（2）到期结算价介于 14 540 ~ 15 460 元。期权到期价值低于期初权利金收入，为老王的宽跨式部位盈利区间。例如，到期结算价为 15 300 元，CF601P14800 为虚值期权，到期作废；CF601C15200 为实值期权，老王需向买方支付实值额 100 元，与期初 260 元收入相比，老王盈利 160 元。当到期结算价位于两个执行价格之间时即介于 15 200 ~ 15 600，两个期权都为虚值期权，到期价值为 0。这时，老王会赚取全部的权利金 260 元。

（3）到期结算价跌破 14 540 元，老王总体会有亏损。看涨期权为虚值，看跌期权为实值，老王亏损金额等于看跌期权到期价值扣掉卖出宽跨式组合的收入。例如，到期结算价为 14 200 元，CF601C15200 为虚值期权，到期无价值；CF601P14800 为实值期权，老王需向买方支付实值额 600 元。与期初 260 元总收入相比，老王净亏损 340 元。

4. 操作技巧

（1）研判到期前期货价格是否处于盘整。

（2）执行卖出较高执行价格的看涨期权，并同时卖出相同到期日、较低执行价格的看跌期权。

（3）决定执行价格：以虚值期权为主。虚值程度可结合对盘整区间的研判来确定。

（4）计算高低损益平衡点的位置，并在高损益平衡点之上、低损益平衡点之下，设立停损点。

（5）部位建立后，观察期货行情是否往预期的方向发展。

（6）如果行情跟原先预期的方向一致，而且期权权利金价差已有利可图，可以考虑平仓，赚取权利金差价；反之，如果权利金价差并不大，或者看好至到期日，期货价格波动的空间并不大，则可以考虑到期结算，赚取更大的获利空间。

（7）如果行情跟原先预期的方向相反，且认为后市会单边波动，可以考虑反向平仓，认赔出场；如果行情虽然跟原先预期的方向相反，但仍有机会扭转劣势，则可考虑继续持有。

（8）卖出宽跨式策略的优点：可以赚取时间价值；区间行情的研判与实际一致，可以获取较高的权利金收入。缺点：承担期货价格出现大涨大跌时，发生较大损失的风险。

5. 跨式与宽跨式的比较

卖出跨式策略是同时卖出相同执行价格的看涨期权及看跌期权；卖出宽跨式策略是同时卖出不同执行价格的看涨期权及看跌期权。二者都是做空波动率的策略。只要市场不发生大涨大跌，就会获利。反之则亏损。1995 年的巴林银行事件中，交易员利森在日经指数期权交易中，就是使用卖出跨式和宽跨式的策略来赚取权利金，弥补保证金账户的亏损。由于日本发生地震，日经指数大跌，巴林银行卖出的看跌期权成为实值期权，亏损严重。利森试图买入期货将日经指数拉回至盈亏平衡点之间点位，终究挡不住市场的力量，导致巴林银行亏损 8 亿英镑。

二者不同点在于两个合约的执行价格。跨式策略中两个合约的执行价格相同，一般选择与期货价格接近的平值合约。宽跨式策略中两个合约的执行价格不同，一般选择虚值期权。因此，卖出跨式策略的优点是权利金收入相对较高。但是盈亏平衡点距期货市价更近，较小的价格波动就会导致卖方发生亏损。卖出宽跨式策略的盈亏平衡点距离市价更远，需要期货价格更大的波动，才能到达。因此，两个策略虽然都属于风险会增加的策略，与跨式相比，卖出宽跨式盈利的区间更大，部位风险也有所降低。表 3. 23 为两种策略的比较。

表 3. 23

单位：元

	小王：卖出跨式	老王：卖出宽跨式
低盈亏平衡点	14 550	14 540
高盈亏平衡点	15 450	15 460
最大盈利	450	260
最大风险	无限制	无限制

第三招：买入蝶式套利，稳扎稳打

买入蝶式套利，包括三个相同到期日的期权合约。买入一张较低执行价格的看涨（跌）期权，卖出两张中间执行价格的看涨（跌）期权，再买入一张较高执行价格的看涨（跌）期权。中间执行价格与两边执行价格之间等距，部位规模可以扩大，但必须保持 1:2:1 的关系。蝶式套利可以由看涨期权或者看跌期权构成。

1. 使用时机

预期期货价格维持盘整，不会出现大的波动。

同是盘整行情下的期权交易策略，与前两招相比，共同点是获利有限。但是蝶式的优点在于风险有限。

2. 应用举例

12 月 1 日，某做市商认为到期时，期货价格将围绕 1 720 进行高位整理。于是：

买入一张 WS601C1700@20；

卖出两张 WS601C1720@16；

买入一张 WS601C1740@4。

这就是一个蝶式多头部位。既然是买入，意味要净支付权利金，期初成本是 8 元。如果不是净支付，无风险的套利机会就来了。

蝶式交易涉及三个合约，没有现成的组合指令。因此做市商可以分别买入和卖出各个部位。实际上，本例中的蝶式部位可以拆为两个看涨期权垂直套利：

买入一个看涨期权垂直套利：买入 WS601C1700 + 卖出 WS601C1720；

卖出一个看涨期权垂直套利：卖出 WS601C1740 + 买入 WS601C1720。

这就是期权的灵活多变之处。如果投资者通过垂直套利的组合指令建立蝶式套利，保证金会大大降低。买入垂直套利不需支付保证金。卖出垂直套利按执行价格差缴纳。

买入蝶式套利损益情形如表 3.24 所示。

表 3.24

策　略	盈亏平衡点	最大获利	最大损失
买入蝶式套利	A：1 708 B：1 732	12	8
备　　注	A：低执行价格 + 权利金之和 B：高执行价格 - 权利金之和	执行价格差 - 成本	净支付的权利金

3. 到期损益

到期损益见图 3.20。

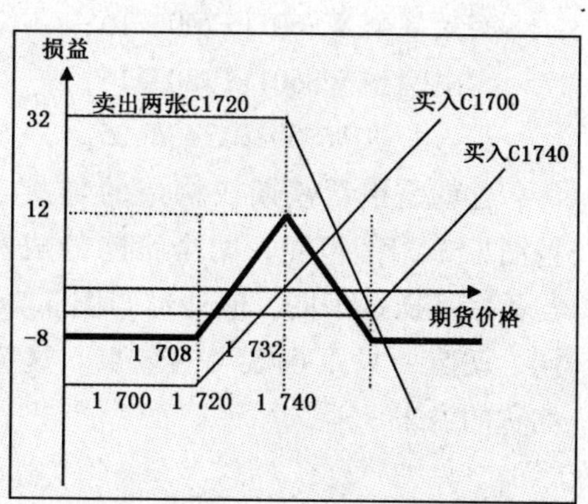

图 3.20 买入蝶式套利损益图

（1）期货价格低于 1 700 元。三个看涨期权都处于虚值状态，到期无价值。做市商损失期初全部的权利金成本 8 元。这是蝶式套利的左边最大亏损区。

（2）期货价格位于 1 700 ~ 1 708 之间。WS601C1700 为实值期权，另外两个期权仍处于虚值状态。部位仍将亏损，亏损额介于 0～8 元。如期货价格为1 705 元。WS601C1700 通过执行可获利 5 元，WS601C1720 和 WS601C1740 到期无价值，因此，总体会亏损3 元。

（3）期货价格位于1 708～1 732 之间，即两个盈亏平衡点之间。这是蝶式套利的获利区。WS601C1700 和 WS601C1720 为实值期权，WS601C1740 为虚值期权。部位总体盈利额介于0～12 元之间。比如，期货价格为1 720 元。买入的 WS601C1700 提出执行可获得实值额 20 元，卖出的 WS601C1720 正好为平值期权，到期无价值，买方不会提出执行。买入的 WS601C1700 为虚值期权，到期无价值。这样部位的到期价值为 20 元，扣除期初成本 8 元，盈利 12 元。收益率为 150%。买入蝶式套利，是做空波动率，预测期货价格波动率降低。当期货价格为 1 720 元，也就是中间执行价格时，市场等于没有波动，这时买入蝶式可以获得最大盈利。到期期货价格偏离中间执行价格，无论涨跌，盈利会随之降低。

（4）期货价格位于 1 732～1 740 之间。WS601C1700 和 WS601C1720 为实值期权，WS601C1740 仍处于虚值状态。部位到期价值不足以弥补期初成本，总体会亏损，亏损额介于0～8 元。如期货价格为 1 735 元。WS601C1700 通过执行可获利 35 元。卖出两张 WS601C1720，做市商会亏损 30 元。WS601C1740 到期无价值，因此，部位到期价值为5 元。与期初成本比，总体会亏损3 元；

（5）期货价格高于1 740 元。三个期权均为实值期权，总体将亏损。如期货价格为1 750 元。买入的 WS601C1700 可获得实值额 50 元，卖出的两份 WS601C1720，需支付买方实值额60 元。买入的 WS601C1740 可获得实值额 10 元。可见，期货价格只要高于1 740 元，不论多少，部位总体到期价值恒为 0，蝶式的亏损为期初净支付的权利金。这是蝶式的右边最大亏损区。

本例中，是用看涨期权构造的蝶式。如果：

买入一个 WS601P1700@10；

卖出两张 WS601P1720@15；

买入一张 WS601P1740@25。

这就是用看跌期权构造的蝶式多头。损益图见 3.21。可见，两个策略的成本、收益与盈亏平衡点不同，但外形与图 3.20 完全相同，就像一只张翅欲飞的蝴蝶。这就是蝶式名称的由来。

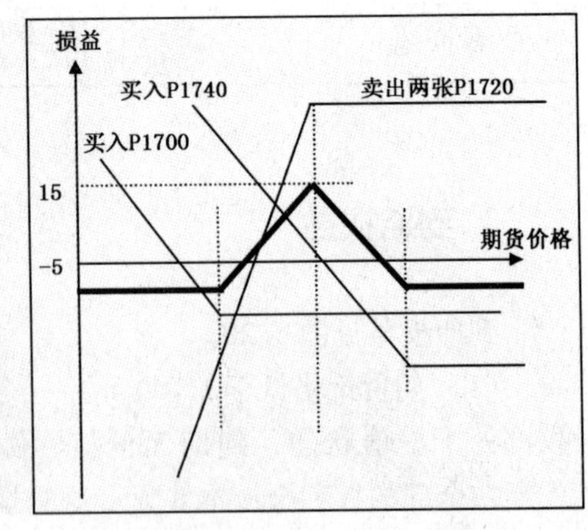

图 3.21　买入蝶式价差损益图

4. 操作技巧

（1）研判到期结算期货价格是否处于盘整。由于一般选择执行价格是三个连续的，所以是否盘整的判断，就是看期货价格是否会处于最高和最低两个执行价格之间。

（2）卖出两张完全相同到期日、执行价格的看涨期权或看跌期权，再买进一张相同到期日较高执行价格的期权，以及买进一张相同到期日较低执行价格的期权。

（3）决定执行价格：借助技术分析找出压力区与支撑区，作为决定执行价格的参考；卖出期权的执行价格，是买进蝶式的最大获利落点，选择时，越接近平值越好。如果投资者认为期货价格虽属于盘整，但波动会稍大，则三个执行价格的间距可以放大。比如1 700、1 740、1 780，但间距一定要相等。

（4）计算高低损益平衡点的位置，判断最终期货价格会否落在此间。

（5）部位建立后，注意观察期货行情是否有往预期的方向发展。

（6）买入蝶式策略的优点：风险有限，低风险。缺点：期货价格出现大涨大跌，则无法赚取更多的利润。

第四节

突破行情下的期权交易策略

期货交易中，投资者是在做趋势，看涨时买入，看跌时卖出。有时候会出现这样一种情况：市场即将出台特定消息，利多利空不确定，但一旦出台，要么重大利多，要么重大利空，行情将会大幅波动。这时，就可以在期权市场采用买入跨式或宽跨式策略。即同时买入看涨期权和看跌期权。跨式和宽跨式交易属于波动率交易策略，做的是期货价格波动性而不是方向。在权利金五个影响因素中，波动率是最关键最神秘的因子。波动率上升会引起期权价格的上升，反之则会引起期权价格的下跌。本节的策略招数有三：买入跨式、宽跨式和卖出蝶式，都是预期期货价格波动率将大幅升高，做多波动率的策略。买入跨式和宽跨式的风险既定收益会增加。而卖出蝶式的风险收益均有限。

第一招：买入跨式，大涨大跌都能赢

1. 使用时机

期货市场将出台重大消息，或者价格经过一段时期整理，面临技术突破。这时投资者就可以买入跨式，即买入同品种同月份同执行价格的看涨期权与看跌期权。脚踏两条船，只要期货价格大幅波动，无论涨跌，都可获利（见图 3. 22）。

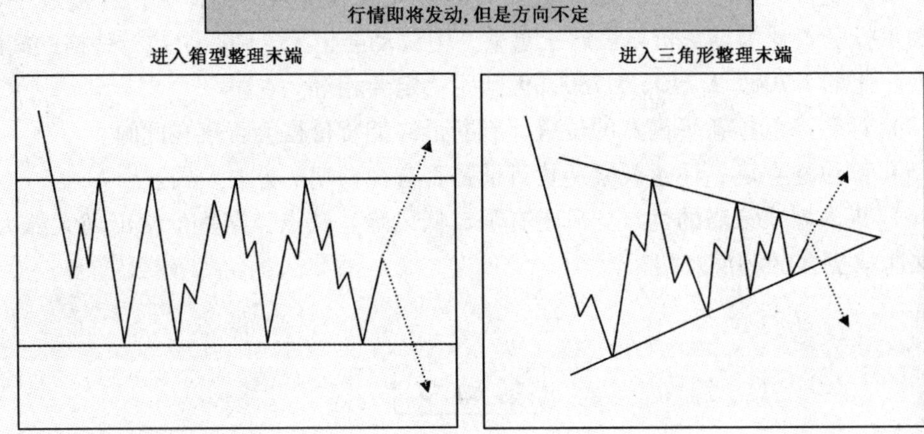

图 3. 22　买入跨式交易行情分析图

2. 应用举例

10 月 17 日，小张认为中美纺织品贸易谈判结果不明，棉花价格的波动进一步扩大。于是决定买入跨式组合。CF601 市场价为 15 340 元，小张同时买入 CF601C15400 和 CF601P15400。两个合约的卖出价分别为 250 元和 200 元。如果价格发生大幅涨跌，两个期权合约权利金会随之水涨船高。即使未来期价没有大幅波动，最多损失 450 元的权利金。买入跨式组合可以直接下达组合委托：

买入跨式（CF601C/P15400）组合指令如表 3. 25 所示。

表 3. 25

定单类型	买/卖	开/平仓	组合类型	
组合定单	买入	开仓	跨式	
合约 1	合约 2	委托价格	委托数量	成交属性
CF601C15400	CF601P15400	450	1	IOC

买入跨式（CF601C/P15400）损益情形如表3.26所示。

表3.26 单位：元

策略	成本	保证金	盈亏平衡点	最大获利	最大损失
买入跨式	450	0	A：14 950 B：15 850	无限制	450
备注	权利金之和	—	执行价格±权利金之和	—	权利金之和

3. 部位了结

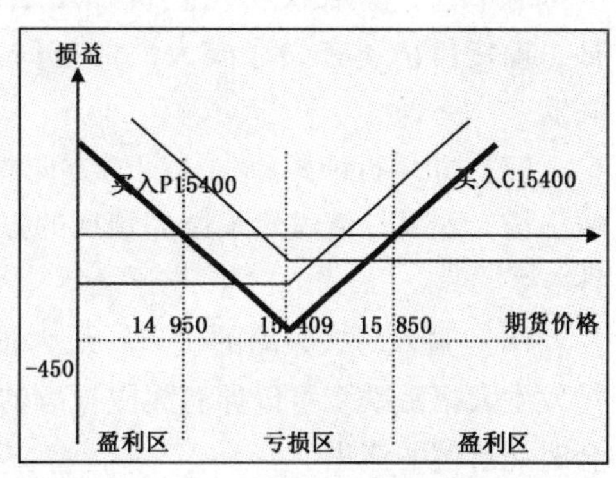

图3.23 买入CF601C15400@250 +买入CF601P15400@200

小张将跨式部位持有到期。交易结果根据CF601到期结算价不同可以分为以下几种情形（见图3.23）：

（1）到期结算价上涨超过15 850元，买入的看涨期权为实值，看跌期权为虚值，小张获利金额等于看涨期权到期价值扣掉买进跨式组合的成本。例如，到期结算价为16 000元，小张买入的CF601P15400为虚值期权，到期无价值；CF601C15400为实值期权，实值额为600元。600元到期价值减去期初的450元，小张的盈利为150元。市场涨得越多，小张赚得越多！

（2）到期结算价介于14 950～15 850元。到期价值不足于弥补期初成本，小张的跨式部位会有亏损。例如，到期结算价为15 000元，CF601C15400为虚值期权，到期作废；CF601P15400为实值期权，实值额为400元，扣除期初成本450后，小张亏损50元。当到期结算价恰好为15 400元即等于跨式交易的执行价格时，两个期权都为平值，到期价值为0。这时，小张会亏掉全部的权利金450元。这说明小张对市场的判断错误，看多波动率，而市场却没有波动。

（3）到期结算价跌破14 950元，看涨期权为虚值，看跌期权为实值，小张获利金额等于看跌期权到期价值扣掉买进跨式组合的成本。例如，到期结算价为14 000元，小张买入的CF601C15400为虚值期权，到期无价值；CF601P15400为实值期权，实值额为1 400元。1 400元到期价值减去期初的450元，小张可以赚到950元。市场跌得越多，小张赚得越多！

4. 操作技巧

（1）研判到期前期货是否会出现大涨或大跌。

（2）买进看涨期权，并同时买进相同到期日、执行价格的看跌期权。

（3）决定执行价格：以平值期权为主。

（4）计算高低损益平衡点的位置。但有时你会发现，市场上的两个权利金之和很高，使你觉得损益平衡点到达的可能性不大，这时你就不愿用此策略。

（5）部位建立后，注意观察期货行情是否往预期的方向发展。

（6）如果行情跟原先预期的方向一致，而且期权权利金价差已有利可图，可以考虑平仓，赚取权利金差价；反之，如果权利金价差并不大，或者看好至到期日，期货价格还有大涨或大跌的空间，则可以考虑到期结算，赚取更大的获利空间。

（7）如果行情跟原先预期的方向相反，且对后市转为悲观，可以考虑平仓，认赔出场；如果行情虽然跟原先预期的方向相反，但仍有机会扭转劣势，则可考虑继续持有。

（8）买入跨式策略的优点：最大损失固定，即期初支付的权利金总和。如果行情发生大幅涨跌，可以拥有无限报酬的机会。缺点：权利金成本较高，必须承担权利金时间价值的流失。

第二招：买入宽跨式，小钱赚取大波动

1. 使用时机

与跨式相同。期货市场将出台重大消息，或者价格经过一段时期整理，面临技术突破，但方向不明。投资者可以买入宽跨式，即买入同品种同月份不同执行价格的看涨期权与看跌期权。与跨式部位相比，两个执行价格的距离远了，所以称为宽跨式。

2. 应用举例

10 月 17 日，老张认为中美纺织品贸易谈判结果不明，棉花价格的波动进一步扩大。决定买入宽跨式组合。同时买入 CF601C15600 和 CF601P15200，两个合约的卖出价分别为 100 元和 160 元。如果价格发生大幅涨跌，两个期权合约总有一个权利金会随之上涨。即使未来期价没有大幅波动，也只是损失 260 元的权利金。买入宽跨式组合可以直接下达组合委托。

买入宽跨式（CF601C15600/P15200）组合指令如表 3. 27 所示。

表 3.27

定单类型	买/卖	开/平仓	组合类型	
组合定单	买入	开仓	宽跨式	
合约 1	合约 2	委托价格	委托数量	成交属性
CF601C15600	CF601P15200	260	1	IOC

买入宽跨式（CF601C15600/P15200）损益情形如表 3.28 所示。

表 3.28

单位：元

策　略	成本	保证金	盈亏平衡点	最大获利	最大损失
买入宽跨式部位	260	0	A：14 940 B：15 860	无限制	260
备　　注	权利金之和	—	A：低执行价格 - 权利金之和 B：高执行价格 + 权利金之和	—	权利金之和

3. 部位了结

老张将宽跨式多头部位持有到期。根据 CF601 到期结算价不同可以分为以下几种情形（见图 3.24）。

（1）到期结算价上涨超过 15 860 元，买入的看涨期权为实值，看跌期权为虚值期权，老张获利金额等于看涨期权到期价值扣掉买进宽跨式组合的成本。例如，到期结算价为 16 000 元，老张买入的 CF601P15200 为虚值期权，到期无价值；CF601C15600 为实值期权，实值额为 400 元。400 元到期价值减去期初的 260 元，老张的盈利为 140 元。

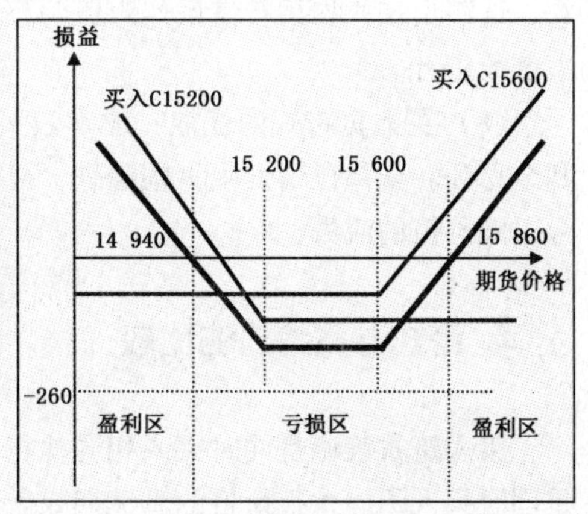

图 3.24　买入 CF601C15600@100 + 买入 CF601P15200@160

（2）到期结算价介于 14 940 ~ 15 860 元。到期价值不足于弥补期初成本，老张的宽跨式部位会有亏损。例如，到期结算价为 15 000 元，CF601C15600 为虚值期权，到期作废；CF601P15200 为实值期权，实值额为 200 元，与期初成本 260 元相比，老张亏损 60 元。当到期结算价位于两个执行价格之间时即介于 15 200 ~ 15 600，两个期权都为虚值期权，到期价值为 0。这时，老张会亏掉全部的权利金 260 元。这说明老张对市场的判断错误，看多波动率，而市场却没有大幅波动。

（3）到期结算价跌破 14 940 元，看涨期权为虚值，看跌期权为实值，老张获利金额等于看跌期权到期价值扣掉买进宽跨式组合的成本。例如，到期结算价为 14 000 元，老张买入的 CF601C15600 为虚值期权，到期无价值；CF601P15200 为实值期权，实值额为 1 200 元。1 200 元到期价值减去期初的 260 元，老张可以赚到 940 元。

4. 操作技巧

（1）研判到期前期货是否会出现大涨或大跌。

（2）买进较高执行价格的看涨期权，并同时买进相同到期日、较低执行价格的看跌期权。

（3）决定执行价格：以虚值期权为主，结合行情幅度研判确定。

（4）计算高低损益平衡点的位置。

（5）部位建立后，注意观察期货行情是否往预期的方向发展。

（6）如果行情跟原先预期的方向一致，而且期权权利金价差已有利可图，可以考虑平仓，赚取权利金差价；反之，如果权利金价差并不大，或者看好至到期日，期货价格还有大涨或大跌的空间，则可以考虑到期结算，赚取更大的获利空间。

（7）如果行情跟原先预期的方向相反，且认为后市会是盘整行情，可以考虑平仓，认赔出场；如果行情虽然跟原先预期的发展相反，但仍有机会扭转劣势，则可考虑继续持有。

（8）买入宽跨式的优点：成本较买入跨式低。最大损失固定，即期初支付的权利金总和。如果行情发生大幅涨跌，可以拥有无限报酬的机会。缺点：必须承担权利金时间价值的流失。

5. 跨式与宽跨式的比较

买入跨式策略是同时买入相同执行价格的看涨期权及看跌期权，买入宽跨式策略是同时买入不同执行价格的看涨期权及看跌期权。二者都是做多波动率的策略，只要价格大涨大跌，就赚钱。最怕期货价格原地踏步。二者不同点在于执行价格。跨式策略中两个合约的执行价格相同，一般选择与期货价格接近的平值合约。宽跨式策略中两个合约的执行价格不同，一般选择虚值一、二档的期权合约。因此，买入宽跨式策略的优点是成本和理论风险更低。买进跨式的优点是盈亏平衡点离市价更近，可以更快地获利。买入宽跨式策略需要期货价格更大的波动，才能获利。表 3. 29 为两种策略的比较。

表 3.29

	小张：买入跨式	老张：买入宽跨式
成　本	450	260
低盈亏平衡点	14 950	14 940
高盈亏平衡点	15 850	15 860
最大盈利	无限制	无限制
最大风险	450	260

第三招：卖出蝶式套利，巧赚小波动

卖出蝶式套利，也包括三个相同到期日的期权合约。但各条腿的方向与买入蝶式是相反的。包括：卖出一张较低执行价格的看涨（跌）期权，买入两张中间执行价格的看涨（跌）期权，再卖出一张较高执行价格的看涨（跌）期权。中间执行价格与两边执行价格之间等距，部位规模可以扩大，但须保持 1∶2∶1 的关系。既可以由看涨期权来构成，也可以由看跌期权构成。

1. 使用时机

预期期货价格出现较大波动，但方向不明。

同是方向不明情况下的交易策略，与前两招相比，卖出蝶式适合于小幅波动市况，获利有限。卖出蝶式可以净收入权利金。

2. 应用举例

12 月 5 日，WS601 市价为 1 720 左右，某做市商认为，期货价格在横盘之后，虽然不会出现大涨大跌，但会有上下 20 多元的波动。于是：

卖出一张 WS601C1700@20 元；

买入两张 WS601C1720@16 元；

卖出一张 WS601C1740@4 元。

这就是一个用看涨期权构造的蝶式空头部位。期初净收入权利金 8 元。这也是该部位的最大盈利。

卖出蝶式同样可以拆为两个看涨期权垂直套利：

买入一个看涨期权垂直套利：买入 WS601C1720 + 卖出 WS601C1740；

卖出一个看涨期权垂直套利：卖出 WS601C1700 + 买入 WS601C1720。

如果投资者通过垂直套利的组合指令建立蝶式套利，保证金就会大大降低。

卖出蝶式套利损益情形如表 3.30 所示。

表 3.30 单位：元

策　略	盈亏平衡点	最大获利	最大损失
买入蝶式	A：1708 B：1732	8	12
备　注	A：低执行价格＋权利金之和 B：高执行价格－权利金之和	权利金净收入	执行价格差－权利金净收入

3. 到期损益

（1）期货价格低于 1 700 元。三个看涨期权都处于虚值状态，到期无价值。做市商可以赚取期初全部权利金收入 8 元。这是蝶式的左边最大盈利区。

（2）期货价格位于 1 700～1 708 之间。WS601C1700 为实值期权，另外两个期权仍处于虚值状态。部位仍将盈利，盈利额介于 0～8 元之间。如期货价格为 1 705 元。卖出的 WS601C1700 需支付买方实值额 5 元，WS601C1720 和 WS601C1740 到期无价值，因此，总体会盈利 3 元。

（3）期货价格位于 1 708～1 732 之间，即两个盈亏平衡点之间。这是卖出蝶式的亏损区。WS601C1700 和 WS601C1720 为实值期权，WS601C1740 为虚值期权，总体亏损额介于 0～12 元之间。比如，期货价格为 1 720 元。卖出的 WS601C1700 需向买方支付实值额 20 元，买入的两张 WS601C1720 正好为平值期权，到期无价值。卖出的 WS601C1700 为虚值期权，到期无价值。与期初净收入 8 元相抵后，亏损 12 元。卖出蝶式，是做多波动率，预测期货价格波动率会有所上升。当期货价格为 1 720 元，也就是中间执行价格时，市场等于没有波动，证明对市场的判断是错误的，这时卖出蝶式亏损额最大。到期期货价格偏离中间执行价格，无论涨跌，亏损会随之降低。

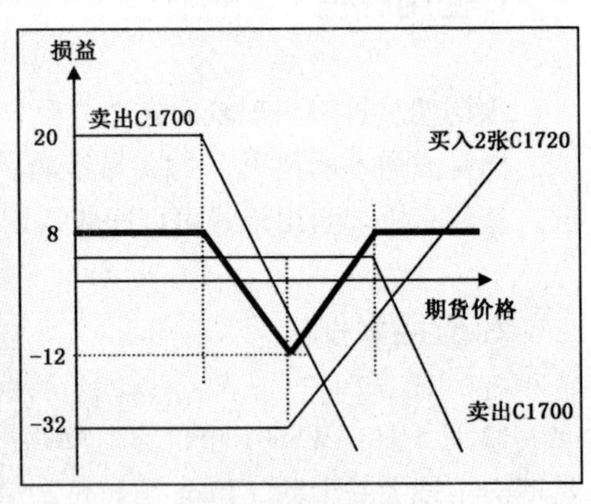

图 3.25　卖出蝶式损益图

（4）期货价格位于 1 732～1 740 之间。WS601C1700 和 WS601C1720 为实值期权，WS601C1740 仍处于虚值状态。部位总体会盈利，盈利额介于 0～8 元之间。如期货价格为 1 735 元。卖出的 WS601C1700 需向买方支付实值额 35 元。买入的 2 张

WS601C1720，通过提出执行可获得实值额30元。WS601C1740到期无价值，因此，期末净支付5元。与期初净收入相比，总体仍盈利3元。

（5）期货价格高于1 740元。三个期权均为实值期权，部位总体盈利恒为8元。如期货价格为1 750元，卖出的WS601C1700支付买方实值额50元，买入的两份WS601C1720，可获得实值额60元，卖出的WS601C1740需支付实值额10元。可见，期货价格只要高于1 740元，不论多少，部位总体到期价值恒为0，该做市商可以赚取全部期初权利金净收入。这是蝶式的右边最大盈利区。

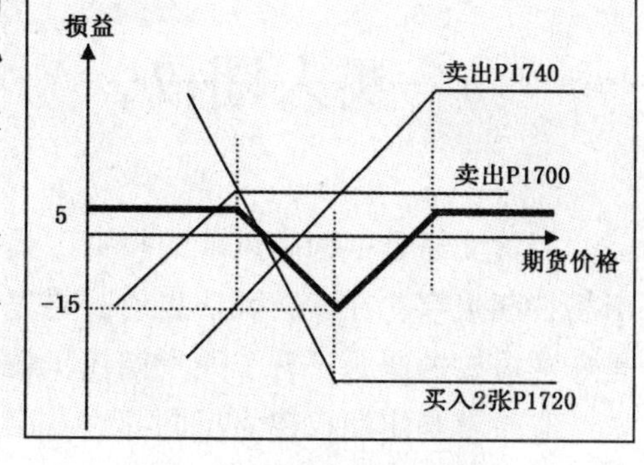

图3.26 卖出蝶式价差损益图

本例中，是用看涨期权构造的空头蝶式价差。如果：

卖出一个WS601P1700@10；

买入两张WS601P1720@15；

卖出一张WS601P1740@25。

这就是用看跌期权构造的蝶式空头。损益如图3.26所示。两个策略的成本、收益与盈亏平衡点不同，但外形与图3.25完全相同，像一只向下飞的蝴蝶。

4. 操作技巧

（1）研判到期前期货价是否处于小涨或小跌。

（2）买进两张完全相同到期日、执行价格的看涨期权或看跌期权，再卖出一张相同到期日较高执行价格的期权，以及卖出一张相同到期日较低执行价格的期权。

（3）决定执行价格：卖出期权执行价格的位置，以平值为宜。两侧的执行价格可根据涨跌幅度确定。

（4）计算高低损益平衡点的位置。由于亏损是在两个高低执行价格之间，因此，只要判断期货价格会超过执行价格间距，则完全可以使用卖出蝶式，但前提是此时的权利金收入会吸引你。

（5）部位建立后，注意观察期货行情是否往预期的方向发展。

（6）卖出蝶式策略的优点：风险有限，低风险。缺点：期货价格出现大涨大跌，也只能赚取有限的利润。

第五节

买入期权，为期货投资投份保险

期货交易是一种高风险的投资工具。古语云：君子不立于危墙之下。要想在期货市场长期生存，在学会赚钱之前，要先学会如何保本，才有获利的机会。因此，避险是非常重要的课题。有了期货期权，就可以用来规避期货部位的风险。

避险就是用期权建立反向部位。用期权规避期货部位风险，是利用期权价格与期货价格的相关性进行操作。用期权建立反向部位后，期货价格的变化会引起一个部位盈利和一个部位亏损：在其他因素不变的情况下，期货价格上涨，则看涨期权价格上涨，看跌期权价格下跌；期货价格下跌，则看涨期权价格下跌，看跌期权价格上涨。与此相对应，为了规避价格上涨的风险，投资者可以买入看涨期权或者卖出看跌期权；为了规避价格下跌的风险，投资者可以买入看跌期权或者卖出看涨期权。

买入期权避险，既可保值，又可增值。期货套期保值原理在于利用期货与现货部位相反，价格变化方向相同，从而达到规避风险、锁定成本的目的。随着价格的变化，一个部位盈利，另一个部位亏损。这样在规避风险的同时，投资者也失去价格有利变化情况下降低成本的能力，在规避了风险的同时，也丧失了收益潜力。利用期权为期货部位避险，若期货部位亏损，则期权部位盈利，利用期权可以规避价格不利变化时的风险。如果期货部位盈利，则期权部位亏损，但不论价格变化有多大，期权的亏损仅限于投资者支付的权利金。期货部位的盈利却可以随着价格有利变化而不断扩大。用期权保护期货部位，可以有效锁定期货损失，提升操作绩效，释放心理负担。比止损更灵活，更能避免因止损点设置不良，受一时行情震荡砍仓后价格又回转的懊恼与尴尬。因此买入期权，等于为期货投资者买入“保险”，而权利金就是保险费。

两种一看就会的招式。避险的原理在于建立反向部位。换句话说，若是持有期货多头，则需买入看跌期权，锁定最低卖出价，规避期货价格下跌的风险；或是持有期货空头，则需买入看涨期权，锁定最高买入价，规避期货价格上涨的风险。如果发生不利于期货部位的行情，期权避险可以阻隔行情超越执行价格之外所造成的损失。下面介绍两种一看就会的招式。

第一招：买入看涨期权，保护期货空头部位

1. 使用时机

抛空期货后，价格上涨怎么办？对期货价格看跌但又不愿意承担太大风险，如何操作？答案：卖出期货之后买入看涨期权。既可规避价格上涨的风险，同时保持期货价格下跌所带来的盈利。

2. 应用举例

10 月 26 日，小张判断 CF601 位于短期高点，于 15 400 元/吨卖出一手棉花期货，由于担心判断失误，于是买进 1 手棉花看涨期权。如何选择执行价格呢？这取决于小张愿意支出的成本及可以承担的风险。看涨期权执行价格越低，所提供的保护程度越高，但权利金成本也高。通常可以买入平值或 1～2 档的浅虚值合约。小张决定买入 CF601C15400，支付权利金 150 元/吨。小张心想如果判断对了，期货空头尽可赚钱。万一错了，有看涨期权锁定最高买入价。掏钱买入好心态，相当划算。

期货空头避险组合损益情形如表 3.31 所示。

表 3.31

单位：元

策　略	盈亏平衡点	最大获利	最大损失
期货空头 + 买入看涨期权	15 250	无限制	150
备　注	期货卖出价 - 权利金	—	执行价格 - 期货卖出价 + 权利金

3. 到期损益

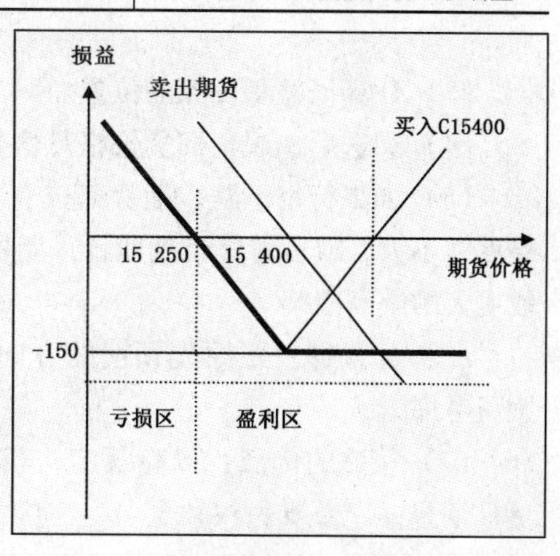

图 3.27　买出 CF601@15400 + 买入 CF601C15400@150

小张将避险部位持有到期，交易结果根据 CF601 到期结算价不同可以分为以下几种情形（见图 3.27）：

（1）棉花期货价格下跌，且跌破 15 250 元。小张对期货价格的判断正确，期货空头部位盈利，期权部位亏损，总体仍为盈利。小张可以放弃期权执行的权利。由于买入看涨期权的风险限于其支付的权利金，因此，期货空头部位随着期货价格下跌大可赚钱。

如到期结算价为15 000元，期货空头盈利400元；看涨期权为虚值期权，到期无价值。扣除期初“保险费”，小张净盈利为250元。

（2）棉花期货价格下跌，位于15 250～15 400元之间。期货空头部位盈利，期权部位亏损，但期货盈利不足于弥补保险成本，总体会有亏损。如到期结算价为15 300元，期货空头盈利100元；看涨期权为虚值期权，到期无价值。扣除期初150元的“保险费”，小张净亏损50元。

（3）棉花期货价格上涨，则期货空头亏损，期权部位盈利，期权部位的盈利可以锁定小张期货空头的亏损。比如，到期结算价为15 800元。期货空头亏损400元。看涨期权为实值期权，执行后可获得实值额400元。扣除期初支付的权利金后，期权部位盈利250元。由此，避险后的期货空头部位损失可减至150元。这也是小张避险交易的总亏损。由于小张卖出期货的价位与看涨期权的执行价格相等，所以无论期货价格涨多高，小张的最大亏损就是期初权利金成本150元。

由上例可知，在期货上涨时，买入看涨期权可以规避期货空头部位风险。在期货价格下跌时，期权部位最多损失权利金，只是有所降低期货空头的盈利，而期货空头尽可享受价格下跌带来的好处。期货价格下跌时，交易的最大损失可以有效锁定。避险后的期货空头损益形似买入看跌期权。即：卖出期货+买入看涨期权=买入看跌期权。

4. 操作技巧

（1）预估至到期日之前，市场属于空头格局，但唯恐消息面造成期货价格大幅反弹。

（2）决定执行价格：买入看涨期权的执行价格等于或高于卖出期货的成交价为宜。

（3）计算损益平衡点的位置。

（4）买进后，观察期货价格行情是否往原先预期的方向发展。

（5）如果行情下跌，期货部位有不错的获利，可以考虑平仓；反之，如果获利幅度并不大，或者看好至到期日，期货价格有下跌的空间，则可以考虑到期结算，赚取更大的获利空间。

（6）如果行情跟原先预期的方向相反，但仍有机会扭转劣势，重回空头轨道，则可考虑继续持有。

（7）策略的优点：风险既定，获利会增加。缺点：资金成本增加。既要缴纳期货保证金，又要支付权利金。

第二招：买入看跌期权，规避期货多头持仓风险

1. 使用时机

对期货看涨又担心价格下跌的风险，所以买入期货后，买进看跌期权。规避价格下跌的风险，同时保持期货价格上涨所带来的盈利。

2. 应用举例

10 月 18 日，小王认为 CF601 价格经过短期下跌后将重新上涨，于是以市场价格 15 300 元/吨买进一手 CF601。又担心价格振荡，一不小心买在半坡处，于是买进 1 手 CF601P15200，规避价格下跌的风险，支付权利金 200 元。买入看跌期权可以锁定卖出价格。虽然支出了成本，但小王的最低卖出价锁定为 15 200 元。解除了后顾之忧，心理压力大为减轻。损益情形如表 3. 32 所示。

表 3. 32　　单位：元

策　略	盈亏平衡点	最大获利	最大损失
期货多头 + 买入看跌期权	15 500	无限制	300
备　　注	期货买入价 + 权利金	—	期货买入价 - 执行价格 + 权利金

3. 到期损益

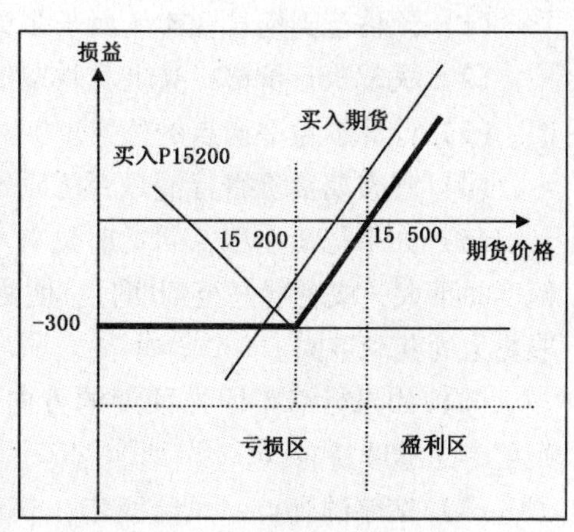

图 3. 28　买入 CF601@15300 + 买入 CF601P15200@200

小王将避险部位持有到期。交易结果根据 CF601 到期结算价不同可以分为以下几种情形（见图 3. 28）：

（1）如果期货价格上涨，并突破 15 500 元。期货多头部位盈利，期权部位无价值，但整体为盈利。比如，价格涨至 15 600 元，期货多头盈利 300 元，买入的看跌期权为虚值期权，到期没有价值，小王会损失全部的权利金。期货盈利 300 元扣除期权成本 200 元后，小王净赚 100 元。价格涨得越高，小王赚得就越多。

（2）如果期货价格上涨，位于 15 300 ~ 15 500 之间。期货多头部位盈利，期权部位亏损。但期货的盈利不足于弥补权利金成本，整体会有亏损。比如，价格涨至 15 400 元，期货多头盈利 100 元，买入的看跌期权为虚值期权，到期没有价值，小王会损失全部的权利金。期货盈利 100 元扣除期权成本 200 元后，小王净亏损 100 元。

（3）期货价格下跌，位于 15 200 ~ 15 300 之间。期货多头部位与期权部位均亏损。但还没有达到部位理论最大亏损。比如，价格为 15 250 元，期货多头亏损 50 元，买入的看跌期权为虚值期权，到期没有价值，小王会损失全部的权利金。二者总体亏损为 250 元。

（4）期货价格跌破 15 200 元至 15 000 以下。期权部位盈利，期货部位亏损。期权部位的盈利可以将期货多头的亏损锁定在 300 元。这也是小王的最大风险。如到期结算价为 14 800 元，期货多头亏损 500 元；买入的看跌期权为实值期权，执行后可以获得实值额 400 元。扣去期初支付的 200 元权利金，期权获利 200 元。由此，避险后的期货多头损失可减至 300 元。无论期货价格跌有多深，小王的最大风险已被锁定在 300 元。

由上例可知，在期货下跌时，买入看跌期权可以规避期货多头部位风险。期货的损失被锁定。在期货价格上涨时，期权最多损失权利金，只是有所降低期货多头的盈利，而期货多头尽可享受价格上涨带来的好处。避险后的期货多头损益形似买入看涨期权。即：买入期货 + 买入看跌期权 = 买入看涨期权（见图 3. 28）。

4. 操作技巧

（1）预估至到期日，市场属于多头格局，但唯恐消息面造成期货价格大幅回落。

（2）决定执行价格：买入看跌期权的执行价格等于或低于买入期货的成交价。

（3）计算损益平衡点的位置。

（4）观察期货价格行情是否往原先预期的方向发展。

（5）如果行情上涨，期货部位有不错的获利，可以考虑平仓；反之，如果获利幅度并不大，或者看好至到期日，期货价格有上升的空间，则可以考虑到期结算，赚取更大的获利空间。

（6）如果行情跟原先预期的方向相反，但仍有机会扭转劣势，重回多头轨道，则可考虑继续持有。

（7）策略的优点：风险既定，获利会增加。缺点：资金成本增加。既要缴纳期货保证金，又要支付权利金。

第六节

卖出期权，提升期货操作绩效

买入期权，可以有效锁定期货持仓风险，但需要支付保险成本。投资者也可通过卖出期权，起到改善期货持仓状况的效果。卖出期权，因其风险与期货相当，往往被厌恶风险的投资者所弃用。但若搭配期货操作，却能够提高期货交易的盈利，或在一定范围内降低期货持仓的风险，可谓期权空头的妙用所在。这种操作方法经常为机构所采用。本节内容将告诉大家如何通过卖出期权提高期货操作绩效。

第一招：买入期货＋卖出虚值看涨期权

1. 使用时机

对期价看涨，但有目标价位或者强阻力位。买入期货后，卖出阻力位附近执行价格的看涨期权。当期货价格下跌时，在其收到的权利金范围内，可以抵补期货多头的损失。当期货价格上涨到执行价格以上时，看涨期权的买方则会提出执行，履约获得期货空头部位，正好锁定期货多头盈利。同时还可以赚取权利金，增加操作收益。

2. 应用举例

3 月 1 日，小张认为强筋小麦期货价格会有 40 点的升幅，于是以市场价格1 700 元/吨买入 1 手 WS605，并卖出 1 手 WS605C1740，收到 20 元/吨的权利金。

组合损益情形如表 3.33 所示。

表 3.33 单位：元

策　略	盈亏平衡点	最大获利	最大损失
期货多头＋卖出看涨期权	1 680	60	无限制
备　注	期货买入价－权利金	执行价格－期货买入价＋权利金	—

该组合与有保护的期权空头相一致，保证金计算公式为：权利金＋期货保证金。假定结算价同成交价，则保证金为 20＋1 700×5%＝105 元。

3. 部位到期损益

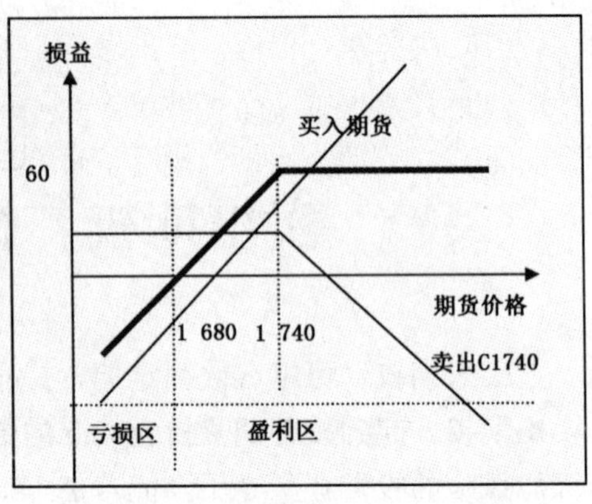

图 3.29 买入 WS605@1700 + 卖出 WS605C174@20

到期损益见图 3.29。

(1) 如果期货价格上涨，达到或低于 1 740 元/吨，证明小张基于期货价格的判断是正确的。期货部位盈利。如期货价格为 1 736 元/吨，期货盈利 36 元。期权仍处于平值或虚值状态，买方不会提出执行，小张可以赚取 20 元的权利金。这样，小张总盈利为 56 元。在期货价格上涨 36 点的情况下，却获得了 56 点的收益。

(2) 如果期货价格上涨到 1 740 元/吨以上价格，期货部位盈利。期权转化为实值状态，期权买方将提出执行，小张会被指派建立期货空头部位，价格为 1 740 元/吨。与其 1 700 元/吨的多头建仓价相比，获利 40 元/吨。加上其获得的权利金收入，总获利可达到 60 元/吨（相当于以 1 760 的价格平仓）。这就是该策略的最大盈利。若期价继续大幅上涨，这与小张已经无关了。作为期货多头，他不会得到更高价格的平仓盈利。出现这种情况，证明小张对价格强阻力位的判断是错误的，他应该卖出更高执行价格的看涨期权。

(3) 如果价格下跌，但不低于 1 680 元/吨，期货部位亏损，期权为虚值状态，卖方可以赚取权利金。而且权利金收入可以弥补期货多头的损失，总体仍不亏损。这就是该策略“一定范围内的避险功能”。

(4) 如价格跌破 1 680 元/吨，期货部位的损失继续扩大。因为期权卖方的最大盈利为其收到的权利金，在市场超出所料地下跌情况下，投资者的期货多头的风险将无法由权利金而完全得到弥补。小张面临大幅亏损的风险。出现这种情况，证明小张对期货价格方向的判断都是错误的。

由上例可知：买入期货后，卖出虚值看涨期权，在期货价格上涨时，获得的权利金可以提高盈利，相当于以更高的价格卖出平仓；若期货价格下跌，在权利金范围内可以规避期货部位的风险。因此，无论何种情况，通过卖出虚值看涨期权，都可以在一定程度上提高期货多头的操作绩效。代价是价格大幅上涨时，收益增长会被切断。在价格大幅下跌时，不能像买入看跌期权那样有效锁定损失。该种组合策略损益形似卖出看跌期权。即：买入期货 + 卖出看涨期权 = 卖出看跌期权。

4. 操作技巧

(1) 预估至到期日，市场属于小涨格局。

（2）决定执行价格：卖出看涨期权的执行价格应位于买进期货位置之上。

（3）计算损益平衡点的位置，并在损益平衡点以下，设立停损点。

（4）注意观察期货价格行情是否往原先预期的方向发展。

（5）如果行情跟原先预期的发展一致，而部位整体已有获利，可以考虑平仓，赚取期权差价；反之，如果获利幅度并不大，或者看好至到期日，期货价格有上涨的空间，则可以考虑到期结算，赚取更大的获利空间。

（6）如果行情跟原先预期的发展相反，且对后市转为悲观，可以考虑在停损点平仓，认赔出场；如果行情虽然跟原先预期的发展相反，但仍有机会扭转劣势，重回多头轨道，则可考虑继续持有，但仍应设立停损点。

（7）策略的优点：可以赚取时间价值的流失。并可规避小幅下跌的风险。缺点：当价格大幅上涨时，放弃了执行价格以上的利润。风险不保底，注意设置止损。

第二招：卖出期货＋卖出虚值看跌期权

1. 使用时机

对期价看跌，但存在强支撑位。以市价卖出期货后，卖出支撑位附近执行价格的看跌期权。当期货价格上涨时，在其收到的权利金范围内，可以弥补其期货空头的损失。当期货价格下跌到执行价格以下时，看跌期权的买方则会提出执行，获得期货多头部位，正好锁定期货空头收益。同时还可以赚取权利金，增加操作盈利。

2. 应用举例

小王认为 WS607 会有 20 点的跌幅，因此以市场价格 1 900 元/吨卖出小麦期货，并且卖出同月份执行价格为 1 880 元/吨的虚值看跌期权，收到 20 元/吨的权利金。

组合损益情形如表 3.34 所示。

表 3.34　　单位：元

策　略	盈亏平衡点	最大获利	最大损失
期货空头＋卖出看跌期权	1 920	40	无限制
备　注	期货卖出价＋权利金	期货卖出价－执行价格＋权利金	—

该组合与有保护的期权空头相一致，保证金计算公式为：权利金＋期货保证金。假定结算价同成交价，则保证金为 20＋1 900×5%＝115 元。

3. 到期损益

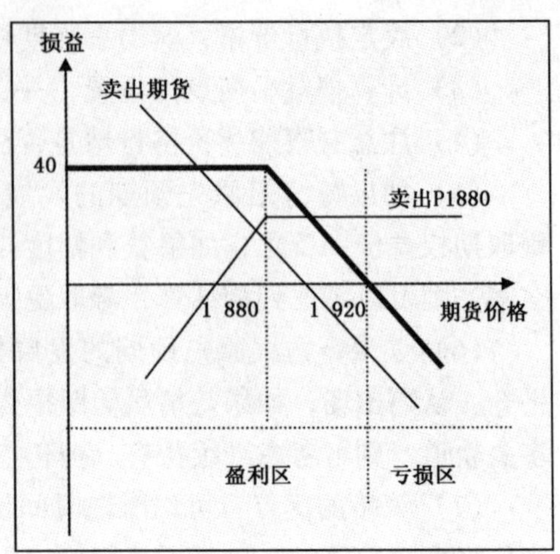

图 3.30　卖出 WS607@1900 + 卖出 WS607P1880@20

到期损益见图 3.30。

（1）如果期货价格下跌，跌到或不到 1 880元/吨。期货空头部位盈利。但期权仍处于平值或虚值状态，小王可以赚取权利金收入。如期货价格为 1 870 元，期货盈利 30 元/吨（1 900 – 1 870），加上期权赚 10 元［20 – (1 880 – 1 870)］，总盈利为 40 元/吨。

（2）如果期货价格下跌到 1 880 元/吨以下，期货部位盈利，期权转化为实值状态。期权的买方将提出执行，小王会被指派建立期货多头部位，价格为 1 880 元/吨。正好锁定空头部位收益 20 元/吨，加上其获得的权利金收入，总获利 40 元/吨。相当于以 1 840 的价格平仓。

（3）如果价格上涨，但不超过 1 920 元/吨，期货空头亏损。期权仍为虚值状态，但权利金收入可以弥补期货损失，总体仍不亏损。如期货价格为 1 916 元，期货亏损 16 元/吨，与权利金 20 元相抵后，仍为盈利 4 元/吨。

（4）如果价格向上突破 1 920 元/吨，期货空头的亏损继续增加。期权空头的最大盈利是 20 元的权利金。在市场大幅上涨的情况下，期货空头的风险将无法由权利金完全弥补。小王面临大幅亏损的风险。出现这种情况，证明小王对期货价格方向的判断是错误的。

由上例可知：卖出期货后，卖出虚值看跌期权，在期货价格下跌时，获得的权利金可以提高盈利，相当于以更低的价格买入平仓；若期货价格上涨，在权利金范围内可以规避期货空头的风险。因此，通过卖出虚值看跌期权，在价格涨跌时都可以在一定程度上提高期货空头的操作绩效。同样，卖出虚值看跌期权，等于预设了期货空头的平仓目标价位，也等于放弃了目标价格以下的盈利空间；而在价格大幅上涨时，卖出看跌期权策略只能“抵挡一阵”，当超出权利金范围后，没有控制损失继续扩大的能力，不能像买入看涨期权那样有效锁定损失。该种组合策略损益形似卖出看涨期权。即：卖出期货 + 卖出看跌期权 = 卖出看涨期权（见图 3.30）。

4. 操作技巧

（1）预估至到期日，市场属于小跌格局。

（2）决定执行价格：卖出看跌期权的执行价格应位于卖出期货价位之下。

（3）计算损益平衡点的位置，并在损益平衡点以下，设立停损点。

（4）注意观察期货价格行情是否往原先预期的方向发展。

（5）如果行情跟原先预期的发展一致，而部位整体已有获利，可以考虑平仓，赚取权利金差价；反之，如果获利幅度并不大，或者看好至到期日，期货价格有下跌的空间，则可以考虑到期结算，赚取更大的获利空间。

（6）如果行情跟原先预期的发展相反，且对后市转为悲观，可以考虑在停损点平仓，认赔出场；如果行情虽然跟原先预期的发展相反，但仍有机会扭转劣势，重回空头轨道，则可考虑继续持有，但仍应设立停损点。

（7）策略的优点：可以赚取时间价值的流失，并可规避小幅上涨的风险。缺点：当价格大幅下跌时，放弃了执行价格以下的利润。风险不保底，注意设置止损。

第七节

抓住秘诀，套利其实也简单

期货交易中，投资者一般都在从价格的涨跌中博取风险差价，也有一些投资者就不同月份期货的价差进行跨期套利，或者针对期货与现货的价差进行期现套利。有了期权，市场可供交易的合约多了，套利关系多了，套利机会和盈利模式也就更多了，机构、散户皆可为之。套利的原理其实并不复杂，就是利用具有同质性的不同商品、某种商品与其衍生品、同种商品的不同衍生品之间的价格相关性，当价格关系偏离正常范围时，投资者同时买入低估者，卖出高估者，就可锁定利润。套利是一种无风险的交易策略。下面结合期权模拟交易介绍几种套利交易模式。

第一招：买入看涨期权 + 卖出看跌期权，并放空期货

1. 使用时机

买入看涨期权，并卖出同执行价格的看跌期权，损益与买入期货相同。因此称为合成期货多头。若合成期货多头的进场价低于期货市价，即可利用买入看涨期权、卖出看跌期权并放空期货，完成套利。这种交易策略被称为反转换套利。

2. 套利秘诀

（1）合成期货多头的看涨期权与看跌期权，执行价格必须相同。

（2）计算合成期货多头进场价：执行价格（S）+看涨期权权利金（C）-看跌期权权利金（P）。再与期货市价（F）相比，判断有无套利空间。

（3）价格应是市场可以立即实现成交的价格。特别是期权流动性低，价差较大，所以买入看涨期权依市场卖出价计算，卖出看跌期权依市场买入价计算。

3. 应用举例

图3.31为11月11日期权模拟交易收盘行情。以执行价格1 620元的强麦期权为例，我们来检查一下有无套利机会。

文件(F) 查看(V) 工具(T) 窗口(W) 帮助(H) 易盛资讯[强麦601期权]

买量	卖量	总量	卖价	买价	最新	←涨看跌→	最新	买价	卖价	总量	卖量	买量
1500	500	2988436	135.00	109.00	115.00	1580	1.00	1.00	2.00	104000	10000	71002
1000	6000	3483484	120.00	102.00	120.00	1600		4.00	25.00	0	542	1000
199	400	24210	88.50	81.00	88.50	1620		8.00	20.00	0	600	501
2	99300	2968112	75.00	74.50	74.50	1640	22.00	19.00	22.00	7912	45	50
140	1000	4142	63.00	46.50	51.00	1660	26.00	7.00	26.00	20018	100	500
400	100	4322	57.00	42.00	48.00	1680	10.00	10.00	20.00	53620	100	500
13804	1400	8127920	38.00	37.00	37.00	1700	10.00	15.00	38.00	19220	1000	290
1000	18000	237104	35.00	28.00	33.00	1720		36.00	53.00	0	350	50
18000	500	37600	20.00	12.50	13.00	1740		20.00		0	0	500
4320	100	560300	30.00	10.50	20.00	1760	19.00	35.00		400	0	500

1620	看涨	看跌
卖价	88.50	20.00
买价	81.00	8.00
最新	88.50	
理论价	97.26	0.26
Delte	0.9843	-0.0157
Gemne	0.0008	0.0008
Thete	-0.0341	-0.0341
Vega	0.1840	0.1840
Bho	-0.0719	-0.0002
IV	0.8484	0.0000

WS601 强麦601 波动率10.00

委比-72.55 委差 -74

卖价 1717 88

买价 1716 14

最新	1717	结算	1713
涨跌	15	昨结	1702
幅度	0.88	今开	1708
总量	4604	最高	1717

棉花601 强麦601

图3.31 11月11日期权模拟交易收盘行情

计算合成期货多头的进场价：执行价格1 620+看涨期权权利金88.5—看跌期权权利金8=1 700.5。其中买入看涨期权与卖出看跌期权净支付权利金80.5元。

这说明通过期权合成期货多头，可以实现相当于以1 700.5元的价格买入WS601。图3.31右下角为期货市价，1 716元。合成期货多头的进场价低于市价15.5元，也就是说存在15.5元的无风险套利空间。因此，投资者应立即买入WS601C1620，卖出WS601P1620，并在1 716元放空期货，就可锁定15.5元的利润（未考虑交易手续费）。

4. 到期损益

纯套利交易策略是无风险的，在交易开始时就有确定的盈利额。该例中，投资者没有风险，而且不管到期结算价为多少，都可以保证15.5元的收益（见图3.32）。

（1）到期结算价低于1 620元，假如为1 600元。买入的WS601C1620为虚值，到期无价值；卖出的WS601P1620为实值，应向买方支付实值额20元。卖出期货盈利1 716 - 1 600 = 116元。二者相抵后为盈利96元，再扣除期初净支付的80.5元权利金，最终套利结果为盈利15.5元。

（2）到期结算价位于1 620 - 1 716元之间，假如为1 700元。卖出的WS601P1620为虚值，到期无价值；买入的WS601C1620为实值，执行后可获得实值额80元。卖出期货盈利1 716 - 1 700 = 16元。二者总计仍为盈利96元，再扣除期初净支付的80.5元权利金，最终套利结果为盈利15.5元。

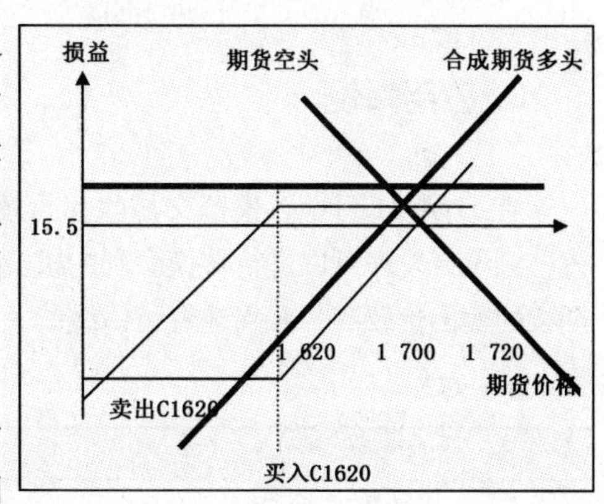

图3.32　反转换套利损益图

（3）到期结算价高于1 716元，假如为1 720元。卖出的WS601P1620为虚值，到期无价值；买入的WS601C1620为实值，执行后可获得实值额100元。卖出期货亏损1 720 - 1 716 = 4元。二者相抵后为盈利96元，再扣除期初净支付的80.5元权利金，最终套利结果为盈利15.5元。

图3.31收盘行情中，其他执行价格的强麦期权合约是否有反转换套利的机会，有兴趣者可以逐个进行检查。

第二招：买入看跌期权 + 卖出看涨期权，并做多期货

1. 使用时机

买入看跌期权，并卖出同执行价格的看涨期权，损益与卖出期货相同，因此称为合成期货空头。若合成期货空头的进场价高于期货市价，即可利用买入看跌期权、卖出看涨期权并做多期货，完成套利。这种交易策略被称为转换套利。

2. 套利秘诀

（1）合成期货空头的看涨期权与看跌期权，执行价格必须相同。

（2）计算合成期货空头进场价：执行价格（S）+看涨期权权利金（C）-看跌期权权利金（P）（注：与合成多头的算法相同）。再与期货市价（F）相比，判断有无套利空间。

（3）价格应是市场可以立即实现成交的价格。买入看跌期权依市场卖出价计算，卖出看涨期权依市场买入价计算。

3. 应用举例

在11月11日期权模拟交易收盘行情中。笔者对强麦期权和棉花期权逐个进行了检查，竟没有发现可以进行转换套利的机会。原因是看跌期权交易不如看涨期权活跃，看跌期权的卖出价较高，有兴趣者可以继续关注。这里以表3.35中的假设条件进行举例。

表3.35 单位：元

合约	买价	卖价
WS601	1 699	1 700
WS601C1700	35	35.5
WS601P1700	20	25

计算合成期货空头的进场价：执行价格1 700+看涨期权权利金35-看跌期权权利金25=1 710元。其中，卖出看涨期权与买入看跌期权净收入权利金10元。

通过期权合成期货空头，可以实现相当于以1 710元的价格卖出WS601。期货市价为1 700元。合成期货空头的进场价高于市价10元。也就是说存在10元的无风险套利空间。因此，投资者应立即买入WS601P1700，卖出WS601C1700，并在1 700元买入期货，就可锁定10元的利润（未考虑交易手续费）。

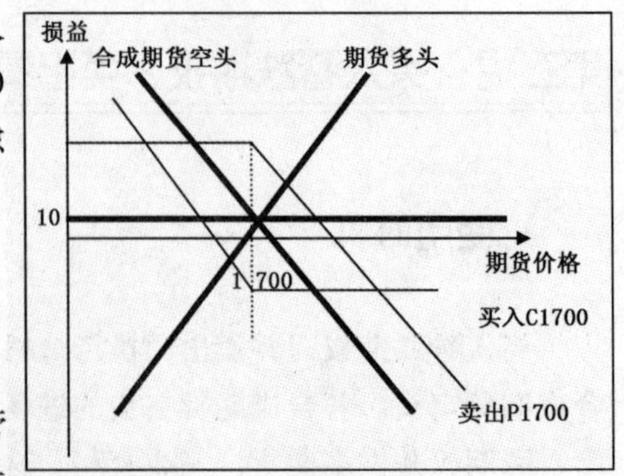

图3.33 转换套利损益图

4. 到期损益

该交易中，投资者没有风险，而且不管到期结算价为多少，都可以保证10元的收益（见图3.33）。

（1）到期结算价低于 1 700 元，假如为 1 650 元。卖出的 WS601C1700 为虚值，到期无价值；买入的 WS601P1700 为实值，执行后可获得实值额 50 元。买入期货亏损 1 700 - 1 650 = 50元。二者相抵后盈亏平衡。最终套利结果为期初权利金净收入 10 元。

（2）到期结算价高于 1 700 元，假如为 1 720 元。买入的 WS601P1700 为虚值，到期无价值；卖出的 WS601C1700 为实值，应向买方支付实值额 20 元。买入期货盈利 1 720 - 1 700 = 20 元。由于买入期货的价格与执行价格相等，因此二者相抵后为盈亏平衡。最终套利结果仍然为期初权利金净收入 10 元。

上述两招套利交易的理论基础是期权平价公式。对于期货期权来说，看涨期权权利金（C）、看跌期权权利金（P）、期货市价（F）及执行价格（S）四者之间存在以下简化关系：

$$C - P + S = F$$ [①]

如果等式被破坏，则市场就存在套利机会。

若 $C - P + S < F$，则买入左边，卖出右边。即买入看涨期权，卖出看跌期权，卖出期货。即反转换套利。

若 $C - P + S > F$，则卖出左边，买入右边。即卖出看涨期权，买入看跌期权，买入期货。即转换套利。

期权平价公式中包含三个变动因素：期货价格、看涨期权和看跌期权的权利金。对平价公式两边进行移项，就可以用任何两个部位或价格来合成另外一个部位或价格。

• 合成期货多头：$F = C - P + S$。正号等于买入，负号就是卖出。因此期货多头就可以由买入看涨期权和卖出看跌期权来合成。期货买入价 = 看涨期权卖出价 - 看跌期权买入价 + 执行价格。

• 合成期货空头：$-F = -C + P - S$。所以一个期货空头可以由卖出看涨期权与买入看跌期权的权利金来合成。期货卖出价 = 看涨期权买入价 - 看跌期权卖出价 - 执行价格。

• 合成看涨期权多头：$C = P + F - S$。买入看跌期权与买入期货可以合成看涨期权多头。看涨期权买入价 = 看跌期权卖出价 + 期货卖出价 - 执行价格。

• 合成看涨期权空头：$-C = -P - F + S$。卖出看跌期权与卖出期货可以合成看涨期权空头。看涨期权卖出价 = 看跌期权买入价 + 期货买入价 + 执行价格。

• 合成看跌期权多头：$P = C - F + S$。买入看涨期权与卖出期货可以合成看跌期权多头。看跌期权买入价 = 看涨期权卖出价 - 期货买入价 + 执行价格。

• 合成看跌期权空头：$-P = -C + F - S$。卖出看涨期权与买入期货可以合成看跌期权空头。看跌期权卖出价 = 看涨期权买入价 - 期货卖出价 - 执行价格。

针对 11 月 11 日的强麦期权收盘行情，表 3. 36 为计算的套利机会情况表。可以发现：合成多头一栏共有三个执行价格的期权存在反转换套利机会，其合成期货多头

---

① 对于期货期权，严格的 call - put 平价公式为：$C - P = (F - S)\ e^{-rt}$。

的价格（带下划线）低于期货市价 1 716 元。而合成空头一栏则不存在套利机会。因为合成空头的价格均低于期货市价 1 717 元。

表 3.36 单位：元

看涨期权			看跌期权			
买价	卖价	执行价格	买价	卖价	合成多头	合成空头
109	135	1 580	1	2	1 714	1 687
102	120	1 600	4	25	1 716	1 677
81	88.5	1 620	8	20	1 700.5	1 681
74.5	75	1 640	19	22	1 696	1 692.5
46.5	63	1 660	7	26	1 716	1 680.5
42	57	1 680	10	20	1 727	1 702
37	38	1 700	15	38	1 723	1 699
28	35	1 720	36	53	1 719	1 695
12.5	20	1 740	20	—	1 740	—
10.5	30	1 760	35	—	1 755	—

第三招：利用市场错误进行套利

大凡每种投资工具刚刚出现时，由于参与者认识不深，市场都会存在较多的套利机会。期权市场也不会例外。模拟交易中，强麦期权价格低于其内涵价值的情况偶有发生。参与者尽可买入期权后，提出执行，再到期货市场平仓，即可赚钱。这种简单的套利机会，实在无异于捡钱。图 3.34 同样为 11 月 11 日的收盘行情，通过右方的损益图，你能否发现问题所在呢？

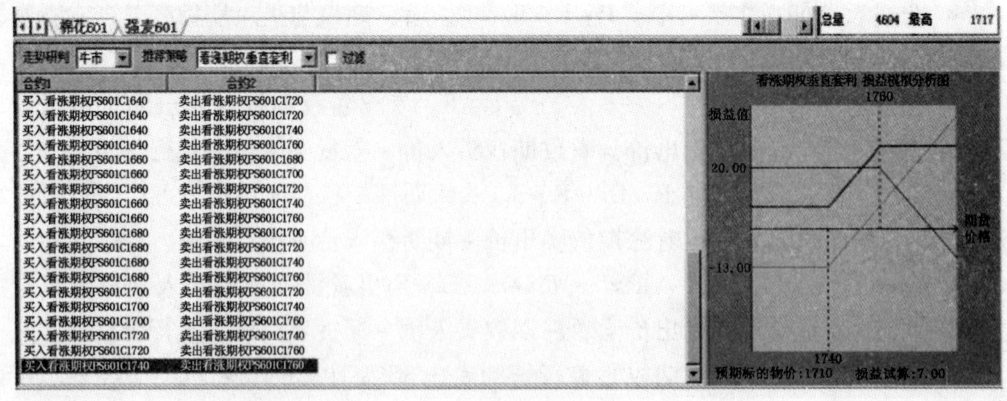

图 3.34 11 月 11 日的收盘行情策略图

在牛市策略中介绍过，买入看涨期权垂直套利，由买入低执行价格看涨期权和卖出高执行价格看涨期权共同构成。看涨期权的执行价格越低，权利金越高。因此，买入看涨期权垂直套利应净支付权利金，这也是策略最大风险。图中交易策略为买入WS601C1740，卖出WS601C1760。由于市场错误，前者价格为13元，比后者价格20元还低。买入垂直套利不仅没有成本，还有权利金收入。这就是明显的捡钱机会。投资者即行买入WS601C1740、卖出WS601C1760没有任何风险，最多还可以盈利27元。

利用市场错误进行套利，秘诀就在于：领先市场半步。期权交易中，期货与期权之间，不同月份、不同执行价格、不同类型的期权合约之间构成网状价格关系，既相互关联，又相互制约。投资者要通过模拟交易明白它们之间的价格关系，如转换与反转换套利、蝶式价差交易等。一旦价格关系不合理，就可以进行套利，纠正市场错误。这种捡钱机会或套利机会随着市场认识的加深，会越来越少直至消失，市场效率由此亦不断提高。因此，这也算是市场对先行投入成本和精力者的一种回报吧。

综上所述，总结出期权交易策略与技术分析如表3.37所示。

表3.37 期权交易策略与技术分析

策略	策略情景	各种技术面情况
买进看涨期权	强多	（1）平均线向上斜率相当陡峭之时。 （2）相对低点突破价格形态上涨后回撤，再度往上窜升之时。 （3）强力低点V形反转之时。
卖出看涨期权	不涨	（1）接近直角三角形或正旗型尾端之时。 （2）指标持续上升或下跌，但价格不涨或不跌，产生价格与指标不同之时。
买进看跌期权	强空	（1）平均线向下斜率相当陡峭之时。 （2）相对高点突破价格形态下跌后反弹，再度往下窜升之时。 （3）强力低点V形反转之时。
卖出看跌期权	不跌	（1）接近直角三角形或正旗型尾端之时。 （2）指标持续上升或下跌，但价格不涨或不跌，产生价格与指标不同之时。
CALL多头套利	微幅上涨	（1）头肩底刚形成，隐含波动率转为下降之时。 （2）到期前几天跌幅过大之时。
PUT空头套利	微幅下跌	（1）头肩顶刚形成，隐含波动率转为下降之时。 （2）到期前几天涨幅过大之时。
多头（宽）跨式	强多又强空	（1）平均线斜率呈现持平。 （2）日线与周线呈现在等腰三角形最尾端之时。 （3）未平仓量明显增加，价格走平许久。
空头（宽）跨式	强力盘整盘	（1）日线与周线刚刚呈现等腰三角形型态。 （2）长波段上涨或下跌之后，如平均线呈现一段时间的向上陡峭或向下倾斜状况之后。 （3）隐含波动率持续升高后缓步下降。

第四章

入市后行情分析与交易策略运用

在第三章投资者分析期货行情入市后，难免有行情判断失误的时候。华尔街有句名言：对未来行情预测正确，是失常；对未来行情预测不准，是正常。入市后，期货行情仍然有大涨、小涨、盘整、小跌、大跌以及方向不明的情况发生，这时该怎么办呢？是平仓出局，还是再用其他策略？这是本章要告诉大家的。

市场上多数投资者普遍缺乏避险的观念，因为他们认为自己的眼光独到，对行情的掌握十拿九稳。但偏偏这个市场的赢家少、输家多，这便足以证明，预测未来行情，说的比做的容易。

> 运用期权避险或锁利，将使您的避险效果更好或锁利更多。

第三章从投资者对后市的走势判断出发，利用郑商所 2005 年模拟交易的数据分析了各种策略的运用。本章从投资者对策略使用后，行情发生了各种变化，在这种情况下，投资者的策略怎么调整的角度进行了分析。本章与第三章是一个整体，并不独立。投资者在入市前需要对行情进行分析，做出做期货还是做期权的决定，但一旦入市后，行情的变化可能如您所愿，可能完全相反，或者没有预料的那么好，这时就要重新做出判断，然后对部位进行调整，本章就是教您如何调整部位。

期货市场有不少仁人志士抱着满腔的信心，抱定希望入市，但丢盔撂甲的大有人在。有不少人十次有八次赚，但两次就亏没了。做期权要注重长期收益，除非您赚一次就离场，但是多数人是贪婪的。总认为赚几次就是行家，于是乎，忘乎所以并越做越大。

著名投资专家彼得林奇说：“赢家不是经常做对哪些事，而是减少做错哪些事。”也就是说，能够减少犯错的次数，是多数赢家的本色。

第一节

期货做多与期权的结合运用

没有期权时，投资者在买进期货后，出现盈利不论是用平仓的形式，还是用锁仓的方法，事实上也就锁定了利润。如果行情往不利的方向发展，则锁仓也就是固定了亏损。不管因何锁仓，要想获得更多的利润，解锁则至关重要。而有时候由于方法不当，解锁后风险更大。

有了期权，可以减少您做错事情的次数，方法更多、效果更好，将使您游刃有余。

买进期货后，如果赚钱了，却早平仓了，会后悔；看对行情，下单量小了，也会后悔；看对行情，但套期保值只能保值，更多的利益无法获得，也会后悔不该套保，应该投机。有的人，行情老与他做对：买了，价格跌；刚平仓，价格又涨了。反反复复，老是亏钱。面对这些情况，有了期权，则会有所改观。

这里教您四招，供您参考。

比较保守的策略有：①买进期货，同时买进看跌期权。②买进期货，同时卖出看涨期权。

比较积极的策略有：①买进期货获利后，卖出看涨期权锁利。②买进期货出现亏损后，买进看跌期权反败为胜。

不论是保守型或积极型操作，皆有优缺点，世上没有只有优点而没有缺点的策略，就看投资者是否在适当时机，选择适当的操作策略。

本章各节分析的行情均以表 4.1 为基础。

表 4.1　　9 月 1 日行情表　　单位：元/吨

看涨期权		看跌期权
成交价	执行价格	成交价
491	13400	44
340	13 600	90
210	13 800	160
128	14 000	277
68	14 200	416

请投资者在分析和使用我们介绍的策略时，要先记清策略的使用前提和当时的心态。不要盲目使用，一定要符合自己当时的状况。

第一招：保守型操作：做多期货，同时买进看跌期权

做期货无非就是做多、做空。有的人做多吧，又怕价格下跌，前怕恨后怕虎。不做吧，又想发财。在这个时候，可以运用期权增加心态的稳定（见表 4.2）。

表 4.2

运用时机	看涨后市，但担心期货价格回落
执行程序	买进期货，同时买进看跌期权
部位组合	期货多单 + 买进看跌期权
资金成本	期货保证金 + 买进看跌期权权利金
损益平衡点	期货买价 + 支出的权利金
最大亏损	期货买价 - 执行价格 + 权利金

运用时机：想买进期货，当然是对未来看涨，但又担心价格会因某个题材而下跌。为了避免行情背道而驰，此时保守型投资者可以利用这一交易策略：在买进期货的同时买进看跌期权。买进看跌期权属于强烈看空的策略（至少您害怕的下跌幅度应该超过付出的权利金），但当期货价格往下跌时，期权是大赚，而期货是大亏，两者相抵，达到期货避险的效果。

特点：将风险固定在一定范围内，不受人为情绪的影响，操作上也少了后顾之忧。这一策略相当于买进看涨期权，即上涨收益增加，下跌风险固定。

平仓时机：此策略应以波段操作为主而非短线操作。当期货价格上涨的幅度已经符合满足点，或者达到投资者预期的目的，就可以先将期货多单平仓。

至于买进的看跌期权部位，通常此时会出现最大亏损（权利金非常低，但最大亏损是合约成交时已交的权利金），就算期货价格再涨，也不会有额外损失，因此，不必急于平仓。也可能期货平仓后，期货价格会出现反转，价格下跌，这样权利金又会上涨，让您赚钱也不是不可能。

因此，平仓时机很重要。从平仓，您应该能感受到，为什么该策略相当于买进看涨期权而不直接买进看涨期权。另外，大概还有一个权利金问题，因为对期货看涨，此时的权利金平值看涨期权会多于看跌期权，如行情表中的执行价格为 13 800 元/吨。您也许还会问，那 14 000 元/吨、142 000 元/吨的执行价格权利金看跌期权不是比看涨期权高吗？在本策略心态下，不可能买这样的看跌期权，因为该期权是实值期权。

操作技巧：

（1）注意使用时机，前已提过。

（2）要注意买进看跌期权的执行价格，需低于期货买进价格，原则上应以平值或虚值一档为主。

（3）要考虑权利金成本，越低越好。

（4）期权与期货数量相等。

策略缺点：

（1）必须担负额外的权利金支出。

（2）损益平衡点明显提高。本来买进期货（比如 13 800 元/吨）后，价格上涨 1

点，就赚1点。但买了期权要支付权利金（比如权利金为235元/吨），因此，损益平衡点为期货价格+权利金（13 800+235=14 035元/吨）。不过，谁让您有担心呢？您要是不怕价格下跌，就可以直接买期货了。

【例4-1】买进平值看跌期权

步骤一：看好期货行情，但担心行情不如预期，会产生更大的损失，于是决定用保守型的交易策略，即做多期货的同时，买进看跌期权。虽然此一策略相当于买进看涨期权，但不同的是，平仓时机带来的机会不同（请留意下面的分析）。

9月1日买进CF511期货合约，价格为13 850元/吨；同时买入CF511平值看跌期权，执行价格为13 800元/吨，权利金支出为160元/吨。

步骤二：计算损益平衡点。期货成交价格+权利金支出=13 850+160=14 010（见图4.1）。

步骤三：

情景1：开始操作时，期货下跌，一直低于损益平衡点（见表4.1），这是最差的情况，但是当期货价格跌到执行价格时，损失不再扩大，固定为210元/吨。最大亏损=期货买价-执行价格+权利金支出=13 850-13 800+160=210元/吨。而单独买期货的亏损就一直扩大。

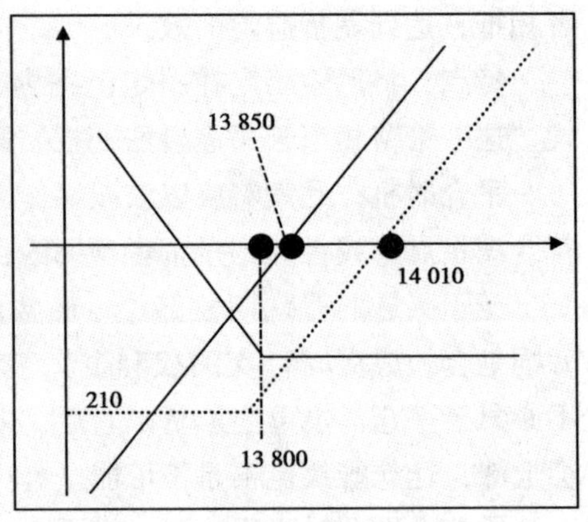

图4.1

情景2：开始情况如预期，期货价格超过损益平衡点14 010元/吨，开始获利。比如，涨到14 300元/吨，赚290元/吨。依此类推（见表4.3）。

表4.3　　单位：元/吨

期货价格	买进期货+买进看跌期权	买进期货
13 000	-210	-850
13 640（期权的损益平衡点）	-210	-210
13 800（看跌期权执行价格）	-210	-50
13 850（期货买价）	-160	0
14 010（损益平衡点）	0	160
14 200	190	350
14 300	290	450
14 400	390	550
14 550	540	700

步骤四：平仓时机如下：

情景1：价格下跌时，不必急于平仓，因为风险并不会扩大。

情景2：平仓不一定等到到期日，只要期货价格已达到满足点或获利目标（比如，假若9月28日到14 300元/吨），皆可平仓，将期货多单平仓，保留期权部位（此时，期权会非常便宜）。因为其亏损并不会随期货价格继续上涨而增加，仍有将期权反败为胜的机会。也就说，如果价格到此后，很快又下跌了，则买入的看跌期权还可以平仓收回部分的权利金。

也许，您会说，买了看跌期权，在期货价格上涨时收益并没有不买期权多，是啊！但不要忘记本案的前提是，您担心未来期货价格会下跌而采取保守型策略。如果您认为未来价格肯定上涨，则就没必要再买入看跌期权。所以，提醒的一点是，在阅读今后的文章时，一定要考虑前提，要对号入座使用策略。

【例4-2】买进虚值一档的看跌期权

步骤一：看好期货行情，但担心行情不如预期，会产生更大的损失，于是决定采用保守型的交易策略，即做多的同时，买进虚值一档的看跌期权。

买进CF511期货合约，价格为13 850元/吨；同时买入CF511虚值看跌期权，执行价格为13 600元/吨，权利金支出为90元/吨。

步骤二：计算损益平衡点。期货价格+权利金=13 850+90=13 940（见图4.2）。

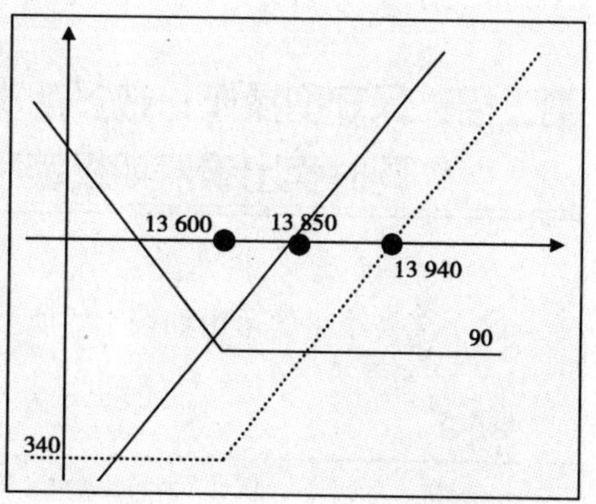

图4.2

步骤三：如果期货价格没有上涨，反而下跌，一旦下跌到执行价格，损失不会扩大，则可以继续持有。

如果如预期上涨（见表4.4），期货价格达到获利目标（如14 300元/吨），则可将期货平仓。期权则不必急于平仓，可以一直持有，等待期货价格下跌后再平仓。一旦期货平仓后，期货价格回调，则权利金会增加，如此在认为期货价格下跌幅度不大时，再将期权平仓，可以捞回部分权利金。

表4.4

单位：元/吨

期货价格	买进期货+买进看跌期权	买进期货
13 000	-340	-850
13 510（期权的损益平衡点）	-340	-340

续表

期货价格	买进期货＋买进看跌期权	买进期货
13 600（看跌期权执行价格）	－340	－250
13 800	－140	－50
13 850（期货买价）	－90	0
13 940（损益平衡点）	0	90
14 200	260	350
14 300	360	450
14 400	460	550
14 550	610	700

【注意】以上分析，我们没有将期货和期权两个部位同时平仓，尤其在亏损时，因为期货价格的变动幅度与权利金的变动幅度是不同的，况且这里的策略是避险。

第二招：保守型操作：做多期货，同时卖出看涨期权锁利

这一交易策略的运用如表 4.5 所示。

表 4.5

运用时机	温和看多后市
执行程序	买进期货的同时，搭配卖出看涨期权
部位组合	期货多单＋卖出看涨期权
资金成本	期货保证金
损益平衡点	期货买价－权利金

运用时机：预期到期日之前属于盘整格局或小涨格局，或者在预计空间波动。

买进期货是看多后市，但又卖出看涨期权，说明对后市期货价格不是看得很高，但卖出期权可以获得权利金。买进期货，同时卖出看涨期权，类似于卖出看跌期权，因此，特点是获利有限，损失不限。使用这一策略，必须设立止损点。

特点：获利有限（上涨时），损失不限（下跌时）。

卖出看涨期权属于温和看多，因此，组合之后使得看涨的强度不如第一招来得强

烈。可以设立固定的止损点来控制风险。其优点是：第一，可以预先锁定获利范围。比如，如果投资者预期，棉花期货至多有400点的上涨空间，就可以卖出看涨期权，将执行价格定在虚值二档的位置，或者认为最多上涨200点，就可以将执行价格设在虚值一档的位置（也就是价格看到哪里，就把执行价格设到哪里）。第二，就算至到期日，期货价格涨幅也不如预期，处于盘整局面，也可以赚取权利金流失的时间价值。

平仓时机：不论是波段操作或短线操作，至少必须达到获利的目标才去考虑平仓，所以，不必对操作方式预设立场。

不必等到到期日再平仓。如果到期日之前期货价格出现明显上涨，而且上涨的幅度已经达到或接近设定的获利目标，就可以将期货和期权部位同时平仓。

如果期货价格并没有明显上涨，甚至在期货买价上下盘整，虽然期货多单获利有限，但是卖出的看涨期权由于时间价值的损耗而使权利金下跌，因此，期权也可以获利，这样期货和期权部位都可以有所获利。

资金成本：期货保证金。

按照一般的保证金收取原则，卖出期权应该收取保证金。而本案卖出的看涨期权，由于已经有买进的期货多单保护，所以，此时的期权交易所可不收保证金。这样等于无成本锁利或无成本收取权利金。

损益平衡点：损益平衡点 = 期货买价 - 权利金。

只要期货价格高于损益平衡点就获利；低于损益平衡点就亏损。因此，必须在损益平衡点之下设立止损点。

操作技巧：

（1）注意选用的时机，如上所述。

（2）执行价格原则上依照压力点的位置，作为选择的依据。比如，13 850元/吨时，认为14 200元/吨以上压力沉重，至到期日也不易突破，此时即可考虑把执行价格设在14 200元/吨（虚值二档）。如果认为14 000元/吨压力沉重，至到期日也不易突破，此时即可考虑把执行价格设在14 000元/吨（虚值一档）。基本上，由于买进期货意味着投资者对期货看多，因此，执行价格不应低于期货的买入价格。否则，有违常理。

（3）期权与期货数量相当。

缺点：一旦大涨将无法获得大涨的利润。不过，不要后悔，因为您本来就没看得很高，本策略也是在此情况下使用。

【例4-3】卖出虚值一档的看涨期权

步骤一：看好棉花行情，但考虑市场潜在利空因素未完全反映或卖压沉重，虽看好后市，但14 000元/吨不易突破，于是决定采取保守型策略，即做多的同时，卖出虚值一档的看涨期权。

买进 CF511 期货合约，价格为 13 850 元/吨；同时卖出虚值一档执行价格 14 000 元/吨的看涨期权，收取权利金 120 元/吨。

步骤二：计算损益平衡点。期货买价－权利金＝13 850－120＝13 730 元/吨（见图 4.3）。

步骤三：

情景 1：行情如预期上涨，则获利。当期货价格达到执行价格之上，则获利固定为 270（见表 4.6）。

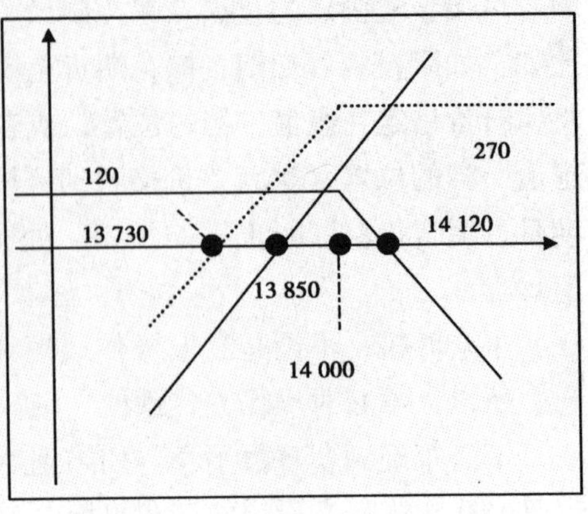

图 4.3

表 4.6　　单位：元/吨

期货价格	买进期货＋卖出看涨期权	买进期货
13 000	－730	－850
13 400	－330	－450
13 730（损益平衡点）	0	－120
13 850（期货买价）	120	0
14 000（看涨期权执行价格）	270	150
14 120	270	270
14 300	270	450
14 400	270	550
14 550	270	700

只要期货价格涨过执行价格，均是获利了结的最好时机。

情景 2：期货价格下跌，低于损益平衡点，开始亏损，因此，有停损的必要。

止损点应在损益平衡点以下，可依据技术图形的支撑线或可承受的风险能力，来决定止损点的位置。如果期货价格跌破止损点，则期货和期权应同时平仓。

步骤四：平仓时机的选择，不一定要等到到期日。在到期日之前，只要涨幅超过执行价格或达到自己的获利目标，皆可随时将期货多单和期权部位平仓。

【例 4－4】卖出虚值二档的看涨期权

步骤一：9 月 1 日 CF511 期货价格为 13 850元/吨，虽看好后市，但认为 14 200 点不易突破，于是决定采取保守型策略，即做多的同时，卖出虚值二档的看涨期权，收取权利金 70 元/吨。

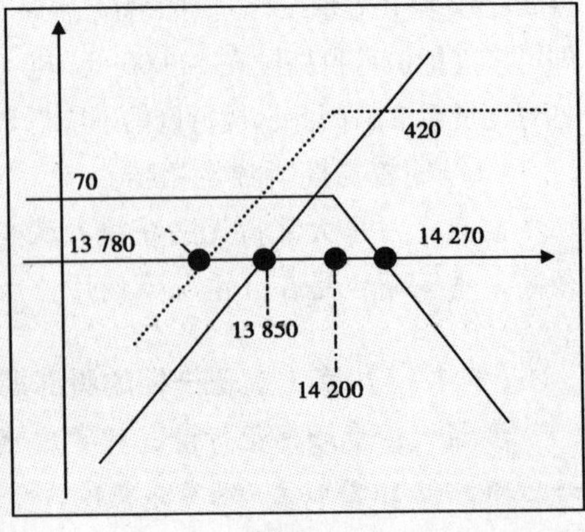

图 4.4

步骤二：计算损益平衡点。期货买价－权利金＝13 850－70＝13 780元/吨（见图4.4）。

步骤三：

情景1：行情如预期上涨，则获利；期货价格达到执行价格以上，获利固定（本案为420元/吨，如表4.7所示）。只要期货价格涨过执行价格，均是获利了结的最好时机。

表4.7 单位：元/吨

期货价格	买进期货＋卖出看涨期权	买进期货
13 000	－730	－850
13 400	－330	－450
13 780（损益平衡点）	0	－70
13 850（期货买价）	70	0
14 000	220	150
14 200（看涨期权执行价格）	420	350
14 270	420	420
14 400	420	550
14 550	420	700

虽然此时的获利不能增加，不如单独做期货，但请千万别贪。您只要常年能够稳扎稳打，最大的获利者就是您，务必追求长期收益。不做避险或不用期权保护，则很可能十次赚的一次就亏完了。

情景2：期货价格下跌，低于损益平衡点，开始亏损，因此，有停损的必要。但是，此时的亏损也比单独买入期货少。

步骤四：平仓时机的选择，不一定要等到到期日。在到期日之前，只要涨幅达到自己的获利目标，可随时将期货多单和期权部位同时平仓。

第三招：积极型操作：期货做多，出现获利，再卖出看涨期权锁利

前两招是期货与期权在同一个交易日进行，而本策略在不同交易日进行（见表4.8）。

表 4.8

运用时机	锁定既有获利
执行程序	买进期货多单后，价格上涨，再搭配卖出看涨期权
部位组合	期货多单 + 卖出看涨期权
资金成本	期货保证金
损益平衡点	期货买价 – 权利金

一般来说，市场上用得比较多的是出现获利直接平仓。优点是，实现获利，不会因为期货价格回调而使利润减少。但缺点是，如果期货价格继续上涨，则丧失大好的获利机会。此时就算回头再追涨买进，但价位也会抬高。

运用时机：做多期货，而后卖出看涨期权，必须要有其前提，那就是期货多单出现明显的获利，且预期涨幅将趋于缓和。

锁利：保留期货多单，卖出看涨期权。

特点：

（1）期货多单买进后，价格明显上涨，投资者处于获利状态。

（2）持续看好后市，但预计涨幅将趋于缓和。

（3）以卖出期权锁利并收取权利金。

（4）卖出期权锁利后，期货价格继续上涨，仍可增加获利，即使逆势下跌，仍保有一定的获利。

平仓时间：既然不直接将期货多单平仓，而卖出看涨期权锁利，无非是希望价格继续上涨，增加获利，因此，如果价格符合预期，就没必要平仓。

但如果锁利后，价格不符合希望的方向，不涨反跌，因为既已锁利，也有一定的获利，因此，没有平仓的急迫性。

除非是锁利之后，期货价格连续下跌，因为卖出看涨期权属于风险不限的策略，因此，要在损益平衡点之下设置停损。

操作技巧：首先，注意的是选择的时机，亦即期货价格出现明显的涨幅，期货多单已处于明显的获利状态，投资者仍持续温和看好后市。其次，注意的是执行价格，原则上应以虚值期权为主。最后，注意的是期权与期货数量相等。

缺点：尽管价格上涨仍可获利，但获利幅度已不如单纯的期货多单。其次，虽然价格下跌，也有一定的利润，但获利幅度已不如将期货直接平仓。

【例 4 –5】卖出平值看涨期权

步骤一：看好棉花行情，在 8 月 24 日买入 CF511，价格 13 600 元/吨，到 9 月 1 日期货价格已上涨到 13 850 元/吨，此时期货多单的浮盈已有 250 元/吨。

步骤二：因预设的目标未达到，且对 11 月份的棉花价格乐观，预期仍有小幅上涨空间，因此，不急于平仓。只不过，因担心有回调的可能，为避免多单获利减少，在保留多单的情况下，选用卖出看涨期权作为锁利策略。

9月1日，卖出棉花平值看涨期权，执行价格为13 800元/吨，收取权利金210元。由于属于有保护性看涨期权，因此，卖出的看涨期权交易所可不收取保证金。因此，做期权没有增加成本，还得到了210元/吨的权利金收入。此时的账面收入=13 850－13 600＋210＝460元/吨。

损益平衡点＝期货买价－权利金＝13 600－210＝13 390元/吨（见图4.5）。

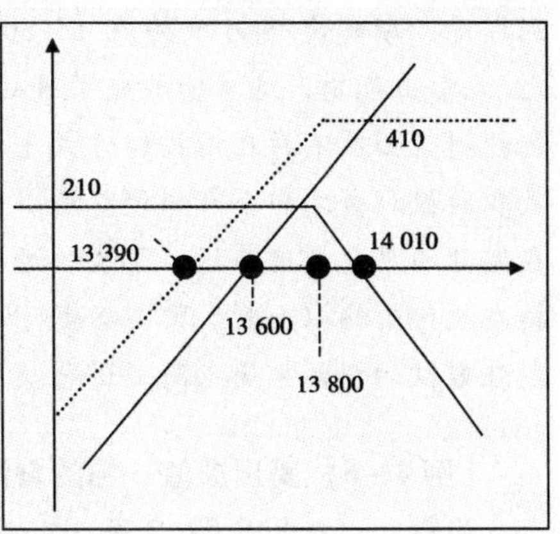

图4.5

步骤三：

情景1：锁利后，期货价格果真位于执行价格之上，但因受锁利限制，锁利后的获利也受到了限制。

当期货价格维持在卖出看涨期权执行价格之上时，获利固定为410元/吨，也就是说，不论再大涨或是小涨，获利不会增加（见表4.9）。

表4.9 单位：元/吨

期货价格	买进期货 卖出看涨期权	买进期货
13 000	−390	−600
13 200	−190	−400
13 390（损益平衡点）	0	−210
13 600（期货买价）	210	0
13 800（看涨期权执行价格）	410	200
13 850	410	250
14 010（期权的损益平衡点）	410	410
14 200	410	600

情景2：如果锁利后，价格下跌，但只要不跌破损益平衡点，仍然有利可得。

步骤四：平仓时机的选择，不一定要等到到期日，当期货价格达到预期的目标或执行价格之上，即可将期货和期权同时平仓。

但是，如果锁利后价格下跌，保持在执行价格以下，则潜在获利就会缩水，如果跌势形成，就应做好随时平仓的准备。

【特别说明】 至此，不知您是否注意到，既然期货价格达到看涨期权执行价格后收益就不会增加，而且固定在410元/吨，按照本案的设计，岂不是当日就是最大获利日。是的，按照理论设计的确如此，但是，并不是9月1日就可以平仓。因为卖出的期权要收取权利金，这部分权利金并不是那么容易白拿，需要平仓，而平仓是要支付权利金的，这样您不可能全部得到210元/吨的权利金。这里的分析是最大获利点，并不是到此价位您一定能获利这么多。那么，如何才能实现这个最大获利？那就是在到期日，期货价格仍维持在13 800元/吨以上，买方执行看涨期权，您按13 800元/吨卖出期货，这时您原先买进的期货13 600元/吨之间的价差就实现了。而您履行权利，必然不存在用买的方式平仓，也就没有权利金支出，这样履行权利时，最初收取的权利金才会全部归您。所以，案例中的获利都是站在执行的角度分析，如果站在实际的平仓角度分析，那恐怕谁也不能用绝对数告诉您。至于平仓，在期货价格维持在执行价格以上时，您不必急于平仓，可以坚持到到期日。如果您想平仓，可以考虑在期权的损益平衡点附近进行（14 010 = 13 800 + 210）。

【例4-6】卖出虚值一档的看涨期权

步骤一：在8月22日买入CF511，期货价格为13 600元/吨，至9月1日涨至13 850元/吨，此时期货多单的浮盈已有250元/吨。

步骤二：9月1日，卖出棉花虚值一档的看涨期权，执行价格为14 000元/吨，收取权利金128元/吨。

步骤三：锁利后，期货价格果真位于执行价格之上，但因受锁利限制，锁利后的获利受到了限制。当期货价格维持在卖出看涨期权执行价格14 000元/吨之上时，获利不会增加。但如果锁利后，价格下跌，只要不跌破损益平衡点，仍有利获得（见图4.6）。

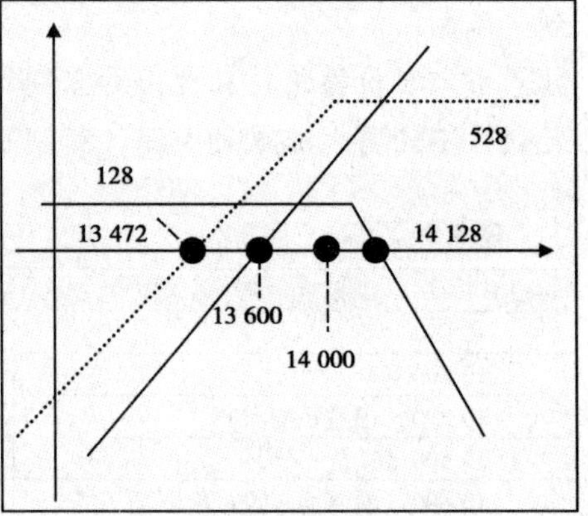

图4.6

损益平衡点 = 13 600 - 128 = 13 472元/吨。

最大利润 = 执行价格 - 期货价格 + 权利金 = 14 000 - 13 600 + 128 = 528元/吨（见表4.10）。

表4.10 单位：元/吨

期货价格	买进期货 + 卖出看涨期权	买进期货
13 000	-470	-600
13 200	-272	-400
13 472（损益平衡点）	0	-128
13 600（期货买价）	128	0
13 850	378	250
14 000（看涨期权执行价格）	528	400
14 128（期权的损益平衡点）	528	528
14 200	528	600

步骤四：平仓时机的选择，不一定要等到到期日，当期货价格达到预期的目标，即可将期货和期权同时平仓。

第四招：积极型操作：期货多单出现亏损，用买进看跌期权反败为胜

买进期货是对未来看涨，只不过，人算不如天算，当买进后，行情却偏偏下跌，这时期货多单势必亏损。

一般投资者会有以下做法：

（1）认亏，平仓离场。优点是，不会因持续下跌而受损更多。缺点是，一旦是先跌后涨，则平白无故丧失获利机会。就算再买进，价格也有大的变化，买进成本提高。

（2）不认为错估行情，认为下跌只是暂时受利空信息的影响，利空反映后，就会上涨。这是高手常用的方法，在他们的看法中，只要看涨格局不变，就会扭亏为盈。此时，如果想避免保证金的追加风险，就可以买入看跌期权以限制下跌风险（如果价格下跌，应考虑 Delta① 头寸，否则盈亏不能相抵）。

第四招与第一招的不同在于，买进期货与买进看跌期权，不是在同一时间，而是买进后发现价格不涨反跌，且产生明显亏损时，搭配买进看跌期权，形成反败为胜的策略（见表 4.11）。

表 4.11

运用时机	避免损失扩大
执行程序	买进期货多单后，价格不涨反跌，出现亏损，搭配买进看跌期权
部位组合	期货多单＋买进看跌期权
资金成本	期货保证金＋支出的权利金
损益平衡点	期货买价＋权利金

运用时机：买进期货后，价格下跌出现亏损，为了寻求扭亏为盈的机会，所以又买入看跌期权。

特点：

（1）买进期货多单后，期货价格不涨反跌，投资者处于明显亏损。

（2）持续看好后市。

---

① Delta（德尔塔）是期货价格的变化所引起的权利金的变化。比如，期货变化 10 个点，权利金变化 5 个点，则 Delta 为 0.5。如果 Delta 是 0.5，则做 1 手期货，就需要做 2 手期权。Delta 每时都在变化，要保持期货与期权的平衡就要每天调整头寸，比较麻烦。

（3）买进看跌期权，仅支付权利金，不需另外交保证金。

（4）一旦价格持续上涨，仍可增加获利。即使持续下跌，风险也不会扩大。

平仓时机：既然不直接平仓，而是买进看跌期权，无非希望价格会先跌后涨，因此，没必要急于平仓。但如果价格持续下跌，因已有避险效果，所以也没有必要急于平仓。原则上来讲，挑选对自己有利的时机平仓。

操作技巧：

（1）注意选用时机：期货价格变动不利于持仓部位，且出现明显亏损，但仍看好后市。

（2）挑选有利的执行价格，原则上应以平值或虚值一档为主。

（3）期权与期货数量要相等。

【例4-7】买进平值看跌期权

步骤一：虽看好棉花期货行情，但天不从人愿，受利空信息的影响（比如，天气晴好，棉花质量提高等），行情逆势走跌。

期初买入CF511期货价格14 050元/吨之后，价格下跌，至9月1日跌到13 850元/吨。

此时多单亏损＝14 050－13 850＝200元/吨。

步骤二：不过投资者认为利空只是暂时的，因此，不急于平仓。但担心持续下跌，导致亏损扩大，决定在保留多单的情况下，买进平值看跌期权作反败为胜的策略。于是，9月1日买入执行价格13 800元/吨的看跌期权，支付权利金160元/吨。

损益平衡点＝期货价格＋权利金＝14 050＋160＝14 210元/吨（见图4.7）。

步骤三：

情景1：行情果真先跌后涨，只要涨幅超过损益平衡点，就开始获利。也就是说，到期之前，只要期货价格能有160点的涨幅，就能反败为胜。做这样策略的目的是把下跌风险锁定，等待价格上涨（见表4.12）。

情景2：至于最差的状况，往执行价格以下探底，但不论如何下跌，损失最多410元/吨（14 050－13 800＋160），不会扩大。

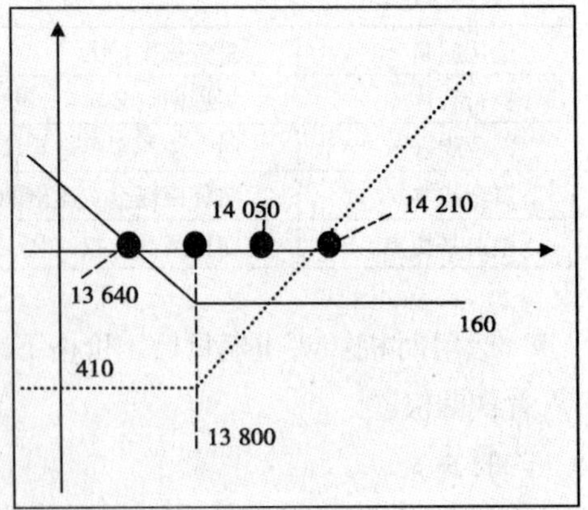

图4.7

步骤四：平仓时机的选择，不一定要等到到期日，在到期日之前，只要涨幅接近满足点，或达到预期的目标，皆可将期货多单平仓，保留买进看跌期权部位。一旦期货平仓后，价格下跌，则期权也会获利。或者在期货价格下跌超过期权的损益平衡点（13 640元/吨，比如到13 400元/吨），这时期权已经获利，如果认为期货价格已下探到底或底部支撑很强，则可将看跌期权平仓，等待期货价格上涨。但一定要把握好平仓时机。

表 4.12 单位：元/吨

期货价格	买进期货＋买进看跌期权	买进期货
13 400	-410	-650
13 500	-410	-550
13 620	-410	-430
13 640（期权损益平衡点）	-410	-410
13 800（看跌期权执行价格）	-410	-250
13 850	-360	-200
13 920	-250	-130
14 050（期货买价）	-160	0
14 210（损益平衡点）	0	160
14 300	90	250
14 400	190	350

【例 4-8】买进虚值一档的看跌期权

步骤一：期初买入 CF511 期货价格 14 050 元/吨，价格下跌，至 9 月 1 日跌到 13 850元/吨。此时多单潜在亏损＝14 050－13 850＝200 元/吨。

步骤二：9 月 1 日买入执行价格 13 600 元/吨的看跌期权，支付权利金 90 元/吨。损益平衡点＝14 050＋90＝14 140 元/吨（见图 4.8）。

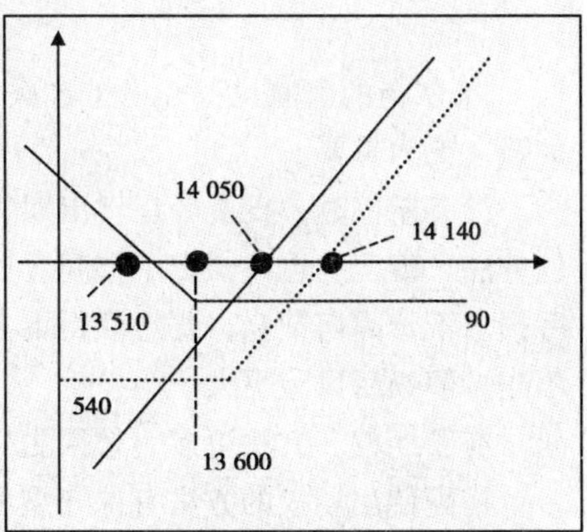

图 4.8

步骤三：

情景 1：行情果真先跌后涨，只要涨幅超过损益平衡点，就开始获利。也就是说，到期日前，只要期货价格能在损益平衡点之上，就能反败为胜。

情景 2：至于最差的状况，往执行价格以下探底，但不论如何下跌，损失最多 540 元/吨，不会扩大（见表 4.13）。

表 4.13　　单位：元/吨

期货价格	买进期货 + 买进看跌期权	买进期货
13 300	-540	-750
13 400	-540	-650
13 510（期权损益平衡点）	-540	-540
13 600（看跌期权执行价格）	-540	-450
13 850	-290	-200
13 920	-220	-130
14 050（期货买价）	-90	0
14 140（损益平衡点）	0	90
14 300	160	250
14 400	260	350
14 550	410	500

步骤四：平仓时机的选择，不一定要等到到期日，在到期日之前，只要涨幅接近满足点，或达到预期的目标，皆可将期货多单平仓，保留买进看跌期权部位。一旦期货平仓后，价格下跌，则期权也会获利。或者价格先跌后涨，则可先将期权平仓，等待价格上涨后平期货仓。

第二节 期货做空与期权的结合运用

华尔街的名家说：心里想这次交易最多会赔多少钱，比心里想这次交易会赚多少钱，更为重要。

没有期权时，投资者在卖出期货后，出现盈利不论是用平仓的形式，还是用锁仓的方法，事实上也就锁定了空间。如果行情往不利的方向发展，则锁仓也就是固定了亏损。不管因何锁仓，要想获得更多的利润，解锁则至关重要。而有时候由于方法的不当，解锁后风险更大。

有了期权，方法更多，效果更好，将使您游刃有余。

搭配使用期权的方法有保守型和积极型。

比较保守的策略有：①卖出期货，同时买进看涨期权；②卖出期货，同时卖出看跌期权。

比较积极的策略有：①卖出期货获利后，卖出看跌期权锁利。②卖出期货出现亏损后，买进看涨期权反败为胜。

不论是保守型或积极型操作，皆有优缺点，没有一种方法只有优点，没有缺点，这就要看投资者是否在适当时机，选择了适当的操作策略。

第一招：保守型操作：做空期货，同时买进看涨期权

这一操作策略如表 4.14 所示。

表 4.14

运用时机	看空后市，但担心期货价格反弹
执行程序	卖出期货的同时，搭配买进看涨期权
部位组合	期货空单 + 买进看涨期权
资金成本	期货保证金 + 权利金
损益平衡点	期货卖价 – 支出的权利金

运用时机：卖出期货属于看空后市，认为未来有很多利空因素，比如，天气晴好，棉花质量提高，出口顺畅，或者技术面出现跌破支撑区等，使得投资者认为未来期货价格会有大的下跌。但是，行动上有点保守，担心行情背道而驰，这时就可以再买入看涨期权。也就是说，是在投资者看好后市至最后到期日会有大幅下跌的机会，才会选择此策略。

特点：一旦价格上涨，期权上的获利可以抵消期货上的亏损，免了后顾之忧，安心等待价格下跌。上涨时，亏损既定；下跌时，收益可观。此一策略，相当于买进看跌期权。

平仓时机：此策略已经进行避险，因此，应以波段操作为主，当下跌幅度已经符合满足点，或是达到投资者预期的目标，就可以先将期货空单平仓。至于买进的看涨期权部位，通常此时会出现最大亏损（权利金非常低，最大亏损是合约成交时已交的权利金），就算期货价格再跌，也不会有额外损失，因此，不必急于平仓。也可能期货平仓后，期货价格会出现反转，价格上涨，这样权利金又会上涨，让您赚钱也不是不可能。

如果价格真的背道而驰，出现先涨后跌，则只要判断到期仍会大幅下跌，待期货价格上涨一定幅度或遇到压力时，可先将看涨期权平仓，但前提是已有种种迹象表明，先前判断的利空题材仍然存在。毕竟上涨的风险已经锁定，否则，没必要急于将看涨期权平掉。

因此，平仓时机很重要。

损益平衡点=期货成交价格-权利金支出

操作技巧：

（1）注意运用时机，前已述及。

（2）要注意买进看涨期权的执行价格，需高于期货卖出价格，原则上应以平值或虚值一档为主。

（3）需要留意的地方是，为了发挥最小成本，达到避险的最大效果，最好是在期权快到期时使用。因为越接近到期日，权利金的时间价值越低，即权利金越低，相对比更早运用成本要低。

（4）期权与期货数量相等。

策略缺点：

（1）必须担负额外的权利金支出。

（2）损益平衡点明显降低。本来卖出期货（比如，13 900 元/吨）后，价格下跌1点，就赚1点。但买了期权要支付权利金（比如，权利金为100 元/吨），因此，损益平衡点降低，等于期货价格-权利金（13 900-100=13 800 元/吨）。

【例4-9】买进平值看涨期权

步骤一：看空棉花行情，认为利空因素颇多，期货价格将大幅下跌。但是担心行情不如预期，不跌反涨，导致产生过大的损失，于是决定用保守型的交易策略，即卖出期货的同时，买进看涨期权。这一策略相当于买进看跌期权，但不同的是，平仓时机不同带来的机会不同。

9月1日，卖出 CF511 期货合约，价格为13 850 元/吨；同时买入 CF511 平值看涨期权，执行价格为13 800 元/吨，权利金支出为210 元/吨。

说明：模拟交易期权规则规定，棉花执行价格间距为200，平值执行价格按就近原则确定。如13 850 元/吨上下两个执行价格为13 800 元/吨、14 000 元/吨，按就近原则，13 800 元/吨为平值期权，14 000 元/吨为虚值一档，14 200元/吨为虚值二档。

步骤二：计算损益平衡点。期货成交价格-权利金支出=13 850-210=13 640 元/吨。

最大亏损=权利金-期货卖出价-执行价格=210-（13 850-13 800）=160 元/吨（见图4.9）。

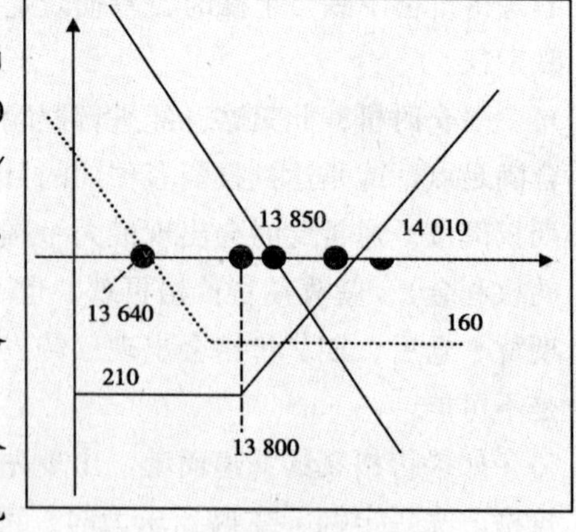

图4.9

步骤三：

情景1：开始操作时，期货上涨，在损益平衡点之上运行（见图4.9），这是最差的情况。但是，一旦当日买进看涨期权后，期货价格只要上涨就已经锁定了风险，这样就静后价格下跌的佳音。

情景2：开始情况如预期，期货价格保持下跌，低于损益平衡点13 640元/吨，开始获利。比如跌到13 540元/吨，赚100元/吨。依此类推（见表4.15）。

表4.15 单位：元/吨

期货价格	卖出期货+买进看涨期权	卖出期货
13 000	640	850
13 540	100	310
13 600	40	250
13 640（损益平衡点）	0	210
13 720	-80	130
13 800（看涨期权执行价格）	-160	50
13 850（期货卖价）	-160	0
14 010（看涨期权损益平衡点）	-160	-160
14 200	-160	-350

步骤四：平仓时机

情景1：价格上涨时，不必急于平仓，因为风险并不会扩大。除非您认为价格不可能再上涨或有利空因素出现，否则，不宜将看涨期权急于平仓。

情景2：平仓不一定等到到期日，只要期货价格已达到满足点或获利目标（比如，到13 000元/吨），皆可平仓，将期货空单平仓，保留期权部位。因为其亏损并不会随期货价格继续下跌而增加，仍有将期权反败为胜的机会。也就是说，如果价格到此后，很快又上涨了，则买入的看涨期权还可以平仓收回部分权利金。甚至受重大利多因素的影响，看涨期权还可能大赚一把。

【例4-10】买进虚值一档的看涨期权

步骤一：卖出CF511期货合约，价格为13 850元/吨；同时买入CF511虚值看涨期权，执行价格为14 000元/吨，权利金支出为128元/吨。

步骤二：计算损益平衡点。期货价格-权利金=13 850-128=13 722元/吨（见图4.10）。

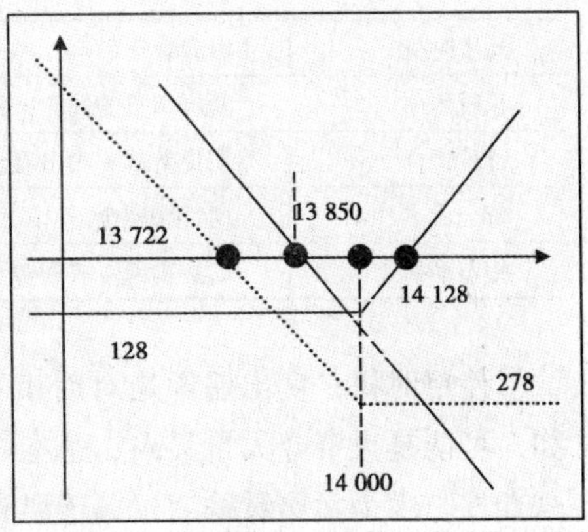

图4.10

步骤三：如果如预期下跌，达到获利目标（如13 500元/吨），则可将期货平仓。期权则不必急于平仓，可以一直持有，等待期货价格上涨后再平仓。最差的情况是，期货价格没有下跌，反而上涨，由于此时期货亏钱、期权赚钱，损失不会扩大，则可以继续持有，等待期货价格下跌信息明确后再将看涨期权平仓（见表4.16）。

表4.16 单位：元/吨

期货价格	卖出期货+买进看涨期权	卖出期货
13 000	722	850
13 500	222	350
13 600	122	250
13 722（损益平衡点）	0	128
13 800	-78	50
13 850（期货卖价）	-128	0
14 000（看涨期权执行价格）	-278	-150
14 128（看涨期权损益平衡点）	-278	-278
14 200	-278	-350

请读者自行分析买入平值与虚值的差异。

第二招：保守型操作：做空期货，同时卖出看跌期权锁利

这一操作策略的运用如表4.17所示。

表4.17

运用时机	温和看空后市
执行程序	卖出期货的同时，搭配卖出看跌期权
部位组合	期货空单+卖出看跌期权
资金成本	期货保证金
损益平衡点	期货卖价+权利金

使用时机：卖出期货是对后市看跌，但因为还有潜在的利多因素尚未反应，比如，可能是大资金大量买入、基本面出现转机导致下跌幅度不会太大，所以又卖出看跌期权。因为卖出看跌期权属于温和看空，因此，组合之后使得看空的强度不如第一招来得强烈。原则上来讲，是预期到期日之前属于盘整格局或小跌格局。

特点：卖出期权是为了获得权利金。卖出期货，同时卖出看跌期权，类似于卖出

看涨期权，因此，特点是获利有限，损失不限。使用这一策略，必须设立止损点。

优点：

（1）可以预先锁定获利范围。比如，如果投资者预期，棉花期货至多有400点的下跌空间，就可以卖出看跌期权，将执行价格定在虚值二挡的位置，或者认为最多下跌200点，就可以将执行价格设在虚值一挡的位置。

（2）就算至到期日，期货价格跌幅不如预期，处于盘整局面，也可以赚取权利金流失的时间价值。

平仓时机：不论是波段操作还是短线操作，必须达到获利的目标才去考虑平仓，因此，不必对操作方式预设立场。

不必等到到期日再平仓。如果到期日之前，期货价格出现明显跌幅，而且下跌的幅度已经达到或接近设定的获利目标，就可以将期货和期权部位同时平仓。

如果期货价格并没有明显下跌，甚至在期货卖价上下盘整，虽然期货空单获利有限，但卖出的看跌期权由于时间价值的损耗而使权利金下跌，因此，期权也可以获利，这样期货和期权部位都可以有所获利。

损益平衡点 = 期货卖价 + 权利金

只要期货价格低于损益平衡点就获利，高于损益平衡点就亏损。必须在损益平衡点之上设立止损点。

最大收益 = 期货价格 - 执行价格 + 权利金

操作技巧：

（1）注意选用的时机，如上所述。

（2）执行价格原则上依照支撑点的位置，作为选择的依据。比如，13 850元/吨时，认为13 600元/吨以下支撑强劲，至到期日也不易突破，此时即可考虑把执行价格设在13 600元/吨（虚值一档）。如果认为13 400元/吨以下极具支撑，至到期日也不易突破，此时即可考虑把执行价格设在13 400元/吨（虚值二档）。基本上，由于卖出期货意味着投资者对期货看空，因此，执行价格不应高于期货的卖出价格，否则有违常理。

（3）期权与期货数量相等。

其缺点是一旦大跌将无法获得大跌的利润。

【例4-11】卖出虚值一档的看跌期权

步骤一：看空棉花行情，但考虑市场潜在利多因素尚未完全反映或13 600元/吨的价格具有强力支撑，于是决定采取保守型策略，即做空期货的同时，卖出虚值一档的看跌期权。

9月1日，CF511期货价格13 850元/吨，于是卖出期货价格为13 850元/吨；同时卖出虚值一档13 600元/吨执行价格的看跌期权，收取权利金90元/吨。

步骤二：计算损益平衡点。期货卖价 + 权利金 = 13 850 + 90 = 13 940元/吨（见

图 4.11)。

保证金 = 卖出期货的保证金 + 收取权利金。由于卖出的看跌期权有期货空头做保护，因此，此时的期权交易所可不收保证金。

步骤三：

情景1：行情如预期下跌，处于损益平衡点之下，则获利。当期货价格达到执行价格之下，则获利固定为340元/吨。最大收益 = 期货卖价 - 执行价格 + 权利金 = 13 850 - 13 600 + 90 = 250 + 90 = 340 元/吨（见表 4.18）。

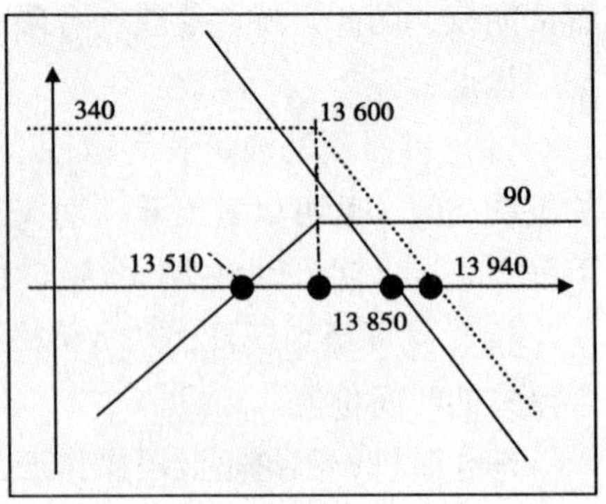

图 4.11

表 4.18 单位：元/吨

期货价格	卖出期货 + 卖出看跌期权	卖出期货
13 000	340	850
13 400	340	450
13 510（单期权损益平衡点）	340	340
13 600（看跌期权执行价格）	340	250
13 800	140	50
13 850（期货卖价）	90	0
13 940（损益平衡点）	0	-90
14 220	-280	-370
14 540	-600	-690

只要期货价格跌破执行价格，就是获利了结的最好时机，应同时平仓。

情景2：期货价格上涨，高于损益平衡点，因此，有停损的必要。

止损点应在损益平衡点以上，可依据技术图形的阻力区或可承受的风险能力，来决定止损点的位置。如果期货价格突破止损点，则期货和期权应同时平仓。

步骤四：平仓时机的选择，不一定要等到到期日。在到期日之前，只要跌幅接近执行价格或达到自己的获利目标，皆可随时将期货空单和期权部位平仓。

当然，如果下跌很深，比如跌到13 400元/吨，投资者认为从各种指标反映价格随时有上涨的可能，则也可以将期货空单平仓，保留卖出的看跌期权。同时由于相信价格能涨，则也可以再买入看涨期权，比如C13 400，权利金为200元/吨，则此时的部位相当于买入期货（见图 4.12），具体请自己分析。

【例 4-12】卖出虚值二档的看跌期权

步骤一：9月1日卖出CF511期货价格为13 850元/吨，同时卖出虚值二档执行价格 13 400 元/吨的看跌期权，收取权利金 40 元/吨（图 4.13）。

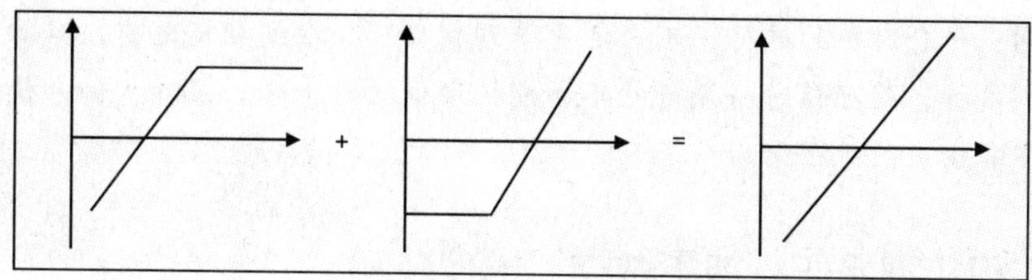

图 4.12　合成买入期货图

步骤二：计算损益平衡点。期货卖价 + 权利金 = 13 850 + 40 = 13 890 元/吨。此做法提高了损益平衡点，抗风险能力增强。

最大收益 = 期货卖价 − 执行价格 + 权利金 = 13 850 − 13 400 + 40 = 490 元/吨。也就是说，您对期货价格看跌的空间有多大，执行价格就设在这里，其中的价差加上权利金收入就是您的最大收益。

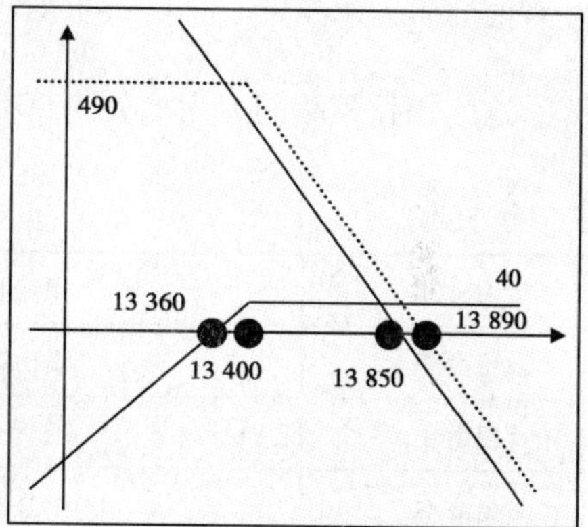

图 4.13

步骤三：

情景 1：行情如预期下跌，达到执行价格 13 400 元/吨位置，获利固定为 490 元/吨（见表 4.19）。

表 4.19

单位：元/吨

期货价格	卖出期货 + 卖出看跌期权	卖出期货
13 000	490	850
13 360（单期权损益平衡点）	490	490
13 400（看跌期权执行价格）	490	450
13 560	330	290
13 600	290	250
13 800	90	50
13 850（期货卖价）	40	0
13 890（损益平衡点）	0	−40
14 220	−330	−370
14 540	−650	−690

只要期货价格跌到执行价格，就是获利了结的最好时机。

情景 2：期货价格上涨，高于损益平衡点 13 890 元/吨，开始出现亏损，因此有停损的必要。

步骤四：平仓时机的选择，不一定要等到到期日。在到期日之前，只要跌幅达到自己的获利目标，就可随时将期货空单和期权部位同时平仓。另外，如果价格上涨突破止损点，二者应同时平仓。

第三招：积极型操作：期货做空，出现获利，卖出看跌期权锁利

这一操作策略的运用如表 4. 20 所示。

表 4. 20

运用时机	锁定既有利润
执行程序	卖出期货后，价格下跌，搭配卖出看跌期权
部位组合	期货空单 + 卖出看跌期权
资金成本	期货保证金
损益平衡点	期货卖价 + 权利金

一般来说，市场上用得比较多的是出现获利直接平仓。优点是，实现获利，不会因为期货价格反弹而使利润减少。但缺点是，如果期货价格继续下跌，则丧失大好的获利机会。

此时就算回头再杀跌卖出，价位也会拉低。

使用时机：不可否认，有时候跌幅已符合原先设定的目标，但因跌幅满足点远未到达，或波段跌势因某些利空远未结束，唯恐将期货空单平仓后，期货价格继续下跌，此时可搭配卖出看跌期权。此一招与第二招、第三招不同的是，本招卖出期货与期权不是在同一时间进行。

然而，此时投资者的心态通常是“既期待又怕受伤害”。明天想多赚一些钱，但又怕自己看错行情，将好不容易可以实现的获利因期货价格反弹而缩水，甚至不赚反赔，这时候岂不是赔了夫人又折兵，所以在期货价格出现明显下跌后，搭配卖出看跌期权锁利，可解决上述问题。只要第二天上涨的幅度不超过权利金收入，就可以起到平仓而又不失去机会的作用。

总的来说，使用时机是期货空单已出现明显的获利，且预期跌幅将趋于缓和。

特点：

（1）卖出期货后，期货价格明显下跌，处于获利。

（2）投资者持续看空后市，但预计跌幅将趋于缓和。

（3）卖出看跌期权可收取权利金。

（4）一旦价格继续下跌，获利可以增加。

损益平衡点 = 期货卖价 + 权利金

最大收益 = 期货卖价 - 执行价格 + 权利金

平仓时机：如果锁利之后，价格继续走低，那么此时没有必要急于平仓。

但如果锁利后，价格不符合希望的方向，不跌反涨，因为既已锁利，也有一定的获利，因此没有平仓的急迫性。除非是锁利之后，期货价格连续上涨，因为卖出看跌期权向上的价格保护权利金，因此，要在损益平衡点之上设置停损。

操作技巧：首先，应注意锁利是在出现明显获利后，投资者仍温和看跌后市。其次，是挑选有利的执行价格，原则上应以平值或虚值一档为主。如果投资者认为未来跌幅并不大，则选择平值看跌期权更有利。最后，要注意的是期权与期货数量应相等。

缺点：尽管价格继续下跌仍可获利，但获利幅度已不如单纯的期货空单。其次，虽然价格上涨，也有一定的利润，但获利幅度已不如将期货直接平仓。

【例 4 - 13】卖出平值看跌期权

步骤一：看空棉花行情，认为价格还会有不小的跌幅。期初卖出 CF511 期货价格为 14 050 元/吨，至 9 月 1 日跌至 13 850 元/吨，此时期货空单的浮盈已有 200 元/吨。

步骤二：不过，因预设的目标未达到，且对 11 月份的棉花价格仍然看空，预期仍有小幅下跌空间，因此，不急于平仓。只不过，因担心有反弹的可能，为避免空单获利减少，在保留空单的情况下，选用卖出平值看跌期权作为锁利策略。

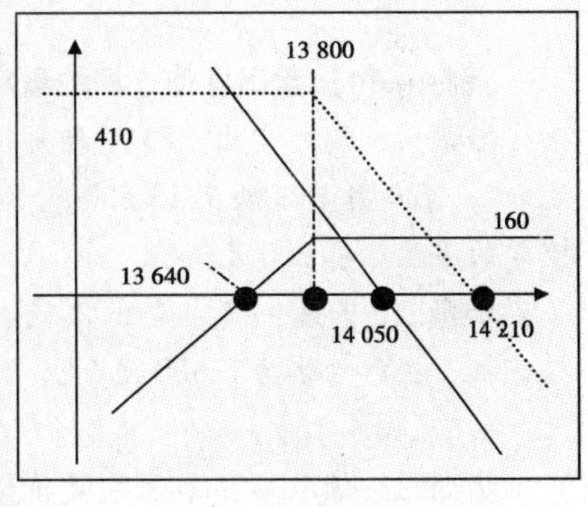

图 4.14

9 月 1 日，卖出棉花平值看跌期权，执行价格为 13 800 元/吨，收取权利金 160 元/吨。由于属于有保护性看跌期权，因此，卖出的看跌期权交易所可不收保证金。因此，做期权没有增加成本，还得到了 160 元/吨的权利金收入（见图 4.14）。

损益平衡点 = 期货卖价 + 权利金 = 14 050 + 160 = 14 210 元/吨。

步骤三：

情景 1：锁利后，期货价格果真位于执行价格之下，但因受锁利限制，锁利后的获利也受到了限制。

当期货价格维持在卖出看跌期权执行价格 13 800 元/吨之下时，获利固定为 410 元/吨，也就是说，不论再大跌或是小跌，获利不会增加。最大收益 = 14 050 − 13 800 + 160 = 410 元/吨（见表 4.21）。

表 4.21 单位：元/吨

期货价格	卖出期货 + 卖出看跌期权	卖出期货
13 400	410	650
13 600	410	450
13 640（单期权损益平衡点）	410	410
13 800（看跌期权执行价格）	410	250
13 850	360	200
14 000	210	50
14 050（期货卖价）	160	0
14 210（损益平衡点）	0	−160
14 300	−90	−250

情景 2：如果锁利后，价格上涨，但只要不涨过损益平衡点，仍有利可得。

步骤四：平仓时机的选择，不一定要等到到期日，当期货价格达到预期的目标或执行价格之下，即可将期货和期权同时平仓。

但是，如果锁利后价格上涨，保持在执行价格以上，则潜在获利就会缩水，如果涨势形成，就应做好随时平仓的准备。

【例 4−14】卖出虚值一挡的看跌期权

步骤一：期初卖出 CF511 期货价格为 14 050 元/吨，至 9 月 1 日跌至 13 850 元/吨，此时期货空单的浮盈已有 200 元/吨。

步骤二：9 月 1 日，卖出棉花虚值一挡的看跌期权，执行价格为 13600 元/吨，收取权利金 90 元/吨（见图 4.15）。

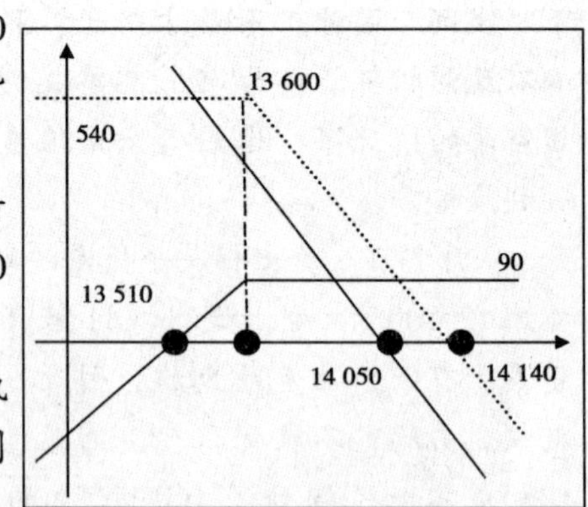

图 4.15

步骤三：锁利后，如果期货价格果真位于执行价格之下，因受锁利限制，锁利后的获利受到了限制。

当期货价格维持在卖出看跌期权执行价格 13 600元/吨之下时，获利不会增加，固定为 540 元/吨（14 050 − 13 600 + 90）。

如果锁利后，价格上涨，只要不突破损益平衡点，仍有利可得。

损益平衡点 = 14 050 + 90 = 14 140 元/吨（见表 4.22）。

表 4.22　　单位：元/吨

期货价格	卖出期货＋卖出看跌期权	卖出期货
13 400	540	650
13 510（单期权损益平衡点）	540	540
13 600（看跌期权执行价格）	540	450
13 800	340	250
13 850	290	200
14 000	140	50
14 050（期货卖价）	90	0
14 140（损益平衡点）	0	－90
14 300	－160	－250

步骤四：平仓时机的选择，不一定要等到到期日，当期货价格达到预期的目标，即可将期货和期权同时平仓。

第四招：积极型操作：期货空单出现亏损，用买进看涨期权反败为胜

这一操作策略如表 4.23 所示。

表 4.23

运用时机	避免损失扩大
执行程序	卖出期货后，价格不跌反涨，搭配买进看涨期权
部位组合	期货空单＋买进看涨期权
资金成本	期货保证金＋支出的权利金
损益平衡点	期货卖价－权利金

卖出期货是对未来看空，只不过，人算不如天算，当卖出期货后，行情却偏偏上涨，这时期货空单势必亏损。一般投资者会有以下做法：

第一，认亏，平仓离场。优点是，不会因持续上涨而受损更多。缺点是，一旦是先涨后跌，则平白无故丧失获利机会。就算再卖出，价格也有大的变化，卖出价格也降低了。

第二，不认为错估行情，认为上涨只是暂时受利多信息的影响，利多反映后，就会下跌。这是高手常用的方法，在他们的看法中，只要跌势不改，就会扭亏为盈。

第四招与第一招的不同在于，卖出期货与买进看涨期权，不是在同一时间，而是卖出

后发现价格不跌反涨，且产生明显亏损时，搭配买进看涨期权，形成反败为胜的策略。

运用时机：卖出期货后，价格上涨出现亏损，但认为还会有上涨空间，不过最终还是会下跌，为扭亏为盈买进看涨期权。

特点：

（1）卖出期货后，期货价格不跌反涨，投资者处于明显亏损。

（2）持续看空后市。

（3）买进看涨期权，仅支付权利金，不需另外交保证金。

（4）一旦价格持续上涨，仍可增加获利。即使持续下跌，风险也不会扩大。

损益平衡点 = 期货卖价 - 权利金

最大亏损 = 执行价格 - 期货卖价 + 权利金

平仓时机：既然不直接平仓，而是买进看涨期权，无非希望价格会先涨后跌，因此，没必要急于平仓。

但如果价格持续上涨，因已有避险效果，所以也没有必要急于平仓。

原则上来讲，挑选对自己有利的时机平仓。

操作技巧：第一，应注意的是选用时机，即期货价格变动不利于持仓部位，且出现明显亏损，但仍然看好后市；第二，挑选有利的执行价格，原则上应以平值或虚值一档为主；第三，期权与期货数量要相等。

【例4-15】买进平值看涨期权

步骤一：看空棉花行情，不过，出乎意料，受利多信息的影响（天气连阴，棉花质量有可能降低），行情不跌反涨。

期初，卖出CF511价格13 720元/吨后，价格上涨，至9月1日涨到13 850元/吨。此时多单亏损 = 13720 - 13850 = -130元/吨。

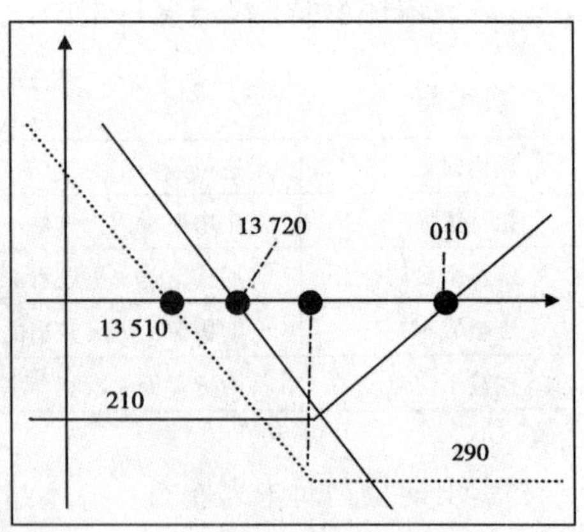

图4.16

步骤二：不过投资者认为阴雨天气只是暂时的，雨过天晴后，质量影响不会太大，因此，不急于斩仓。但“老天爷”的事谁也说不准，投资者担心一旦持续阴雨，价格持续上涨，导致亏损扩大，决定在保留空单的情况下，买进平值看涨期权作为反败为胜的策略。于是，9月1日买入执行价格13 800元/吨的看涨期权，权利金210元/吨（见图4.16）。

损益平衡点 = 期货价格 - 权利金 = 13 720 - 210 = 13 510元/吨。

步骤三：

情景1：行情果真先涨后跌，只要跌破损益平衡点13 510元/吨，就开始获利。

情景2：至于最差的状况，期货价格持续上涨，但此项策略的好处是不论如何上涨，损失是固定的（290元/吨，见表4.24），不会扩大。

表4.24

单位：元/吨

期货价格	卖出期货+买进看涨期权	卖出期货
13 400	110	320
13 510（损益平衡点）	0	210
13 600	-90	120
13 720（期货卖价）	-210	0
13 800（看涨期权执行价格）	-290	-80
13 850	-290	-130
14 000	-290	-280
14 010（单期权损益平衡点）	-290	-290
14 200	-290	-480
14 300	-290	-580

步骤四：平仓时机的选择，不一定要等到到期日。（1）在到期日之前，只要跌幅接近满足点，或达到预期的目标，皆可将期货空单平仓，保留买进看涨期权部位。一旦期货平仓后，价格上涨，则期权也会获利。（2）如果行情先涨后跌，在期货价格涨到14 200元/吨时，如果天气晴好等利空因素出现，则可将看涨期权平仓，等待价格下跌。但是一旦平仓后仍有其他重大利多消息，使价格继续上涨，则亏损扩大。

【例4-16】买进虚值一档的看涨期权

步骤一：期初卖出CF511期货价格13 720元/吨，价格上涨，至9月1日涨到13 850元/吨。此时空单潜在亏损=13 720-13 850=-130元/吨。

步骤二：9月1日买入虚值一档执行价格14 000元/吨的看涨期权，权利金128元/吨。

损益平衡点=13 720-128=13 592元/吨（见图4.17）。

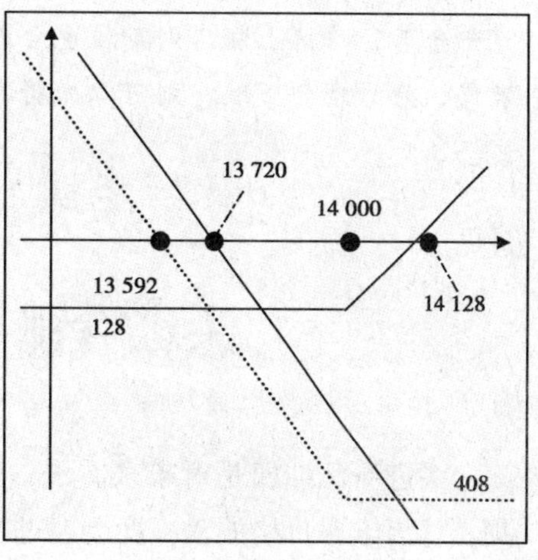

图4.17

步骤三：

情景1：行情果真先涨后跌，只要跌幅超过损益平衡点13 592元/吨，就开始获利。也就是说，到期日前，只要期货价格能在损益平衡点之下，就能反败为胜。

情景2：至于最差的状况，价格往执行价格以上运行，但不论如何上涨，一旦价格超过执行价格，损失固定为408元/吨（见表4.25），不会扩大。其好处是，减弱了价格继续大幅上涨带来的保证金追加风险，使投资者在投入128元/吨之后的风险减小。

表4.25 单位：元/吨

期货价格	卖出期货+买进看涨期权	卖出期货
13 400	192	320
13 592（损益平衡点）	0	128
13 600	-8	120
13 720（期货卖价）	-128	0
13 800	-208	-80
13 850	-258	-130
14 000（看涨期权执行价格）	-408	-280
14 128（单期权损益平衡点）	-408	-408
14 200	-408	-480
14 300	-408	-580

步骤四：平仓时机的选择，不一定要等到到期日，在到期日之前，只要跌幅接近满足点，或达到预期的目标，皆可将期货空单平仓，保留买进看涨期权部位。一旦期货平仓后，价格上涨，则期权也会获利。至于期货价格上涨到14 200元/吨以上，如果您认为肯定会下跌，则可以先将期权平仓，而后等待价格下跌。

第三节

买进看涨期权交易策略运用

买进看涨期权是对未来看涨，且认为会有大涨的机会，所以愿意支出权利金购买，认为未来价格波动幅度会超过损益平衡点（执行价格+权利金）。

比如，投资者于9月1日棉花期货价格为13 900元/吨时，决定买进执行价格为14 000元/吨的看涨期权，权利金为200元/吨，此时买进看涨期权的损益平衡点=14 000+200=14 200元/吨。

投资者的决定，是因为估计至到期日，将有利多因素会使期货价格超过损益平衡点 14 200 元/吨，也就是说，到期日之前，期货价格至少会大涨 300 点。

为什么我们一开始就说要预测期货价格超过损益平衡点？其实，在 9 月 2 日期货价格上涨并没有达到损益平衡点，但权利金已上涨了，而且此时平仓也获利了。我们这种分析是建立在最坏的打算上，也就是中间不管价格如何变化，只要您相信到期日之前期货价格会有 300 点的价差就可高枕无忧了。当然在到期日之前，期货价格的变化会使权利金变化，而权利金又是由时间价值起决定作用。一旦价格波动幅度减小，时间价值流失很快，所以做期权，一方面要考虑时间价值，另一方面也可以直接考虑损益平衡点，这样更保险。

买进看涨期权后，有三种情况：期货价格大涨、缓涨、下跌。

买进看涨期权容易，但买之后怎么操作却是需要一点功力。

情景 1：最佳状况——急涨

如果买进看涨期权后，由于重大利多题材的影响，价格出现急涨，可采取短线操作或波段操作。投资者若属短线操作，可在获利满足点达到后就平仓，获取权利金的价差。至于波段操作，在期货价格没有出现反转信号时，不必急于平仓，可耐心等待。

由于买进看涨期权属于风险既定、获利可观的交易策略，涨得愈多，赚钱愈多。但是，要注意的是，价格大涨后，反转信号出现，到期日之前会有回调或下跌的可能，这时就应该考虑平仓，将获利及早落袋为安。如果投资者不想太早平仓，但又担心期货价格果真回落，导致原有获利缩水，这时唯一可做的就是选择锁利。市场常见的锁利策略，一是卖出看涨期权，另一种是卖出期货。不过，一般来说，后者优于前者。

情景 2：次佳状况——缓涨

投资者买进看涨期权后，价格缓涨，且不排除到期日前一直如此。这样，期货价格固然缓步上涨，然后看涨期权的时间价值就流失很快，使得权利金出现不涨反跌的局面。造成期货涨、期权亏的窘境，该如何办呢？

其实，此时可以考虑在较高执行价格上卖出看涨期权，以提高结算时的获利水平。

这里的卖出看涨期权与情景 1 的卖出看涨期权锁利是有不同之处的。情景 1 锁利策略原则上是在出现较大获利时使用，而情景 2 多头价差交易大致上是在小赚小亏时使用。情景 1 锁利的目的，系投资者希望将预期的利润锁住。而情景 2 是希望能够转亏为盈或提高获利。情景 1 在选择卖出看涨期权的执行价格，以平值为主。而情况 2 以虚值一档为主。这些将在以下的分析中介绍。

情景 3：最差状况——下跌

最差的状况是买进看涨期权后，价格不涨反跌，导致部位处于亏损状态，这时该如何是好？

期货价格下跌还分为缓跌、急跌。

如果出现缓跌，而且有可能持续到到期日，此时可考虑选择较低执行价格卖出看涨期权，形成缓跌的看涨期权空头价差交易策略，实现反败为胜。

如果出现急跌，最多也只是损失权利金，所以买进看涨期权的好处是，就算期货价格“跌跌不休”，也不必设置停损。问题是如果投资者不想使全部权利金泡汤，甚至希望有机会反败为胜，则可以考虑卖出期货。

表面上来看，情景 3 的卖出期货与情景 1 的卖出期货差别不大。不过，还是有不同之处如下：

（1）情景 1 的期货空单锁利，原则上是处于获利的时候选择；而情景 3 的情况是处于亏损状况，希望反败为胜。

（2）情景 1 锁利的目的，系投资者希望将预期的利润锁住；而情景 3 是希望在到期日之前能够扭亏为盈。

（3）情景 1 锁利的时机，代表投资者在乐观中偏保守；而情景 3 基本上代表投资者已转多为空。

第一招：出现急涨，明显获利，卖出平值看涨期权锁利

这一操作策略如表 4. 26 所示。

表 4. 26

运用时机	锁住既有的利润
执行程序	买进看涨期权后，期货价格急涨，产生明显的获利时，再卖出看涨期权
部位组合	买进看涨期权 + 卖出看涨期权
资金成本	买进看涨期权权利金
损益平衡点	较低执行价格 + 权利金净支出

优点：利润可得到保护，一旦价格真的下跌，也不会随着下跌而使收益缩水。收益有限，风险也有限。因此，卖出的看涨期权，交易所可不收保证金。

缺点：如果期货价格并未回调，反而稍作休息后，继续上涨，则没有锁利，利润快速累积。而锁利后，一旦期货价格达到卖出看涨期权的执行价格之上，则利润停止，势必白白丧失获利的机会。

损益平衡点：损益平衡点 = 较低执行价格 + 权利金净支出。

也就是说，只要期货价格超过损益平衡点就获利，低于损益平衡点就亏损。但即

使超过高执行价格，获利也不会增加；低于低执行价格，损失也不会扩大。

操作技巧：

（1）选用的时机必须正确，即当投资者期初买进看涨期权出现获利后，但至到期日可能预期高价位无法久站，或高价位不确定因素太多，导致期货价格随时有回调的可能。

（2）执行的程序是，先买进低执行价格的看涨期权，待期货价格大涨后，再卖出平值看涨期权。

（3）选择有利的卖出看涨期权执行价格，原则上应依时间价值为考虑重点，亦即时间价值越高的执行价格越合适。比如，越接近平值的执行价格，时间价值越高。

时间价值 = 权利金 - 内涵价值 = 权利金 - （期货价格 - 执行价格）

【例4-17】卖出平值看涨期权

步骤一： 看好期货行情，认为未来价格将有大幅上涨，有超过500点的行情，于是决定采取低风险、低成本、高回报的看涨期权交易策略。

9月1日买进CF511执行价格13 800元/吨的看涨期权，权利金支出为210元/吨。果然，不负所望，连续数日拉高，假若期货价格已上涨到14 300元/吨，此时权利金为550元/吨，则潜在平仓获利 = 550 - 210 = 340元/吨，潜在执行获利 = 14 300 - 13 800 - 210 = 290元/吨，利润率大于100%。而如果是做期货，利润率不可能有这么高，请您自己算一算。

步骤二： 一般来说，期货价格连续大涨后，随时有回调的可能或卖压会加重，所以该投资者担心期货价格会有大幅回调的风险，导致潜在获利减少，此时，有两种选择：平仓或者锁仓。

步骤三： 投资者决定锁仓，可能有两种心态：一种是评估至到期日，期货价格还有续涨的空间，如此一来，获利还会增多；另一种，期货价格不会续涨，但不是很有把握，不过至少希望目前潜在的获利，能够维持到到期日。

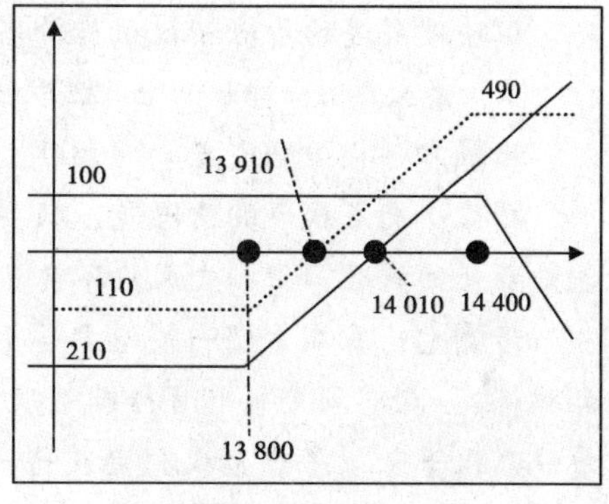

图4.18

步骤四： 如果投资者是第二种心态，则将获利锁住。比如，此时卖出执行价格14 400元/吨的平值看涨期权，权利金为100元/吨。

【说明】 14 300元/吨的期货价格正好处于执行价格14 200元/吨与14 400元/吨之间，而按照模拟期权规则规定，平值期权按取大原则。注意，14 200元/吨为实值期权，14 400元/吨为平值期权，二者保证金的收取有较大的差别。

步骤五： 从表4.27可以看出，至到期日，期货价格只要位于卖出看涨期权执行价格以上，不管往上涨多少点，获利固定为490元/吨（见图4.18）。

表4.27 单位：元/吨

期货价格	买进看涨期权+卖出看涨期权	买进看涨期权
13 600	−110	−210
13 800（买进看涨期权执行价格）	−110	−210
13 910（损益平衡点）	0	−100
14 010（单独买进看涨期权损益平衡点）	100	0
14 200	290	190
14 400（卖出看涨期权执行价格）	490	390
14 500（单独卖出看涨期权损益平衡点）	490	490
14 550	490	540

最大收益=高执行价格−低执行价格−最大风险=14 400−13 800−110
=600−110=490（元/吨）

就算价格下跌，并跌破卖出看涨期权执行价格，仍有不错的获利水平，相对于没有锁利，获利还是比较多。

如果不幸，价格跌到买进看涨期权的损益平衡点14 010元/吨，仍有100元/吨的利润。而没有锁利的买进看涨期权策略，获利水准已降为0。即便期货价格继续下跌，但跌破买进的看涨期权执行价格以下时，损失不会扩大，固定为110元/吨。

最大风险=净权利金=收取权利金−支出权利金=100−210=−110（元/吨）

步骤六：损益平衡点=13 800+210−100=13 910元/吨。

损益平衡点代表的意思是，只要期货价格跌破损益平衡点，则是亏损的开始，这也是最差的状况，但损失风险不会无限扩大，最多亏损为110元/吨。

步骤七：基本上锁利策略要等到到期日（在到期日卖出的看涨期权权利金可全部获得），除非到期日前有持续下跌，甚至跌破损益平衡点，此时可考虑先将买进的看涨期权平仓（早平仓权利金获得一般比到期日多，因为可得到权利金中的时间价值），保留已处于获利状态的卖出看涨期权部位。

此策略属于牛市（多头）看涨期权垂直套利（Long Call Spread/Vertical Bull Call Spread）。

第二招：出现急涨，明显获利，卖出期货锁利

这一操作策略如表4.28所示。

表 4.28

运用时机	锁住既有的利润
执行程序	买进看涨期权后，期货价格急涨，产生明显的获利时，再卖出期货
部位组合	买进看涨期权 + 卖出期货
资金成本	买进看涨期权权利金 + 卖出期货保证金

优点：锁住利润；操作简单；获利不会缩水，不管价格如何变化。

缺点：一旦继续上涨，获利不能增加，丧失获利的机会；资金成本提高。

操作技巧：

（1）选用时机要正确。期初买进的看涨期权明显获利，但担心至到期日价格下跌。

（2）执行程序是，先买进看涨期权，待价格大涨，产生浮盈，再卖出期货。

（3）挑选有利的期货卖出点，对投资者较为有利的是，以进行锁利的当时的期货价格为主。

【例 4-18】卖出期货

步骤一：9 月 1 日买进执行价格 13 800 元/吨的看涨期权，权利金支出为 210 元/吨。果然，不负所望，连续数日拉高，期货价格已上涨到 14 300 元/吨。

步骤二：一般来说，期货价格连续大涨后，随时有回调的可能或卖压会加重，所以该投资者担心期货价格会有大幅回调的风险，导致获利减少，此时，有两种选择：平仓或者锁仓。

步骤三：投资者决定锁仓，他的心态是：期货价格会不会续涨，不是很有把握，但至少希望目前潜在的获利能够维持到到期日。

步骤四：如果投资者是第二种心态，则用卖出期货将获利锁住。比如，卖出期货，价格为 14 300 元/吨。

步骤五：从表 4.29 可以看出，至到期日，不管大涨还是小涨，往下跌到执行价格，获利固定为 290 元/吨。

表 4.29　　单位：元/吨

期货价格	买进看涨期权 + 卖出期货	买进看涨期权
13 600	490	-210
13 700	390	-210
13 800（买进看涨期权执行价格）	290	-210
13 910	290	-100
14 010	290	0
14 200	290	190
14 300（卖出期货）	290	290
14 500	290	390

但是，一旦价格一路下跌，跌破执行价格，获利将会增加。

基本上，用期货空单锁利，至到期日可高枕无忧。

此策略相当于买入合成看跌期权。但要注意，您看到一般的合成图形与此不同，一般的图形存在亏损，而本图形没有亏损，原因是买入的看涨期权和卖出的期货不是在同一时间操作。如果是在同一时间操作，还出现图 4.19 这样的获利情形，则属于捡钱包。这种情况不是没有，要靠投资者密切关注盘面变化。关注的重点是最大风险（即期货价格 - 看涨期权执行价格 + 权利金）会否是正数，只要是正数就可以操作。

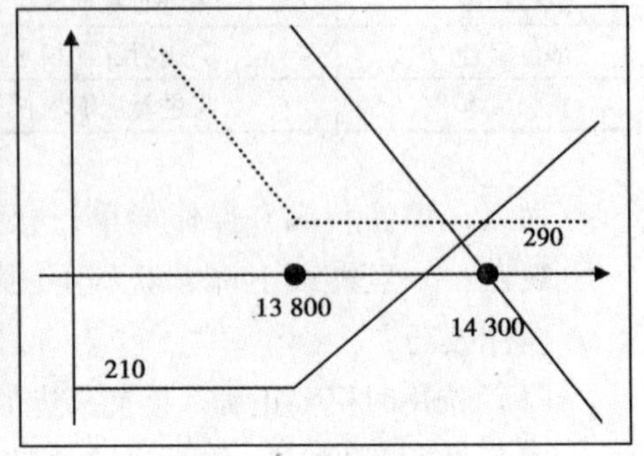

图 4.19

另外，如果跌到 13 600 元/吨，投资者认为上涨的可能性非常大，下跌幅度已非常有限，则可以将期货平仓，留下看涨期权多头。同时，投资者认为既然上涨的可能性非常大，为何不再卖出看跌期权（比如 P13 600）收点权利金（比如 200 元/吨）呢？如此，则又构成了合成期货多头（见图 4.20），具体请自行分析。

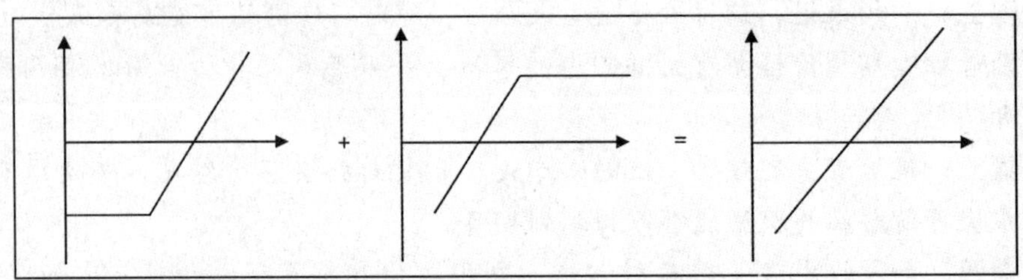

图 4.20　合成期货多头部位图

第三招：期货价格缓涨，处于小赚小赔，卖出看涨期权增利

这一操作策略如表 4.30 所示。

表 4.30

运用时机	提高到期日获利
执行程序	买进看涨期权后，期货价格形成窄幅振荡，再卖出看涨期权
部位组合	买进看涨期权 + 卖出看涨期权
资金成本	买进看涨期权权利金
损益平衡点	低执行价格 + 权利金净支出

运用时机：其实，这一招与第一招相同，都是在买进看涨期权后，伺机卖出看涨期权。但第一招是处于明显获利阶段，卖出期权是希望将获取的利润锁住，维持到到期日。而第三招是盘面盘整，处于小赚小亏，卖出期权希望增利。

一般投资者面对小赚小赔阶段，处理态度分为消极和积极两种。消极的做法是，耐心等待价格反转，或平仓出局。积极的做法是，为提高获利，选择卖出高执行价格的看涨期权，获取权利金。这样的结果是，获利有限，亏损也有限，最大风险为权利金净支出。因此，交易所可以不收取卖出看涨期权的保证金。

损益平衡点：损益平衡点 = 低执行价格 + 权利金净支出。

缺点：如果价格大涨，则不如不卖出看涨期权，丧失大涨的获利机会。况且，卖出看涨期权需要缴纳保证金，资金成本明显提高。

操作技巧：

（1）选用时机要正确。预估到期日之前难有大的行情。

（2）执行程序是，先买进看涨期权，待期货价格出现缓涨格局后，再卖出高执行价格的看涨期权。

（3）挑选有利的卖出看涨期权执行价格，原则上来讲，以虚值一档的期权为宜；

（4）选择愈接近到期日实施，反败为胜的机会越大。

【例4－19】卖出虚值一档看涨期权

步骤一：看好期货行情，认为未来价格将有大幅上涨，有超过500点的行情，于是决定采取低风险、低成本、高回报的看涨期权交易策略。

期初期货价格为13 650元/吨，买进执行价格13 600元/吨的CF511看涨期权，权利金支出为330点（损益平衡点13 930元/吨），之后，上涨不足，涨幅有限。到9月1日，期货价格只上涨200点，执行价格13 600元/吨的看涨期权权利金为340元/吨，小赚10元。

步骤二：一般来说，买进看涨期权是对行情强烈看涨，一旦由大涨变为小涨时，就要重新对后市评估，以免损失权利金的时间价值。第一，评估后认为后市持续偏多，会走出大多头行情，此时，最好的策略就是以不变应万变，等待期货大涨。第二，评估后固然持续偏多，但认为到期日前，卖压沉重，并无实质性利好，难有太好的表现。一旦这种情况持续到到期日，恐有亏损，所以为扭转不利局面，可考虑卖出虚值一档的看涨期权，希望能够反败为胜。

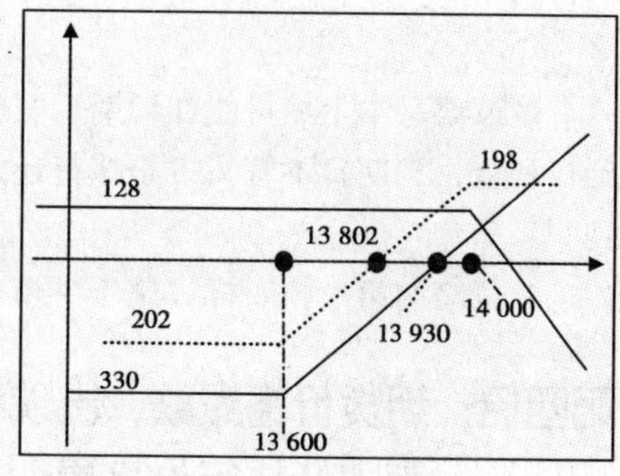

图4.21

步骤三：投资者评估后认为出现第二种可能的几率大，故决定卖出虚值一档看涨期权，以便适时提高获利。卖出执行价格14 000元/吨的看涨期权，收取权利金128元/吨。

步骤四： 从表4.31可以看出，至到期日，期货价格只要位于损益平衡点之上，获利就算成功。最佳状态是价格突破高执行价格之上，最大获利为198元/吨（见图4.21）。

表4.31 单位：元/吨

期货价格	买进看涨期权+卖出看涨期权	买进看涨期权
13 500	-202	-330
13 590	-202	-330
13 600（买进看涨期权执行价格）	-202	-330
13 650	-152	-280
13 802（损益平衡点）	0	-128
13 930（单独买进看涨期权损益平衡点）	128	0
14 000（卖出看涨期权执行价格）	198	70
14 128（单独卖出看涨期权损益平衡点）	198	198
14 400	198	470

步骤五： 损益平衡点=低执行价格+权利金净支出=13 600+330-128=13 802元/吨。

损益平衡点代表的意思是，只要期货价格跌破损益平衡点，则是亏损的开始，这也是最差的状况，但损失风险不会无限扩大，最大风险为权利金净支出（330-128=202元/吨）。

反之，只要期货价格超过损益平衡点，则获利增加，但获利也不是无限大，最大获利位于高执行价格之上。

最大收益=两个执行价格之差-权利金净支出

=（14 000-13 600）-（330-128）=400-202=198（元/吨）

该策略基本上尽可能在到期日实施，获胜机会较大。因为卖出期权的关键是想得到权利金，到期日不管买方是执行还是放弃权利，卖出的看涨期权权利金才能全部得到。

此策略与第一招一样，属于牛市（多头）看涨期权垂直套利，请对比其差异。

第四招：期货价格缓跌，出现亏损，卖出低执行价格看涨期权反败为胜

这一操作策略如表4.32所示。

表 4.32

运用时机	希望能扭亏为盈
执行程序	买进看涨期权后，期货价格出现缓跌，产生亏损，再卖出低执行价格的看涨期权
部位组合	买进看涨期权 + 卖出看涨期权
资金成本	买进看涨期权权利金 + 执行价格之差
损益平衡点	低执行价格 + 净权利金

一般投资者面对研判失误或买进的看涨期权亏钱时，消极的做法是，管它呢，反正最多就亏权利金那么多。积极的做法是，不希望权利金泡汤，能有扭亏为盈的机会。即可选择卖出低执行价格的看涨期权。此种积极的策略代表投资者的心态已转多为空。其结果是，获利有限，亏损也有限。最大亏损 = 两个执行价格之差 + 权利金净收入。因此，在卖出看涨期权时，交易所只需要收取两个执行价格之差即可。

损益平衡点：低执行价格 + 净权利金。也就是说低于损益平衡点就获利，高于损益平衡点就亏损。

缺点：如果价格大涨，则不如不卖出看涨期权，丧失大涨的获利机会。

操作技巧：

（1）选用时机要正确。预估到期日之前期货价格下跌的成分多。

（2）执行程序是，先买进看涨期权，待期货价格出现下跌，再卖出低执行价格的看涨期权。

（3）挑选有利的卖出看涨期权执行价格，原则上来讲，以低于买进看涨期权的执行价格为主。

（4）选择愈接近到期日实施，反败为胜的机会越大。

【例 4 - 20】卖出实值一档看涨期权

步骤一：看好期货行情，认为未来价格将有大幅上涨，有超过 500 点的行情，于是决定采取低风险、低成本、高回报的看涨期权交易策略。

9 月 1 日期货价格为 13 850 元/吨，买进执行价格 13 800 元/吨的 CF511 看涨期权，权利金支出为 210 元/吨（损益平衡点 14 010 元/吨），之后，假若期货价格不涨反跌，下跌到 13 650 元/吨，权利金下跌到 50 元/吨，处于亏损状态。

步骤二：一般来说，买进看涨期权是对行情强烈看涨，一旦不涨反跌，有必要重新对后市评估，以免权利金泡汤。第一，评估后认为后市持续偏多，认为出现缓跌只是暂时的，后期仍有大多头行情，所以继续持有期权部位。由于买进看涨期权最多损失权利金 210 元/吨，就算失算，损失也不会扩大。第二，评估后已认为原来看多的预期已不可能，下跌难以避免。为扭转不利局面，可考虑卖出低执行价格的看涨期权，希望能扭亏为盈。

步骤三：投资者评估后认为出现第二种可能的几率大，故决定卖出低执行价格的看涨期权。

卖出实值一档执行价格为13 400元/吨的看涨期权，收取权利金300元/吨（见图4.22）。

步骤四：从表4.33可以看出，至到期日，期货价格只要低于损益平衡点，即符合重新评估后的预期，反败为胜的策略就算成功。

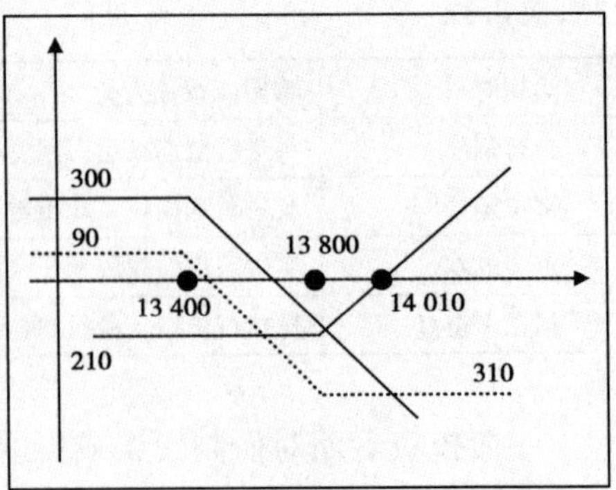

图4.22

表4.33 单位：元/吨

期货价格	买进看涨期权+卖出看涨期权	买进看涨期权
13 500	90	-210
13 590	90	-210
13 400（卖出看涨期权执行价格）	90	-210
13 490（损益平衡点）	0	-210
13 700	-210	-210
13 800（买进看涨期权执行价格）	-310	-210
13 850	-310	-160
14 010	-310	0
14 200	-310	190
14 400	-310	390

步骤五：损益平衡点=低执行价格+权利金净收入=13 400+（300-210）

=13 490（元/吨）

损益平衡点代表的意思是，只要期货价格低于损益平衡点，则是获利的开始，这也是最佳的状况，但获利不会无限扩大，最大收益为权利金净收入90元/吨，但已达到反败为胜的目的。

反之，只要期货价格超过损益平衡点，则亏损开始，但最大损失位于高执行价格13 800元/吨之上，不过也不会扩大，最大风险=两个执行价格之差+权利金净收入=-400+90=-310元/吨。

由此可以看出，两个执行价格的间距与权利金净收入关系到总盈亏，在此也提请投资者利用模拟交易，测试其中的技巧。

基本上，反败为胜的策略尽可能在到期日实施，获利机会大。

本策略属于熊市（空头）看涨期权垂直套利（Bear/Short Call Spread）。

第五招：期货价格急跌，明显亏损，卖出期货反败为胜

买入期权虽然损失是有限的，但也不能任凭权利金白白损失。期权上的损失有限，但不是让您扔钱，有限的风险也是风险，能挽回的，还是尽力挽回。买期权亏损时，有三种办法：斩仓；硬挺，等机会；用其他策略补救。

这一操作策略如表 4. 34 所示。

表 4. 34

运用时机	希望扭亏为盈
执行程序	买进看涨期权后，期货价格急跌，再卖出期货
部位组合	买进看涨期权＋卖出期货
资金成本	买进看涨期权权利金＋卖出期货保证金
损益平衡点	期货卖价－权利金

运用时机：买进看涨期权后，期货价格急跌，买进的看涨期权权利金下跌，出现明显的亏损，为反败为胜而卖出期货。这种情况通常出现在投资者对后市研判出现严重失误，或者某些突发性的利空信息出现，因此，行情变化完全与预测背道而驰。

这种情况下，大多数人是仓位不动，反正认为最多损失权利金。而积极的态度是，不希望权利金泡汤，希望有扭亏为盈的希望，这时可以卖出期货。

本招与第二招不同的是，第二招是锁利，投资心态属偏多，但已趋向保守。而第五招投资心态已经偏空。

优点：卖出期货后形成获利不限，损失有限的特点。

缺点：一旦期货价格出现先跌后涨，还有可能出现亏损。

损益平衡点：期货价格低于损益平衡点就获利，高于就亏损。不过，就算再次失算，损失也不会太严重。

操作技巧：

（1）选用时机要正确；

（2）执行程序是，先买进看涨期权，待价格急跌，产生明显亏损，再卖出期货；

（3）挑选有利的期货卖出点，对投资者较为有利的是，以进行反败为胜时的期货价格为主。

【例 4－21】卖出期货

步骤一：看好期货行情，认为未来价格将有大幅上涨，有超过 500 点的行情，于是决定采取低风险、低成本、高回报的看涨期权交易策略。

9月1日期货价格为13 850元/吨，买进执行价格13 800元/吨的CF511看涨期权，权利金支出为210元/吨（损益平衡点14 010元/吨），之后，行情却背道而驰，原本预期大涨，却因突发利空，使期货价格大跌，假若期货价格下跌到13 550元/吨，权利金下跌到30元/吨，处于亏损状态。

步骤二：一般来说，买进看涨期权是对行情强烈看涨，但却出现急跌，有必要重新对后市评估，以期反败为胜。第一，评估后认为后市持续偏多，认为出现急跌只是受暂时利空因素的影响，至到期日仍有出现多头行情的机会，所以继续持有买进的看涨期权。第二，评估后已修正对后市强烈看多的预期，认为受利空消息的影响，恐怕无法扭转跌势，期货价格还会创新低。为了扭转不利局面，卖出期货，期望扭亏为盈。

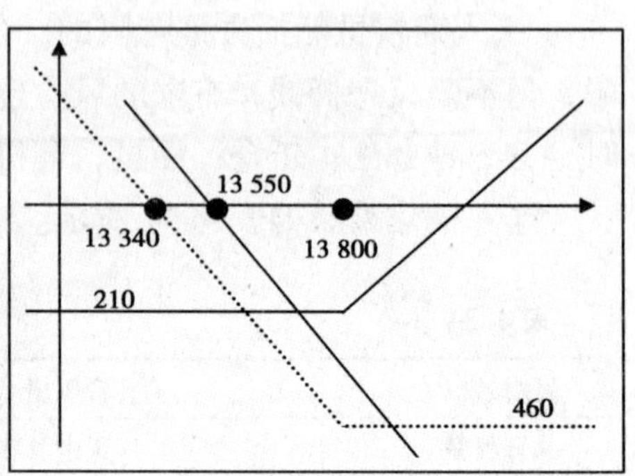

图4.23

步骤三：评估后认为第二种可能性大，立即卖出期货，价格为13 550元/吨。

损益平衡点=期货卖价-权利金=13 550-210=13 340（元/吨）

步骤四：从表4.35可以看出，至到期日，只要结算价低于期货卖出价，反败为胜的策略就算成功。比如下跌到13 200元/吨，则可以获利140元/吨（见图4.23）。

表4.35

单位：元/吨

期货价格	买进看涨期权+卖出看涨期权	买进看涨期权
13 100	240	-210
13 200	140	-210
13 340（损益平衡点）	0	-210
13 550（卖出期货价格）	-210	-210
13 700	-360	-210
13 800（买进看涨期权执行价格）	-460	-210
13 850	-460	-160
14 010	-460	0
14 200	-460	190
14 400	-460	390

这一策略风险程度相当高，一旦研判失误，即可二度伤害。比如，卖出期货，期货价格又上涨，比如到13 800元/吨，则损失金额高达两倍。不过，即便价格继续上涨，损失也不会扩大。最大风险=执行价格-期货卖出价+权利金=13 800-13 550+210=250+210=460元/吨。

第四节 买进看跌期权交易策略运用

买进看跌期权是对未来看跌，且认为会有大跌的机会，所以愿意支出权利金购买，同时认为未来价格波动会跌破损益平衡点（执行价格－权利金）。

比如，投资者于9月1日棉花期货511价格为13 850元/吨，决定买进执行价格为13 800元/吨的看跌期权，权利金为200元/吨，此时买进看跌期权的损益平衡点＝13 800－200＝13 600元/吨。

投资者的决定，是因为估计至到期日，将有利空因素会使期货价格跌破损益平衡点13 600元/吨，也就是说，到期日之前，期货价格至少会跌250元/吨（13 850－13 600）。

为什么要预测期货价格跌破损益平衡点？其实，在9月2日期货价格下跌并没有达到损益平衡点，但权利金已下跌了，而且此时平仓也获利了。我们这种分析是建立在最坏的打算上的，也就是中间不管价格如何变化，只要您相信到期日之前期货价格会有250点的价差就可高枕无忧了。当然，在到期日之前，期货价格的变化会使权利金发生变化，而权利金又是时间价值起决定作用。一旦价格波动幅度减小，时间价值流失就很快，所以做期权，一方面要考虑时间价值，另一方面也可直接考虑损益平衡点，这样更保险。

买进看跌期权后，有三种情况：期货价格急跌、缓跌、上涨。

买进看跌期权容易，但买之后怎么操作却需要一点功力。

情景1：最佳状况——急跌

如果买进看跌期权后，由于重大利空题材的影响，价格出现急跌，可采取短线操作或波段操作。投资者若属短线操作，可在获利满足点达到后平仓，获取权利金的价差。至于波段操作，在期货价格没有出现反转信号时，不必急于平仓，可耐心等待。

【说明】看跌期权、看涨期权权利金与期货价格呈反向变动。期货价格下跌，看跌期权权利金上涨，看涨期权权利金下跌；期货价格上涨，看跌期权权利金下跌，看涨期权权利金上涨。

由于买进看跌期权属于风险既定、获利可观的交易策略，跌得愈多，赚钱愈多。但是，要注意的是，价格大跌后，反弹信号出现，到期日之前会有拉高的可能，这时就应该考虑平仓，将获利及早落袋为安。如果投资者不想太早平仓，但又担心期货价格果真反弹，导致原有获利缩水，这时唯一可做的就是选择锁利。市场常见的锁利策略，一是卖出看跌期权，另一种是买进期货。不过，一般来说，后者优于前者。

情景2：次佳状况——缓跌

投资者买进看跌期权后，期货价格如预期开始下跌，只不过，在市场仍未全面翻空或底部具有强烈的均线支撑，使得期货价格出现以盘代跌的缓跌走势，这种情况一旦持续到到期日，时间价值就会大量流失，使得权利金出现不涨反跌的局面。造成期货跌，期权亏的窘境，该如何办呢?

其实，此时可以考虑在较低执行价格卖出看跌期权，以提高结算时的获利水平。

这里的卖出看跌期权与最佳状态下的卖出看跌期权锁利是有不同之处的。情景1原则上是在出现较大获利时使用，而情景2大致上是在小赚小亏时使用。情景1锁利的目的系投资者希望将预期的利润锁住。而情景2是希望能转亏为盈或提高获利。情景1在选择卖出看跌期权的执行价格，以平值为主。而情景2以虚值一挡为主。这些将在以下的分析中介绍。

情景3：最差状况——上涨

最差的状况是买进看跌期权后，价格不跌反涨，导致部位处于亏损状态，这时该如何是好?

期货价格上涨还分为缓涨、急涨。

如果出现缓涨，而且有可能持续到到期日，此时可考虑选择较高执行价格卖出看跌期权，收取权利金，以期扭亏为盈。

如果出现急涨，最多只是损失权利金，所以买进看跌期权的好处是，就算期货价格大涨特涨，也不必设置停损。

问题是如果投资者不想使全部权利金泡汤，甚至有机会扭亏为盈，可以考虑买进期货。

表面上来看，情景3的买入期货与情景1的买入期货差别不大。不过，还是有不同之处：

（1）情景1的期货多单锁利，原则上是处于获利的时候选择；而情景3的情况是处于亏损状况，希望扭亏为盈。

（2）情景1锁利的目的系投资者希望将预期的利润锁住；而情景3是希望在到期日之前能够扭亏为盈。

（3）情景1锁利的时机，代表投资者仍然偏空，只不过稍微谨慎罢了；而情景3基本上代表投资者已转空为多。

第一招：急跌，明显获利，卖出平值看跌期权锁利

这一操作策略如表4.36所示。

表 4.36

运用时机	锁住既有的利润
执行程序	买进看跌期权后，期货价格急跌，产生明显的获利时，再卖出较低执行价格的看跌期权
部位组合	买进看跌期权 + 卖出看跌期权
资金成本	买进看跌期权权利金
损益平衡点	较高执行价格 - 权利金净支出

优点：担心夜长梦多，先把利润锁住。一旦价格反弹，也不会随着上涨而使收益缩水。这样的结果是，利润有限，亏损也有限。最大亏损 = 权利金净支出，因此，卖出的看跌期权交易所可不收取保证金。

缺点：期货价格并未反弹，反而稍作休息后，继续下跌，如果没有锁利，则利润快速累积。而锁利后，一旦期货价格达到卖出看跌期权的执行价格之下，则利润停止，势必白白丧失获利机会。另外，资金成本也会增加。

损益平衡点：损益平衡点 = 较高执行价格 - 权利金净支出

也就是说，只要期货价格低于损益平衡点就获利，高于损益平衡点就亏损。最大获利点位于卖出看跌期权执行价格以下。损失有限，最大损失位于买进看跌期权的执行价格之上。

操作技巧：

（1）选用的时机必须正确，即当投资者期初买进看跌期权出现获利后，但至到期日可能有反弹可能。

（2）执行的程序是，先买进较高执行价格的看跌期权，待期货价格大跌产生获利后，再卖出较低执行价格（平值）的看跌期权。

（3）选择有利的卖出看跌期权执行价格，原则上应以时间价值为考虑重点，亦即时间价值越高的执行价格越合适。比如，越接近平值的执行价格，时间价值越高。

时间价值 = 权利金 - 内涵价值 = 权利金 - （期货价格 - 执行价格）

【例 4-22】卖出平值看跌期权

步骤一：看空期货行情，认为未来期货价格将有大幅下跌，有跌幅 500 点的行情，于是决定采取低风险、低成本、高回报的看跌期权交易策略。

期初买进执行价格 14 200 元/吨的看跌期权，权利金支出为 300 元/吨。果然，不负所望，连续数日大跌，至 9 月 1 日，期货价格已下跌到 13 850 元/吨。执行价格 14 200 元/吨的看跌期权权利金上涨到 420 元/吨。

步骤二：一般来说，期货价格连续大跌后，随时有反弹的可能，所以该投资者担心期货价格会有大幅反弹的风险，导致 120 点的获利减少，此时，有两种选择：平仓或者锁仓。

如果此时平仓，获利 =420 - 300 =120 元/吨。

步骤三：投资者决定锁仓，他可能有两种心态：一种是评估至到期日，期货价格还有下跌的空间，如此一来，不平仓获利还会增多；另一种，期货价格不会继续下跌，但不是很有信心，至少希望目前潜在的获利能够维持到到期日。

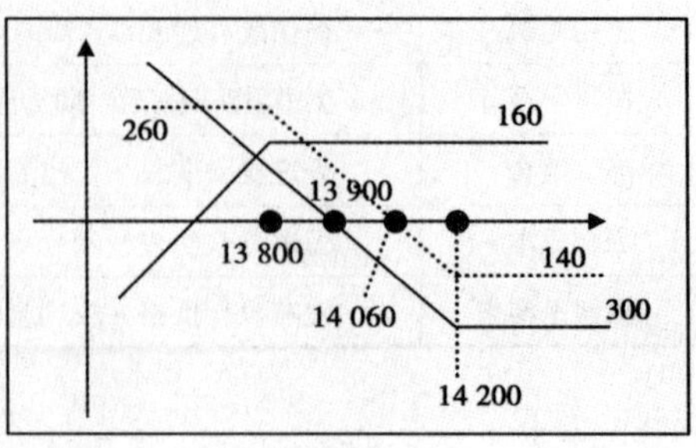

图 4.24

步骤四：如果投资者是第二种心态，则将获利锁住。比如，9 月 1 日卖出执行价格 13 800 元/吨的看跌期权，权利金为 160 元/吨。

步骤五：从表 4.37 可以看出，至到期日，期货价格只要位于卖出看跌期权执行价格以下，不管下跌多少点，获利固定为 260 元/吨（见图 4.24）。

最大收益 = 两个执行价格之差 - 权利金净支出

= （14 200 - 13 800） - （300 - 160） =400 - 140 =260 （元/吨）

表 4.37

单位：元/吨

期货价格	买进看跌期权 + 卖出看跌期权	买进看跌期权
13 600	260	400
13 640	260	360
13 800（卖出看跌期权执行价格）	260	200
13 850	210	150
14 000	60	0
14 060（损益平衡点）	0	-160
14 200（买进看跌期权执行价格）	-140	-200
14 400	-140	-200
14 500	-140	-200

就算价格反弹，仍有不错的获利水平，相对于没有锁利，获利还是比较多。

如果不幸，价格涨到买进看跌期权的损益平衡点 14 000 元/吨，获利仍有 60 元/吨，相对于未锁利的买进看跌期权策略，其获利水准已降为 0。

步骤六：损益平衡点 = 较高执行价格 - 权利金净支出 =14 200 - 140 =14 060 元/吨。

损益平衡点代表的意思是，只要期货价格超过损益平衡点，则是亏损的开始，这也是最差的状况，但损失风险不会无限扩大，最多亏损为 140 元/吨。最大风险 = 权利金净支出。

基本上锁利策略要等到到期日，除非到期日前有持续下跌，甚至跌破损益平衡点，才考虑平仓。

步骤七：如果到期前价格持续反弹的机会比较大，甚至有超过损益平衡点的可能，此时可考虑先将买进的看跌期权平仓，保留已处于获利状态的卖出看跌期权部位。

本策略属于熊市（多头）看跌期权垂直套利（Vertical Bear Put Spread/Long Put Spread）。

第二招：急跌，明显获利，买进期货锁利

这一操作策略如表 4.38 所示。

表 4.38

运用时机	锁住既有的利润
执行程序	买进看跌期权后，期货价格急跌，产生明显的获利时，再买进期货
部位组合	买进看跌期权 + 买入期货
资金成本	买进看跌期权权利金 + 买入期货保证金

优点：锁住利润；操作简单；获利不会缩水，不管价格如何变化。

缺点：一旦继续下跌，获利不能增加，丧失获利的机会；资金成本提高。

操作技巧：

（1）选用时机要正确。期初买进的看跌期权明显获利，但担心至到期日价格反弹。

（2）执行程序是，先买进看跌期权，待价格大跌，产生浮盈，再买入期货。

（3）挑选有利的期货买入点，对投资者较为有利的是，以进行锁利的当时的期货价格为主。

【例 4－23】买进期货

步骤一：期初买进执行价格 14 200 元/吨的看跌期权，权利金支出为 300 元/吨，果然，不负所望，连续数日大跌，至 9 月 1 日，期货价格已下跌到 13 850 元/吨，权利金上涨到 420 元/吨。

步骤二：此时有两种选择：平仓；锁仓。

如果平仓获利（120 元/吨）大于锁仓获利（50 元/吨），则可以平仓。锁仓最小获利 = 执行价格 − 期货买价 − 权利金 = 14 200 − 13 850 − 300 = 50 元/吨。此处举例，平仓获利大于锁仓获利。假若不是如此，请往下继续。

步骤三：投资者的心态，一种是不管价格如何下跌，收益都是固定的。另一种是一旦期货价格上涨，则获利能够增加，因此，决定买入期货一直等到到期日或等待期货价格大于执行价格，这样，能够实现利润最大化。

步骤四：如果投资者是第二种心态，则用买入期货将获利锁住。比如，9 月 1 日买入期货，价格为 13 850 元/吨。

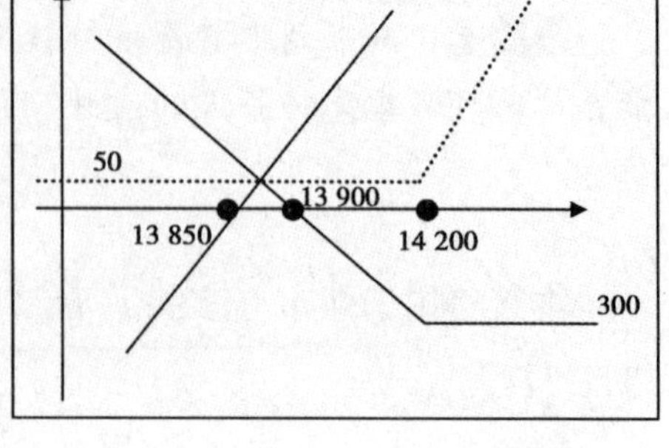

图 4.25

步骤五：从表 4.39 可以看出，至到期日，不管大跌还是小跌，下跌到执行价格，获利固定为 50 元/吨。但是，一旦价格一路大涨，超过执行价格，获利就会增加（见图 4.25）。

表 4.39

单位：元/吨

期货价格	买进看跌期权 + 买入期货	买进看跌期权
13 600	50	300
13 640	50	260
13 800	50	200
13 850（买入期货）	50	50
13 900	50	0
14 160	50	-260
14 200（买进看跌期权执行价格）	50	-300
14 400	250	-300
14 500	350	-300

基本上，用期货多单锁利，至到期日可高枕无忧，钱只会增加，不会减少。

此策略属于合成买入看涨期权（Long Synthetic Call）。本策略与图 4.19 的结果是一样的，即锁利后可高枕无忧。这是期货所没有的，期货无论如何锁，利润都不会增加，而期权就有这样的策略，这也是期权的魅力。请您一定注意研究这种现象，不管您是投资者，还是市场营销员、研究员。

第三招：期货价格缓跌，处于小赚小赔，卖出看跌期权获利

这一操作策略如表 4.40 所示。

表 4.40

运用时机	提高获利水平
执行程序	买进看跌期权后，期货价格出现缓跌，再卖出低执行价格的看跌期权
部位组合	买进看跌期权 + 卖出看跌期权
资金成本	买进看跌期权权利金
损益平衡点	高执行价格 - 净权利金

一般投资者面对小赚小赔的阶段，态度分为消极和积极两种。消极做法是，等待久盘必跌成为事实，或平仓出局。积极做法是，为提高获利，选择卖出低执行价格的看跌期权。这样的结果是，获利有限，亏损也有限。最大亏损 = 权利金净支出，因此，卖出的看跌期权交易所可不收取保证金。

损益平衡点：高执行价格 - 权利金净支出。也就是说，只要期货价格低于损益平衡就获利，高于就亏损。但期货价格高于高执行价格，亏损也不会扩大；低于低执行价格，获利也不会增加。

缺点：如果价格大跌，则不如不卖出看跌期权，丧失大跌的获利机会。

操作技巧：

（1）选用时机要正确。预估到期日之前属于小跌格局。

（2）执行程序是，先买进看跌期权，待期货价格出现缓跌格局后，再卖出低执行价格的看跌期权。

（3）挑选有利的卖出看跌期权执行价格，原则上来讲，以虚值一挡的期权为宜。

（4）选择愈接近到期日实施，反败为胜的机会越大。

【例 4－24】卖出虚值一档看跌期权

步骤一：期初买进执行价格 14 000 元/吨的看跌期权，权利金支出为 160 元/吨，之后，期货价格下跌不足，跌幅有限，到 9 月 1 日，只下跌 150 元/吨，尚未达到损益平衡点 13 840 元/吨，浮亏 10 元/吨。注意：此时权利金是上涨的，是赚钱的。

步骤二：一般来说，买进看跌期权是对行情强烈看跌，一旦由大跌变为小跌，就要重新对后市评估，以免损失权利金的时间价值。第一，评估后认为后市持续偏空，认为在久盘必跌的效应下，市场会走出大空头行情，此时，最好的策略就是以不变应万变，等待期货大跌。第二，评估后固然持续偏空，但认为到期日前，受下档买单强力支撑，并无实质性利空。一旦这种情况持续到到期日，恐有亏损，所以为扭转不利局面，可考虑卖出虚值一档的看跌期权，希望能够反败为胜。

步骤三：投资者评估后认为出现第二种可能的几率大，故决定卖出虚值一档看跌期权，以便适时提高获利。9 月 1 日卖出执行价格 13 600元/吨的看跌期权，权利金 90 元/吨（见图 4.26）。

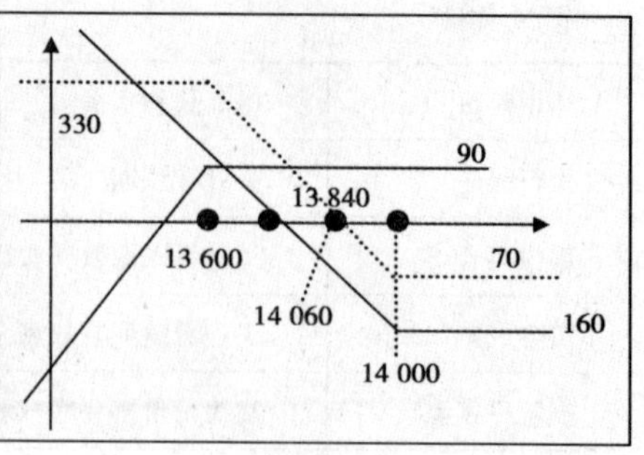

图 4.26

步骤四：从表 4.41 可以看出，至到期日，期货价格只要位于低损益平衡点获利就算成功。最佳的状态是价格低于卖出看跌期权执行价格，最大获利为 330 元/吨。

最大收益 = 执行价格之差 − 权利金净支出

= 400 − 70 = 330（元/吨）

表 4.41

单位：元/吨

期货价格	买进看跌期权 + 卖出看跌期权	买进看跌期权
13 400	330	440
13 510	330	330
13 600（卖出看跌期权执行价格）	330	240
13 640	290	200
13 800	130	40
13 840	90	0
13 850	80	−10
13 930（损益平衡点）	0	−90
14 000（买进看跌期权执行价格）	−70	−160
14 400	−70	−160
14 500	−70	−160

步骤五：损益平衡点 = 高执行价格 − 权利金净支出 = 14 000 − 70 = 13 930（元/吨）

损益平衡点代表的意思是，只要期货价格低于损益平衡点，则是获利的开始；高于损益平衡点就是亏损的开始，这也是最差的状况，但损失风险不会无限扩大。最大亏损位于买进看跌期权执行价格之上 = 权利金净支出，最多亏损为 70 元/吨。

本策略与图 4.24 都属于熊市（多头）看跌期权垂直套利，只是使用情况不同。

第四招：缓涨，出现亏损，卖出高执行价格看跌期权反败为胜

这一操作策略如表 4.42 所示。

表 4.42

运用时机	希望能扭亏为盈
执行程序	买进看跌期权后，期货价格出现缓涨，产生亏损，再卖出高执行价格的看跌期权
部位组合	买进看跌期权 + 卖出看跌期权
资金成本	买进看跌期权权利金 + 执行价格之差（当然，是否如此，还要以交易所的规定为准）
损益平衡点	高执行价格 - 净权利金

这一招与第三招有很多相同之处：都是买进看跌期权后，司机卖出看跌期权。前者具有增利效果，后者具有反败为胜的效果。都是处于不利的状态。

也有以下很多不同之处：

（1）第三招是出现缓跌，第四招是出现缓涨。

（2）第三招预期至到期日期货价格处于小跌格局，第四招是预期处于缓涨。

（3）第三招买进看跌期权可能处于小赚小赔阶段，而第四招的买进看跌期权已处于亏损状态。

一般投资者面对研判失误，买进的看跌期权亏钱时，消极的态度是，任其发展，反正最多就亏权利金那么多，等待利空消息出现。积极的态度是，不希望权利金泡汤，能有扭亏为盈的机会。即可选择卖出高执行价格的看跌期权。这样的结果是，获利有限，亏损也有限。最大亏损 = 执行价格之差 - 净权利金。

损益平衡点：高执行价格减权利金净支出。也就是说低于损益平衡点就亏损，高于损益平衡点就获利。

缺点：如果价格大跌，则不如不卖出看跌期权，丧失大跌的获利机会。

操作技巧：

（1）选用时机要正确。预估到期日之前上涨的成分多。

（2）执行程序是，先买进看跌期权，待期货价格出现上涨后，再卖出高执行价格的看跌期权。

（3）挑选有利的卖出看跌期权执行价格，原则上来讲，以高于买进看跌期权的执行价格为主。

（4）选择愈接近到期日实施，反败为胜的机会越大。

【例 4-25】卖出较高执行价格的看跌期权

步骤一：期初买进 CF511 执行价格 13 800 元/吨的看跌期权，权利金支出为 180 元/吨。之后，价格不跌反涨，到 9 月 1 日，涨到13 850元/吨。

步骤二：评估后认为上涨难以避免，为扭转不利局面，可考虑卖出高执行价格的看跌期权，希望能扭亏为盈。

步骤三：9月1日卖出CF511执行价格为14 000元/吨的看跌期权，权利金为270元/吨。

步骤四：从表4.43可以看出，至到期日，期货价格只要低于损益平衡点，就会亏损；高于损益平衡点，反败为胜的策略就算成功（见图4.27）。

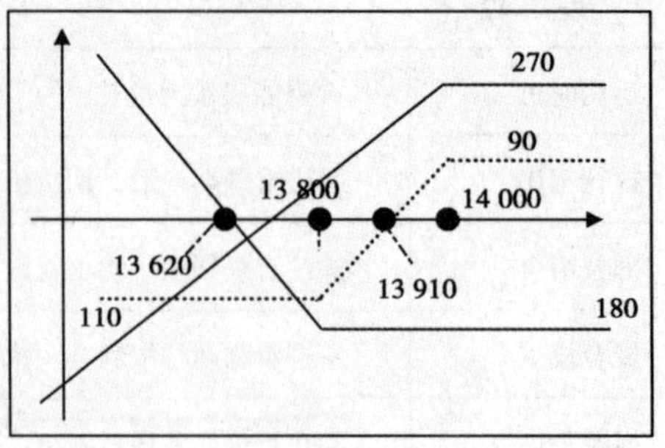

图4.27

表4.43

期货价格	买进看跌期权+卖出看跌期权	买进看跌期权
13 600	-110	20
13 620	-110	0
13 730	-110	-110
13 800（买进看跌期权执行价格）	-110	-180
13 850	-60	-180
13 910（损益平衡点）	0	-180
14 000（卖出看跌期权执行价格）	90	-180
14 200	90	-180
14 400	90	-180

步骤五：损益平衡点=高执行价格-净权利金=14 000-（270-180）
=13 910（元/吨）

损益平衡点代表的意思是，只要期货价格高于损益平衡点，则是获利的开始，这也是最佳状态，但获利不会无限扩大，最多为90元/吨。

反之，只要期货价格低于损益平衡点，则亏损开始，但最大损失位于低执行价格之下。

基本上，反败为胜的策略尽可能在到期日实施，获利机会较大。

本策略属于牛市（空头）看跌期权垂直套利（Vertical Bull Put Spread/Short Put Spread）。

第五招：期货价格急涨，明显亏损，买入期货反败为胜

这一操作策略如表4.44所示。

表 4.44

运用时机	希望扭亏为盈
执行程序	买进看跌期权后，期货价格急涨，再买入期货
部位组合	买进看跌期权 + 买入期货
资金成本	买进看跌期权权利金 + 买入期货保证金
损益平衡点	期货买价 + 权利金

运用时机：买进看跌期权后，期货价格急涨，买进的看跌期权权利金下跌，出现明显的亏损，为反败为胜而买入期货。这种情况通常出现在投资者对后市研判出现严重失误或是某些突发性的利多信息出现的时候，因此，行情变化完全与预测背道而驰。

这种情况下，大多数人是仓位不动，反正认为损失最多是权利金。

至于积极的态度是，投资者不希望权利金泡汤，希望有扭亏为盈的机会，这时买入期货。

本招与第二招不同的是，第二招是锁利，投资心态虽然属于偏多，但已趋向保守。而第五招投资心态已经偏多。

优点：买入期货形成获利不限，损失既定的特点。

缺点：一旦期货价格出现先涨后跌，还有可能出现亏损。

损益平衡点：期货价格低于损益平衡点就亏损，高于就获利。不过，就算再次失算，损失也不会太严重。

操作技巧：

（1）选用时机要正确。

（2）执行程序是，先买进看跌期权，待价格急涨，产生明显亏损，再买入期货。

（3）挑选有利的期货买入点，对投资者较为有利的是，以进行反败为胜时的期货价格为主。

【例 4－26】买入期货

步骤一：期初买进执行价格 13 600 元/吨的看跌期权，权利金支出为 300 元/吨，然后，行情却背道而驰，连续数日上涨，至 9 月 1 日，期货价格已上涨到 13 850 元/吨，权利金下跌到 90 元/吨。

步骤二：一般来说，买进看跌期权是对行情强烈看跌，但却出现急涨，有必要重新对后市评估，以期反败为胜。第一，评估后认为后市持续偏空，认为出现急涨只是受暂时利多消息的影响，至到期日仍有出现空头行情的机会，所以继续持有买进的看跌期权。第二，评估后已修正对后市强烈看空的预期，认为受利多消息的影响，恐怕无法扭转涨势，期货价格还会创新高。为了扭转不利局面，买入期货，期望扭亏为盈。

步骤三： 评估后认为第二种可能性大，立即买入期货，价格为 13 850 元/吨（见图 4.28）。

步骤四： 从表 4.45 可以看出，至到期日，只要结算价高于期货买入价，反败为胜的策略就算成功。

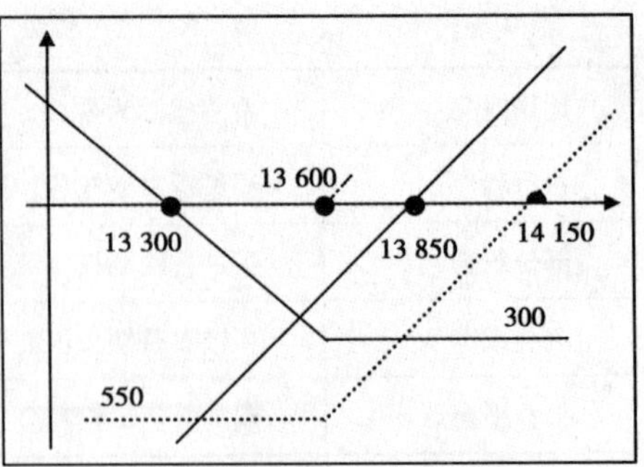

图 4.28

表 4.45 单位：元/吨

期货价格	买进看跌期权 + 买入期货	买进看跌期权
13 200	-550	100
13 300	-550	0
13 600（买进看跌期权执行价格）	-550	-300
13 800	-350	-300
13 850（买入期货）	-300	-300
14 000	-150	-300
14 150（损益平衡点）	0	-300
14 200	50	-300
14 400	250	-300

此一策略，风险程度相当高，一旦研判失误，即可二度伤害。比如，买入期货，期货价格又下跌，比如到 13 600 元/吨，则损失金额高达两倍。多损失的权利金等于期货买价与执行价格之差。

本策略与图 4.25 一样相当于买入合成看涨期权，请对比分析二者的不同。

另外，假若买入期货后，期货价格果然继续大幅上涨，比如涨到 14 400 元/吨，这时如果判断期货价格已有下跌的可能或可能性很大，则可以将期货平仓，剩下买入看跌期权的部位。如果认为价格下跌已成定局，上涨可能性已不大，则可再卖出看涨期权收取权利金，比如，卖出 P14400 权利金 200 元/吨。此时原有的买入看跌期权与新建的卖出看涨期权，相当于卖出期货（见图 4.29），请自己分析。

从图 4.29、图 4.20 和图 4.12 可以看出，期权可以根据市场行情的发展而调整，而且这种调整也很有意思，更觉期权的奥妙，但前提是对各种策略能够熟练运用。

其实，这种组合在使用中投资者完全可以根据自己策略的需要和环境的变化而

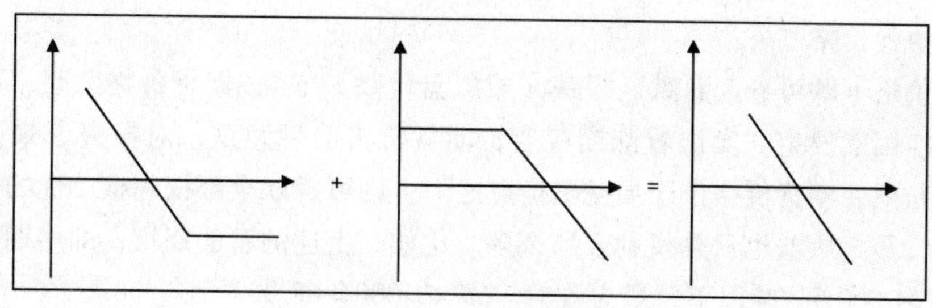

图 4.29　合成卖出期货图

不断使用。比如表 4.46 一个结果可以由两个部位组成，两个部位可以由四个部位组成。

表 4.46　期权组合策略示意表

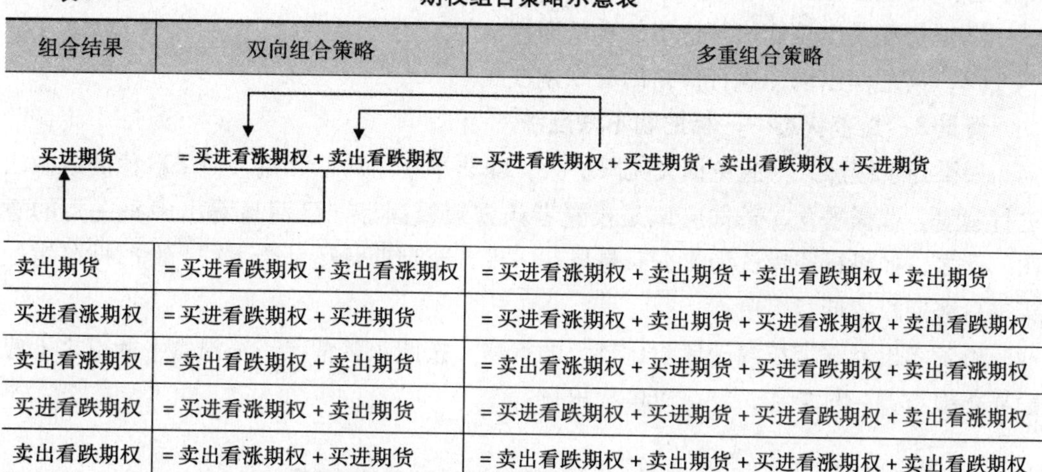

组合结果	双向组合策略	多重组合策略
买进期货	=买进看涨期权+卖出看跌期权	=买进看跌期权+买进期货+卖出看跌期权+买进期货
卖出期货	=买进看跌期权+卖出看涨期权	=买进看涨期权+卖出期货+卖出看跌期权+卖出期货
买进看涨期权	=买进看跌期权+买进期货	=买进看涨期权+卖出期货+买进看涨期权+卖出看跌期权
卖出看涨期权	=卖出看跌期权+卖出期货	=卖出看涨期权+买进期货+买进看跌期权+卖出看涨期权
买进看跌期权	=买进看涨期权+卖出期货	=买进看跌期权+买进期货+买进看跌期权+卖出看涨期权
卖出看跌期权	=卖出看涨期权+买进期货	=卖出看跌期权+卖出期货+买进看涨期权+卖出看跌期权

第五节

卖出看涨期权交易策略运用

卖出看涨期权是投资者对后市不看涨，而且以下跌的成分居多，属于温和看空的交易策略，所以选用卖出看涨期权的时机，最好是在投资者预估至到期日，标的物价格将处于小跌格局或认为标的物价格根本不可能到达损益平衡点时。至此，您是否想到了中航油事件？可否明白中航油卖出看涨期权所隐含的对后市的看法？

比如，9 月 1 日，一投资者卖出 1 000 手（1 吨/手）CF511C14200，收取权利金为 68 元/吨，此时卖出的看涨期权损益平衡点 14 200 + 68 = 14 268 元/吨。

情景 1：最佳状况——标的物果真下跌

至到期日期货价格处于损益平衡点之下，则处于获利。最大获利点是期货价格跌破或处于执行价格之下。

期货价格下跌可分为急跌、缓跌（或以盘代跌）。造成期货价格急跌，可能是某一重大利空因素发生。卖出看涨期权后，期货价格出现急跌，对投资者来说有喜有忧。喜的是只要期货价格位于损益平衡点之下，则可赚取全部权利金。忧的是，就算大跌特跌，最大收益也只是权利金那么多。比如，上述的看涨期权，即便期货价格一直维持在 14 000 元/吨以下，最大收益 = 68 × 1 000 = 68 000 元。

情景 2：次佳状况——标的物出现缓跌

不过，只要至到期日，期货价格处于底部支撑或形成狭窄振荡格局，基本上应有小幅获利。但是，如果投资者选择平仓，则获利将是不疼不痒。如果说投资者不想太早平仓，又希望能够提高获利，这时可以：

（1）搭配卖出较低执行价格的看跌期权。

（2）搭配卖出同一执行价格的看跌期权。

情景 3：最差状态——标的物不跌反涨

如果处于缓涨，为避免损失无限扩大，除非平仓出局，否则，应采取稳健的做法进行避险。选择平仓，条件应该是投资者认为短线缓涨，已明显看出多头主力的意图。反之，如果投资者认为上涨只是昙花一现，至到期日还是会下跌，此时即可搭配买进看涨期权或期货多单。

由于卖出看涨期权属于风险比较大的策略，按照正常情况，在损益平衡点之上应设立止损点，一旦急涨，就可以停损出场。

第一招：期货价格急跌，用买进看跌期权提高获利

这一操作策略如表 4.47 所示。

表 4.47

运用时机	提高到期日获利水平
执行程序	卖出看涨期权后，期货价格急跌，再买入虚值看跌期权
部位组合	卖出看涨期权 + 买进看跌期权
资金成本	卖出看涨期权保证金 + 买进看跌期权权利金
损益平衡点	较高执行价格 + 净权利金

运用时机：投资者卖出看涨期权后，如果期货价格出现急跌，则应尽快分析原因。

（1）如果认为期货价格跌多了，已经蕴涵跌深反弹机会，或认为只是短空消息造

成的，利空消化后很快会上涨，则应选择平仓，以免夜长梦多。

(2) 如果认为，空头气势已成，至到期日仍有下跌空间。由于卖出看涨期权属于获利有限的策略，就算大跌特跌，获利也不会增加。此时，可以买进相同部位的平值或虚值看跌期权来提高获利。

简单来说，当投资者卖出看涨期权后，期货价格果真下跌，但跌幅超过预期，为了在到期日赚取比权利金更高的利润，可选择买进期权。

优点：可以及时获取未来期货价格下跌产生的利润。

缺点：选择增利策略后，期货价格开始反弹。

损益平衡点 = 较高执行价格 - 权利金净收入。也就是说，期货价格低于损益平衡点就获利；高于就亏损。

操作技巧：

(1) 选用的时机必须正确，即投资者持续看空，认为空头气势已成，未来将出现大跌小涨格局。

(2) 期初卖出看涨期权，在期货价格出现急跌后，才需要增利策略。

(3) 执行程序是，先卖出较高执行价格的看涨期权，待期货价格出现急跌后，再买进较低执行价格的看跌期权。

(4) 挑选有利的买进看跌期权执行价格，原则上应选择平值或虚值看跌期权。

【例 4-27】买进平值看跌期权

步骤一：不看好后市行情，认为在期货价格连续走高后，未来期货价格易跌难涨，只不过，下跌有均线的强烈支撑，预期至到期日期货价格将处于小跌格局，于是决定卖出看涨期权，赚取时间价值。

9 月 1 日期货价格 13 850 元/吨，卖出执行价格 14 000 元/吨的看涨期权，收取权利金 128 元/吨，损益平衡点 = 14 128 元/吨。

投资者卖出看涨期权后，出乎意料的是期货价格连续下跌，假若 9 月 8 日下跌到 13 550 元/吨。

步骤二：一般来说，当期货价格大跌后，卖出的看涨期权处于盈利，最大获利只是权利金。但是相比卖出期货，则损失了价格大跌的获利机会。如果卖出期货，可赚取 300 元/吨，而赚取权利金最多 128 元/吨。况且，权利金的全部赚取是建立在最后到期日买方不执行。而本日按照模型计算，权利金理论价格为 28 元/吨。

遇到这种情况，可以有如下选择：

第一，承认错估行情，但起码可以赚取权利金，有赚总比不赚好，所以，继续持有卖出看涨期权部位，等待赚取全部权利金。

第二，经评估，期货价格大跌后，空头气势已成，预期至到期日，期货价格仍有创新低的机会。

步骤三： 如果是采取第二种选择，为提高结算时的获利水平，决定买进平值看跌期权。

9月8日，买进同样数量的执行价格13 600元/吨的看跌期权，支付权利金98元/吨（见图4.30）。

步骤四： 期货价格位于13 560元/吨，执行增利策略。

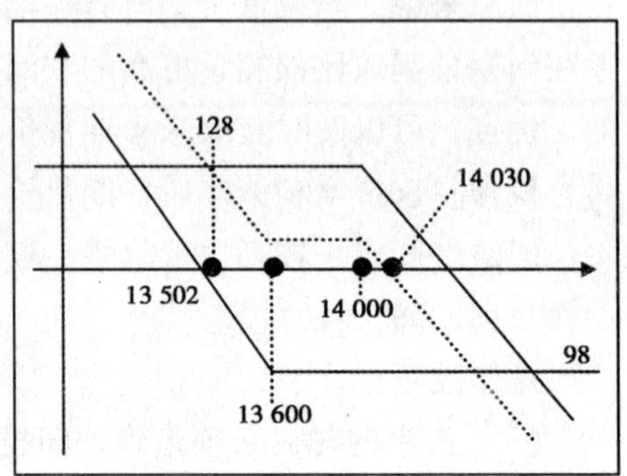

图4.30

从表4.48可以看出，至到期日只要期货价格持续超过98元/吨的跌幅，增利策略就算成功，这也是最好的状况。

当期货价格跌到13 502元/吨，进行增利策略的获利为128元/吨，与单纯卖出看涨期权的获利相同。

但值得注意的是，当期货价格越过13 502元/吨，增利效果就会越加明显。比如，期货价格在13 300元/吨，进行增利策略的操作获利330元/吨，而未进行增利策略的操作，获利仅为128元/吨。

当然也可能是，期货价格并没有如投资者预期持续出现明显跌势，反而处于两个执行价格之间，此时仍有30元/吨的获利，但比起未进行增利策略，获利已显逊色，所以此时以增利策略的角度看并不算成功。

最差的情况是，投资者进行增利策略后，期货价格反而大涨，此时由于买进的看跌期权属于损失不限，因此，若果真如此，就有必要在增利策略的损益平衡点之上，设置止损点。

表4.48 单位：元/吨

期货价格	卖出看涨期权＋买入看跌期权	卖出看涨期权
13 300	330	128
13 400	230	128
13 502（单买期权损益平衡点）	128	128
13 600（买进看跌期权执行价格）	30	128
13 800	30	128
13 850	30	128
14 000（卖出看涨期权执行价格）	30	128
14 030（损益平衡点）	0	98
14 100	−70	28
14 128（单卖期权损益平衡点）	−98	0
14 200	−170	−72
14 400	−370	−272

步骤五： 增利策略损益平衡点 = 较高执行价格 + 权利金净收入

= 14 000 + (128 − 98) = 14 030（元/吨）

损益平衡点的意思是，只要期货价格低于此点就获利，高于就亏损。

本策略相当于在该损益平衡点 14 030 元/吨卖出期货（合成空头期货，Synthetic Short Futures）。但是，不同的是只在亏损时相当于卖出期货，获利时未必。请注意表 4. 48 显示的内容。在一般教科书中，会简单地告诉您，卖出看涨期权 + 买进看跌期权 = 卖出期货，它所告诉您的是趋势概念，也就是说相当于在损益平衡点卖出期货，即"期货价格上涨则亏损，下跌则获利"，至于上涨和下跌的实际盈亏与单纯的卖出期货有差异。请注意表 4. 48，在两个执行价格之间时，盈利固定为 30 元/吨（见图 4. 30）。

第二招：期货价格缓跌，用卖出不同执行价格看跌期权提高获利

这一操作策略如表 4. 49 所示。

表 4. 49

运用时机	提高到期日获利水平
执行程序	卖出看涨期权后，期货价格出现缓跌，再卖出较低执行价格的看跌期权
部位组合	卖出看涨期权 + 卖出看跌期权
资金成本	卖出看涨期权保证金 + 净权利金
损益平衡点	高平衡点 = 高执行价格 + 权利金净收入 低平衡点 = 低执行价格 − 权利金净收入

运用时机： 投资者卖出看涨期权后，期货价格如果如预期，向有利方向发展，使得卖出看涨期权产生小幅获利。此时，投资者在到期日之前有以下两种选择：

（1）平仓获取权利金价差。

（2）不提早平仓，因为期货价格对自己有利，想进一步提高获利。

前者属于保守型策略，优点是落袋为安，缺点是可能失去大幅获利的机会。后者属于积极型策略。

优点： 具有提高获利的效果，赚取两份权利金，因此，一旦趋势符合预期，获利会比单纯策略增加。

缺点： 一旦期货价格朝一个方向大幅变化，则损失不限，因此，有必要设止损点。

资金成本： 一般来说，两个卖出的期权应该各自收取保证金，但由于价格只会朝一个方向发展，也就是只会有一个期权部位亏损，因此，规定只对一个部位收保证

金，但权利金净收入不能提走，要作为保证金的一部分。

操作技巧：

（1）选用的时机必须正确，即投资者期初卖出看涨期权后，期货价格符合预期，且已有小幅获利。

（2）执行程序是，先卖出较高执行价格的看涨期权，待期货价格走低后，再卖出较低执行价格的看跌期权。

（3）挑选有利的执行价格，原则上应选择虚值看跌期权。

【例4－28】卖出虚值一档看涨期权

步骤一：不看好后市行情，认为在期货价格连续走高后，未来期货价格易跌难涨，只不过，下跌有均线的强烈支撑，预期至到期日期货价格将处于小跌格局，于是决定卖出看涨期权，赚取时间价值。

9月1日期货价格13 850元/吨，卖出执行价格14 000元/吨的看涨期权，收取权利金128元/吨，损益平衡点＝14 128元/吨。

投资者卖出看涨期权后，合乎预期，期货价格出现下跌，只不过是缓跌。假若至9月8日，下跌到13 750元/吨。

步骤二：尽管走势对自己有利，但最大获利只是权利金。此时判断，至到期日，预期期货价格仍以缓跌或以盘代跌的机会大。

遇到这种情况，可以有如下选择：

第一，落袋为安，平仓（获利低于期初收取的权利金）。

第二，经评估，空头气势已成，预期至到期日，期货价格会在执行价格之下，这样坚持到到期日可赚取全部权利金（买方不执行，权利金才会全部得到）。

第三，认为盘整是大势所趋，于是卖出看跌期权，赚取两份权利金。

步骤三：如果采取第三种选择，可考虑卖出虚值一挡的看跌期权。

9月8日，卖出同样数量的执行价格13 600元/吨的看跌期权，收取权利金62元/吨（见图4.31）。

步骤四：期货价格位于13 750元/吨，卖出看跌期权。

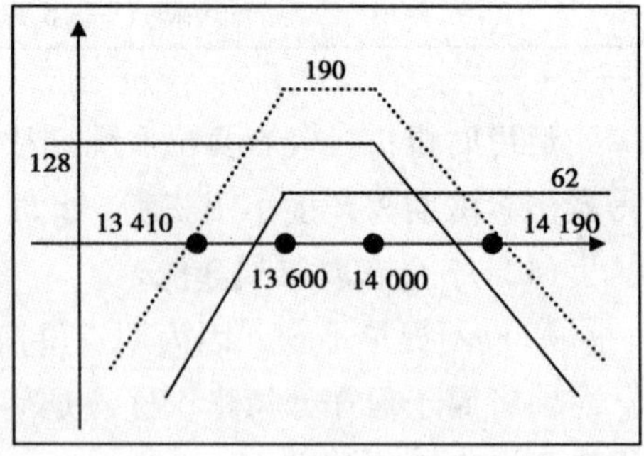

图4.31

从表4.50可以看出，至到期日只要期货价格位于低损益平衡点和高损益平衡点之间就获利，位于两个执行价格之间获利最大。

但是一旦期货价格超过两个平衡点中的任一之外，则亏损开始，因此，需要设置止损点。

表 4.50

单位：元/吨

期货价格	卖出看涨期权 + 卖出看跌期权	卖出看涨期权
13 200	-210	128
13 300	-110	128
13 410（低平衡点）	0	128
13 538（单买期权损益平衡点）	128	128
13 600（卖出看跌期权执行价格）	190	128
13 800	190	128
13 850	190	128
14 000（卖出看涨期权执行价格）	190	128
14 030	160	98
14 100	90	28
14 128（单卖期权损益平衡点）	62	0
14 190（高平衡点）	0	-62
14 200	-10	-72
14 400	-210	-262

这一策略属于空头（卖出）宽跨式交易（Short Strangle），其损益图相当于一个人迈开双腿跨步的形状。

步骤五：计算损益平衡点。

高平衡点 = 14 000 + （128 + 62） = 14 190（元/吨）

低平衡点 = 13 600 - （128 + 62） = 13 410（元/吨）

第三招：期货价格缓跌，用卖出相同执行价格看跌期权提高获利

这一操作策略如表 4.51 所示。

表 4.51

运用时机	提高到期日获利水平
执行程序	卖出看涨期权后，期货价格出现缓跌，再卖出相同执行价格的看跌期权
部位组合	卖出看涨期权 + 卖出看跌期权
资金成本	卖出看涨期权保证金 + 权利金净收入
损益平衡点	高平衡点 = 执行价格 + 权利金净收入 低平衡点 = 执行价格 - 权利金净收入

运用时机：投资者卖出看涨期权后，期货价格如果如预期，向有利方向发展，使得卖出看涨期权产生小幅获利。此时，卖出相同执行价格的看跌期权，与第二招的相同之处：

（1）都是不提早平仓，因为走势对自己有利，计划至到期日提高获利水平，同属积极型策略。

（2）均属风险和收益都不限的策略，必须要有设立止损点的准备。

两者的不同之处是：

（1）执行价格不同：第二招的两个执行价格不同，第三招的两个执行价格相同。

（2）对后市预期不同：第二招预期以温和下跌居多，而第三招预计以盘代跌机会较大。

（3）最大获利点不同：第二招最大获利点位于两个执行价格之间，而第三招位于同一执行价格。

优点：具有提高获利的效果，赚取两份权利金，因此，一旦趋势符合预期，获利会比单纯策略增加。

缺点：本来单一卖出看涨期权只在价格大涨时风险增大，而卖出看跌期权后，使价格在大跌时风险也增大。因此，不论价格大涨或大跌都会损失惨重，所以有必要设止损点。

资金成本：一般来说，两个卖出的期权应该各自收取保证金，但由于价格只会朝一个方向发展，也就是只会有一个期权部位亏损，因此，规定只对一个部位收保证金，但权利金净收入不能提走，要作为保证金的一部分。

操作技巧：

（1）选用的时机必须正确，即投资者期初卖出看涨期权后，期货价格符合预期，且认为后期以盘代跌的机会大。

（2）执行程序是，先卖出看涨期权，待期货价格走低后，再卖出相同执行价格的看跌期权。

【例 4－29】卖出相同执行价格看跌期权

步骤一：不看好后市行情，认为在期货价格连续走高后，未来期货价格易跌难涨，只不过，下跌有均线的强烈支撑，预期至到期日期货价格将处于小跌格局，于是决定卖出看涨期权，赚取时间价值。

9 月 1 日期货价格 13 850 元/吨，卖出执行价格 14 000 元/吨的看涨期权，收取权利金 128 元/吨，损益平衡点 = 14 128 元/吨。

投资者卖出看涨期权后，合乎预期，期货价格出现下跌，只不过是缓跌，涨涨跌跌，近乎盘整。假若至 9 月 8 日，下跌到 13 800 元/吨。

步骤二：尽管走势对自己有利，但最大获利只是权利金。更何况至到期日，预期期货价格以缓跌或以盘代跌的机会大。

遇到这种情况，可以有如下选择：

第一，落袋为安，平仓（获利低于期初收取的权利金）。

第二，经评估，预期至到期日，期货价格会在执行价格之下，因此，决定以不变应万变，坚持到到期日可赚取全部权利金（买方不执行，权利金才会全部得到）。

第三，认为盘整是大势所趋，于是卖出看跌期权，赚取两份权利金。

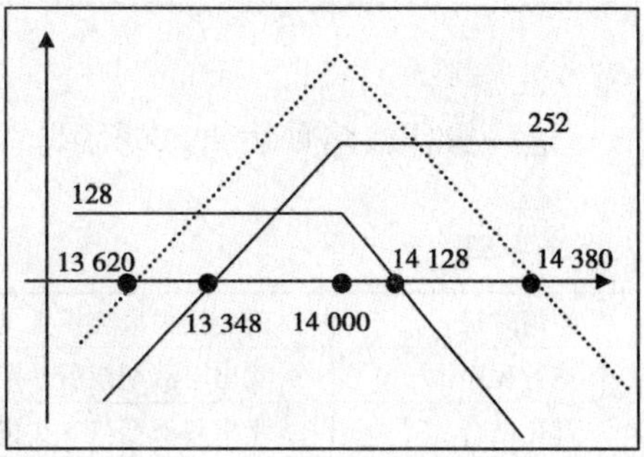

步骤三：如果是采取第三种选择，可考虑卖出同一执行价格的看跌期权。

图 4.32

9 月 8 日，卖出同样数量的执行价格 14 000 元/吨的看跌期权，收取权利金 252 元/吨。

步骤四：期货价格位于 13 800 元/吨，卖出看跌期权。

从表 4.52 可以看出，至到期日只要期货价格位于低损益平衡点和高损益平衡点之间就获利，位于执行价格 14 000 元/吨时获利最大。

但一旦期货价格超过两个平衡点任一之外（见图 4.32），则亏损开始，因此，需要设置止损点。

表 4.52 单位：元/吨

期货价格	卖出看涨期权 + 卖出看跌期权	卖出看涨期权
13 400	-220	128
13 500	-120	128
13 620（低损益平衡点）	0	128
13 800	180	128
13 850	230	128
14 000（卖出看涨期权执行价格）（卖出看跌期权执行价格）	380	128
14 100	280	28
14 128（单卖看涨期权损益平衡点）	252	0
14 200	180	-72
14 380（高损益平衡点）	0	-252
14 400	-20	-272
14 600	-220	-472

此一策略叫做空头（卖出）跨式交易（Short Straddle），其损益图相当于一个人迈开双腿站立的形状，也叫"倒 V 形"策略。

步骤五：计算损益平衡点。

高平衡点 = 14 000 + （128 + 252） = 14 380（元/吨）

低平衡点 = 14 000 - （128 + 252） = 13 620（元/吨）

第四招：期货价格缓涨，用买进看涨期权避险

这一操作策略如表 4.53 所示。

表 4.53

运用时机	避免损失风险扩大
执行程序	卖出看涨期权后，期货价格缓涨，再买入看涨期权
部位组合	卖出看涨期权 + 买进看涨期权
资金成本	卖出看涨期权保证金 + 买进看涨期权权利金
损益平衡点	较低执行价格 + 权利金净收入

运用时机：投资者卖出看涨期权主要是看空后市，预期有下跌格局。但如果卖出后发现不跌反涨，使得部位出现亏损，则应尽快分析原因。

（1）如果认为期货价格短多气势已成，则应选择平仓，认亏出局。

（2）如果认为价格反弹只是受某项利多因素影响，利多淡化后还会下跌，这时可以继续保持卖出的看涨期权部位。只不过，由于卖出的看涨期权属于风险不限的策略，为避免一错再错，导致损失无法收拾，可以买入虚值看涨期权。

优点：一旦期货价格果真大涨，风险不会扩大。

缺点：买进看涨期权后，如果期货价格上涨只是昙花一现，则白白多付权利金。

损益平衡点 = 较低执行价格 + 权利金净收入。也就是说，期货价格低于损益平衡点就获利；高于就亏损。

这一策略，损失有限。当期货价格位于高执行价格以上，损失不会增加。

操作技巧：

（1）选用的时机必须正确，即投资者看空后市，即使初期期货价格表现不如预期，但对后市依旧看空。

（2）期初卖出看涨期权，在期货价格不跌反涨，即将或已经出现亏损时，才需要避险。

（3）执行程序是，先卖出较低执行价格的看涨期权，待期货价格出现不利变动而即将或已经出现亏损时，再买进较高执行价格的看涨期权。

（4）挑选有利的买进看涨期权执行价格，原则上应选择虚值看涨期权。

【例 4 - 30】买进虚值一档的看涨期权

步骤一：不看好后市行情，认为在期货价格连续走高后，未来期货价格易跌难涨，

预期至到期日期货价格将处于小跌格局，于是决定卖出看涨期权，赚取时间价值。

9月1日期货价格13 850元/吨，卖出10手执行价格14 000元/吨的看涨期权，每手收取权利金128元/吨，损益平衡点=14 128元/吨。

投资者卖出看涨期权后，出乎意料的是期货价格不跌反涨，至9月8日，上涨到14 075元/吨，刚刚接近损益平衡点。此时，卖出的期权处于亏损（其实从平仓的角度来看，早已亏损，而且亏损很大。）

步骤二：一般来说，当期货价格上涨后，卖出的看涨期权处于亏损。

遇到这种情况，可以有如下选择：

第一，投资者对多空的看法大翻盘，认为期货价格反空为多的迹象明显，则承认错估行情，平仓出局，另起炉灶。

第二，投资者持续偏空，认为期货价格上涨只是受某一利多消息的影响，利多效应淡化后，到期日之前仍会下跌。但为了避免再次错判行情，可以选择避险策略，以免二度受伤。

步骤三：如果是采取第二种选择，为避免损失扩大，有必要买进虚值一挡的看涨期权。

9月8日，买进同样数量的执行价格14 200元/吨的看涨期权，支付权利金108元/吨。

步骤四：期货价格位于14 075元/吨，执行增利策略。

从表4.54可以看出，至到期日只要期货价格上涨到14 200元/吨以上，不管大涨还是小涨，损失固定为180元/吨。

而获利的机会点，则在损益平衡点14 020元/吨之下，只要结算价低于14 020元/吨即可获利。至于最大获利点，则位于卖出看涨期权的执行价格14 000元/吨之下（见图4.33）。

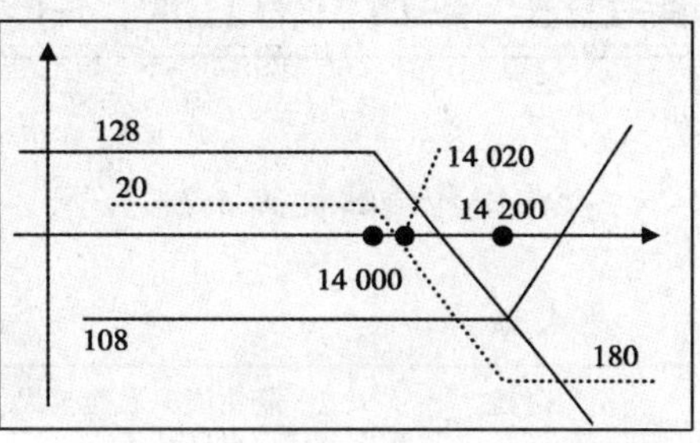

图4.33

表4.54　　单位：元/吨

期货价格	卖出看涨期权+买进看涨期权	卖出看涨期权
13 400	20	128
13 500	20	128
13 620	20	128
13 800	20	128
13 850	20	128
14 000（卖出看涨期权执行价格）	20	128
14 020	0	108

续表

期货价格	卖出看涨期权＋买进看涨期权	卖出看涨期权
14 075	-55	53
14 128	-108	0
14 200（买进看涨期权执行价格）	-180	-72
14 308	-180	-180
14 400	-180	-272
14 600	-180	-472

步骤五： 损益平衡点＝较低执行价格＋权利金净收入

＝14 000＋（128－108）＝14 020（元/吨）

损益平衡点的意思是，只要期货价格低于此点就获利，高于就亏损。

最大亏损＝两个执行价格之差－权利金净收入＝200－20＝180 元/吨。

最大收益＝权利金净收入＝128－108＝20 元/吨。

此策略属于熊市（空头）看涨期权垂直套利（Bear /Short Call Spread）。

第五招：期货价格上涨，用买进期货避险

这一操作策略如表 4.55 所示。

表 4.55

运用时机	避免损失风险扩大
执行程序	卖出看涨期权后，期货价格不跌反涨，再买入期货
部位组合	卖出看涨期权＋期货多单
资金成本	卖出看涨期权权利金＋买进期货保证金
损益平衡点	期货买入价格－权利金

运用时机： 投资者卖出看涨期权主要是看空后市，预期有下跌格局。但如果卖出后发现不跌反涨，使得部位出现亏损，则应尽快分析原因。

（1）如果认为期货价格短多气势已成，则应选择平仓，认亏出局。

（2）如果认为价格反弹只是受某项利多因素的影响，利多淡化后还会下跌，这时可以继续保持卖出的看涨期权部位。只不过，由于卖出的看涨期权属于风险不限的策略，为避免一错再错，导致损失无法收拾，可以买入期货避险。

优点：一旦期货价格果真大涨，风险不会扩大。但是，如果避险后，期货持续上涨，则应将看涨期权平仓，保留期货多单。

缺点：期货价格跌破看涨期权执行价格时，损失就会扩大。此时应将已出现亏损的期货多单平仓，保留看涨期权空单。

资金成本：卖出看涨期权要按交易所规定缴纳保证金，但一旦又买入期货后，二者属于有保护性策略，交易所可以按买入期货保证金加上原执行价格的看涨期权当日权利金重新收取，而不必各自收取。

损益平衡点 = 期货买入价 − 权利金 = 14 075 − 128 = 13 947 元/吨。

操作技巧：

（1）选用的时机必须正确，即投资者期初卖出的看涨期权在期货价格不跌反涨即将或已经出现亏损时。

（2）执行程序是，先卖出看涨期权，待期货价格出现不跌反涨即将或已经出现亏损时，再买入期货。

（3）挑选有利的期货买入点，原则上应以避险当时的期货价格为主。

【例 4 − 31】 买进期货

步骤一、步骤二同第四招。

步骤三：如果采取第二种选择，为避免损失扩大，有必要买进期货作为避险策略。

9 月 8 日，买进 6 手期货（请操作时考虑 Delta），价格为 14 075 元/吨。

步骤四：期货价格位于 14 075 元/吨，买入期货。

从表 4.56 可以看出，至到期日只要期货价格上涨到看涨期权执行价格 14 000 元/吨以上，盈利固定。

而一旦期货重回空头轨道，跌破卖出看涨期权的执行价格时，应立即将期货多单平仓。

表 4.56　　单位：元/吨

期货价格	卖出看涨期权 + 买进看涨期权	卖出看涨期权
13 400	−547	128
13 500	−447	128
13 620	−367	128
13 800	−147	128
13 850	−97	128
13 947（损益平衡点）	0	128
14 000（卖出看涨期权执行价格）	53	128
14 020	53	108

续表

期货价格	卖出看涨期权＋买进看涨期权	卖出看涨期权
14 075（买入期货）	53	53
14 128（单卖期权平衡点）	53	0
14 200	53	-72
14 308	53	-180
14 400	53	-272
14 600	53	-472

本例中，如果期货买入价在 14 128 元/吨，则损益平衡点正好是执行价格 14 000 元/吨，期货价格在 14 000 元/吨以上时，盈亏固定为 0。如果期货买入价在 14 128 元/吨以上，则上涨的亏损固定，固定数等于期货买入价减去单卖期权的损益平衡点。所以，使用避险策略的时机不同，避险效果不同。如果期货买入在 14 128 元/吨以上，则损益图（见图 4.34 中虚线）会移到横坐标之下。

最大收益＝执行价格－期货价格＋权利金

＝14 000－14 075＋128＝－75＋128＝53（元/吨）

本策略属于合成空头看跌期权（Short Synthetic Put），也叫有保护看涨期权。有保护的看涨期权空头，交易所在收取保证金时，可以单边收取＝权利金＋期货交易保证金。请注意各交易所的交易规则规定。

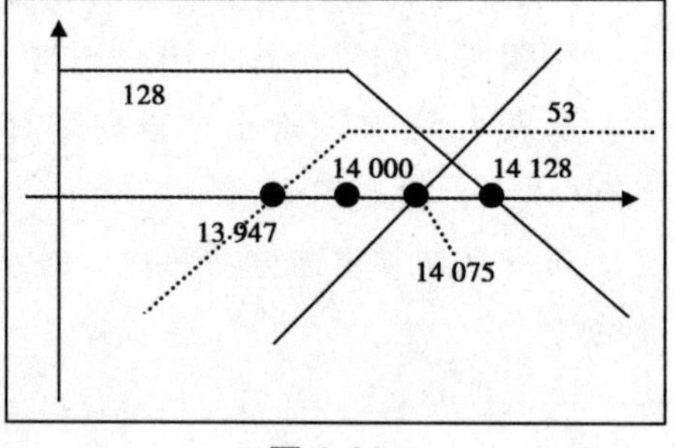

图 4.34

关于第四招与第五招在国储铜问题上的看法：

国储铜操盘手在 2005 年 6 月份 LME 铜期权市场上，在 3 300 美元/吨的价格卖出看涨期权 20 万吨并得到了权利金，就等于要在 12 月份履行期货合同，在 LME 期铜转为期货部位，再交割电解铜。但是 12 月 LME 期铜价格已涨到 4 450 美元/吨。实际亏损已达1 100美元/吨，20 万吨就累计亏损 2 亿美元。有人在事后分析认为，如果国储操盘手在 6 月份 LME 期铜期权市场上，如果不是在 3 300 美元/吨的价格卖出看涨期权 20 万吨并得到了权利金，而是买进相同数量的看涨期权并付出很少的权利金，就可能挣 2 亿美元。

我们在前文分析中一直强调做任何一种策略的初衷。卖出看涨期权的初衷是对期货后市不看涨，或微涨或微跌，其初衷绝对不是对后市看大涨或大跌。国储铜如果期初买入看涨期权，则意味着对后市看大涨。问题是他不看涨，又如何去买涨呢？我们不能站在事后来分析是非。关键是当初的看法一旦判断错误时，是斩仓还是用第四招或第五招的方法去避险，这才是事后诸葛亮们应该考虑的，也是当事人应该考虑的，更是所有做期权的人应该考虑的。一味像巴林银行、中航油等那样去投机，不顾行情的变故，那么失败是必然的。

第六节

卖出看跌期权交易策略运用

卖出看跌期权是投资者对后市不看跌，且以上涨的成分居多，属于温和看多的交易策略，所以选用卖出看跌期权的时机，最好是在投资者预估至到期日，标的物价格将处于小涨格局或认为标的物价格根本不可能到达损益平衡点时。

比如，9 月 1 日，一投资者卖出 1 000 手 CF511P14000，收取权利金为 270 元/吨。此时卖出的看跌期权损益平衡点为 14 000 - 270 = 13 730 元/吨。

情景 1：最佳状况——标的物果真上涨。至到期日期货价格处于损益平衡点之上，则处于获利状态。最大获利点是期货价格超过执行价格之上。

期货价格上涨可分为急涨、缓涨，造成期货价格急涨，可能是某一重大利多因素的出现。卖出看跌期权后，期货价格出现急涨，对投资者来说有喜有忧。喜的是一旦期货价格超过损益平衡点，则可赚取全部权利金。忧的是，就算大涨特涨，最大收益也只是权利金那么多。比如，上述的看涨期权，即便期货价格一直维持在 14 000 元/吨以上，最大收益也只是 270 × 1 000 = 27 万元。

情景 2：次佳状况——标的物出现缓涨。不过，只要至到期日，期货价格处于顶部压力区，基本上应有小幅获利（权利金缩水）。但是，如果投资者选择平仓，则获利将是微乎其微。如果说，投资者不想太早平仓，又希望能提高获利，这时可以：

（1）搭配卖出较高执行价格的看涨期权。

（2）搭配卖出同一执行价格的看涨期权。

情景 3：最差状态——标的物不涨反跌。如果处于缓跌，为避免损失无限扩大，除非平仓出局，否则，应采取稳健的做法进行避险。选择平仓，条件应该是投资者认为短线缓跌，已明显看出空头主力的意图。反之，如果投资者认为下跌只是昙花一现，至到期日还会上涨，此时即可搭配买进看跌期权或期货空单。

由于卖出看跌期权属于风险比较大的策略，按照正常的情况，在损益平衡点之下应设立止损点，一旦急跌，就可以停损出场。

第一招：期货价格急涨，用买进看涨期权提高获利

这一操作策略如表4.57所示。

表4.57

运用时机	提高到期日获利水平
执行程序	卖出看跌期权后，期货价格急涨，再买入平值或虚值看涨期权
部位组合	卖出看跌期权+买进看涨期权
资金成本	卖出看跌期权保证金+买进看涨期权权利金
损益平衡点	较低执行价格-权利金净收入

运用时机：投资者卖出看跌期权后，如果期货价格出现急涨，则应尽快分析原因。

（1）如果认为期货价格涨多了，已经“高处不胜寒”，随时有反转的可能，或认为只是短期利多消息造成的，利多效应消化后很快会下跌，则应选择平仓，以免夜长梦多。

（2）如果认为多头气势已成，至到期日仍有上涨空间。由于卖出看跌期权属于获利有限的策略，就算大涨特涨，获利也不会增加。此时，可以买进相同部位的平值或虚值看涨期权来提高获利。

简单来说，当投资者卖出看跌期权后，期货价格果真反弹，但反弹幅度超过预期，为了在到期日赚取比权利金更高的利润，可选择买进看涨期权。

优点：可以及时获取未来期货价格上涨所产生的利润。

缺点：选择增利策略后，期货价格开始下跌，白白损失权利金。

损益平衡点=较低执行价格-权利金净收入。也就是说，期货价格高于损益平衡点就获利；低于就亏损。

操作技巧：

（1）选用时机必须正确，即投资者持续看多，认为多头气势已成，未来将出现大涨小跌格局。

（2）期初卖出看跌期权，在期货价格出现急涨后，才需要增利策略。

（3）执行程序是，先卖出较低执行价格的看跌期权，待期货价格出现急涨后，再买进较高执行价格的看涨期权。

（4）挑选有利的买进看涨期权执行价格，原则上应选择平值或虚值看涨期权。

【例4－32】买进平值看涨期权

步骤一：看好后市行情，认为在期货价格连续走低后以及天气的影响下，未来期货价格易涨难跌，只不过上涨卖压沉重，预期至到期日期货价格将处于小涨格局，于是决定卖出看跌期权，赚取时间价值。

9月1日期货价格13 850元/吨，某投资者卖出执行价格14 000元/吨的看跌期权，收取权利金270元/吨，损益平衡点＝13 730元/吨。

投资者卖出看跌期权后，出乎意料的是期货价格连续上涨，至9月7日，上涨到14 100元/吨。

步骤二：一般来说，当期货价格大涨后，卖出的看跌期权处于盈利，最大获利只是权利金。但是相比买入期货，则损失了价格大涨的获利机会。

遇到这种情况，可以有以下选择：

第一，承认错估行情，但起码可以赚取权利金，有赚总比不赚好，所以继续持有卖出看跌期权部位。在10月14日期权到期时，期货价格远远高于损益平衡点，这时卖出的看跌期权处于虚值，权利金全部归卖方所有。

第二，经评估，期货价格大涨后，多头气势已成，预期至到期日，期货价格仍有创新高的机会。

步骤三：如果采取第二种选择，为提高结算时的获利水平，决定买进平值看涨期权。

9月7日，买进同样数量的执行价格为14 200元/吨的看涨期权，支付权利金80元/吨（见图4.35）。

步骤四：期货价格位于14 100元/吨执行增利策略，从表4.58可以看出，至到期日只要期货价格上涨持续超过180点（14 280－14 100），增利策略就算成功，这也是最好的状况。

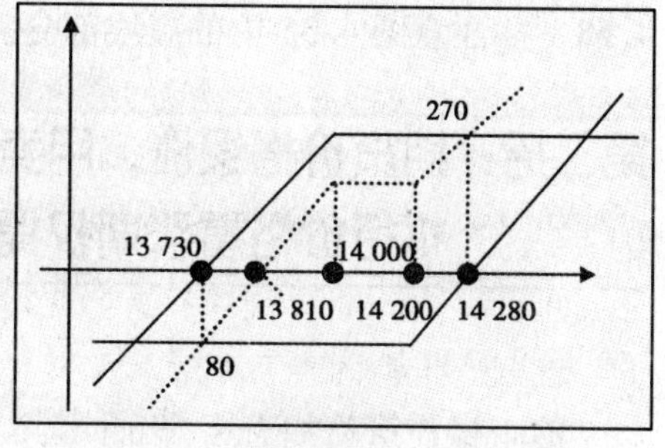

图4.35

当期货价格涨到14 280元/吨，进行增利策略的获利为270元/吨，与单纯卖出看跌期权的获利相同。但值得注意的是，当期货价格越过14 280元/吨，增利效果就会越加明显。比如，期货价格在14 400元/吨，进行增利策略的操作获利400元/吨，而未进行增利策略的操作，获利仅270元/吨。

当然也可能是，期货价格并没有如投资者预期那样持续出现明显涨势，反而处于两个执行价格之间，此时仍有190点的获利，但比起未进行增利策略，获利已显逊色，所以此时以增利策略的角度看并不算成功。

最差的情况是，投资者进行增利策略后，期货价格反而大跌，此时增利策略属于损失不限，若果真如此，就有必要在增利策略的损益平衡点之下设置止损点。

表 4.58

期货价格	卖出看涨期权＋买进看涨期权	卖出看涨期权
13 400	-410	-330
13 500	-310	-230
13 730	-80	0
13 810（损益平衡点）	0	80
13 850	80	120
14 000（卖出看跌期权执行价格）	190	270
14 100	190	270
14 200（买入看涨期权执行价格）	190	270
14 280	270	270
14 400	400	270
14 600	600	270

步骤五：增利策略损益平衡点＝较低执行价格－权利金净收入

＝14 000－（270－80）＝14 000－190

＝13 810（元/吨）

损益平衡点的意思是，只要期货价格高于此点就获利，低于就亏损。

本策略相当于在损益平衡点 13 810 元/吨买入期货，即“期货价格上涨则获利，下跌则亏损”，至于上涨和下跌的实际盈亏与单纯的买入期货还有差异，请分析表 4.58，并注意图 4.35 中的虚线部分。

第二招：期货价格缓涨，用卖出不同执行价格看涨期权提高获利

这一操作策略如表 4.59 所示。

表 4.59

运用时机	提高到期日获利水平
执行程序	卖出看跌期权后，期货价格出现缓涨，再卖出较高执行价格的看涨期权
部位组合	卖出看跌期权＋卖出看涨期权
资金成本	卖出看跌期权保证金＋权利金收入
损益平衡点	高平衡点＝高执行价格＋权利金收入 低平衡点＝低执行价格－权利金收入

运用时机：投资者卖出看跌期权后，期货价格如果如预期，向有利的方向发展，使得卖出看跌期权产生小幅获利。此时，投资者在到期日之前有两种选择：

（1）平仓获取权利金价差。

（2）不提早平仓，因为期货价格对自己有利，想进一步提高获利。

前者属于保守型策略，优点是落袋为安，缺点是可能失去大幅获利的机会。后者属于积极型策略。

优点：具有提高获利的效果，赚取两份权利金，因此，一旦趋势符合预期，获利会比单纯策略增加。

缺点：一旦期货价格朝一个方向大幅变化，则损失不限，因此，有必要设立止损点。

资金成本：一般来说，两个卖出的期权应该各自收取保证金，但由于价格只会朝一个方向发展，也就是只会有一个期权部位亏损，因此，交易所可以只对一个部位收保证金，但权利金收入不能提取，要作为保证金的一部分。

操作技巧：

（1）选用的时机必须正确，即投资者期初卖出看跌期权后，期货价格符合预期，且已有小幅获利。

（2）执行程序是，先卖出较低执行价格的看跌期权，待期货价格走高后，再卖出较高执行价格的看涨期权。

（3）挑选有利的执行价格，原则上应选择虚值看涨期权为主。

【例4-33】卖出虚值一档看涨期权

步骤一：看好后市行情，认为在期货价格连续走低及其他因素的影响下，未来期货价格易涨难跌，只不过，上涨空间有限，预期至到期日期货价格将处于小涨格局，于是决定卖出看跌期权，赚取时间价值。

9月1日卖出CF511P14000，收取权利金270元/吨，损益平衡点=13 730元/吨。

投资者卖出看跌期权后，合乎预期，期货价格出现上涨，只不过是缓涨。至9月15日，上涨到13 950元/吨。

步骤二：尽管走势对自己有利，但最大获利只是权利金。此时判断，至到期日，预期期货价格上涨力度不足，这种情况不排除延续至到期日。此时有三种选择：

第一，落袋为安，平仓（获利低于期初收取的权利金）。

第二，经评估，多头气势已成，预期至到期日，期货价格会在执行价格之上，这样坚持到到期日，可赚取全部权利金（买方不执行，权利金才会全部得到）。

第三，为提高获利水平，于是卖出看涨期权，赚取两份权利金。

前两种属于保守型操作，后一种属于积极型操作。

步骤三：如果采取第三种选择，可考虑卖出虚值一档的看涨期权。

9月15日，卖出同样数量的执行价格14 200元/吨的看涨期权，收取权利金100

元/吨（见图4.36）。

【注意】这里执行价格的选择，以对未来的价格判断为主要依据。如果认为14 400元/吨不易突破，则可卖出14 400元/吨的看涨期权。但不易盲目看涨，因为执行价格越高，虽然风险小，但权利金收入越低。

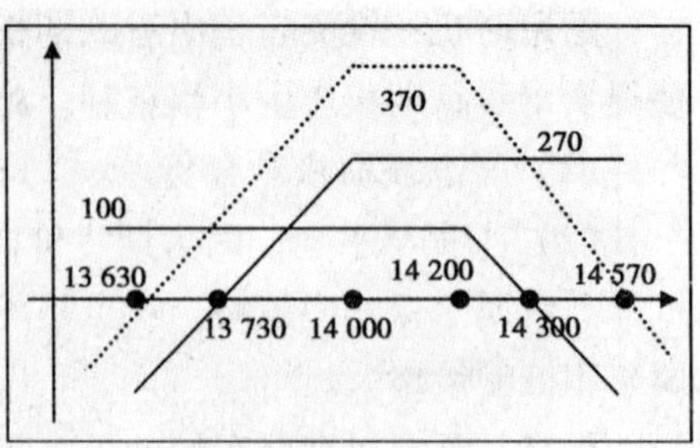

图4.36

步骤四：期货价格位于13 950元/吨卖出看涨期权，从表4.60可以看出，至到期日只要期货价格位于低损益平衡点和高损益平衡点之间就获利，位于两个执行价格之间获利最大，即最大收益 = 两个权利金之和 = 270 + 100 = 370元/吨。

但一旦期货价格超过两个平衡点任一之外，则亏损开始，因此需要设置止损点。

表4.60 单位：元/吨

期货价格	卖出看跌期权+卖出看涨期权	卖出看跌期权
13 400	-230	-330
13 600	-30	-130
13 630（低损益平衡点）	0	-100
13 730	100	0
13 800	170	70
13 850	220	120
14 000（卖出看跌期权）	370	270
14 150	370	270
14 200（卖出看涨期权）	370	270
14 300	270	270
14 400	170	270
14 570（高损益平衡点）	0	270
14 600	-30	270

这一策略叫做空头（卖出）宽跨式交易，相当于一个人迈开两条腿跨步的形状。

损益平衡点：

高平衡点 = 高执行价格 + 权利金总收入 = 14 200 + 270 + 100 = 14 570（元/吨）

低平衡点 = 低执行价格 - 权利金总收入 = 14 000 - （270 + 100） = 13 630（元/吨）

操作本策略，关键要考虑未来价格波动是否会超过两个执行价格中的任一之外。

第三招：期货价格缓涨，用卖出相同执行价格看涨期权提高获利

这一操作策略如表 4.61 所示。

表 4.61

运用时机	提高到期日获利水平
执行程序	卖出看跌期权后，期货价格出现缓涨，再卖出相同执行价格的看涨期权
部位组合	卖出看跌期权 + 卖出看涨期权
资金成本	卖出看涨期权保证金 + 权利金收入
损益平衡点	高平衡点 = 执行价格 + 权利金收入 低平衡点 = 执行价格 − 权利金收入

运用时机：投资者卖出看跌期权后，期货价格如果如预期，向有利的方向发展，使得卖出看跌期权产生小幅获利。此时，卖出相同执行价格的看涨期权，与第二招的相同之处有：

（1）都是不提早平仓，因为走势对自己有利，计划至到期日提高获利水平，同属积极型策略。

（2）均属风险不限的策略，必须要有设立止损点的准备。

（3）都属于期货价格处于盘整阶段。

不过，两者的不同之处有：

（1）执行价格不同：第二招的两个执行价格不同，第三招的两个执行价格相同。

（2）最大获利点不同：第二招最大获利点位于两个执行价格之间，而第三招位于同一执行价格上。在相同情景下，第三招的权利金收入比第二招多。

优点：具有提高获利的效果，赚取两份权利金，因此，一旦趋势符合预期，获利会比单纯策略增加。

缺点：本来单一卖出看跌期权在价格大跌时风险增大，而卖出看涨期权后，使价格大涨时风险也增大。因此，不论价格大涨或大跌都会损失惨重，所以有必要设止损点。

资金成本：一般来说，两个卖出的期权应该各自收取保证金，但由于价格只会朝一个方向发展，也就是只会有一个期权部位亏损，因此，交易所可以只对一个部位收取保证金，但权利金收入不能提走，要作为保证金的一部分。

操作技巧：

（1）选用时机必须正确，即投资者期初卖出看跌期权后，期货价格符合预期，

而且认为后期缓涨的机会大。

（2）执行程序是，先卖出看跌期权，待期货价格走高后，再卖出相同执行价格的看涨期权。

【例4-34】卖出相同执行价格看涨期权

步骤一：看好后市行情，认为未来期货价格易涨难跌，不过，上涨压力很大，预期至到期日期货价格将处于小涨格局，于是决定卖出看跌期权，赚取时间价值。

9月1日卖出CF511P14000，收取权利金270元/吨，损益平衡点=13 730元/吨。

投资者卖出看跌期权后，合乎预期，期货价格出现上涨，只不过是缓涨，至9月8日，上涨到14 160元/吨。

步骤二：尽管走势对自己有利，但最大获利只是权利金。更何况至到期日，预期期货价格缓涨的机会大。遇到这种情况，可以有如下选择：

第一，落袋为安，平仓（获利低于期初收取的权利金）。

第二，经评估，预期至到期日，期货价格会在执行价格之上，因此，决定以不变应万变，坚持到到期日，可赚取全部权利金（买方不执行，权利金才会全部得到）。

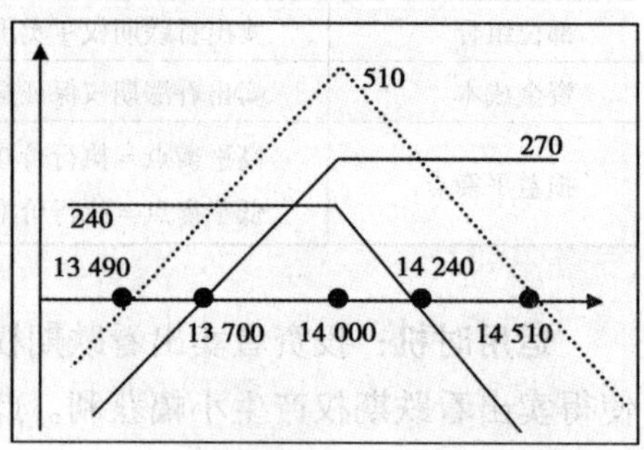

图4.37

第三，为提高获利水平，于是卖出看涨期权，赚取两份权利金。

步骤三：如果采取第三种选择，可考虑卖出同一执行价格的看涨期权。

9月8日，卖出同样数量的执行价格为14 000元/吨的看涨期权，收取权利金240元/吨（见图4.37）。

步骤四：期货价格位于14 160元/吨时卖出看涨期权。从表4.62可以看出，至到期日只要期货价格位于低损益平衡点和高损益平衡点之间就获利，位于执行价格14 000元/吨时获利最大。

但一旦期货价格超过两个平衡点中的任一之外，则亏损开始，因此，需要设置止损点。

表4.62　　单位：元/吨

期货价格	卖出看跌期权+卖出看涨期权	卖出看跌期权
13 400	-90	-350
13 490（低损益平衡点）	0	-240
13 730	240	0
13 800	310	70
13 850	360	120

续表

期货价格	卖出看跌期权 + 卖出看涨期权	卖出看跌期权
14 000（卖出看跌期权执行价格） （卖出看涨期权执行价格）	510	270
14 100	410	270
14 240	270	270
14 400	110	270
14 510（高损益平衡点）	0	270
14 600	-90	270
14 800	-290	270

这一策略叫做空头（卖出）跨式交易，相当于一个人迈开两条腿站立的形状，也叫“倒 V 形”策略。

第四招：期货价格缓跌，用买进看跌期权避险

这一操作策略如表 4.63 所示。

表 4.63

运用时机	避免损失扩大
执行程序	卖出看跌期权后，期货价格缓跌，再买入看跌期权
部位组合	卖出看跌期权 + 买进看跌期权
资金成本	卖出看跌期权保证金 + 买进看跌期权权利金
损益平衡点	较高执行价格 - 权利金净收入

运用时机：投资者卖出看跌期权主要是看多后市，预期有上涨格局。但是，如果卖出后发现不涨反跌，使得部位出现亏损，则应尽快分析原因。

（1）如果认为期货价格短亏气势已成，则应选择平仓，认亏出局。

（2）如果认为价格下跌只是暂时受某项利空因素的影响，利空淡化后还会上涨，这时可以继续保持卖出的看跌期权部位。不过，由于卖出的看跌期权属于风险不限的策略，为避免一错再错，导致损失无法收拾，可以买入虚值看跌期权。

优点：一旦期货价格果真大跌，风险不会扩大。

缺点：买进看跌期权后，如果期货价格下跌只是昙花一现，则白白多付权利金。

损益平衡点：损益平衡点 = 较高执行价格 - 权利金净收入。也就是说，期货价格高于损益平衡点就获利；低于就亏损。

这一策略，损失有限。当期货价格位于低执行价格之下，损失不会增加。不过，

当期货价格高于高执行价格时，收益也不会扩大。

操作技巧：

（1）选用时机必须正确，即投资者看多后市，即使期初期货价格表现不如预期，但对后市依旧看多。

（2）期初卖出看跌期权，在期货价格不涨反跌，即将或已经出现亏损时，才需要避险。

（3）执行程序是，先卖出较高执行价格的看跌期权，待期货价格出现不利变动（即将或已经出现亏损）时，再买进较低执行价格的看跌期权。

（4）挑选有利的买进看跌期权执行价格，原则上应选择虚值看跌期权。

【例4－35】买进虚值一档的看跌期权

步骤一：看好后市行情，认为未来期货价格易涨难跌，不过，上涨压力沉重，预期至到期日期货价格将处于小涨格局，于是决定卖出看跌期权，赚取时间价值。

9月1日卖出执行价格14 000元/吨的看跌期权，收取权利金270元/吨，损益平衡点＝13 730元/吨。

投资者卖出看跌期权后，出乎意料的是期货价格不涨反跌，假若至9月8日，下跌到13 720元/吨。

步骤二：一般来说，当期货价格下跌后，卖出的看跌期权处于亏损。

遇到这种情况，可以有如下选择：

第一，投资者对多空的看法大翻盘，认为期货价格反多为空的迹象明显，则承认错估行情，平仓出局，重新建仓。

第二，投资者持续偏多，认为期货价格下跌只是受某一利空消息的影响，利空效应淡化后，到期日之前仍会上涨。但为了避免再次错判行情，可以选择避险策略，以免二度受伤。

步骤三：如果采取第二种选择，为避免损失扩大，有必要买进虚值一挡的看跌期权。

9月8日，买进同样数量的执行价格为13 600元/吨的看跌期权，支付权利金100元/吨。

步骤四：期货价格位于13 720元/吨执行避险策略，从表4.64可以看出，至到期日只要期货价格下跌到13 600元/吨之下，不管大跌还是小跌，损失固定为230元/吨。

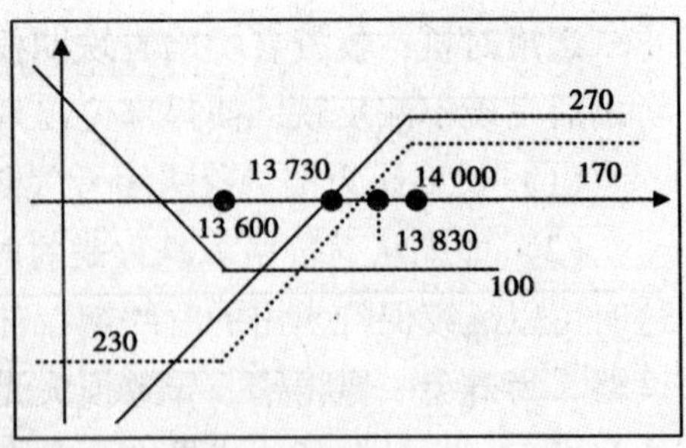

图4.38

而获利的机会点，则在损益平衡点13 830元/吨之上，只要结算价高于13 830元/吨即可获利。至于最大获利点，则位于卖出看跌期权的执行价格14 000元/吨之上（见图4.38）。

表 4.64　　单位：元/吨

期货价格	卖出看跌期权 + 买入看跌期权	卖出看跌期权
13 400	-230	-350
13 490	-230	-240
13 600（买入看跌期权执行价格）	-230	-130
13 700	-130	-30
13 730	-100	0
13 770	-60	40
13 800	-30	70
13 830（损益平衡点）	0	100
13 850	20	120
14 000（卖出看跌期权执行价格）	170	270
14 100	170	270
14 240	170	270

步骤五：损益平衡点 = 较高执行价格 - 权利金净收入

= 14 000 - （270 - 100） = 13 830（元/吨）

损益平衡点的意思是，只要期货价格高于此点就获利，低于就亏损。

最大收益 = 净权利金 = 270 - 100 = 170（元/吨）

最大风险 = 执行价格间距 - 最大收益 = 400 - 170 = 230（元/吨）

这一策略属于牛市（空头）看跌期权垂直套利（Vertical Bull Put Spread/Short Put Spread）。

第五招：期货价格下跌，用卖出期货避险

这一交易策略如表 4.65 所示。

表 4.65

运用时机	避免损失风险扩大
执行程序	卖出看跌期权后，期货价格不涨反跌，再卖出期货
部位组合	卖出看跌期权 + 期货空单
资金成本	卖出看跌期权权利金 + 卖出期货保证金
损益平衡点	期货卖出价格 + 权利金

运用时机：投资者卖出看跌期权主要是看多后市，预期有小涨格局。但如果卖出后发现不涨反跌，使得部位出现亏损，这时不是立即停损认赔出局，就是进行避险以时间换空间。

（1）如果认为期货价格短空气势已成，则应选择平仓，认亏出局。

（2）如果认为价格下跌只是受某项利空因素的影响，利空淡化后还会上涨，这时可以继续保持卖出的看跌期权部位。不过，由于卖出的看跌期权属于风险不限的策略，为避免一错再错，导致损失无法收拾，可以卖出期货避险。

优点：一旦期货价格果真大跌，风险不会扩大。但是，如果避险后，期货持续下跌，则应将看跌期权平仓，保留期货空单。

缺点：期货价格涨破看跌期权执行价格时，损失就会扩大。此时应将已出现亏损的期货空单平仓，保留看跌期权空单。

资金成本：卖出看跌期权要按交易所的规定缴纳保证金，但一旦又卖出期货后，二者属于有保护性策略，交易所可以按卖出期货保证金加上原执行价格的看跌期权当日权利金重新收取，而不必各自收取。

损益平衡点＝期货价格＋权利金。也就是说，期货价格低于损益平衡点就获利；高于就亏损。

操作技巧：

（1）选用时机必须正确，即投资者期初卖出的看跌期权在期货价格不涨反跌即将或已经出现亏损时。

（2）执行程序是，先卖出看跌期权，待期货价格出现不涨反跌即将或已经出现亏损时，再卖出期货。

（3）挑选有利的期货卖出点，原则上应以避险当时的期货价格为主。

【例4－36】卖出期货

步骤一：看好后市行情，认为未来期货价格易涨难跌，只不过，上涨压力较大，预期至到期日期货价格将处于小涨格局，于是决定卖出看跌期权，赚取时间价值。

9月1日卖出执行价格14 000元/吨的看跌期权，收取权利金270元/吨，损益平衡点＝14 000－270＝13 730元/吨。

投资者卖出看跌期权后，出乎意料的是期货价格不涨反跌，假若至9月8日，下跌到13 740元/吨。

步骤二：一般来说，当期货价格下跌后，卖出的看跌期权处于亏损。

遇到这种情况，可以有如下选择：

第一，投资者对多空的看法大翻盘，认为期货价格反多为空的迹象明显，此时最简单的办法就是认赔出局。

第二，投资者持续偏多，认为期货价格下跌只是受某一利空消息的影响，利空效应淡化后，到期日之前仍会上涨。但为了避免再次错判行情，可以选择避险策略，以免二度受伤。

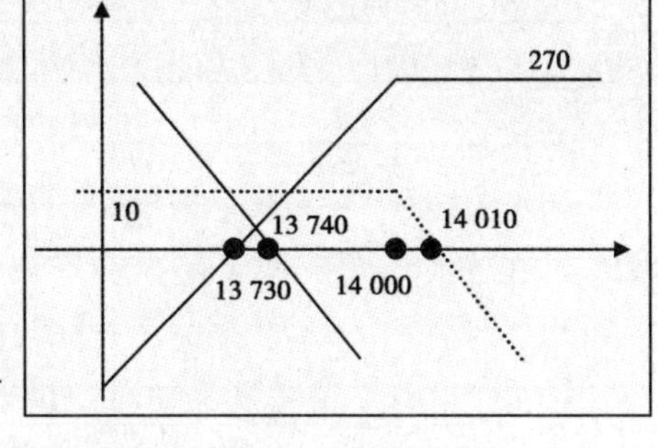

图 4.39

步骤三：如果采取第二种选择，为避免损失扩大，有必要卖出期货作为避险策略。

9 月 8 日，卖出期货，价格为 13 740 元/吨。注意：由于期货与期权的价格变化不同，应根据 Delta 选择期货与期权的手数比例（见图 4.39）。

步骤四：期货价格位于 13 740 元/吨，卖出期货，从表 4.66 可以看出，至到期日只要期货价格在 14 000 元/吨之下，收益固定为 10 元/吨，即最大收益 = 权利金收入 +（期货卖价 - 卖出看跌期权执行价格）= 270 +（13 740 - 14 000）= 270 - 260 = 10 元/吨。但如果是在出现亏损时卖出期货，则上式结果是锁定风险。

而一旦期货重回多头轨道，涨破卖出看涨期权的执行价格时，应立即将期货空单平仓。

表 4.66　　单位：元/吨

期货价格	卖出看跌期权 + 卖出期货	卖出看跌期权
13 600	10	-130
13 700	10	-30
13 730	10	0
13 740（卖出期货）	10	10
13 800	10	70
13 830	10	100
13 850	10	120
14 000（卖出看跌期权执行价格）	10	270
14 010（损益平衡点）	0	270
14 100	-90	270
14 240	-230	270
14 300	-290	270

本策略相当于合成空头看涨期权，也叫有保护的看跌期权，即期货价格下跌时收益固定，上涨时亏损不限。有保护的看跌期权空头，交易所在收取保证金时，可以单边收取的金额等于权利金 + 期货交易保证金。请注意各交易所的交易规则规定。

第五章

期权交易风险衡量与管理

第一节

认识期权风险指标

2005 年 9 月，一些投资者参与郑商所举办的期权模拟交易过程中，看到行情系统中有一些希腊单词，不知是什么意思。它们是期权交易风险指标，可以帮助投资者认识和判别期权部位风险。期权交易中，权利金有涨有跌，但是涨跌背后的原因却不尽相同。而期权风险指标就是对各个因素的一个量化，有助于投资者分析期权部位在不同市况下的风险状况。常用的希腊单词包括：Delta、Gamma、Vega、Theta、Rho 等。对于期权交易者来说，了解这些指标，更容易掌握权利金的变动，有助于衡量和管理部位风险。同时，弄清楚这些指标是如何计算的，既费劲又不必要，通常交易软件会根据期权定价模型自动计算。做市商对此需要深入研究，而对于一般投资者，只要知道它们的含义以及如何使用就行了（见表 5.1）。

表 5.1　　　　期权风险指标

指标	定义
Delta	衡量期货价格变动时，权利金的变化幅度
Gamma	衡量期货价格变动时，期权 Delta 值的变化幅度
Theta	衡量随着时间的流逝，权利金的变化幅度
Vega	衡量期货价格波动率变动时，权利金的变化幅度
Rho	衡量利率变动时，权利金的变化幅度

一、Delta（δ，Δ）

Delta 是指期货价格变动所引起权利金的变化幅度，即：Delta = 权利金变化/期货价格变化。如图 5.1 所示，期货价格从 P_1 到 P_2，上涨了 1 个点，权利金则从 D_1 到 D_2，上涨 0.5 个点，此时的 Delta 就是 0.5。通过 Delta，就可以测量期权对期货价格的敏感性，衡量期权合约方向性的风险。

期权的标的物只有一个（比如小麦期货），而执行价格却有很多，因此，标的物的一个变化会引起期权不同执行价格对应的权利金都在变化。投资者如果选择了不同的执行价格，期货价格变化后，您的期权头寸怎么调整呢？Delta 帮您实现这一点。

对于看涨期权来说，期货价格上涨（下跌），权利金随之上涨（下跌），二者始终保持同向变化。因此看涨期权的 Delta 为正；而看跌权利金的变化与期货价格相反，Delta 为负。

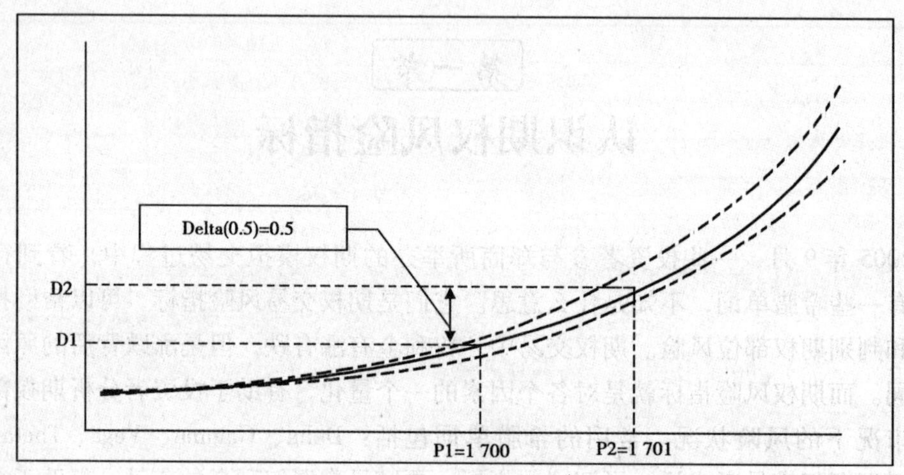

图 5.1　期货价格变化所引起的权利金变化示意图

期权的 Delta 值介于 -1 到 1 之间。对于看涨期权，Delta 的变动范围为 0 到 1，深实值看涨期权的 Delta 趋增至 1，平值看涨期权 Delta 为 0.5，深虚值看涨期权的 Delta 则逼近于 0。对于看跌期权，Delta 变动范围为 -1 到 0，深实值看跌期权的 Delta 趋近 -1，平值看跌期权的 Delta 为 -0.5，深虚值看跌期权的 Delta 趋近于 0。期货的 Delta 为 1。

Delta 是期货价格变化所引起的权利金的变化，但是实际操作中，由于做期货的和做期权的投资者未必是一拨人，做期权的人也不可能看着期货波动来做期权，他们可能各做各的，因此，短时内 Delta 会大于 1，虚值期权的 Delta 也会大于 0.5，但是那些套利的人会很快把 Delta 套利到 1 以下。

期权风险指标的正负号均是从期权买方的角度来考虑的。因此，交易者一定要注意期权的指标与期权部位指标的区别。对于 Delta，期权部位的符号如表 5.2 所示。

表 5.2　期权部位的 Delta 值

部　位	看涨期权	看跌期权
多头	+	-
空头	-	+

二、Gamma（γ）

Gamma 反映期货价格对 Delta 的影响程度，为 Delta 变化量与期货价格变化量之比：$\frac{\Delta Delta}{\Delta F}$。如期权的 Delta 为 0.6，Gamma 值为 0.05，则表示期货价格上升 1 元，所引起 Delta 增加量为 0.05，Delta 将从 0.6 增加到 0.65。

与 Delta 不同，无论是看涨期权或是看跌期权的 Gamma 均为正值：

- 期货价格上涨，看涨期权的 Delta 值由 0 向 1 移动，看跌期权的 Delta 值从 -1 向 0 移动，即期权的 Delta 值从小到大移动，Gamma 值为正。
- 期货价格下跌，看涨期权的 Delta 值由 1 向 0 移动，看跌期权的 Delta 值从 0 向 -1移动，即期权的 Delta 值从大到小移动，Gamma 值为正。

对于期权部位来说，只要是买入期权，部位的 Gamma 值为正；如果是卖出期权，则部位的 Gamma 值为负。

平值期权的 Gamma 值最大，深实值或深虚值期权的 Gamma 值则趋近于 0。随着到期日的临近，平值期权 Gamma 值还会急剧上升。

期权交易者必须注意，期权 Gamma 值的变化对部位风险状况的影响。当期货价格变化 1 个单位时，新的 Delta 值便等于原来的 Delta 值加上或减去 Gamma 值。因此 Gamma 值越大，Delta 值变化越快。进行 Delta 中性对冲，Gamma 绝对值越大的部位，风险程度也越高，因为进行中性对冲需要调整的频率高。

三、Theta（θ）

Theta 是用来测量时间变化对期权理论价值的影响。表示时间每经过一天，期权价值会损失多少（见图 5.2）。

$$Theta = 权利金变化/到期时间变化 = \frac{\Delta C}{\Delta(T-t)}$$

在其他因素不变的情况下，不论是看涨期权还是看跌期权，到期时间越长，期权的价值越高；随着时间的推移，期权价值则不断下降。时间只能向一个方向变动，即越来越少。因此按照公式计算的 Theta 是正值。但一般用负号来表示，以提醒期权持有者，时间是您的敌人。对于期权部位来说，期权多头的 Theta 为负值，期权空头的 Theta 为正值。

期权部位的 Theta 与 Gamma 永远是相反的符号。一个正的 Gamma 与一个负的

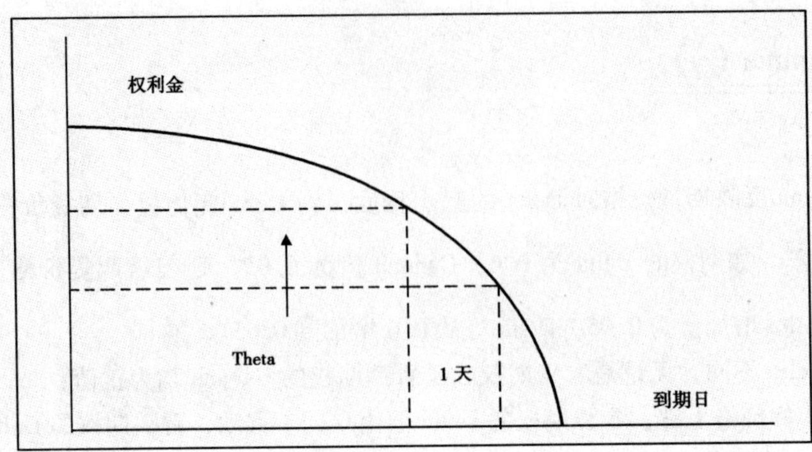

图 5.2 Theta 定义示意图

Theta 相联系，反之亦然。如果说 Gamma 是与期货价格相联系的风险指示器，Theta 就是一个时间流逝风险暴露程度的指示器。同一期权部位的风险参数具有相生相克性，对于期权多头来说，当您在享受 Gamma 飚升的同时，也必须承受 Theta 快速下降的伤害。所以期权市场有一句俗语："期权多头是笑在 γ，哭在 θ；期权空头是笑在 θ，哭在 γ。"

四、Vega（v）

Vega 是用来衡量期货价格波动率的变化对期权价值的影响（见图 5.3）。

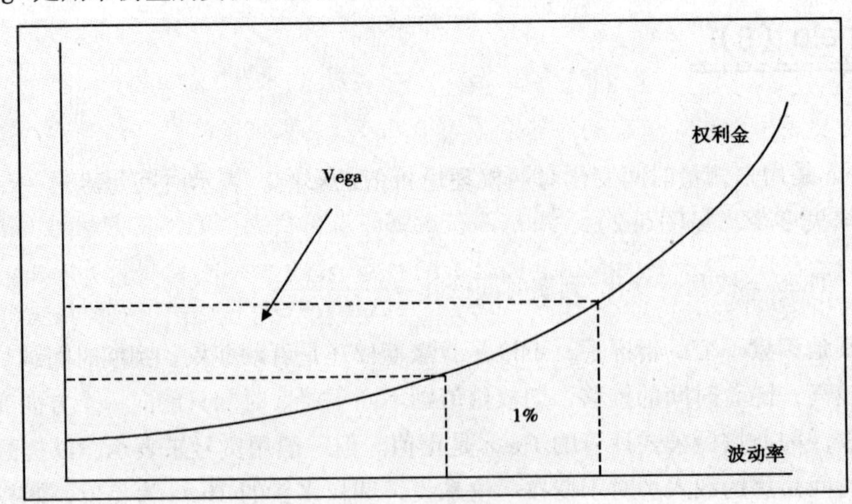

图 5.3 Vega 变化示意图

Vega = 权利金变化/波动率的变化

如果某期权的 Vega 为 0.15，若价格波动率上升（下降）1%，期权的价值将上升（下降）0.15。若期货价格波动率为 20%，期权理论价值为 3.25，当波动率上升为 22%，期权理论价值为 3.55（=3.25+2×0.15）；当波动率下降为 18%，期权理论价值为 2.95（=3.25-2×0.15）。

当价格波动率增加或减少时，期权的价值都会随之增加或减少。因此，看涨期权与看跌期权的 Vega 都是正数。期权多头部位的 Vega 都是正数，期权空头的 Vega 都是负数。

如果投资者的部位 Vega 值为正数，将会从价格波动率的上涨中获利；反之，则希望价格波动率下降。对于 Delta 中性的部位，就可以不受期货价格的影响，而从价格波动率的变化中寻找盈利机会。

五、Rho（ρ）

Rho 是市场利率每变动 1%，权利金之变动数的公式为：

$$\frac{\Delta C}{\Delta r}$$

利率的变化对权利金的变化影响甚微，特别是期货期权，Rho 的作用很小。

第二节 识别部位风险

期货交易中，只有多空两种部位，而且盈亏随着期货价格的变动而线性变动，期货部位风险的识别和计算十分简单和直观。期权有四个部位，而其盈亏又是非线性的。比如，期货价格上涨 1 元，看涨期权的权利金不见得上涨，其变动也不一定是 1 元。当投资者拥有大量的部位时，面临不同类型、月份和执行价格及不同方向的期权持仓，去识别部位的风险更为困难。这就是引入风险指标的原因。风险指标可以将纷繁多样的持仓数据转化为简单明了的风险指示器，方便投资者了解部位风险。

一、期权多头部位的风险参数

投资者买入看涨期权，就是买入了做多期货的权利，将从期货价格的上涨中获利；投资者买入看跌期权，就是买入了做空期货的权利，将从期货价格的下跌中获利。投资者买入期权，将从波动率的上涨中获利，从波动率的下跌中遭受损失。

买入期权的风险分别是：

买入看涨期权的风险包括：期货价格下跌、波动率下跌、时间的衰减。

买入看跌期权的风险包括：期货价格上涨、波动率下跌、时间的衰减。

【例5-1】假定：强筋小麦期货价格1 650元/吨，期权执行价格1 660元/吨，到期日50天，波动率12%，无风险利率1.8%。

表5.3 期权多头的风险参数

	理论价格	Delta	Gamma	Vega	Theta
买入1660Call	24.5	+0.454	+0.005	+2.416	-0.2854
买入1660Put	34.5	-0.544	+0.005	+2.416	-0.2849

由表5.3可以看出：

买入看涨期权的Delta值是正的，也就是做多Delta，部位将随着期货价格的上涨而获利，面临期货价格下跌的风险。Delta值为0.454，意味着当标的期货价格发生涨跌时，看涨期权的权利金将以期货价格变动的45.4%而变动。买入看跌期权的Delta值是负的，即做空Delta，面临的是期货价格上涨的风险。期价上涨1元，部位损失大致为0.544元。

当投资者买入一份期权，不论是看涨期权或者看跌期权，Gamma值都是正的。表明期权多头的Delta值与期货价格的变动方向是一致的，部位将从期货价格的变动中受益。

两个多头的Vega值都是正的，等于做多Vega。无论是看涨期权还是看跌期权，只要买入期权，也就是买入了波动率。期权多头将从波动率的上涨中获利，面临着波动率下降的风险。波动率下降1%，看涨期权和看跌期权的价值大致损失2.416元。可见，波动率对期权价值的影响较大。

最后，二者都有一个负的Theta值，即做空Theta。表明期权多头部位将随着时间的流失而产生损失。这是期权多头最不利的地方。因为可以确定：到期的时间只会一天比一天少。

二、期权空头部位风险参数

卖出看涨期权的Delta值是负值，部位将随着期货价格的上涨而亏损，随着期货价格的下跌而获利。卖出看跌期权的Delta值是正值，希望从期货价格上升中受益。

投资者卖出期权，希望波动率下跌。时间是期权空头的朋友，随着时间的流逝，期权的时间价值在减少。

卖出期权的风险分别是：

卖出看涨期权的风险包括：期货价格上涨、波动率上升。

卖出看跌期权的风险包括：期货价格下跌；波动率上升。

【例5－2】 假定：执行价格15 400元/吨，棉花期货市价15 420元/吨，到期日30天，波动率20%，无风险利率1.8%。部位的风险参数见表5.4。

表5.4　期权空头的风险参数

	理论价格	Delta	Gamma	Vega	Theta
卖出看涨期权	362	－0.520	－0.005	－17.587	+5.816
卖出看跌期权	342	+0.479	－0.005	－17.587	+5.817

卖出看涨期权的Delta值是－0.520，即做空Delta。部位损益将随着期货价格的下跌而上涨，面临的是期货价格上涨的风险。当棉花期货价格上涨1元时，部位会大致亏损0.52。对于卖出看跌期权，即做多Delta，面临的是期货价格下跌的风险。如果期货价格下跌1元，部位价值会损失0.479。

当投资者卖出一份期权，Gamma值都是负的，即做空Gamma，面临着期货价格变动的风险。绝对值越高，部位风险就越大。期权空头希望行情稳定，期货价格尽量维持不变。市场波动越大，风险越高。

两个空头的Vega值都是负的，即做空Vega。无论是看涨期权还是看跌期权，只要卖出期权，也就是卖出了波动率，面临的是波动率上涨的风险。

二者都有一个正的Theta值。如果期货价格没有波动，期权卖方随着时间的流失就可以赚取时间价值。

三、组合部位的风险参数

了解了基本部位的风险特性，在衡量组合部位风险时，投资者就可以“淡化期权，强调指标”（参见表5.5）。投资者在交易中不应只关注买卖了多少期权、什么期权，而更要关心买卖了多少Delta、Gamma等。

买入期货和买入看涨期权、卖出看跌期权，就是做多Delta；

卖出期货和卖出看涨期权、买入看跌期权，就是做空Delta；

买入期权均是做多Gamma和Vega，同时又是做空Theta；

卖出期权均是做空Gamma和Vega，同时又是做多Theta。

同品种的期货和期权，风险指标可以直接相加，这样分析组合部位的风险状况就非常方便。无论投资者持有多少期货或期权持仓，都可以通过计算持仓部位的风险参数，来识别部位的风险。

表 5.5　　指标符号与期望

如果 δ 值是	您期望期货价格
正　数	上　涨
负　数	下　跌
如果 γ 值是	您期望期货价格的变动速度
正　数	加速而不论方向如何
负　数	减　速
如果 θ 值是	时间经过将造成部位价值
正　数	上　升
负　数	下　降
如果 v 值是	您期望波动率
正　数	上　升
负　数	下　降

【例 5-3】投资者买入一个看涨期权垂直套利策略。假定：强筋小麦期货价格 1 650元/吨，期权执行价格 1 660 元/吨，到期日 50 天，波动率 12%，无风险利率 1.8%。其风险参数如表 5.6 所示。

表 5.6　　看涨期权垂直套利的风险参数

	理论价格	Delta	Gamma	Vega	Theta
买入 1660call	-24.5	+0.454	+0.005	+2.416	-0.2854
卖出 1700call	11.1	-0.257	-0.004	-2.002	+0.2341
价差部位	-13.4	+0.197	+0.001	+0.414	-0.0513

同是牛市策略，看涨期权垂直套利部位的风险值明显低于买入看涨期权策略。由于组合中包含了两个相反的部位，所以价差部位的各项指标都得以降低。套利部位的净 Delta 值为 0.197，意味着期货价格变动 1 元，价差部位将变动 0.197 元；组合的 Gamma 值已微不足道，Vega 也大幅降低。重要的是，时间价值对期权多头的不利影响大部分都被空头部位给抵消了。

【例 5-4】表 5.7 中有一个更加繁杂的投资组合，通过计算其总的 Delta 值，投资者就可以很容易地了解部位总体方向性风险。

表 5.7 投资组合的方向性风险

持仓部位		Delta	数量（张）	总计
卖出 WS601		-1	50	-50
垂直套利	买入 WS601C1660	+0.454	100	+45.4
	卖出 WS60C1700	-0.257	100	-25.7
垂直套利	卖出 WS601P1720	+0.817	200	+163.4
	买入 WS601P1680	-0.648	200	-129.6

面对如此纷杂的持仓，明天期货价格上涨有利还是下跌有利？期货涨 10 个点引起部位的盈亏大致为多少？投资者想知道整体部位的风险确实不易。有了 Delta 这个工具，问题就简单化了。投资者可以将表 5.7 中最后一列所有部位的 Delta 值相加，得出总体部位的 Delta 值为 +3.5。总体持仓部位风险状况如何呢？这是一个偏多的部位，面临的是期货价格下跌的风险。该投资者的总体持仓相当于 3.5 手期货多头，期货价格上涨 10 个点，会引起整体部位价值增加 35 个点。

第三节 管理部位风险

一、中性对冲原理

如果投资者认为部位的风险指标超过了自身的承受范围，就可以根据指标的正负号不同，买入、卖出期货或期权。由于指标具有可加性，就可以通过相反部位的正负相抵来降低部位的风险程度。如果部位的某项风险指标为 0，则意味着部位损益屏蔽掉了该项风险指标的影响。部位对于该因子处于中立的立场，是谓中性。以 Delta 为例，投资者对期货行情持有上涨的看法，他可以建立正的 Delta，即做多期货价格；如果对期货行情看跌，则可以建立负的 Delta，做空期货价格。而如果投资者对期货价格无方向性的看法，但对波动率或其他因子有特定的看法，则可以建立 Delta 中性部位（Delta Neutral）。Delta 中性部位即部位的整体 Delta 值为 0，以规避期货价格变动给部位带来的方向性风险。同样，如希望降低波动率对期权部位的伤害，需要通过对冲操作保持 Vega 值为 0。如果想避免时间对期权部位价值的侵蚀，则可保持 Theta 中性。

表 5.8　　部位风险指标符号汇总

	Delta	Gamma	Vega	Theta
期货多头	+	0	0	0
期货空头	–	0	0	0
看涨期权多头	+	+	+	–
看跌期权多头	–	+	+	–
看涨期权空头	–	–	–	+
看跌期权空头	+	–	–	+

表 5.8 中所列六种基本部位，就是投资者用来对冲风险的全部工具。但不同的工具用途不同。可以看出，期货部位损益只与期货价格变动线性相关，不受其他因素的影响，因此，期货部位只有 Delta 值，其他风险指标都是 0。对于表 5.8 所列的六种基本部位，无论期货还是期权，都可以用来对冲 Delta 风险，由于期货流动性强，成交十分容易，因此，用期货来对冲部位 Delta 最方便。如果对冲部位 Gamma、Theta 和 Vega 风险，只能用四个期权部位进行操作。如果期权的流动性偏低，对冲起来就不容易实现。对冲的过程就是风险转换的过程，规避一种风险而接受另外一种风险。而风险指标可以帮助投资者辨识风险并作出决策：哪些风险可以接受，哪些不能。

【例 5-5】 投资者持有 10 手看跌期权，每手看跌期权的 Delta 值为 -0.2，部位总的 Delta 为 -2。投资者采取以下任何一种交易，均可以实现部位 Delta 中性：

- 买入 2 手期货；
- 买入 5 手 Delta 为 0.4 的看涨期权；
- 卖出 5 手 Delta 为 -0.4 的看跌期权；
- 上述三者的结合，总体 Delta 为 2。

二、Delta 中性对冲

Delta 值代表部位的方向性风险。波动率一般在一定范围内运动，并具有回归均值的特性。而期货价格趋势性强，经常走出大幅度的单边行情。因此，如何降低方向性风险是重点课题。对于机构投资者，由于持仓规模大，较小的价格变动就会带来较大的风险。因此，在交易中，投资者必须明白能够承受的方向性风险是多少，并据此确定部位 Delta 净值。这是期权交易风险管理的一个重要步骤。在国际市场中，做市商等大机构只进行中性的交易，不承担方向性的风险。因此，需要通过对冲来调整部位的 Delta 值，使之保持为 0 或者可接受的范围之内，使整体投资组合不受期货价格变动的影响。由于持仓数量和期权的 Delta 在不断变化，因此，需要不断地进行对冲，动态维持持仓部位的 Delta 中性。

【例 5-6】以 5 月强麦期权进行模拟操作。期权盈亏按理论价格计算。2004 年 12 月 1 日，5 月期货价格为 1 729 元/吨，假定市场的波动率为 20%，无风险利率为 5%。某做市商卖出了 100 手执行价格为 1 700 元/吨的看涨期权，期权 Delta 值为 -0.57。为了实现 Delta 中性，做市商需要买入 57 手 5 月期货。每天作一次调整，期货价格采用郑商所的真实收盘数据，做市商以收盘价进行调整，至月底全部了结。过程如表 5.9 所示。

表 5.9 Delta 中性对冲过程

	到期天数	5 月期货价格	1700Call 理论价值	Delta	期货调整	期货累计部位	期货调整盈亏
2004-12-01	121	1 729	92.52	0.57	57	57	0
2004-12-02	117	1 713	83.33	0.54	-3	54	-480
2004-12-03	116	1 699	74.96	0.51	-3	51	-900
2004-12-06	113	1 690	70.43	0.49	-2	49	-780
2004-12-07	112	1 693	71.92	0.50	1	50	360
2004-12-08	111	1 680	63.30	0.47	-3	47	-1 470
2004-12-09	110	1 698	72.12	0.51	4	51	1 240
2004-12-10	109	1 693	69.60	0.49	-2	49	-720
2004-12-13	106	1 677	60.70	0.46	-3	46	-1 560
2004-12-14	105	1 684	64.00	0.48	2	48	900
2004-12-15	104	1 680	60.90	0.47	-2	46	-980
2004-12-16	103	1 685	63.30	0.48	1	47	440
2004-12-17	102	1 685	63.30	0.48	0	47	0
2004-12-20	101	1 695	68.20	0.50	2	49	680
2004-12-21	100	1 681	60.14	0.47	-3	46	-1 440
2004-12-22	99	1 681	60.14	0.47	0	46	0
2004-12-23	98	1 662	51.60	0.43	-4	42	-2 680
2004-12-24	97	1 660	50.70	0.42	-1	41	-690
2004-12-27	94	1 648	44.60	0.39	-3	38	-2 430
2004-12-28	93	1 640	41.50	0.38	-1	37	-890
2004-12-29	92	1 638	39.60	0.37	-1	36	-910
2004-12-30	91	1 635	38.50	0.36	-1	35	-940
2004-12-31	90	1 638	39.60	0.37	1	36	910
							-12 340

让我们来看一下交易结果如何：

1. 期权部位损益

12 月 1 日，看涨期权的理论价值为 92.52，12 月 31 日的理论价值为 39.6。则：

期权部位盈亏 = （92.52 - 39.6） ×10 ×100 =52 920（元）

2. 期货调整损益

持仓期间，为了维持 Delta 中性的头寸，做市商必须每天根据 Delta 的变化不断调整期货头寸数量，在 12 月 2 日，价格下降，导致 Delta 值从 0.57 下降到 0.54，做市商为了保持 Delta 中性，就必须卖出 3 手期货合约，12 月 3 日，价格又下跌到 1 699，Delta 值也降到 0.51，做市商再卖出 3 手期货，这样的调整过程一直持续下去。12 月 31 日，做市商因为调整已净减少多头数量 21 手。由于期货价格持续下跌，本例中调整发生亏损，总额为 -12 340。

3. 期货持仓损益

为了保持 Delta 中性，12 月 1 日共买入 57 手期货合约，价格为 1729。12 月 31 日，做市商还持有 36 手多头，以当日收市价全部平仓。则：

期货部位盈亏 = （1 638 -1 729） ×10 ×36 = -32 760（元）

4. 累计三部分的盈亏

我们可以算出此次交易做市商的整体盈亏 =52 920 -32 760 -12 340 =7 820 元。

Delta 中性对冲策略也不是做市商的专用策略。对于其他投资者，如果发现市场定价错误，造成波动性的高估或低估，也完全可以建立期权部位后，进行中性对冲操作。

第四节
期权交易的风险

一、期权交易风险的特点

1. 交易主体风险的不对称性

期权交易是种权利的交易。期权买方向卖方支付权利金，获得了“选择”的权利，买方可以要求期权卖方履约，也可以放弃行权，没有必须买进或者卖出的义务。从交易盈亏上，买方承担的风险只是买入期权的费用或者说权利金，而获利的潜力却无限制。期权交易中，无论市场价格波动多大，期权买方的风险已经固定，他可能遭受的最大损失就是买入期权的权利金，不会承担额外的市场不利变动风险。由于期权买方的风险有限并且在成交后已经交付，不需要再缴纳交易保证金。

与期权买方相对应，期权卖方收取权利金，只有义务没有权利。只要买方提出行权，卖方就要应买方要求进行买入或卖出。从盈亏结构上，卖方的盈利是有限的，只限于收到的权利金。当期货价格发生不利变化时，期权卖方的风险是会增加的。为了保证卖方的履约能力，卖方必须向交易所或者结算机构缴纳交易保证金，并且根据每日市场价格的变动进行逐日盯市。

2. 期权交易的杠杆作用

杠杆作用是指用同样的资金可以控制的更多合约数量，或者说，控制同样数量的合约只需要更少的资金。期货交易中的杠杆作用是与保证金联系在一起的。与现货交易相比，期货具有明显的杠杆作用，期权可以为投资者提供更大的杠杆作用，特别是到期日较短的虚值期权。与期货保证金相比，用较少的权利金就可以控制同样数量的合约。下面以平值期权为例，与期货作一比较。

【例 5-7】假定：强麦期货价格为 1 600 元/吨，保证金比例为 5% 即 80 元，波动率 15%，利率 1.8%。不同执行价格及到期日的看涨期权理论价值与期货保证金对比见表 5.10。

表 5.10　　权利金与保证金的杠杆作用比较

到期	1 600call 权利金	是期货保证金的	1 620call 权利金	是期货保证金的
1 个月	27	33%	18	22%
2 个月	38	47%	30	38%
3 个月	46	58%	38	48%

杠杆作用是一把双刃剑，一方面可以提高投资者的资金效率，另一方面投资者为了追求较大的杠杆作用，买入虚值程度较深的合约或者较大数量的合约，也带来了更大的交易风险。

3. 权利金日间波动大

期货期权，以期货合约为标的物。期货、期权及现货价格之间存在内在联系。三者价格构成网状关系，容易引起共振，风险易于延伸，引发连锁反应。期权合约涨跌幅与标的期货相同，或者没有涨跌幅限制，为权利金提供了很大的日间可波动范围。

【例 5-8】续上例假定，小麦价格波动限制为按 ±3% 计算为 48 元，权利金可以波动的范围见表 5.11。注意，权利金涨停板可以按权利金加上 48 元来计算，向下减去 48 元会低于 0，而期权不可能价值为负，因此，若出现这种情况，跌停板处最低为最小变动价位。

表 5.11　　权利金日间可波动范围

到期	1 600call	价格范围	向上波幅	1 620call	价格范围	向上波幅
1 个月	27	0.5 ~ 75	178%	18	0.5 ~ 66	267%
2 个月	38	0.5 ~ 86	126%	30	0.5 ~ 78	160%
3 个月	46	0.5 ~ 94	104%	38	0.5 ~ 86	126%

4. 多维性

投资者开始接触期权，一般都会根据对期货价格的趋势判断来进行期权交易。对价格看涨，就买入看涨期权；对期价看跌，就买入看跌期权，简单实用，只要价格出现希望中的大涨或大跌，就可以赚钱。但是，在随后的投资生涯中，投资者必须了解，权利金的影响因素包括期货价格、波动率、到期时间等。进行期权交易，不但要考虑期货价格的走向，还要考虑波动率高低和时间的规划。权利金还受到其他非方向性因素的影响。

对期货价格的走势有着正确判断，直接买卖期货就可以获利。在期权交易中，即使对期价方向判断正确，若忽略了波动率的走势，就会发生看对了方向却赔了钱的情况。无论出于什么原因，只要买入了期权，就是在做多波动率；卖出了期权，就是在做空波动率。投资者在交易期权中，要避免做对了方向，却做错了波动率。否则，期货价格的有利变化将会被波动率的不利变化所抵消（见表5.12）。

表5.12　期权策略矩阵

期货价格 \ 波动率	上升	下降
上　升	买入看涨期权	买入看跌期权
下　降	卖出看跌期权	卖出看涨期权

【例5-9】执行价格15 200的棉花看涨期权，理论价格为422元（无风险利率5%，到期日30天，期货价格为15 000元，波动率为30%），投资者买入该看涨期权。

分析：10天后，棉花期货价格由15 000元上涨到15 400元，波动率却由30%下降至20%，此时，期权的理论价格为396元。期货价格上涨了400元，期权由虚值转化为实值状态，而期权价值反而下降了26元。投资者买入该期权是亏损的，这是因为期货价格的有利变化被波动率的不利变化给完全抵消了（见表5.13）。

表5.13　期货价格及波动率变化对权利金的影响

	期货价格	波动率（%）	到期日	理论价格
情景一	15 000	30	30	422
情景二	15 400	20	20	396

二、如何认识期权交易的风险

1.“有限”与“无限”

许多人初次接触期权，都会听到“买方风险有限而收益无限，卖方收益有限而风险无限”的说法。期权空头风险无限，谁敢做卖方啊？买方盈利无限，太诱人啦！由此，难免对期权多头滋生偏爱，而对期权空头心怀恐惧。正是由于知觉风险的原因，许多散户局限于买入期权。有的期货公司劝阻散户使用卖出期权策略，更有的被期货公司断然拒绝使用卖出策略。其实，有限的风险不一定与很小的风险同义。不管使用什么样的期权，最重要的还是投资者对标的物的前景的预期。如果期货价格下跌，不管投资者买入什么样的看涨期权，都不会从买进的看涨期权获利（见图5.4）。

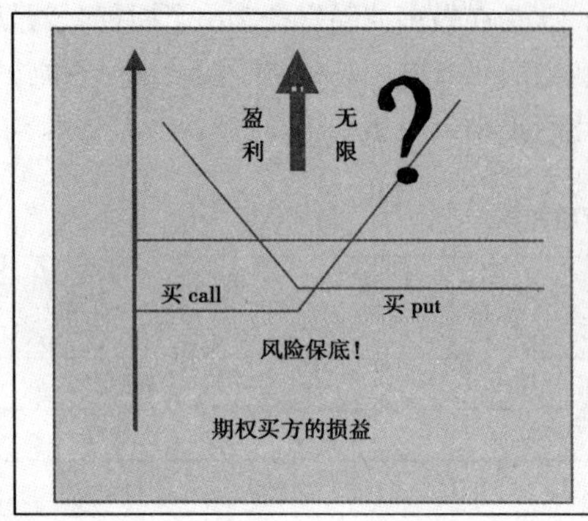

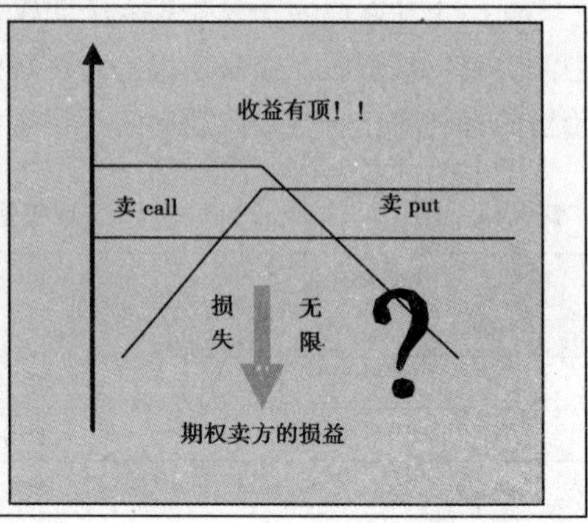

图5.4 期权基本部位损益图

实际上，无论是风险还是盈利，无论是有限还是无限，都要分清理论和实际的区别。以看涨期权来讲，如果期货价格无限上涨，那么买入看涨期权盈利无限，卖出看涨期权风险无限。首先，期货价格是否上涨，不同人有不同的看法，未来的事情谁也不会有100%的把握。买方是理想主义者，认为要涨，所以买入看涨期权，寄希望于大涨后获大利；而他人对期货价格不看涨，所以敢于卖出看涨期权，赚取权利金收入。因此，做买方还是做卖方更在于投资者对价格的看法。全面地讲，风险等于盈亏与概率的乘积。卖方亏损理论上是无限的，但概率很小，则风险就不大了；盈利是无限的，却没有实际胜算的把握，风险也不小。而实际如何，就看投资者对行情的分析能力了。其次，期货的价格不可能跌至零，也不可能无限上涨，由此，“无限”的盈亏在实际中并不存在。如果套用到期货上，期货的盈亏应是“盈利无限且风险无限”。但从资金管理的角度来讲，一旦价格发生较大的不利变化或者波动率大幅升高，对于卖方来说，此时的损失已相当于“无限”了。

其实，买进期权后只有标的物大幅波动才会获利；而时间价值对买方不利。买入期权只有在价格上涨（看涨期权）或下跌（看跌期权）时才会获利；而对于卖出期权，在小涨（下跌）、盘整、下跌（上涨）中两种情况都会获利。市场方向是上涨、下跌和盘整，对于看涨期权买方来说，只有上涨才能获利，也就是说有66%的可能会遭受损失。CME做过统计，到期日的期权持仓，75%是作废的，即卖方获得了最大收益。CBOE自从1973年第一次交易开始就保留着统计数据（股票期权），它们显示到期作废的期权有30%。CBOE称，年复一年，一个到期日接着一个到期日，这个数字是相当稳定的。另外，卖出期权肯定没有期货交易的风险大，因为卖出期权者事先获得了权利金。

认为期权“卖方风险无限”是一种理论上的片面认识。在实践中，期权的卖方风险可以通过多种策略有效地加以管理。如若不然，为何在国际期权市场上赚钱的大多是卖方（诸如美林、高盛、摩根斯坦利等做市商）？回顾历史，期权市场卖方风险引发的事件屈指可数，诸如巴林银行倒闭和中航油（新加坡）巨亏等，事件根源于公司内部管理漏洞和对风险部位疏于保护，并不能将其归咎于期权交易本身的风险特征。

经过对期权的进一步了解，大家都会明白期权风险的真面目，希望这段内容能帮助大家更快地认识清楚。简单地说，“懂期权的人做卖方，不懂期权的人做买方”。正因为此，我们在第一章刻意写道：买方风险“既定”，收益“可观”；卖方收益“既定”，风险“会增加”。

2. 权利金风险

在期权交易中，投资者主要面临的是交易风险或者说是价格风险。期权的价格即权利金。期权交易中，买方与卖方部位均面临着权利金不利变化的风险，这点与做期货相同。即在权利金的范围内，如果买得低而卖得高，平仓就能获利；相反则亏损。与期货不同的是，期权多头的风险底线已经确定和支付，其风险控制在权利金范围内。期权空头的风险则存在与期货相同的不确定性。由于期权卖方收到的权利金能够为其提供相应的保护，从而在价格发生不利变动时，能够抵消期权卖方的部分损失。一旦价格的不利变化超出了权利金的幅度，卖方开始亏损。因此，与期货相比，期权卖方风险具有延迟性。

【例5-10】期货价格1 700，卖出执行价格1 720的看涨期权是虚值期权，权利金30，期货上涨到1 720以上，则会变为实值，从执行价格的角度看此时才会有风险。如果加上权利金，期货价格涨到1 750才会有亏损。如果1 700卖出期货，则价格只要上涨就有亏损。因此，与期货相比，期权空头的风险具有延迟性。

3. 流动性风险

市场流动性风险，主要是指由于市场深度、广度不够，致使期权投资者无法在合理价位上成交而产生的风险。即使发生了损失，也不能够及时止损，只能眼睁睁地看着损失不断扩大。由于期权具有合约多、交易分散、原理复杂等特点，期权市场特别是商品期权的流动性和市场规模一般都低于期货市场，如美国的CBOT小麦期权交易量平均相当于小麦期货的25%。期权交易的特点是平值附近合约较为活跃，深实值和深虚值合约成交稀少，甚至无人问津。随着时间的推移和期货价格的波动，如果投资者持有的合约执行价格偏离期货市价越来越远，交易就会逐渐清淡，甚至无法成交，因此，投资者可能无法平仓出局。

4. 操作风险

期权交易中，由于交易者内部管理不善，或者制度没有被有效执行等原因而造成的风险，就是操作风险。期权作为一种衍生工具，可以用来管理风险，也可以用来投机。如果使用不当或者管理上出现漏洞，会带来巨额损失。在期货市场上，因操作风险而造成巨额亏损的事件时有发生，巴林银行事件和中航油事件都是这方面的例子。因此，近年来，有效防范操作风险的重要性更加突出。

三、不同参与者的风险与管理

1. 投机者的风险与管理

期权市场的投机者就是通过建立单一的方向，去博取与高风险对应的高利润，对冲操作反而降低了“双高”的投机取向，因此一般不进行对冲操作，也就不用关心风险指标。由于买入期权的风险有限特性、主动性及杠杆作用简单实用，往往也使投机者更多地去做期权的买方。下述提醒对于投机者来说是十分有用的：

（1）买方风险有限，却很可能是100%。买入期权的最大损失是固定的权利金，不需缴纳和追加保证金，远离爆仓的恶梦，这是买入期权的优势所在。但投资者切记，当你买入的期权在到期时没有价值的话，你的权利金连一分钱也取不回来，你的损失是100%，这样积少成多的风险是不可忽视的。因此，期权买方不可一直抱着不平仓的心态。成功的投资者在行情不利于自己的部位时，并不会让权利金全数损失。一旦发现行情分析错误，就要果断平仓，勇于停损，收回部分权利金，然后伺机再进入。虽然期权本小利大，但若将本金全数投入，也可能血本无归。因此，资金比重不要过高。

（2）正确的方向，错误的期权。假若WS601的市价为1 650元/吨，基于期货价格行将上涨，所以买入了执行价格为1 740元/吨的看涨期权。而到期时，期货价格确实上涨并收在1 730，但却没有涨到1 740。10点之差，投资者将仍然失去所有的权利金。而执行价格为1 660、1 680、1 700的看涨期权却获得了很高的报酬率。这就是看对了方向，却买错了期权。除非你做好失去一切的思想准备，否则不要轻易去购买深虚值的期权，多给自己留点安全余地。购买深虚值期权的前提是，认为未来期货价格波动巨大，能够超过执行价格甚至损益平衡点。因此，对执行价格的选择取决于对行情变化的预期。不可盲目看哪个执行价格的权利金低就买哪个。

（3）时间是买方的敌人。投资者买入期权，最不利的是时间价值的损耗。同样条件下，到期时间越长，期权的价值就越高。只要没有到期，期权就有时间价值，买方就有希望，就存在有利变化的可能。但对于期权合约来说，从上市交易的第一天起，到期时间只会一天天地减少。因此说期权是一种价值损耗性资产。买方是拥有权利，但权利不是无限期的。投资者在交易期权过程中，要避免做对了方向，却做错了时间。最糟糕的情况莫过于：买入看涨（跌）期权，在期权到期之后，期货价格才大幅上涨（下跌）。因此，买入期权后要分析期货价格波动幅度是否与预期相同，如果相去甚远，则一定要考虑及早平仓，这样收回的权利金可以多一些。

【例 5－11】如表 5.14 所示，执行价格 15 200 的棉花看涨期权，理论价格为 422 元（无风险利率 5%，到期日 30 天，棉花期货价格为 15 000 元，波动率为 30%）。投资者买入该看涨期权。

表 5.14 到期日对权利金的影响

	期货价格	波动率	到期日	理论价格	时间价值
初始情景	15 000	30%	30	422	422
情景一	15 400	30%	20	535	335
情景二	15 400	30%	10	412	12
情景三	15 400	30%	0	200	0

情景一：10 天后，棉花期货价格由 15 000 元上涨到 15 400 元，波动率不变。15 200元的看涨期权的理论价值由422 元上升为 535 元。期货价格上涨了400 元，而期权价值上涨却不到 120 元。看涨期权由虚值转化为实值状态，内涵价值高达 200 元。期权价值上涨的幅度小于内涵价值上涨的幅度，这是因为期货价格的有利变化被时间的不利变化给部分抵消后，时间价值下降了。

情景二：20 天后，棉花期货价格与波动率同情景一。15 200 元的看涨期权的理论价值下降为 412 元。随着到期日的减少，时间价值进一步下降，在期权理论价值中仅有 12 元。

情景三：30 天后，即在到期日，棉花期货价格与波动率不变，15 200 元的看涨期权的理论价值下降为 200 元，完全为期权的内涵价值。随着到期日的到来，时间价值下降至 0。

（4）卖方风险。学过期权的人都知道，卖方的风险相比买方大，卖方的收益既定，风险却无限制。从韩国期权市场来看，卖方盈利的概率还是很高的。韩国市场中个人投资者在一半以上，期权价格被高估的现象较为常见。权利金高估也就是波动率被高估。这样从概率上卖方的胜算要大于买方，因此有买 10 次赔 9 次的说法，相应地卖 10 次赚 9 次。但波动率的高低是基于市场的正常情况，而一旦市场发生意料之外的大幅波动，卖方 1 次就可能把 9 次赚的钱都赔完。这就是期权卖方的风险特点，确实与保险公司差不多。国内期权推出后的市场结构与韩国类似，但波动率的状况与特点还有待于市场给出答案。无论如何卖方要注意风险。规避风险的方法：一是入市前正确分析行情；二是入市后密切关注行情。一旦发现行情与预测相差较大，则应及时止损或用其他策略避险。在国际市场上，期权卖方除做市商外，多为期权对冲者、综合策略使用者等。卖出期权的目的通常是了结期权多头头寸，以赚取权利金差价，或者是为了保护现有头寸进行投资策略组合，鲜有卖方被动等待买方执行或放弃执行而不采取任何其他投资策略。即使是被动接收询价或提供持续报价的做市商，鉴于交易所买卖差价限制等规定，以及市场活跃程度，做市商总是能自动或主动地规避净头寸风险。

（5）执行风险。期权交易中，投资者提出执行期权的原因可能在于以下几点：

第一，期权市场的流动性不高。特别是深实值和深虚值合约的交易量更小，这对于实值和深实值合约持仓的平仓带来不便和困难。这时，只有通过执行来获取内涵价值部分的盈利。

第二，有些情况下，投资者交易某种执行价格的期权，目的就是为了得到该价位的期货合约，因此也选择了执行。如小麦期货价格为 1 600 元/吨，投资者认为价格将见底回升，但又不愿承担进一步下跌的风险，因此，买入执行价格为 1 580 元的小麦看涨期权。然后在底部确立后提出执行，获得期货部位。

第三，参与期货实物交割。投资者拥有期货仓单，并持有看跌期权多头，可以提出执行，从而获得期货空头，参与期货交割。或者，投资者想通过期货市场采购现货，同时持有看涨期权多头，则可以提出执行，从而获得期货多头，可以通过交割，得到仓单。

第四，套利。期权的价格下限，应不低于其内涵价值。否则，投资者就可买入期权、提出执行后，在期货市场平仓盈利。

第五，期货市场缺乏流动性。如期货价格出现停板，无法成交。可以买入期权再执行，获得所需期货部位。

期权的执行正如期货通过交割与现货市场有机联系一样，期权作为期货的衍生品，可以通过执行，与期货市场紧密地联系在一起。不论出于何种原因提出的执行，都将使期权合约了结，并产生相应的期货部位。从而把两个市场有机地结合在一起，使期权与期货的价格更加趋于合理。

对于美式期权，买方如果想把期权执行到期货去，需要考虑：交易所在每天闭市后配对。也就是说，按照当天期货价格计算是实值的、是赚钱的，一旦执行则面临着第二天期货价格不利波动的风险。因此执行前一定要预测好第二天的价格波动。对于卖方，由于执行与否是完全被动的，一般来说，执行对于卖方是不利的。但只要做好避险，卖方的风险完全可以控制。如果卖方没有进行避险操作，被执行后就面临着较大的期货价格变动风险，要及时将执行后的期货部位平仓。

（6）期权止损。在期权市场进行投机，止损同样至关重要。真正的赢家都有极高的处理损失的能力，纪律是成功的唯一途径。面对已经构成的错误或亏损要有反省能力，面对可能出现的未知亏损要有预防能力。1995 年，英国巴林银行交易员里森在 1 月 17 日神户大地震后，不顾态势的变化，不但不止损，反而建立了地震前将近 4 倍的部位，结果将整个银行都赔了进去。

期权止损的方法如下：

第一，利用损益平衡点止损。对于一般投资者，因为资金不多，应用的策略也不会很复杂，其部位的损益平衡点应该会比较清楚。当期货价格偏离损益平衡点对自己不利就可以平仓。损益平衡点在第三章、第四章中已有介绍，现归纳见表 5.15。如果投资者的策略复杂，建议使用计算机软件进行分析。

表 5.15　期权常用策略到期损益计算公式

期权策略	到期损益计算公式	损益平衡点
买进看涨期权	$=\text{Max}(F-S-P,\ -P)$	$S+P$
买进看跌期权	$=\text{Max}(S-F-P,\ -P)$	$S-P$
卖出看涨期权	$=\text{Min}(S-F+P,\ P)$	$S+P$
卖出看跌期权	$=\text{Min}(F-S+P,\ P)$	$S-P$
买入看涨期权垂直套利	$=\text{Max}(F-S_1-P_1,\ -P_1)+\text{Min}(S_2-F+P_2,\ P_2)$	$S_1+P_1-P_2$
卖出看跌期权垂直套利	$=\text{Min}(F-S_1+P_1,\ +P_1)+\text{Max}(S_2-F-P_2,\ -P_2)$	$S_2-P_2+P_1$
卖出看涨期权垂直套利	$=\text{Min}(S_1-F+P_1,\ +P_1)+\text{Max}(F-S_2-P_2,\ -P_2)$	$S_1+P_1-P_2$
买入看跌期权垂直套利	$=\text{Max}(S_1-F-P_1,\ -P_1)+\text{Min}(F-S_2+P_2,\ P_2)$	$S_2-P_2+P_1$
买入跨式组合	$=\text{Max}(F-S-P_1,\ -P_1)+\text{Max}(S-F-P_2,\ -P_2)$	$S\pm(P_1+P_2)$
买入宽跨式组合	$=\text{Max}(F-S_1-P_1,\ -P_1)+\text{Max}(S_2-F-P_2,\ -P_2)$	$S_1-(P_1+P_2)$ $S_2+(P_1+P_2)$
卖出跨式组合	$=\text{Min}(S-F+P_1,\ +P_1)+\text{Min}(F-S+P_2,\ P_2)$	$S\pm(P_1+P_2)$
卖出宽跨式组合	$=\text{Min}(S_1-F+P_1,\ +P_1)+\text{Min}(F-S_2+P_2,\ P_2)$	$S_1-(P_1+P_2)$ $S_2+(P_1+P_2)$

备注：F：期货价格；S_1：低执行价格；S_2：高执行价格；P_1、P_2：权利金；Max：括号中两者最大值；Min：括号中两者最小值

第二，时间止损。建仓后，设定一定的期间，达到该时间仍未出现获利，就立即平仓。这个止损方法主要用在短线交易。

第三，金额止损。建立部位后，设定一定的亏损金额，当亏损达到该金额就平仓。至于亏多少，要看投资者自身对亏损的承受能力，也要因品种特点而不同。

第四，动态止损。买入（卖出）期权后，当期货价格下跌（上涨）达到设定幅度后进行止损。期货价格涨得越高，止损点设得越高，即根据期货价格决定期权平仓

时机。表5.16将看涨期权的止损点设置为前3天期货平均价的98%。案例中，期货价格持续上涨，时有小回，因此没有发出期权止损信号。

表5.16　　动态停损过程举例

期货价格	止损机制	止损与否	看涨期权权利金
1 707			46
1 711			48
1 715			54
1 725	1 677	否	57
1 742	1 683	否	71
1 743	1 693	否	66
1 737	1 702	否	59
1 757	1 706	否	75
1 750	1 711	否	71
1 746	1 713	否	70

2. 套期保值者的风险与管理

（1）谨慎使用卖方策略。期权是一种有效的风险管理工具，有了期权，企业又多了一种套期保值规避经营风险的工具。我们会看到许多介绍期权作为套期保值工具的好处，如风险有限、锁定预算、不会面临追加保证金的风险等。这都是针对买入期权来说的（见第一章表1.5）。套保者也可以卖出期权，如加工厂为防止小麦价格上涨的风险卖出看跌期权，贸易公司为防止价格下跌而卖出看涨期权，收取权利金，也能规避一部分风险，没有成本。但是，权利金只是价格不利变化时的风险缓冲器，并不能保底或封顶。作为期权卖方，还要缴纳交易保证金，仍然面临追加保证金的风险。

【例5－12】 当期货价格为1 674元/吨时，某贸易企业拥有小麦现货。为防止小麦价格下跌，卖出执行价格1 680元/吨的看涨期权，权利金为30。

分析：

①有30元的权利金收入，这也是卖出看涨期权的最大盈利。

②保证金比期货低，但如果期货价格上涨，一样需要追加保证金。

③如果到期时期货价格上涨到1 680元/吨以上，则买方执行，实现交割，价格为1 680元/吨，加上30元的权利金收入，实际卖出价为1 710元/吨，比以1 674元/吨

卖出期货的效果好。

④如果期货价格下跌到 1 680 元/吨及以下，则买方不会执行，卖方想交割就实现不了。如果价格继续下跌，卖出看涨期权的盈利却不会再增加，保值效果只有权利金那么多。

因此，除非全部了解卖出期权的风险特性并对期货价格的走势有一定的把握，保值者要谨慎使用卖出期权的交易策略。

【特别建议】我们建议套期保值者初期不要使用卖出期权的策略。卖出期权保值的最大避险效果是有限的权利金。

（2）如何了结期权部位。保值者利用期权进行套期保值交易，可以采取的了结方式有以下三种：对冲平仓、执行与履约、到期作废。

对于买方策略来说，买入期权后，到期后权利被终止，平值与虚值期权将分文不值。期权的价格包括内涵价值与时间价值两部分，期权的价格要大于内涵价值。买方提出执行后获得期货部位，只能从内涵价值中获利，但放弃了期权的时间价值。从这个角度讲，采用对冲平仓的方法比较有利。如果市场有流动性，保值者能平仓就平仓。通过期权的盈利来弥补现货的亏损。特别是在期权部位亏损时，可以减少期权部位的亏损。比如，期货 1 675 时买入执行价格 1 680 的看涨期权，权利金 30。当期货价格涨到 1 690 时，权利金上涨到 35，此时执行则无利，而平仓则赚钱。

但是，平仓赚赔的是权利金的差价。权利金的波动与期货价格的波动不是一对一关系，而是一种 Delta 关系，这样如果期权持仓总额与标的物数量相等，则平仓不会完全避险。是否应该按 Delta 建立期权部位呢？如生产者买入两张 Delta 为 0.5 的看跌期权，以获得与卖出一张期货相同的效果。答案是否定的。Delta 动态套期保值是一种短期套期策略，从长期来看，有太多的不确定性，调整的成本也不菲。而使用期权进行套保的好处在于其独一无二的损益特征：当你需要保护时，它能够与期货一样有效；当你不需要保护时，它可以什么都不做。

【特别说明】在期货套期保值中，一般的说法是期货与现货数量相等或相当，而其实国内现货与期货的波动幅度不存在完全相同的时候。如果数量相当，一旦期货价格波动有利，则期货赚钱比现货亏钱多；一旦不利，则期货亏钱比现货赚钱多，这就是基差风险。国外的现货贸易是按期货价格加减一个升贴水，因此期货价格与现货价格波动非常一致。而国内现货贸易对期货价格的运用还达不到这种程度，现货价格与期货价格绝对同步变化也不可能，因此平仓式的套保入市思路是大多数企业所不采用的，它们往往入市时首先考虑的是交割，这也符合国情。至于期权，其权利金的变化与期货的价格变化又是一个Delta关系，这种关系又需要每天调整，鉴于期货套期保值的情况，我们建议企业初期进行套期保值时不要考虑Delta，只考虑现货需要避险多大量，就做多少期权。这虽然仍是一种交割的思路，但是符合国内市场实际，初期的套保应该遵从这种思路。对期权熟悉之后，则可以逐步考虑使用Delta对部位进行调整。请注意我们在第一章第二节的介绍。如果是通过外盘进行套期保值，就要考虑平仓式套保，就一定要通过Delta调整持仓，否则，保值效果就不是你的预期。

【特别说明】 如果保值者想进行实物交割，可以考虑执行或者期权转现货。保值者在买入期权后，不会面临缴纳及追加保证金的风险，但如果保值者根据市场情况，选择通过实物交割的方式来完成保值交易计划，就可以提出执行，获得期货部位。但保值者要注意面临的期货保证金要求。进入交割月前一个月，上中下旬的期货交易保证金会不断提高。因此，交易者要预先安排好资金，确保套期保值计划顺利进行。为了方便保值者实现实物交收，设计中的规则可以提供期权转现货的方式。只要持有同一期权合约的买卖双方达成一致，交易所按协定价格将双方期权持仓平仓，并按期权合约执行价格划拨货款。这样保值者既无需经受期货交易的风险，又实现了买入或卖出实物商品的目的。

（3）到期问题。期权的到期一般要提前期货合约月份1个月左右的时间。就国内商品期权来说，由于期货在交割月和前一月流动性不高及保证金较高，因此一般到期日都应设计在合约月份前一个月的某日（比如上旬倒数第二个交易日，因为期货在中旬都要提高保证金）。根据套期保值月份相近的操作原则，应注意与其现货经营计划期限上的配比。不管做何期权，都要特别注意到期日的具体时间。

（4）执行价格的选择。不同期权合约的执行价格也不同。投资者可以根据自己的成本预算及利润计划等来选择确定。执行价格越有利，权利金成本越高。对于生产者来说，为了获得较好的卖价，买入的看跌期权执行价格越高，收益越高，但其权利金成本也越高；看跌期权的执行价格越低，其锁定的卖出价格越低，但权利金成本也越低。对于加工厂来说，买入的看涨期权执行价格低，可以保持较低的生产成本，但其权利金成本相应较高；看涨期权的执行价格高，意味着将来的买价高，但权利金成本相对较低。在期权交易中，一般情况下接近当前期货市场价格的执行价格的期权合约交易比较活跃，深实值与深虚值的期权合约流动性不足。保值者必须要在所提供的保护程度与所需的成本之间求得平衡。深度实值的期权能够提供更大的保护，但其成本昂贵。深度虚值期权的成本极低，但其保护功能甚至相当于“什么都没做”。这里没有始终标准的答案，保值者需要选择一种能最好地满足其保值目标与成本的折中方案。

（5）流动性风险。期权合约多，成交相对分散，保值者在建立期权部位后，随着期货价格的波动，期权会成为深实值或深虚值的状态，成交清淡。这时，保值者可能无法顺利平仓以了结部位。因此，保值者与其他期权交易者一样，都面临着流动性风险。规避的措施：一是建仓时选择流动性好的执行价格；二是在自己的建仓部位逐步变为深实值或深虚值即流动性差时，将部位平仓。

3. 套利者的风险与管理

纯套利策略如转换套利、反转换套利，没有风险，收益事先确定，投资者可能对此十分感兴趣，套利策略没有价格上的风险，但存在其他方面的风险：

（1）无法全部成交风险。套利策略涉及三个部位或者说“三条腿”。在发现市场存在套利机会时，能否立即全部成交，是套利交易的关键。如果没有套利指令，如果买入期货已经成交，而买入看跌期权和卖出看涨期权却没有按当时市场价格全部成交，就不能合成期货空头。或者期权市场的价格在瞬间已经改变，按新的市场报价成交已经不存在套利空间了。这时交易者会发现，已经成交的期货多头被“吊在了半空中”。此时的规避方法，可考虑先建期权仓，后建期货仓。当然，这要看期货与期权哪个活跃，一般应先建不活跃一方的仓。

（2）被执行的风险。套利部位中包含有期权空头部位。如果是美式期权，一旦买方提出执行，套利部位就会被破坏。期权的执行是在闭市后进行的，当发现部位被执行后，只能在次日交易中采取补救措施，关键问题是第二天的期货价格、权利金已经变化，套利的结果变得不再确定了。因此，做套利时要了解交易规则，首先要知道是美式还是欧式，如果是美式要了解市场的特点，不成熟的市场执行量可能会大一些。其次，了解交易规则对套利持仓在执行和强平顺序方面有无保护措施。

4. 期权做市商的风险与管理

（1）持仓风险。做市商的职责是要对市场询价进行双边报价回应，为市场提供流动性。做市商是其他投资者的交易对手，这就决定了期权做市商面对较多的风险，如做市商如何确定期权的价格并向市场报出？做市商如何确定合理并具有竞争性的价差？做市商如何管理成交后的持仓风险，等等。图 5.5 虽然数据不是近年的（由于资料所限），但它说明做市商的持仓量比较大。如果不进行风险对冲，风险是比较大的。

（2）模型风险。与普通交易者不同，期权做市商具有双向报价的责任，也就是说在市场没有竞价的情况下，期权做市商有义务对期权合约进行报价。期权定价及风险指标的计算依赖于定价模型。而模型有着众多的前提假设，存在所谓的模型风险。当做市商采用了不适当的模型或者包含错误的模型（其中有程序缺陷以及错误等等），或者使用不正确的数据所导致的风险都属于这个范畴，要处理好模型风险。这对做市商而言非常重要，一方面它决定了做市商能否提供富有吸引力的价格，另一方面定价的正确与否直接关系到做市商的盈亏。

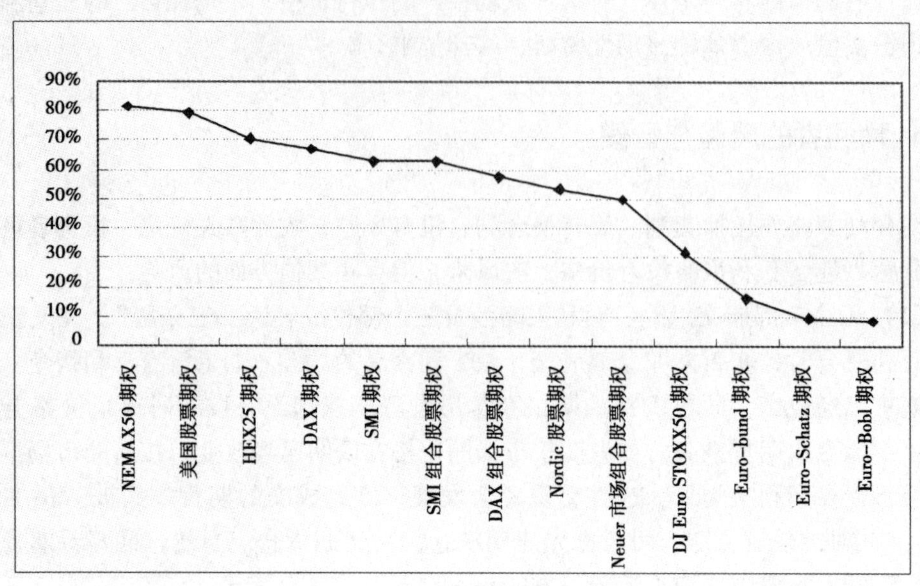

图 5.5　2011 年做市商在空盘量中所占比例

> **欧式期货期权定价模型**
>
> **Black（1976）：**
>
> $C = Fe^{-rt}N(d_1) - Ke^{-rt}N(d_2)$
>
> $P = Ke^{-rt}N(-d_2) - Fe^{-rt}N(-d_1)$
>
> 其中：$d_1 = \dfrac{\ln(F/K) + \frac{1}{2}\sigma^2 t}{\sigma\sqrt{t}}$
>
> $d_2 = d_1 - \sigma\sqrt{t}$
>
> 注：C 是看涨期权理论价格，P 是看跌期权理论价格；F 是期货价格，K 是执行价格，t 是期权到期时间，r 是无风险利率，σ 是期货价格波动率。

在国内期货市场，挂牌交易的是期货期权，有成熟的期货期权定价模型。欧式的可以采用 Black（1976），美式期权可以用二项式模型。故模型选择上的风险和差异相对较小。

在成熟市场中，做市商对同一期权合约的报价十分接近。在新兴市场中，由于做市商的经验、波动率预测方面的水平参差不齐，做市商之间的定价可能会出现较大差别，这会给做市商带来风险。这就是说，即使使用了正确的模型，以不同的参数输入期权定价模型所得到的结果也是不同的。在期权定价模型的输入参数中，只有波动率是做市商的预测数，其他参数都是已知的。做市商报出的期权买入价与卖出价，实质上就是买入的波动率和卖出的波动率。因此模型风险主要来源于做市商对波动率的选择。对于国内做市商来说，波动率的预测还是一个新课题（参见第六章第三节）。波动率的正确与否对做市商的定价及随后的一系列中性对冲都将产生直接的影响。国外对波动率的预测方法有许多种，如简单移动平均法、指数加权移动平均法、Garch 模型等。做市商要防范模型风险，就必须对市场波动率形成一套行之有效的预测手段，并在交易中不断完善。

（3）流动性风险。作为期权市场流动性提供者的做市商同样面临市场的流动性风险。表现在两个方面：第一，标的期货市场的流动性不足。如，某月份期货成交不太活跃，市场竞买价与竞卖价会有较大的价差。这种情况下，如何确定标的期货的价格作为期权定价的参数？基础市场流动性不足会直接给做市商的报价带来困难和不确定性。第二，期权市场本身流动性的不足，给做市商的平仓带来困难，被迫维持较大规模的持仓，并迫使做市商扩大买卖报价差价，这给其他交易者也带来一定的流动性风险。

当流动性好时，双向报价价差小，自动成交的几率很大，这时做市商作为买卖方的对手，是低风险或无风险、小赚钱；当期权流动性差时，被动持有的净头寸不容易简单对冲掉，做市商应价风险因而变大。这时做市商往往会相机选择适当的避险管道规避风险。例如：当某个做市商卖出看涨期权时，他并不会一直持有看涨期权空头，一味希望大市下跌，等待看涨期权买方弃权，从而于到期日将收到的权利金归为盈利。相反地，他会立即从证券或期货市场买入一定数量（依该期权的对冲比率 Delta 值而定）的相关股票或期货合约。这样一来，就可以抵消万一被执行的风险。另外，他也可用买入或卖出其他类别的期权对冲其持仓的方法减少风险。

韩国 Kospi 200 期权市场就是个典型的例证。由于流动性好，买卖双方自动成交较多，做市商的作用未能凸显，甚至被很多人认为韩国没有做市商制度。当市场流动性较差时，做市商就需要通过多个市场和多种策略组合进行风险管理。因此，优秀人才、高效率的交易策略系统以及资金规模，都会影响到做市商的风险管理，这才是期权风险控制的关键。

（4）市场风险。市场风险是指由于权利金的不利变化或急剧波动而导致亏损的可能性。在各种风险中，市场风险是最为普遍和经常的风险。期权做市商的职责在于向市场提供报价，最理想的结果是以竞卖价卖出期权，又能以竞买价买回期权，赚取买入价与卖出价之间的价差。但大部分时间做市商无法做到这一点。同一合约的期权交易在方向和数量上很难保持平衡。因此，做市商需要维持大量的单向持仓，有持仓就存在市场风险。为了管理期权持仓方向性风险，做市商需要通过对冲操作构建 Delta 中性。由于持仓数量和期权的 Delta 是在不断变化的，因此，做市商需要不断地进行对冲，动态维持持仓部位的 Delta 中性。在实务中，根据市况进行持续调整是不现实的，定期调整如一天一次是可行的。也可以设定当部位 Delta 值达到固定值时进行调整。做市商是波动率的交易者，做市商必须切记这一点。期权做市商能否赢利，关键在于起初建立期权部位时，权利金的高低，也就是波动率的高低。如果是卖出期权，波动率被高估，做市商将会站在有利的地位。如果是买入期权，则波动率被低估是有利的。然而做市商是竞争性的，如果波动率太离谱，价格就没有竞争性，成交的可能性也将大幅降低。

第六章 期权大观园

前面章节介绍的内容由于是从操作的角度考虑，因此，操作中需要掌握或了解的其他知识没有介绍，尤其是期权定价中的时间价值以及隐含波动率的使用，等等。像韩国期权非常活跃，在全球名列第一，我们做期权的不能不知道一些。本章查漏补缺，把我们认为投资者应该了解的内容做一介绍。

第一节 世界期权市场

一、世界期权市场发展现状

从1973年4月26日世界上第一个期权交易所——芝加哥期权交易所（CBOE）问世以来，经过三十多年的发展，期权在全球范围内随着金融市场的日趋完善也逐步成长起来，交易规模也逐年增大，并且在2000年，全球期权交易总量第一次超过了期货交易总量。

2001年以后，全球期权交易持续增长，呈现出成交量直线上升的现象，即使在全球金融危机的冲击下，2009年依然较2008年增长了1.6亿手，并且期权成交量绝对值连年超过期货成交量；与此同时，期权交易区域已经从欧美等发达国家扩展到韩国、印度和巴西等亚洲、南美洲区域，尤其是韩国的Kospi 200期权合约成为连续8年位居全球交易量排名第一的衍生品合约。由此，期权在国际衍生品市场上表现出的勃勃生机和活力，已经使它成为国际交易所衍生产品的生力军。

1. 历年期货和期权交易量

2001—2010 年世界期权交易量由 24.81 亿手增长到 111.12 亿手，10 年增长 347.9%，图 6.1、图 6.2 和表 6.1 详细显示了 2001—2010 年世界期货和期权的发展情况。即使在深受全球金融危机影响的 2008 年、2009 年以及 2010 年，成交量也保持在了 90 亿手以上的高水平上，期权的增长总量和增长比率还超过了同年度期货的增长。2011 年期权交易量 120.27 亿手，比 2010 年增长 15.9%；同期期货交易量 129.45 亿手，比 2010 年增长 7.4%。

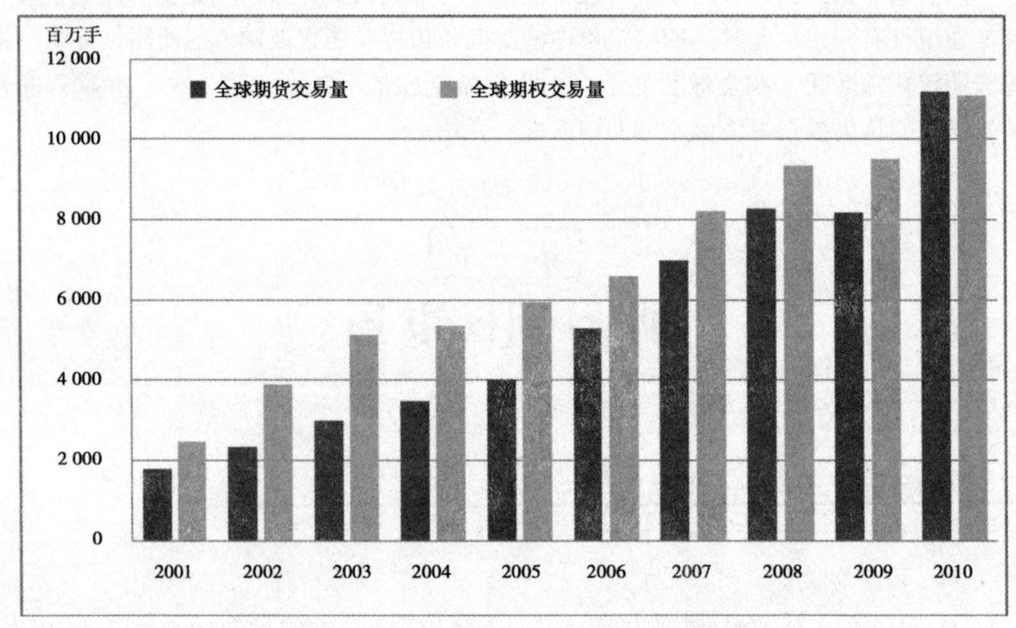

数据来源：FIA。

图 6.1　2001—2010 年全球期货和期权交易量

表 6.1　2001—2010 年全球期货和期权交易量　单位：百万手

	期货			期权		
年份	交易量	增长率（%）	所占比例（%）	交易量	增长率（%）	所占比例（%）
2001	1 800.6	24.7	42	2 481.2	37.7	57.9
2002	2 343.8	27.8	37.58	3 892.6	32.1	62.42
2003	2 995.45	27.77	36.81	5 142.18	30.49	63.19
2004	3 491.55	16.43	39.39	5 373.16	4.45	60.61
2005	4 034.75	13.44	40.45	5 939.07	10.53	59.55
2006	5 279.64	30.85	44.52	6 579.62	10.79	55.48
2007	6 970.03	31.94	45.90	8 216.63	24.88	54.10

续表

	期货			期权		
年份	交易量	增长率（%）	所占比例（%）	交易量	增长率（%）	所占比例（%）
2008	8 291. 62	14. 9	47	9 361. 08	12. 7	53
2009	8 179. 10	－1. 7	46. 2	9 520. 92	1. 7	53. 8
2010	11 182. 52	36. 6	50. 15	11 112. 71	16. 3	49. 84

数据来源：FIA。

2010 年全球期货和期权交易量等量齐观。期权持仓量 5. 49 亿手，远高于期货的 1. 59 亿手持仓量。期权平均换手率较低（1. 7），约为期货平均换手率（5. 85）的 30%。

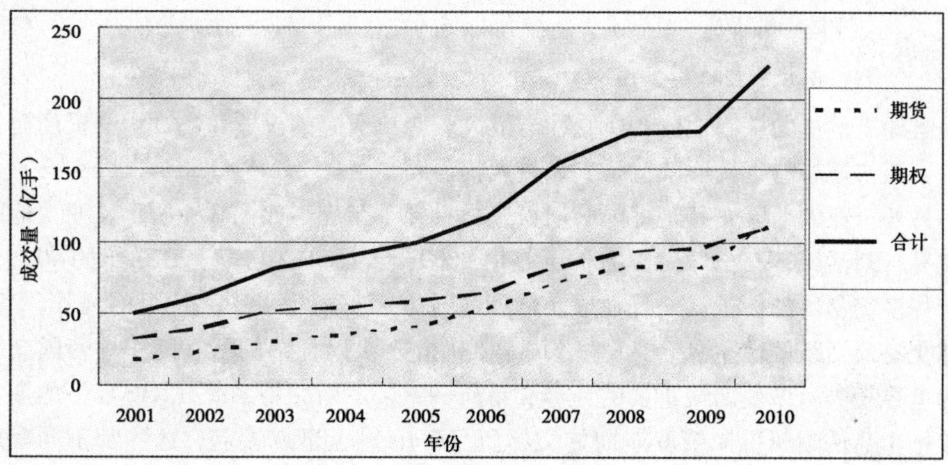

数据来源：FIA。

图 6. 2　2001—2010 年全球期货、期权年度交易量折线

2. 交易分布情况

从全球期权交易量分布情况来看，美国作为全球期权市场的领头军，引领了世界期权的发展潮流，可以说，全球期权市场的迅猛发展离不开美国期权市场的推动。

图 6. 3 显现，美国期权成交量占全球总成交量的比重在 2008 年达到 44% 的高点，对全球期权成交量的增长可谓贡献巨大，美国期权品种已经成为 6 年来世界期权市场快速发展的推动力。

但同时也存在另一个现象，即从 2009 年以来，美国期权成交量占全球期权成交量份额逐年下降，究其原因，可能有如下两点：

首先，2007 年下半年美国爆发次贷危机并愈演愈烈，最终引发全球金融危机，

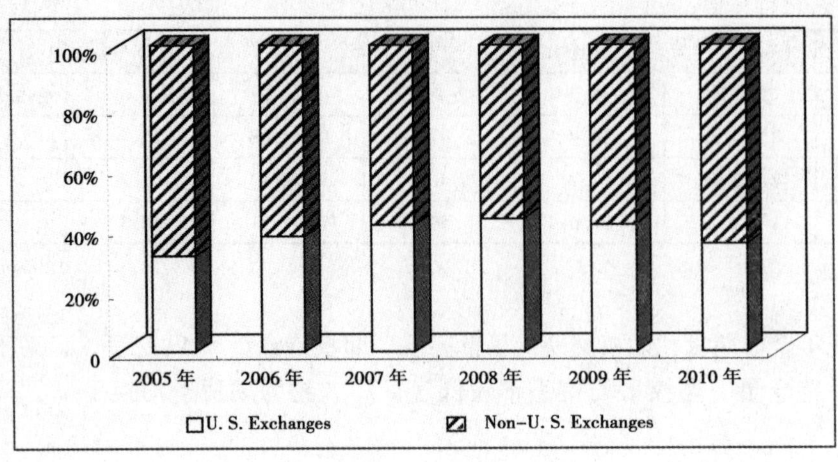

数据来源：FIA。

图 6.3　2005—2010 年美国期权成交量占全球期权成交量比例变化

且美国处于危机的核心地区，所受冲击最大，导致所有的投资市场都遭受资产抛售的压力，期权市场的直接反映就是交易量大幅萎缩。

另外，亚太地区尤其是韩国的期权交易量异军突起，如图 6.4 所示，亚太地区期权交易日渐活跃，其全球份额占比更是由 2009 年的 35% 上升至 2010 年的 40%，该地区许多交易所的衍生品交易在成交量和收益方面都取得了引人注目的增长。其中，全球交易最活跃的衍生品合约——Kospi 200 指数期权合约的所在地——韩国交易所成为世界新秀，俄罗斯最重要的证券交易所——俄罗斯交易系统（RTS）下的期货和期权衍生品的附属机构俄罗斯期货交易所（Forts）也迅速崛起，这些都不同程度地侵蚀了美国期权交易市场的原有份额。

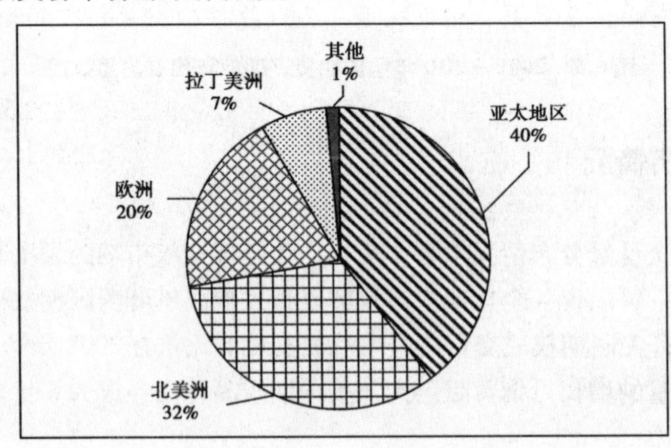

数据来源：FIA。

图 6.4　全球上市衍生产品分地区成交量比重

虽然上述原因使得美国期权成交量占全球比重近两年有所下降，但从总体来看，其份额仍占全球的1/3以上，依旧处于全球期权交易的核心地位，仍是当前全球最为成熟的期权市场。

3. 交易品种方面

从全球范围来看，期权是一个交易量非常巨大的衍生品交易市场，表6.2为全球期权品种及交易量表，表中显现出：股指、利率、单只股票、农产品、能源产品、外汇/指数、贱金属、贵金属等都占据着全球期权交易品种的重要地位。这些种类繁多的期权品种大多最早出现在美国，后扩展到全球期权交易市场。这些种类繁多的期权品种给期权交易者提供了广阔的交易选择空间。

表6.2　　全球期货及期权品种的交易量表

	2003年	2004年	2005年	2006年	2007年	2008年	2009年	2010年
股指	3 959.17	3 799.40	4 080.33	4 454.22	5 499.83	6 488.62	6 382.03	7 413.79
利率	1 881.27	2 271.25	2 536.77	3 193.41	3 745.18	3 204.84	2 467.76	3 208.81
单只股票	1 560.17	1 996.66	2 356.87	2 876.49	4 400.44	5 511.19	5 588.88	6 285.49
农产品	311.01	301.91	378.90	489.03	640.68	894.63	927.69	1 305.39
能源产品	217.56	243.46	280.13	385.97	496.77	580.95	657.03	723.59
外汇/指数	77.85	105.38	167.19	240.05	459.75	597.48	992.40	2 401.87
贱金属	90.39	105.23	98.00	116.38	106.86	198.72	462.82	643.65
贵金属	64.46	60.56	55.34	102.30	150.98	157.44	151.51	175.00
其他	0.66	0.86	2.59	4.36	26.14	44.90	114.48	137.66
合计	8 162.54	8 864.71	9 956.12	11 862.21	15 526.63	17 678.77	17 744.60	22 295.25

数据来源：FIA。

全球期权市场中，主要以金融期权为主，商品期权交易较少。2010年，金融期权交易量占期权市场总交易量超过98%，其中股指类期权、个股类期权各占期权市场总交易量的46%，利率类期权交易量占比为6%，是期权市场主要交易品种。农产品、能源、金属等商品期权交易量则基本在相应商品期货交易量的10%以内。

从分品种持仓情况来看，股指类期权、个股类期权持仓量远高于股指期货、个股期货持仓量，分别为相应期货品种持仓量的4.4倍和12.1倍，利率类期权持仓量与利率期货持仓量相当，商品期权持仓量则低于商品期货持仓量。

4. 交易量前10名的合约

由于韩国期权市场的活跃，Kospi 200期权合约已经连续8年位居全球交易量排名首位。除Kospi 200期权合约外，郑州商品交易所的白砂糖期货是2003—2010年唯一进入交易量前10名的亚洲合约。具体情况见表6.3、表6.4。

表 6.3 2003—2010 年全球交易量排名前 10 位的期货和期权合约

单位：亿手

2003 年	2004 年	2005 年	2006 年	2007 年	2008 年	2009 年	2010 年
Kospi 200 期权，韩国交易所（KRX）28.38	Kospi 200 期权，韩国交易所（KRX）25.12	Kospi 200 期权，韩国交易所（KRX）25.35	Kospi 200 期权，韩国交易所（KRX）24.14	Kospi 200 期权，韩国交易所（KRX）26.43	Kospi 200 期权，韩国交易所（KRX）27.66	Kospi 200 期权，韩国交易所（KRX）29.20	Kospi 200 期权，韩国交易所（KRX）35.25
Euro – bund 期货，Eurex 2.44	Eurodollar，芝加哥商业交易所（CME）3	Eurodollar，芝加哥商业交易所（CME）4.1	3 月欧洲美元期货，CME 5.02	欧洲美元期货，CME 6.21	电子迷你标准普尔 500 期货，CME 6.34	电子迷你标准普尔 500 期货，CME5.56	U.S. Dollar/India Rupee Futures，MCX 8.21
3 月欧洲美元期货，CME 2.08	Euro – Bund，欧洲期货交易所（Eurex）2.4	Euro – Bund，欧洲期货交易所（Eurex）3	长期欧元债券期货，Eurex 3.2	电子迷你标准普尔 500 期货，CME 4.15	欧洲美元期货，CME 5.97	欧洲美元期货，CME 4.37	U.S. Dollar/India Rupee Futures，NSE India 7.05
TIIE 28 期货，MEXDER 1.62	Interbank Equilibrium，墨西哥衍生品交易所（MexDer）2.0	10 Year Treasury Note，芝加哥期货交易所（CBOT）2.15	欧洲美元期货，CME，2.69	10 年期国债期货，CME 3.49	DJ Euro Stoxx 50 期货，Eurex 4.32	SPDR S&P 500，ETF Options 3.47	电子迷你标准普尔 500 期货，CME 5.55
E – mini S&P 500 指数期货，CME 1.61	10 年国债 Treasury Notes，芝加哥期货交易所（CBOT）2.0	E – mini S&P 500 Index，芝加哥商业交易所（CME）2.07	TIIE28，Mexdel 2.64	长期欧元债券期货，Eurex 3.38	DJ Euro Stoxx 50 指数期权，Eurex 4	DJ Euro Stoxx 50 期货，Eurex 3.33	Option on S&P CNX Nifty Index，NSE India 5.29
Euro – Bobl 期货，Eurex 1.5	E – Mini S&P 500，芝加哥商业交易所（CME）1.67	Eurodollar Options，芝加哥商业交易所（CME）1.88	电子迷你标准普尔 500 期货，CME 2.58	DJ Euro Stoxx 50 期货，Eurex 3.13	长期欧元债券期货，Eurex 2.58	S&P CNX Nifty Options，NSE India 3.21	欧洲美元期货，CME 5.1
10 年国债期货，CBOT 1.46	Euro – Bobl，欧洲期货交易所（Eurex）1.59	3 月 Euribor，泛欧交易所（Euronext. liffe）1.67	10 年期国债期货，CME 2.56	欧洲美元期权，CME 3.13	10 年期国债期货，CME 2.57	DJ Euro Stoxx 50 Options，Eurex 3	Euro Stoxx 50 期货，Eurex 3.72
3 月 Eurobobl 期货，Euronext. liffe 1.38	3m Euro（Euribor），泛欧交易所（Euronext）1.58	Euro – Bobl，欧洲期货交易所（Eurex）1.58	DJ Euro Stoxx 50，欧洲期货交易所（Eurex）2.14	DJ Euro Stoxx 50 期权，Eurex 2.51	3 月期欧洲欧元利率期货，Liffe 2.28	U.S. Dollar/India Rupee Futures，NSE India 2.26	白砂糖期货，郑州商品交易所 3.05
Euro – Sthatz，Eurex 1.17	Euro – Schatz，欧洲期货交易所（Eurex）1.22	Euro – Schatz，欧洲期货交易所（Eurex）1.41	3 月 Euribor，泛欧交易所（Euronext. liffe）2.02	不隔夜银行间拆款利率期货，BM&F 2.21	欧洲美元期权，CME 2.28	U.S. Dollar/India Rupee Futures，MCX 2.24	10 年期国债期货，CME 2.93
DJ Euro Stoxx 50 期货，Eurex 1.16	DJ Euro Stoxx 50，欧洲期货交易所（Eurex）1.21	DJ Euro Stoxx 50，欧洲期货交易所（Eurex）1.4	Euro – Bobl 期货，Eurex 1.67	3 月期欧洲欧元利率期货，Liffe 2.21	S&P CNX Nifty Index，NSE 2.02	S&P CNX Nifty Futures，NSE India 1.95	One Day Inter – Bank Deposit，BM&F 2.93

数据来源：FIA。

表 6.4 2003—2010 年全球交易量排名前 10 位的商品期货和商品期权合约

单位：手

2003 年	2004 年	2005 年	2006 年	2007 年	2008 年	2009 年	2010 年
Light，Sweet Crude Oil，纽约商业交易所(Nymex)45 436 931	Light，Sweet Crude Oil,纽约商业交易所（Nymex）52 883 200	Crude Oil，纽约商业交易所（Nymex）59 650 468	Crude Oil，纽约商业交易所（Nymex）71 053 203	轻质低硫原油期货，Nymex 121 525 967	白糖，ZCE 165 485 978	螺纹钢，上海期货交易所 161 574 521	白糖，郑州商品交易所 305 303 131
Primary HG Aluminium，伦敦金属交易所(LME)26 953 102	Primary HG Aluminium,伦敦金属交易所（LME）29 232 921	No. 1 Soybeans，大连商品交易所（DCE）40 035 707	玉米，大连商品交易所(DCE)67 645 036	豆粕，大连商品交易所 64 719 466	轻质低硫原油期货，CME 134 674 264	豆粕，大连商品交易所 155 404 029	螺纹钢，上海期货交易所 22 562 417
Gold，日本东京工业品交易所（Tocom）26 637 897	Brent Crude，伦敦国际石油交易所（LME）25 458 259	Soy Meal，大连商品交易所（DCE）36 738 182	玉米，芝加哥期货交易所（CBot）47 239 893	59 728 941	大豆，大连商品交易所 113 681 550	白糖，ZCE 146 063 344	Crude Oil Physical（CL），CME168 652 141
Gasoline，日本东京工业品交易所（To-com）25 677 079	Gasoline，日本东京工业品交易所（To-com）23 648 587	High Grade Primary-Aluminum，伦敦金属交易所（LME）30 426 465	Brent Crude Oil，洲际交易所（ICE）44 345 927	玉米，大连商品交易所 59 436 742	豆粕，大连商品交易所 81 265 439	轻质低硫原油期货，CME 137 428 494	天胶，上海期货交易所 167 414 912
Brent Crude Oil，伦敦国际石油交易所（IPE）23 942 136	Copper，上海期货交易所（SHFE）21 248 370	Brent Crude Oil，伦敦国际石油交易所（IPE）30 412 027	High Grand Primary Aluminum，伦敦金属交易所（LME）36 418 131	玉米，CME 54 520 152	布伦特原油，ICE 期货 Europe 68 368 145	豆油，大连商品交易所 94 836 881	锌，上海期货交易所 146 589 373
Copper Grade A，伦敦金属交易所（LME）19 437 740	Soybeans，芝加哥期货交易所（CBOT）18 846 021	Corn，芝加哥期货交易所（CBOT）27 965 057	Soy Meal，大连商品交易所（DCE）31 549 669	西德克萨斯中质原油期货，ICE 期货 Europe 51 388 362	玉米，CME 59 957 118	天胶，上海期货交易所 89 035 959	豆粕，大连商品交易所 125 581 888
Corn，芝加哥期货交易所（CBOT）19 118 715	Copper Grade A，伦敦金属交易所（LME）18 171 204	Corn，大连商品交易所（DCE）21 859 732	White Sugar，郑州商品交易所（CZCE）ZCE 29 342 066	黄大豆 1 号，大连商品交易所 47 432 721	玉米，大连商品交易所 54 976 724	铜，上海期货交易所 81 217 436	布伦特原油，ICE 期货 Europe 100 022 169
Henry Hub Natural Gas,纽约商业交易所（Nymex）19 037 118	Henry Hub Natural Gas,纽约商业交易所（Nymex）17 441 942	Soybeans，芝加哥期货交易所（CBOT）20 216 137	WTI Crude（Mmnthly），洲际交易所（ICE）28 672 639	白糖，郑州商品交易所 45 468 481	WTI 原油，ICE 期货，Europe 51 091 712	布伦特原油，ICE 期货 Europe 74 137 750	豆油，大连商品交易所 91 406 238
Soybeans，芝加哥期货交易所（CBot）17 545 714	Gold，日本东京工业品交易所（Tocom）17 385 766	Copper－Grade，A 伦敦金属交易所（LME）19 231 371	Rubber，上海期货交易所 26 047 061	天胶，上海期货交易所 42 191 727	高等级原铝期货，LME 48 307 389	玉米 CME 50 948 804	一号棉，郑州商品交易所 86 955 310
Gasoline，日本中部商品交易所（C－com）16 705 638	Gasoline，日本中部商品交易所（C－com）15 869 951	Natural Gas，纽约商业交易所（Nymex）19 142 549	Henry Hub Swap，纽约商业交易所（Ny-mex）24 157 726	高等级原铝期货，LME 40 229 693	天胶，上海期货交易所 46 461 103	天然气 CME 47 951 353	玉米，CME 69 841 420

5. 各期权品种换手率

各期权品种换手率普遍低于相应期货品种，其中股指类期权月均换手率最高，为5.85倍，是股指期货月均换手率的50%左右；商品期权月均换手率最低，为0.57倍，仅为商品期货月均换手率10%左右（见表6.5）。与期货相比，期权换手率较低可能和期权买方购买期权主要用于风险管理，持有时间较长，期权卖方在卖出期权以后，需通过其他方式对其风险敞口进行对冲，不适于高频交易有关。

表6.5　2010年分品种期权、期货换手率情况比较

	交易量（亿手）		持仓量（亿手）		月均换手率	
	期权	期货	期权	期货	期权	期货
股指	51.94	23.11	0.74	0.17	5.85	11.39
个股	51.69	11.16	3.87	0.32	1.11	2.90
利率	6.53	25.56	0.62	0.63	0.88	3.36
外汇	0.51	23.51	0.03	0.06	1.46	32.12
商品	1.50	26.97	0.22	0.41	0.57	5.51
其他	0.00	1.37	—	—	—	—
合　计	112.18	111.69	5.49	1.59	1.70	5.85

数据来源：FIA、BIS、WFE。

6. 全球期货及期权交易所排名

虽然美国是全球期货和期权的发源地，但是由于近年来韩国期权交易的异常活跃，连续多年，韩国交易所都位居全球期货及期权交易所交易量排名的首位。在2010年全球期货及期权交易所排名中，来自美国的有4家交易所，来自欧洲的有2家交易所，另外有3家来自亚洲，1家来自南美洲。我国三大交易所分居全球排名的第11、12和13位。我国到2011年暂时还没有期权，但仅期货交易量已排名全球市场期货和期权合计交易量的前列。如果有了期权，则排名更靠前，对国际市场的影响也将更为巨大（见表6.6）。

表6.6　全球期货及期权交易所排名　　单位：手

排名	交易所	2009年	2010年	同比增长（%）
1	韩国交易所	3 102 891 777	3 748 861 401	20.8
2	芝加哥商业交易所集团（包括CBOT和Nymex）	2 589 555 745	3 080 492 118	19.0

续表

排名	交易所	2009 年	2010 年	同比增长（%）
3	欧洲期货交易所	2 647 406 849	2 642 092 726	-0.2
4	纽约证券交易所 泛欧交易所	1 729 965 293	2 154 742 282	24.6
5	印度国民证券交易所	918 507 122	1 615 788 910	75.9
6	巴西期货交易所	920 375 712	1 422 103 993	54.5
7	芝加哥期权交易所集团（包括期货交易分所和C2 期权交易所）	1 135 920 178	1 123 505 008	-1.1
8	纳斯达克欧迈克斯交易所（包括美国和挪威市场）	815 545 867	1 099 437 223	34.8
9	印度多种商品交易所	385 447 281	1 081 813 643	180.7
10	俄罗斯交易系统证券交易所	474 440 043	623 992 363	31.5
11	上海期货交易所	434 864 068	621 898 215	43.0
12	郑州商品交易所	227 112 521	495 904 984	118.4
13	大连商品交易所	416 782 261	403 167 751	-3.3
14	洲际交易所（包括美国、英国、加拿大市场）	263 582 881	328 946 083	24.8
15	大阪证券交易所	166 085 409	196 350 279	18.2
16	南非约翰内斯堡证券交易所	174 505 220	169 898 609	-2.6
17	台湾期货交易所	135 125 695	139 792 891	3.5
18	东京金融交易所	83 678 044	121 210 404	44.9
19	伦敦金属交易所	111 930 828	120 258 119	7.4
20	香港交易及结算所	98 538 258	116 054 377	17.8

数据来源：FIA。

二、韩国期权为何如此火爆

以交易量统计，韩国股票指数期权已连续多年位居全球首位，一个全国人口不足5 000 万的韩国为何能取得如此成绩？韩国期权之所以能生根发芽，离不开政府的大力扶持，而这跟政府官员对衍生品的认识紧密相关。韩国期权市场发展的实践已证明了衍生品工具不但不会带来金融危机，反而在金融风险管理中起到缓冲剂的效果。

1. 韩国衍生品市场发展史

韩国期货期权发展历史并不长，以 1997 年 7 月上市的指数期权合约为标志，至今已有 14 年历史。目前韩国衍生品市场挂牌交易的产品中，最成功的交易产品是指数类衍生物，最具代表性的是 Kospi 200 指数期货和 1997 年 7 月上市的 Kospi 200 指数期权（现货期权）。韩国证券市场指数有两种，一种是综合指数，它是包括全部上市公司的股票指数，就像我国的上证指数、深证指数，由于综合指数历史悠久，影响力大，至今我们在财经新闻上看到韩国股价指数就是综合指数，而 Kospi 200 指数诞生在 1990 年 1 月，顾名思义，它由 200 只股票所组成，韩国企业以大企业出名，所以 200 只股票的市值占到全部股票市值的 90% 以上，其中前 10 只股票市值占到 Kospi 200 总市值的 50% 以上，前 100 只股票的市值占 Kospi 200 总市值的 96% 左右。正因为如此，只须买卖前 100 只股票就基本上能拟合出 Kospi 200 指数的组合，这给机构套利减轻许多交易成本。

指数期货、期权推出以后，在经过短短两三年的培育，市场成交量、持仓量都得到三位数以上的增长。2001 年日最高交易量达 1 800 万手；2003 年，指数期货日均成交量 25. 18 万手，较 1996 年上市之初增长了 68 倍，成交量排名在全球交易所名列第三，指数期权发展更为迅猛，2003 年日均成交量已达到 1 148. 9 万手，2004 年日均交易量 1 012 万手，2005 年日均 1 018 万手，连续四年稳居全球之首。Kospi 200 期权交易量占韩国全部衍生品交易量的 97. 52%，Kospi 200 期货占 1. 89%，其他产品不足 1%（见图 6. 5）。

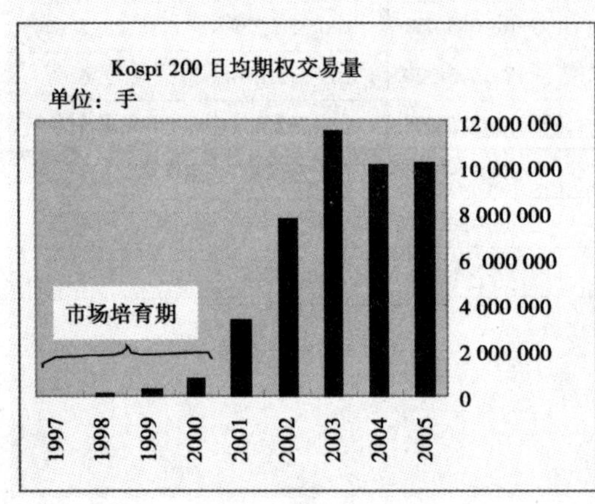

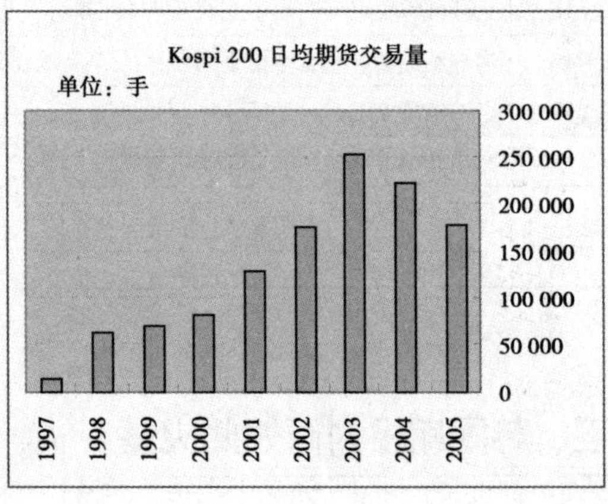

数据来源：FIA。

图 6. 5　Kospi 200 日成交量

韩国期货市场 2001 年成交量平均增长 292%，2002 年平均增长 125%，2003 年平均增长 50%，而世界平均增长率是 30%。韩国期货交易所 2002 年、2003 年、2004 年成交量位居世界成交量之首，Kospi 200 期权合约成交量位居世界期货、期权合约成交量之首。Kospi 200 指数期权成交量占 2003 年韩国期货市场成交总量的 97. 42%。2004 年 Kospi 200 期权的成交量就占到全球期货和期权总成交量的 28. 36%。2011 年 Kospi 200 期权成交 36. 71 亿手，依旧是全球第一。

韩国期权市场与西方成熟市场一个最大的差异是投资结构的区别。在指数期权引入之初，韩国个人投资者比率占到70%，到2010年个人投资者仍占有36%以上的份额，机构投资者份额为23.3%，其余是国外投资者。正由于个人投资者参与比率高，而且个人投资者往往是期权的买入方，所以韩国指数期权定价往往偏高。

2004年以前，Kospi 200指数期货和期权均在汉城的证券交易所挂牌交易，韩国政府为了更好地发挥金融衍生品的作用，同时也便于监管，自2004年1月开始，Kospi 200指数期货和期权并入釜山韩国期货交易所挂牌，其交易和结算系统并没有改变，并在年底把韩国证券交易所、创业板市场以及期货交易所合并为一个韩国证券期货交易所，总部设在釜山。韩国期货交易所目标定位——成为一个全球化的金融服务企业。

2. 韩国期权市场特点

（1）期权价格的高估现象。因为期权卖方没有限制风险的特性，市场上供给不足。而期权买方风险有限、收益无限的特性吸引众多投资者买入期权，因此，隐含波动率经常被高估，期权市场价格都要高于理论价格，这也是全球期权市场的共同特点，但以韩国最为典型。这与上市时间短、国民好赌有关。随着市场的发展和投资者的成熟，这种高评估程度会有所下降。据介绍，2000年以前，韩国期权交易的隐含波动率很高，如1997年，历史波动率为30.1%，看跌期权的平均隐含波动率为60.5%，高出了一倍。而期权的市场价格高出理论价格5~6倍也很常见。2000年以后，历史波动率与隐含波动率已相差不多。这一现象也是我国投资者和市场监管者需要清楚的，不排除我国市场也会如此。

（2）虚值期权交易最活跃。由于Kospi 200的波动性强，而且价格低廉，因此虚值期权最受投资者的青睐，这也是韩国期权交易投机性强的原因。据介绍，韩国投资者乐于购买Delta较小的期权，以实现以小博大的效应。期权到期时可以执行的一般只有10%，因此90%的期权买方是亏损的（注意：这只是指最后到期日当日的持仓量），由此足见韩国期权市场的投机性。

（3）个人参与程度高。韩国衍生品市场中，无论是期货还是期权，个人投资者参与的比重都比较高，占一半以上。大量的个人交易者热衷于投资虚值期权，并且不断地买入和卖出，为套利交易者创造了所需要的市场流动性。韩国Kospi 200期权成为全球交易量最大的合约，其成功的原因之一，就是重视开发个人投资者。期货交易所有关人士认为，个人参与者的多少是期权上市后成败的关键。因此，交易所进行了有针对性的合约设计与市场宣传，如举办各种形式的培训、研讨会、演讲会、教育会，在广播、电视等媒体上进行宣讲，通过漫画等趣味性的形式在报纸上进行连载，以较低的保证金降低市场进入的门槛。2003年期权市场参与者中，个人账户交易量占53%，国内机构投资者占32%，国外投资者占15%；在2010年，虽然个人投资者的比例下降到了36.4%，但是就全球期权市场而言，这一比率还相对比较高，由此可见，比较高的个人参与度是促使韩国衍生品市场活跃的重要原因。近年来，韩国Kospi市场参与者结构如表6.7所示。

表6.7 **Kospi市场参与者结构**

2003年Kospi市场参与者结构

	个人投资者	机构投资者	国际投资者
Kospi 200 期货	55%	29%	16%
Kospi 200 期权	53%	32%	15%

2007年Kospi市场参与者结构

	个人投资者	机构投资者	国际投资者
Kospi 200 期货	35.9%	38.3%	25.8%
Kospi 200 期权	36.2%	28.9%	34.9%

2008年Kospi市场参与者结构

	个人投资者	机构投资者	国际投资者
Kospi 200 期货	37.0%	38.1%	24.9%
Kospi 200 期权	34.0%	23.4%	42.6%

2009年Kospi市场参与者结构

	个人投资者	机构投资者	国际投资者
Kospi 200 期货	34.3%	40.6%	25.1%
Kospi 200 期权	37.0%	19.7%	43.3%

2010年Kospi市场参与者结构

	个人投资者	机构投资者	国际投资者
Kospi 200 期货	27.1%	43.4%	29.5%
Kospi 200 期权	36.4%	23.3%	40.3%

数据来源：KRX Market；FIA。

3. Kospi 200 指数期权合约

表6.8是Kospi 200合约的具体情况，从表6.8中可以看出，在最后交易日、最先交易日、结算方式、结算价格、基本资金和交易时间等方面，Kospi 200期权合约和Kospi 200期货合约都是相同的，但在合约单位方面，Kospi 200期权仅有期货合约单位的1/5；在每日价格波动限制和持仓限制方面，Kospi 200期权并无限制。因此小的合约单位和没有限制的每日价格波动与持仓要求是促使Kospi 200活跃的关键原因。

表 6.8　　　　　　　　　　**Kospi 200 合约**

	Kospi 200 期货	Kospi 200 期权
标的资产	Kospi 200 指数	Kospi 200 指数
合约单位	500 000 韩元×指数	期货的 1/5
合约月份	3、6、9、12	3 个连续近月＋一个季月
最小变动价位	0.05 点	0.01 点（<3 元）；0.05 点（>3 元）
每日价格波动限制	10%	无
最后交易日	交割月第四个周四	同期货
最先交易日	最后交易日后一日	同期货
期权执行	—	欧式
结算方式	现金结算	同期货
结算价格	最后交易日 Kospi 200 指数	同期货
持仓限制	5 000 张净持仓	无
执行价格	—	3 个连续近月挂 9 个执行价格；1 个季月挂 5 个执行价格
基本资金	1 500 万韩元	同期货
交易时间	9：00—15：15	同期货

数据来源：FIA。

注：外汇牌价中间价：2011 年 8 月 5 日 100 韩国元等于 0.6 元人民币。

4. 韩国期权市场成功的原因

韩国期权市场之所以能取得如此成就，至少得益于以下几个方面：

（1）政府支持。在韩国期货品种上市之前，政府在 1995 年已出台了《期货交易法》，这为日后期货期权市场发展铺平了道路，例如韩国期货交易所上市一个新品种完全是基于该品种的市场吸引力，政府的审批只须通过金融监察局和财政部两个环节，这为金融创新提供了宽松的外部环境。1995 年韩国参加亚太经济合作组织后，大多数人逐渐达成共识，同意金融市场逐步对外开放。伴随着 1997—1998 年的金融危机，韩国取消了对外资参与期货的各种限制，但对国外机构在证券市场的头寸仍有限制，规定其对国有垄断行业，如动力、电信等的股份持有最高不得超过 15%。韩国的对外开放是 1996 年从股指期货开始的，起初市场流动性并不好，外资也没有大量进入，因此并没有对市场产生冲击。1997 年亚洲爆发的金融危机，有些国家抱怨金融衍生物是导致金融风暴的罪恶之源，但韩国政府通过这次危机清醒地认识到了衍生产品作为风险管理工具的重要作用。同时，为促进经济复苏，韩国政府采取的低息政策也使得大量低成本资本流入市场。所以 1998 年后韩国指数期货期权能得以飞速的增长。

（2）对外开放。对外开放在促进韩国衍生品市场发展中起到不可忽视的作用。1991 年韩国允许外国证券公司单独设立分支机构，同时韩国证券交易所对外国证券公司开放，1994 年债券市场对外资开放，1996 年外资投资比率上调到 20%，指数期货推出后，外资持仓限制从 5 月份的 15% 提高到年底的 30%。相对于韩国本地证券公司，外国大券商利用其先进的技术手段以及成熟的交易策略，在韩国指数衍生品推出的前三年的确赚了不少钱，但同时国外券商的先进经验迅速被本国券商所吸收，这是对外开放付出学费后的最大所得。

（3）标的市场波动性大。标的市场具有很大波动性的期权产品对投资者有着强大的吸引力，说明那些虚值期权在到期日时极有可能变成实值期权，所以投资者认为韩国的资本投资市场的发展空间还是很大的。而且，大部分的期权成交量集中在最近月份，最近月份的期权成交量占了整个期权成交量的 95%，而且大部分的成交量就集中在执行价格离市价 10% 左右的虚值期权上。

（4）其他投资渠道不足。虽然韩国的投资基金资金实力也很强，但是可以投资的渠道却不是很多，所以它们的信誉和投资收益都不是很好。此外 2001 年的时候，养老基金还没有获得充分的发展。在这种情况下，韩国的个人投资者在面对投资基金时都表现得十分谨慎，他们更愿意自己亲自去投资于金融市场。韩国公众认为衍生品市场是个高回报的市场，债券市场提供固定回报，投资者兴趣不大。另外，2000 年投资者在股票现货市场遭到了重大损失，因此投资者转向股票衍生品市场，应该说是一点也不奇怪。这就是韩国的个人投资者在金融衍生品市场和股票市场上都表现得较为活跃的原因。

（5）网络技术的普及，方便投资者参与市场。韩国 Kospi 200 期货、期权交易获得成功的深层原因可以推究到电脑网络已延伸到韩国的千百万普通家庭，韩国人对交易的兴趣和爱好是世界上绝无仅有的，在韩国，期货、期权交易成了现代文化的一部分。证券公司被严格限制在接受客户下单的角色中，在这样的大环境下，拥有客户优势就意味着拥有收入优势，因此，为赢得客户而展开的竞争是非常激烈的。证券公司之间争相提供更快更好的国内交易系统。国内交易系统是指证券公司向客户提供通过有线网或者互联网相联结的服务终端和客户界面的交易系统。借助这一系统，投资者不必再受地点的限制，在电脑边就可以下单了，这就使交易更加简便易行。因特网在韩国已经深入到每个家庭，这使得韩国的网上交易自 1999 年以来发展很快，1997 年韩国的上网人数为 160 万，1999 年为 1 090 万，2001 年为 2 440 万，近年来一直稳定在 2 500 万人左右，占韩国总人口的一半以上；与此同时，网上交易占整个证券交易的比例同步增长，1998 年网上交易占 1.9%，1999 年占 19%，2000 年占 46.6%，2001 年占 52.3%，而且这个比率还在不断增长。数据说明韩国在网上交易方面处于世界领先地位。为了吸引客户，各大证券公司争相提供更快更好的“网络交易系统”，如三星证券公司为普通投资者提供实时 Java 程序，而为专业投资者则提供一套 SOFTII 程序交易系统，此系统可以进行“一篮子”股票交易，这为股票和指数期权之间套利提供了可能性。韩国网上交易蓬勃发展的原因之一是网上交易的费用低廉，对于网上期权交易来说，经纪商收取的佣金最低只有 3 个基点；而按照传统的交易方式，经纪商收取的佣金在 15 ~ 50 个基点（根据每个账户的成交量不同而有所变化）。由于期权合约的数量相对于期货呈几何级数增长，如何方便地显示行情的确是一个难题，但韩国证券公司显然在此投入大量资金，其行情系统充满人性化设计，投资者只须十分钟即可全面掌握其要点，同时由于行情报价与交易下单系统紧密结合，下单效率大大提高，这大大降低了投资者对期权交易的畏难情绪。

（6）期权合约设计得当。韩国 Kospi 200 指数期货的乘数为 500 000 韩元，最小变动价位为 0. 05 点，即 25 000 韩元，相当于人民币 200 元。Kospi 200 指数期权采用欧式期权，乘数为 100 000 韩元，最小变动价位 0. 01，即一个点的权利金为 1 000 韩元，相当于人民币 8 元。有人说，韩国的期权像彩票，在一定程度此言不假。低门槛使得散户投资者也能轻松参与股指期权交易，大大扩大了金融衍生品交易的投资者范围。表 6. 9 是 7 月 7 日 Kospi 200 指数期权的成交表。

表 6. 9　　　　7 月 7 日 Kospi 200 指数期权的成交表

CALL 期权				PUT 期权		
代码	期权价格	成交量	执行价	代码	期权价格	成交量
20147085	12. 05	157	85	30147085	0. 01	95
20147087	9. 5	72	87. 5	30147087	0. 01	203
20147090	7	525	90	30147090	0. 01	1 023
20147092	4. 55	8 307	92. 5	30147092	0. 01	76 472
20147095	2. 11	99 073	95	30147095	0. 08	2 146 435
20147097	0. 41	1 677 771	97. 5	30147097	0. 9	1 248 973
20147100	0. 02	2 100 509	100	30147100	3	51 952
20147102	0. 01	47 036	102. 5	30147102	5. 5	3 264
20147105	0. 01	5 059	105	30147105	7. 9	2 270
20147107	0. 01	1 178	107. 5	30147107	10. 8	188
20147110	0. 01	166	110	30147110	13. 35	241
20147112	0. 01	25	112. 5	30147112	15	27
20147115	0. 01	13	115	30147115	18	29
20147117	0. 01	3	117. 5	30147117	20. 2	0
20147120	0. 01	3	120	30147120	22. 5	15
20147122	0. 01	0	122. 5	30147122	25. 05	0
20147125	0. 01	15	125	30147125	27. 5	101

续表

CALL 期权				PUT 期权		
代码	期权价格	成交量	执行价	代码	期权价格	成交量
20147127	0.01	0	127.5	30147127	31.85	0
20147130	0.01	1	130	30147130	33.2	41
20147132	0.01	3	132.5	30147132	35.1	115
		3939916				3531444

数据来源：FIA。

当天 Kospi 200 指数收市价为 95.24，7 月份期权的最后交易日是当月的第二个星期四即 7 月 8 日，也就是说 7 月期权合约到期只剩下两天，在美国和欧洲的期权市场您是见不到此种情景，即临近到期日，期权交易依然十分火爆。韩国期权另一个交易特色是，虚值期权交易量最大。产生这种现象的原因最主要是期权的绝对价格是影响投资者买卖的一个重要因素，例如当日看涨期权执行价格为 100 的虚值期权成交价为 0.02，乘上乘数，一张期权价格为 2 000 韩元，相当于 14 元人民币，如果 7 月、8 月 Kospi 200 上涨到 101 点，买入期权可获利 100 000 韩元，倍数是 50 倍，不过成功的概率不足 1%，从这一点看，韩国人的确有把期权当彩票玩的倾向。正因为此，Kospi200 指数期权的流动性大大加强，这给机构投资者创造了许多套利套保的机会，这也许是普通韩国人对期权市场的贡献！

（7）宣传普及工作得力。当初，Kospi 200 期权发行上市的时候，公众对其看法不一，韩国对期货、期权的基本原理进行了广泛的宣传推广，通过报纸连载、电视节目以及各类研讨会和说明会来增进投资者对期权合约的了解和信心。无论白天黑夜，电视上都有有关期货、期权的交易策略和技术分析报告，交易金融期货成了韩国人每日生活的一部分。在期权推出之初，除了专业研究人士之外，对期权有所了解的投资者十分有限。为此，韩国证券交易所和证券公司通过举办讲座和广告来宣传期权产品。韩国期货交易所还请国内著名的漫画家以漫画形式介绍期权。诸如此类的活动对期权的推广普及起着不可替代的作用。在上市期权之前，韩国还邀请海外专家到韩进行期权培训，这样的培训工作做了 5 年。

（8）国外投资者的积极参与。韩国的衍生品市场已经吸引了国外投资者很大的兴趣，特别是 Kospi 200 指数期权市场为期权做市商和套利交易者提供了机会，巨大的成交量使得市场的流通性风险很低。同时散户占主导加上市场的波动性很大，给期权交易提供了很好的环境，特别是价格波动的延续性和扭曲带来了很多套利机会。

2004 年开始，Kospi 200 期权交易量出现下降，原因是亚洲金融风波引起的股票市场的高波动性已经逐渐过去，市场的波动率回复到金融风波前的水平。股票市场维持平稳状态，指数期货期权的交易也随之下降。该产品投资者结构近年来也出现变化，主要是个人投资者交易比例大幅下降，机构和外资的交易比例则出现上升。2000—2010 年，个人投资者期权交易额所占比例从 64% 下降到今天的 36.4%；机构投资者则从 26% 稳定到现在的 23.3% 左右；外资期权交易额则从 10% 飞速上升到 40.3%。其中，外资机构的主要构成是银行、投资信托、证券及其他机构。

第二节 期权风险研究

一、期权交易风险事件分析

期权上市后会对市场带来什么样的影响？特别是对于市场监管者来说，是否会产生新的风险来源，如何防范？这是市场各方关心的重要问题。期权交易出现以来，曾发生过几次有影响的风险事件、如早期的英国南海公司事件、荷兰郁金香事件、1995 年的巴林银行破产事件、2004 年的中航油破产事件等。上述事件有的属于场外交易，有的属于场内交易。这里仅就后二者进行分析。

1. 巴林银行破产事件与日经指数期权交易

巴林银行集团是英国历史最久、名声显赫的商人银行集团，素以发展稳健、信誉良好而驰名，其客户也多为显贵阶层，包括英国女王伊丽莎白二世。该行成立于 1762 年，当初仅是一个小小的家族银行，后来逐步发展成为一个业务全面的银行集团。巴林银行集团的业务专长是企业融资和投资管理，业务网点主要在亚洲及拉美新兴国家和地区，在中国上海也设有办事处。到 1993 年底，巴林银行的全部资产总额为 59 亿英镑，1994 年税前利润高达 1.5 亿美元。巴林集团的业务主要包括四个部分：（1）巴林兄弟公司，主要从事企业融资、银行业务及资本市场活动。（2）巴林证券公司，以从事证券经纪为经营目标。（3）巴林资产管理有限公司，主要以资产管理及代管个人资产为目标。这样一家业绩良好的银行，却因为巴林证券新加坡公司从事的日经指数期货及期权交易招致巨额亏损而破产。

里森于 1989 年 7 月 10 日正式到巴林银行工作。这之前，他是摩根斯坦利银行清算部的一名职员，由于他富有耐心和毅力，善于逻辑推理，因此，他被视为期货与期权结算方面的专家。1992 年，巴林总部决定派他到新加坡分行成立期货与期权交易部门，并出任总经理。里森工作职责是代巴林客户买卖新加坡交易所的衍生性商品，并在授权额度内从事套利交易，基本上没有太大的风险。因为代客操作，风险由客户自己承担，交易员只是赚取佣金，而套利行为亦只赚取市场间的差价。例如里森利用新加坡及大阪市场极短时间内的价格差异，为巴林赚取利润。一般银行只允许其交易员持有一定额度的风险部位。但为防止交易员在其所属银行暴露过多的风险，这种许可额度通常定得相当有限。而通过清算部门每天的结算工作，银行对其交易员和风险部位的情况也可予以有效了解并掌握。

（1）交易错误与错误账户。无论做什么交易，错误都在所难免。特别是在实行人工喊价的新加坡交易所，有人会将“买进”手势误为“卖出”手势；有人可能本该购买六月份期货却买进了三月份期货，等等。为了降低成本，增加分红，巴林银行新加坡公司的主管不愿意聘用业务熟练但薪水较高的人员，使得在日经指数期货交易中的错误出现更多。为了留住大客户，巴林银行通常会向客户隐瞒自己的错误，并告诉已经成交，实际上是在随后动用自身资金与客户成交。这样在价格发生变化后，可以保证客户的成本保持在有利的价位。而自营的单子就会给投资银行造成损失，银行必须迅速妥善处理，如果错误无法挽回，唯一可行的办法，就是将该项错误转入专设的“错误账户”中，然后向银行总部报告。为了处理一些小额的交易错误，经巴林银行总部同意，1992 年新加坡公司设立了 88888 账户。但很快总部通知里森由于伦敦总部电脑系统升级，要求停止使用该账户，但里森最终却没有按照总部要求去做。

1992 年 7 月 17 日，巴林一交易员把客户要求买进 20 口日经指数期货合约误为卖出 20 口。欲纠正此项错误，须买回 40 口合约，按当日收盘价计算，其损失为 2 万英镑，应报告伦敦总公司。但里森决定利用错误账户“88888”，承接了 40 口日经指数期货空头合约，以掩盖这个失误。然而，如此一来，里森所进行的交易便成了巴林银行“业主交易”或者为自营业务的风险暴露部位。数天之后，更由于日经指数上升 200 点，此空头部位的损失便由 2 万英镑增为 6 万英镑。另外委托执行人则将里森要求他卖出的 100 份九月期货全部买进，价值高达 800 万英镑。里森将所有的交易错误均记入了“88888 账号”。

（2）里森做期权的目的：通过卖出期权收取权利金来抵平账户。将交易错误记入“88888 账号”是举手之劳。但对里森来说面临如下问题：一是如何弥补这些错误造成的亏损；二是如何应付新加坡交易所（SIMEX）每天追加保证金要求；三是如何不被总部每天的资金审核所发现。

对于第一问题，里森只能用自营开口的交易获利来弥补。对于第二个问题，里森利用了总部对衍生品交易业务的缺乏了解，以客户部位的借口，要求总部向其不断注入资金。而巴林银行总部极其看重新加坡分部的经营利润，对于里森的要求几近是有求必应，而且从不仔细过问为了弥补 88888 账户的亏损。对于第三个问题，由于新加坡公司每天必须向总部上报财务报表。为了账户中的亏损不被暴露在资产负债表中，里森想到了期权。通过大量地卖出期权，包括看涨期权和看跌期权，来获取权利金收入，从而抵平账户中的亏损额。如果亏损扩大，就加大卖出，这样就保证了该账户的亏损不会对损益表产生影响。具体情况如下：

新加坡公司每天向伦敦上报损益表的数据关系为：

期货保证金 +（88888 账户亏损）+ 准备金 = 总部汇来资金 (6－1)

其中：

期货保证金 = 客户保证金 + 88888 账户交易保证金

如果准备不足，则要求总部汇出资金。里森的问题是必须掩饰非法交易亏损。于是便卖出期权收取权利金。数据关系变为：

期货保证金 + 88888 账户亏损 + 期权权利金 + 期权保证金 + 准备金
= 总部汇来资金 (6－2)

使期权权利金与账户亏损相等，就可以达到掩饰非法交易的目的。但是，卖出期权也需要缴纳保证金。里森的办法是以客户的部位过大，交易所需要追加保证金的理由来获取总部资金。保证金在报表上仍然是巴林对交易所的应收性资产。而总部管理人员关心的只是上述式 6－1 的结果是否平衡，却疏忽了如何实现的平衡。

在期权交易策略中，同时在一个执行价格上卖出看涨期权和看跌期权的交易，被称为跨式空头（Short Straddle）。对市场的预期是，价格将保持稳定，即看空波动率。如果价格确实保持稳定，跨式空头就会赚取全部的权利金，但这是跨式空头的最大盈利。如果标的价格发生大幅波动，无论是大涨还是大跌，该交易者都会面临较大的风险。如果大涨，看涨期权的买方就会要求执行，反之，看跌期权的买方可以提出执行。从事这种交易策略，为了降低风险，投资者需要在期货市场上进行套期交易。为了降低资金占用，里森并没有套做。

（3）为避免期权部位的损失，操纵市场价格。为了赚回足够的钱来抵平账户损失，里森大量进行跨式交易。因为当时日经指数稳定，里森在一段时日内做得还相当顺手。到 1993 年 7 月，他已将“88888”号账户亏损的 600 万英镑转为略有盈余。若里森就此打住，那么，巴林的历史也许会改变。但是巴林银行对内部控制的漠然，使里森可以同时负责交易前台和后台结算的工作，这使作为交易明星的里森很难收手。于是，88888 账户中的亏损又在不断扩大，1994 年初一度达到 2 000 万英镑（见图 6.6）。

为了尽快弥补账户损失，里森总是做开口的交易，他只能寄希望日经指数向一个方向发展。于是他选择了向上。里森在 19220 点左右大量买入期货，同时在这个点位附近卖出了大量的看跌期权。但市场却在不断下跌。这样的结果，除了看涨期权空头获取有限的盈利外，期货多头和看跌期权空头都在亏损。里森需要把价格稳定在 19000 点，即减少期货持仓的亏损，卖出的看跌期权又避免被大量执行。

期权价格的影响因素中，最关键的因子是隐含波动率。在 1994 年之前，新加坡

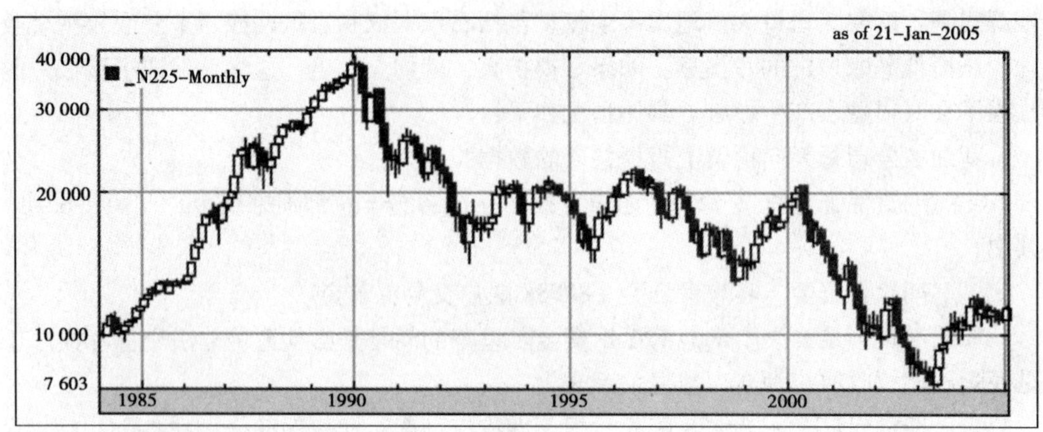

图 6.6 日经指数全景趋势图

交易所的日经指数期权交易并不活跃。市场中的隐含波动率高达 50%。由于里森一直不断地抛售期权，甚至只要有人买，里森就会卖出，从而将市场中隐含波动率降到了最低点的 10%。但期权价格越低，里森越需要抛售更多的期权，才能获得足够的权利金收入，抵平 88888 账户的亏损。这对作为期权卖方的里森来说，意味着更大的风险。

1994 年 10 月，88888 账户的亏损不断扩大，但期权市场的流动性较低，无法抛售更多的期权，里森只能通过不断地买入期货，将市场价格稳定在跨式空头期权部位的盈亏平衡点之内——19000 点左右。里森必须向总部申请更多的资金。而账户的亏损至 12 月已达到 1.5 亿英镑。

1995 年元月 18 日，日本神户发生大地震当日暴跌 300 点。里森已从伦敦总部获得资金 5 亿英镑，而巴林银行的全部股本为 4.7 亿英镑。

1995 年元月 20 日，里森一天买入了 10 000 多张 3 月到期的日经指数期货，将指数又拉至 19000 点附近。

1995 年元月 23 日，星期一，开盘后先上冲 30 点后，便转头急下，全天狂跌 1800 点。

1995 年元月 27 日，巴林银行的三月份多头部位已达 30 000 张。除去日经指数期货的多头部位，里森还在日本债券期货上放空。而实际上，指数在下跌，债券价格在上涨，两边都在亏损。

1995 年 2 月 23 日，日经指数下跌 300 多点，收盘为 17885 点，里森持有的多头部位为 6 万多张。在日本政府债券在价格一路上扬之际，持有的空头为 2.6 万张。里森为巴林所带来的损失，达到了 8.6 亿英镑的高点，造成了巴林银行终结的命运。当天，里森逃离新加坡（见图 6.7）。

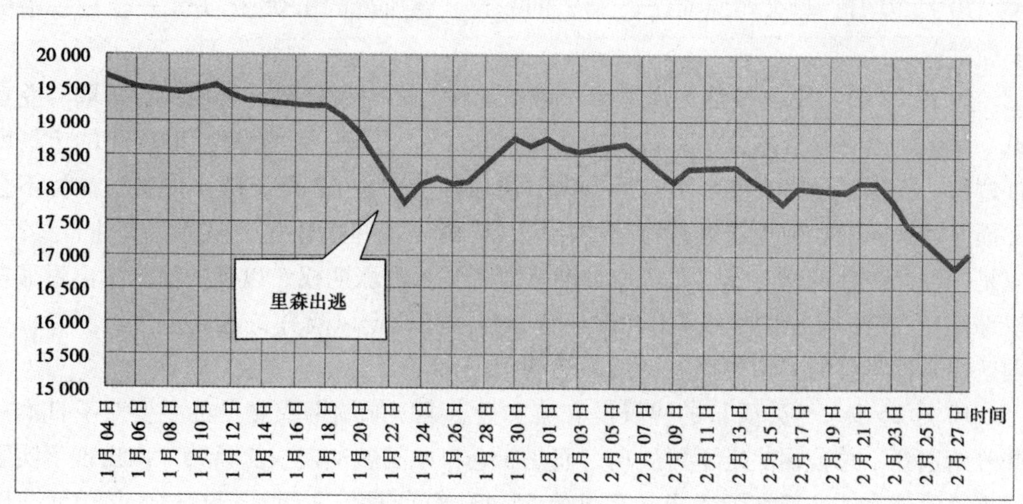

图 6.7 1995 年 1—2 月日经指数收盘价走势图

2. 中航油事件与石油期权

2004 年 12 月 1 日，中国航油（新加坡）股份有限公司（以下简称中航油）通过新加坡交易所发布公告：公司正在寻求法院保护，以免受债权人起诉。此前公司出现了 5.5 亿美元（约合 45 亿元人民币）的衍生工具交易亏损。中航油巨亏的消息成为全球金融界的焦点话题。业界称之为中国版的“巴林事件”。这里仅根据外界报道，对事件过程整理如下（参见第一章图 1.29）：

2003 年下半年：公司开始交易石油期权，并一度在交易中获利。随后，中航油在新加坡一种被称为纸货市场的场外交易市场上卖出大量的看涨期权。执行价格位于 30 ~ 40 美元之间。

2004 年第一季度：油价攀升导致公司潜亏 580 万美元，公司决定延期交割合同，期望油价能回跌。

2004 年第二季度：随着油价持续升高，公司的账面亏损额增加到 3 000 万美元左右。公司因而决定再延后到 2005 年和 2006 年才交割；交易量再次增加。

2004 年 10 月：油价再创新高，公司此时的交易部位达 5 200 万桶石油；账面亏损再度大增。

10 月 10 日：面对严重资金周转问题的中航油，首次向母公司呈报交易和账面亏损。为了补加交易商追加的保证金，公司已耗尽近 2 600 万美元的营运资本、1.2 亿美元的银团贷款和 6 800 万元流动资金，账面亏损高达 1.8 亿美元，另外已支付8 000 万美元的额外保证金。

10月20日：母公司提前配售15%的股票，将所得的1.08亿美元资金贷款给中航油。

10月24日：中国航油集团董事长赴新加坡与多家投资银行会面，以听取专业意见。其中，巴克莱资本公司总裁墨厘斯（Robert A. Morrice）预测：2004年的市场库存过高，投机基金将在美国大选后退出。所以油价会在12月下降，中航油盘位不会亏损。当被问到如何规避继续持仓的巨大风险时，墨厘斯建议“买顶”（注：买顶，应是一种保护性策略。如，买入原油期货或者买入看涨期权，以保护原来卖出看涨期权部位），在油价上涨时无须追加保证金，并由此锁定风险并持盘观望。经测算，中国航油全部盘位的买顶费用总计近1亿美元。

10月26日：“买顶”的建议没有被实行。中国航油期权交易的主要对手日本三井开始逼仓，总公司决定不再展期，而是斩仓！中国航油期权交易第一次出现了实际亏损，而这次斩仓撞在了历史最高价位55.43美元/桶，实际亏损超过1亿美元。随后两周，批准斩仓的实际损失累计高达3.81亿美元。

12月1日：中国航油发布消息：公司因石油衍生产品交易，总计亏损5.5亿美元。净资产不过1.45亿美元的中航油（新加坡）因之严重资不抵债，已向新加坡最高法院申请破产保护。

2004年12月7日有媒体报道称，中航油东窗事发源于贷款审查，法国兴业银行在对中航油一笔约500万美元的贷款审查中，最早发现了该公司在伦敦石油交易所及纽约石油交易所从事期权交易的大量亏损头寸，这些头寸分布在多家银行。该报道称，中航油是通过多家经纪公司从事原油期货期权交易的。作为现货商，中航油在30美元/桶左右建立了大量的卖出期权，从而引来灭顶之灾。

2005年12月5日历时一年多、牵动无数眼球的中航油重组大案尘埃落定。中航油母公司——中国航空油料集团公司（中航油集团）联合英国石油公司（BP）亚洲投资有限公司与淡马锡的非直接全资子公司ARANDA共同注资1.3亿美元，为中航油填平了窟窿。其中，中航油集团注资7 577万美元，包括老股占重组后51%股权；BP注资4 400万美元，占重组后20%股权；ARANDA注资1 023万美元，占重组后4.65%股权。至此，新加坡公司引入战略投资者的格局基本确定。

图6.8我们有意把图延伸到2005年，从图6.8中我们可以看出，2005年石油期货价格还是一路上升，不断创新高。

3. 分析与启示

（1）正确分析巴林银行与中航油事件的原因。二者的共同原因在于内部管理不善。正如英格兰银行的官方调查报告中所述，“真正的问题在于投资部门进行内部控制的强度，和由交易所和监管机构所执行的外部监管的强度。”期货、期权等衍生品

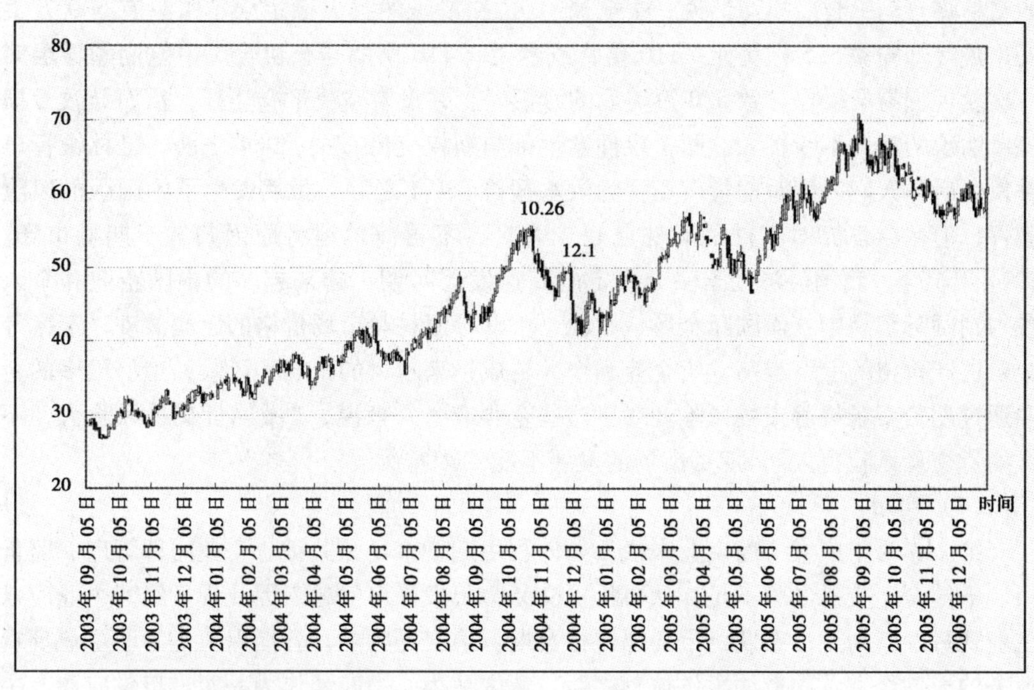

图 6.8 纽约商业交易所（NYMEX）原油期货近月价格走势图

是一种风险管理工具，有效地利用期货、期权交易，开展套期保值，可以规避风险，提高经营业绩。同时由于期货、期权交易的杠杆机制包含着风险扩大效应，期货、期权也是一种高风险的投资工具。

在国际市场上，机构投资者从事该类衍生品交易有着严格的规定，如只能在公司的授权部位范围内进行交易，相互制约的内部监督机制、内部审计制度等。巴林银行与中航油内部也有相应的规定，但却形同虚设，没有得到有效的执行。如巴林银行风险委员会对新加坡公司规定的每日头寸限额为：200 张日经指数期货，100 张日本政府债券期货和 500 张欧洲货币期货。而 1994 年的内部审计竟然没有发现里森在 88888 账户中的越权交易。包括 5 000 张的日经期货、2 000 张的债券期货、1 000 张的欧洲货币期货和高达 20 000 份的期权。如果里森没有同时负责前台与后台的工作，他就不可能越权交易而不被制止。同样，中航油也聘请了世界最大的安永会计师事务所制定了《风险管理手册》及《财务管理手册》，明确规定了相应的审批程序和各级管理人员的权限，通过联签的方式降低资金使用的风险；采用世界上最先进的风险管理软件系统将现货、纸货和期货三者融在一起，全盘监控。另一方面建立三级风险防御机制，通过环环相扣、层层把关的三个制衡措施来强化公司的风险管理。在《风险管理手册》中明确而严格地规定了平仓止损线：每位中航油期货交易员，每笔交易损失 20 万美元以上时，是否继续交易要提交给公司的风险管理委员会评估；累计损失超过 35 万美元的交易必须得到总裁的同意才能继续；任何将导致 50 万美元以上损失的交易将自动平仓。换句话说，中航油10位交易员的损失额上限本来只有500万美元，最终却损失5.5亿美元，110倍，或者说有110次的斩仓机会。中航油领导层第一次发现交易员操作导致580万美元的亏损时，并没有坚决平仓止损，从而导致亏损随着油价的攀升不断扩大。两个事件发生都与期权交易有关，9年之前，巴林银行事件发生后，人们一度对期货市场视为洪水猛兽。9年之后，虽然发生了中国版的风险事件，但社会各界对事件的看法已趋于客观，不再简单地将原因归咎于期货市场。1994年至今，我国经济处于一个稳定的高速发展时期，越来越多的中国企业和个人参与到国际贸易中，而国际金属、石油、粮食等原材料市场价格的巨幅波动，汇率等金融资产价格的上下震荡，给企业和个人造成越来越大的影响和风险，迫使更多的企业通过期货市场规避市场风险。对于这些企业或个人来说，“做期货交易风险大，不做期货交易风险更大”，期货市场的发展不能“因噎废食”。

（2）启示。

第一，对于广大工商企业来说，如何利用期货市场是关键。企业内部管理、监督机制不健全，交易经验不足，从事投机交易会引发许多问题，因此现货经营企业应以主业现货经营为主，在期货市场以进行套期保值交易为主，套期保值是为了主业现货业务的稳健经营。中航油事件披露之后，业内认为，中航油作为一家进口供应商，主要面临油价上涨的风险。应在期货市场进行买入套期保值，以控制进口成本。但中航油的交易方向是卖出看涨期权，即做空原油价格，也就是说进行的是投机交易。如果判断正确，投机交易纵然可以获利，但看错方向，如果没有有效风险管理措施，损失会造成企业经营状况大起大落，严重的可以颠覆整个企业。另外，建议不要做太复杂的策略。部位越复杂，风险管理越难，本书未做此探讨。

第二，企业参与衍生品交易，完善内部控制制度并得到有效的执行至关重要。无论是巴林银行事件，还是中航油事件，问题都在于内部控制制度没有得到严格的执行。关键时候，赌性超越了理性，人治大于了法治。中航油（新加坡）高管涉嫌在石油指数期货炒作过程中从事内幕交易、捏造虚假报告等非法行为，并最终把中航油推向破产边缘。

第三，从交易角度分析，里森及中航油的部位方向均是卖出期权，均是收益有限而损失无限的，但具体分析又有不同之处。

里森是跨式交易的空头。在市场保持稳定时，能够获得最大盈利，里森也曾经因此收益颇丰。一旦市场大幅波动，部位风险较大。中航油做的是卖出看涨期权。如果价格稳定或下跌，则可赚取买方缴纳的权利金。如果价格上涨，则面临损失的风险。

里森从事日经指数期权交易的目的，就是为了获取权利金，隐藏其报表中的亏损数字。这种交易有相当的盲目性，并不是出于对波动率或指数趋势有特定的看法，就是为了获取权利金，只要有人买，里森就卖出。中航油则是基于对原油价格不会超过40美元的判断而卖出看涨期权的。

里森的冒险之处还在于日经指数期货与日本政府债券期货的非对冲性套做。具体的做法是做多日经指数期货，做空日本政府债券。因为股市与债市走势是相反的，里森一心想尽快弥补亏损。与套利策略相比，风险极大，但做对方向的收益也大。期权的损益特点就是，买方风险既定而卖方相反，收益有限而损失不限。

两者的共同之处还在于，都采取了无保护的高风险的投机策略。都对市场判断错误却又不愿意认输，抱有赌徒的侥幸心理也没有采取有效的措施降低损失，如对冲部位风险。赌博中输的人，一般会丧失理性，越丧失理性决策就越草率，越草率就越输，越输就越想翻本。这种现象的存在对公司的风险管理是一种威胁。在国外，很多金融机构包括非金融企业，之所以在期货等金融交易过程中要进行平仓等强制性的措施，对实际损失宁可制定一个上限，也绝不会采取"搏一把可能就赚回来"的做法，实际上也正是基于人性的这一弱点的考虑。这点对于投资者来说，无论是从事期货还是期权交易，值得反思。对于交易所，期权上市后，一定要加强对大户的部位监控。既要动态监控期权空头部位，特别是跨式部位空头面临的市场风险，又要防止大户为了期权部位的盈利而试图操纵期货市场行情。从另一个角度来讲，还要注意培训市场如何使用期权这种工具。

在里森从事日经指数期权交易前，新加坡交易所的期权市场容量较小，里森的介入，期权交易量大增，而里森的部位全是空头，数量庞大，几乎是市场中唯一的卖家，这种大户效应十分明显。新加坡交易所只对保证金进行严格的要求，而没有对市场部位的高度集中性保持应有的警惕，这也成为国际评论责备新加坡交易所的原因所在。巴林银行的重组成功，避免了市场整体履约风险。

国内期权上市后，要积极应对可能产生的新的市场操纵手段。在里森的交易过程中，为了利用权利金弥补资金亏空，在19200点的执行价格上卖出了大量的期权，在市场下跌后，其卖出的看涨期权是有限的盈利，其卖出的看跌期权却面临着与市场下跌同步的亏损。因此，从期权部位的利益出发，里森必须将价格稳定在19000点，这是里森大量买入期货拉高价格的原因而不是对日经指数真正看涨。对于监管者来说，需要结合大户期货和期权的部位情况，才能了解到市场的真正意图，做好市场风险防范。

第四，规范国内期权业务的会计核算和信息披露。期货、期权等衍生品交易相对复杂、专业，光靠企业自身自觉主动的内部控制是远远不够的。需要有专业、权威的部门进行实时而充分的监管。期权与期货的不同之处在于，期权的买方需要向卖方支付权利金才能获得相应的权利，权利金划入卖出账户。无保护操作还有一个特殊的功能，就是在卖出期权时账面上显示的是收入，在会计上可以把远期的或有亏损反映为当期盈利。中航油年报显示：2003年的税前盈利中来自投资的回报占68%，而主营收入的盈利仅占32%。按照新加坡法院2006年2月17日审理情况可知，中航油在2004年8月12日时的期权交易已亏损1.097亿美元，但其财务总监同意发布中航油的有关半年报，却没披露这一信息，触犯当地证券与期货法令。而在巴林银行事件中，里森就是通过卖出期权获取权利金收入来弥补其账户资金亏空来欺瞒总部。当年美国的安然公司也是用这种会计处理方法掩盖了公司的巨额亏损，以虚假盈利支持其股价上升。对于国内来说，还没有相应的会计规范，这不利于各方监管。如何通过严格统一的会计核算办法对企业从事期权交易业务进行规范，是一个值得重视的问题。这种规定，一要避免卖出期权权利金直接全部确认为当期收入（这一点国内交易所在保证金设计时已将权利金全部冻结或是将内涵价值冻结）。二是要全面及时地披露企业当期从事期权等衍生品交易业务情况。如从事期权等衍生品交易业务收益占全部收入的比例、持有部位数量、期末市场价值等。

二、期货与期权，谁能操纵谁

期权上市后会否带来新的风险，是很多人关心的。尤其大家关心的是，会否像期货那样也出现连续三个停板。从国际期权市场发展历史来看，场内期权交易没有发生过明显的市场操纵事件，这是由期权市场自身特点所决定的。期权市场上自身不存在逼仓机制，多逼空，操纵者需要支付较多的权利金。而卖方可以通过在期货市场进行对冲操作，锁定持仓风险。空逼多，更不可行，因为买方风险有限，不需要缴纳保证金，永远也不会爆仓。

期权上市后，期货与期权市场之间存在着诸多的价格联系，如期货与期权合约之间、不同执行价格合约之间、不同月份合约之间的价格形成一个网状的、相互监督之价格关系，如果价格关系不合理，就会有投资者进行套利，从而提高了市场运行效率和质量。有了期权，投资者可以有效地规避期货持仓风险。操纵者如果想操纵期货市场价格，他不能不考虑期权市场的情况。因此，如果有人有意操纵市场，必定是跨期货、期权两个市场的操纵，而且以操纵期货价格为主，实现两个市场持仓的获利。

期权的停板是权利金的停板，而权利金的变化与实值、虚值、平值关系很大。

1. 涨跌停板

期权的涨跌停板幅度 = 昨日权利金结算价 ± 期货停板幅度

如果昨日权利金结算价不够一个期货停板幅度，则不存在跌停，最多下跌到一个最小变动价位。比如，昨日权利金结算价为 25，今日期货停板幅度为 30，权利金最小变动价位为 1，则今日涨停板价为 55，没有跌停板，权利金最低可以跌到 1。

市场操纵与三个停板。理论上讲，如果期货停板，则只有深实值期权才会停板。因为只有深实值期权的 Delta 为 1，其他情况都小于 1，即不可能期货停板，期权也停板。但理论归理论，国外不可能发生的，中国未必不会发生，我们一定要考虑极端情况。以下假定期货停板，Deleta 不是 1 的期权也停板，我们看看如果市场被操纵停板了又会怎么样？

2. 看涨期权被操纵的情况

表 6.10 中的 11 月 15 日芝加哥期货交易所（CBOT）503 小麦期货价格 317 以及各执行价格下的权利金为真实行情，以后停板价是按照每日 30 个点假定的。

表 6.10 小麦期权涨跌停板假设情况一览表

期货价格		317	假定停板 347	377	407	期权执行后的实际成本价	427
		15 日 CBOT 真实期权价格	16 日第一个停板（假定停板）	17 日第二个停板	18 日第三个停板		19 日第四天
看涨期权执行价格	200	117（深实值）	147（深实值）	177（深实值）	207（深实值）	407	（深实值）
	300	24（实值）	54（实值）	84（实值）	114（深实值）	414	（深实值）
	310	18（实值）	48（实值）	78（实值）	108（实值）	418	（深实值）
	320	13（近似平值）	43（实值）	73（实值）	103（实值）	423	（深实值）
	330	10（虚值）	40（实值）	70（实值）	100（实值）	430	（实值）
	340	7（虚值）	37（实值）	67（实值）	97（实值）	437	（实值）
	350	5（虚值）	35（近似平值）	65（实值）	95（实值）	445	（实值）

请注意：以上虚值和实值随期货价格的变化而变化。从理论上说，其 Delta 值也是不断变化的。但表中的 Delta 其实都为 1。

按照理论上，表 6.10 只有深实值期权 200 的 Delta 才能是 1，即期货停板（涨 30 个点），期权也停板（涨 30 个点）。我们假定其他执行价格的期权全被操纵停板了，而且操纵是成功的。

第一种情况：期货先停板，期权后停板。当期货涨停板时，期权卖方的风险就增大，比如在 16 日第一个停板时，期货价格为 347，执行价格为 330 的看涨期权权利金为 40。此时有人按 40 卖出，根据以后的行情发展，显然不利于卖方。因为他 40 卖出后，第三天（18 日）就涨到 100，而且第四天（19 日）还会涨，因为期货还在涨。尤其在期权卖出时，期货涨停板了也买不到仓位，期货与期权不能套利（或锁仓）。因此如果期货先停板或期货先被操纵，则期权市场的卖方单纯做期权力量是不够的。

在期货停板后，风险最大的是期货的卖方，而如果此时期权没有停板，则期货的卖方可以在期权上买入看涨期权以回避风险，这样反而减少了期货风险。如此分析，有了期权对期货是有利的。

第二种情况：期权先停板，期货后停板。如果期权先涨停板，而期货没有涨停板，由于此时的Delta变化不合理，因此可以卖出期权，然后买进期货。比如16日在停板价卖出看涨期权得到权利金40，再买进价格为340的期货，则卖出执行价格为330的看涨期权相当于以330卖出期货，加上权利金收入40，则总的卖出价相当于370，而期货买入价为340，在价格继续上涨时可以稳赚30个点的套利（本方法相当于卖出合成看跌期权）。因此，在Delta不合理时，期权先停板是不利的。也就是说，用期权来控制期货是不容易的。

在期权先停板后，由于大量卖出期权与买进期货的套利，会把期权停板价打开，当然也会把期货买停板。如果期权的大量卖出也没有打开停板，反而把期货给买停板了，则只有两个市场都停板了。但是在停板之前的套利持仓是肯定有利可套了，这也比单单期货停板风险小。

在市场被操纵时，正好现货面、国际市场等配合了操纵者，使得期货价格波动在以后的运行中没有因为操纵而下跌，也就是说，操纵者最终的判断是正确的。在Delta不合理的情况下，市场也一样可以运行。请允许我一直用操纵一词，因为没有操纵，以上非深实值期权是不可能也不应该停板的。

3. 看跌期权被操纵的情况

由于看涨期权与看跌期权的权利金是相反变动的，即看涨期权权利金上涨时，看跌期权的权利金是下跌的。所以在看涨期权涨停板时，看跌期权权利金会不断下降。不过越跌，权利金越低，卖方的收益越小。况且，权利金最多跌到只有一个最小变动价位。如果跌到零，那也只能是没有交易的情况。但我们仍然是分析操纵的情况，这时看跌期权也可能被操纵停板。因为在期货价格上涨时，对看跌期权的卖方是有利的。

表6.11是11月15日CBOT503小麦看跌期权各执行价格（全为实值期权）的权利金的情况，当日期货价格为317，如果想把期权打到跌停板，则执行价格为300、310、320、330、340的，一个停板也打不了；350、360、370的，只能打一个跌停板；380、390、400的，只能打两个跌停板；执行价格为410、560的，可以打三个跌停板。对于560的看跌期权是深实值期权，根本不会有什么交易，不用打，它也应该停板。

表6.11　　不同执行价格之权利金一览表

执行价格	300	310	320	330	340	350	360	370	380	390	400	410	560
权利金	7	11	16	23	30	38	47	55	65	74	83	93	243

从以上分析可以看出，理论上期权不可能的三个停板（深实值期权除外）发生

后照样可以成功，而且套利等各种策略未必管用。请感兴趣的朋友，分析以上市场情况下，哪种策略管用？也请分析，在期货价格下跌三个停板时，市场又会如何？

不过，按照 Delta 以及其他敏感性指标值是可以分析是否存在操纵行为的。因此，应该对三个停板做认真分析，并对操纵作出界定（没有操纵时出现三个停板怎么办?）或对市场进行监控。如果操纵没有成功，或者没有全面停板，则对操纵者是不利的，因为这时就有很多策略可用。因此，也希望投资者多研究 Delta，多研究套利，如此，您会获得丰厚的回报。

结论：期权不会给期货增加风险。通过期权操纵不了期货，而通过期货可以操纵期权。但在通过期货操纵期权时，期货的不利方可以通过期权回避风险。虽然上述的套利最后可以把期货给弄停板了，但这种停板比单纯的期货停板风险小。有了期权，操纵更难了。

第三节
期权定价及隐含波动率

一、期权定价

1. 期权定价模型

期权的价格即权利金是可以用模型计算的，最常用或者说欧式期权所用的模型是 Black - Scholes 模型。该模型在 1973 年芝加哥期权交易所（CBOE）推出期权时就已有了，两位美国学者由此获得了 1997 年诺贝尔经济奖。Black - Scholes 模型是以股票期权来设计的，模型见第五章第四节。模型中无风险利率：美国是使用政府长期国债利率，台湾用的是 90 天期利率，总的来说，利率对模型计算结果影响不大，但对大部位、金融期权较为重要。

如图 6.9 所示，左边是决定权利金的 5 个因素，把这 5 个因素输入 Black 模型，就可以计算出右边的看涨期权和看跌期权的权利金。

期权定价模型中其他指标都是可以确定的，造成差异的是所输入的波动率，因此期权定价最重要也是最不确定的指标就是波动率。不同的投资者对权利金的出价不同，反映的都是波动率的不同，因此波动率是非常重要的。

例如输入左边的 5 个数字到模型中，则模型自动算出右边看涨期权的理论价格为

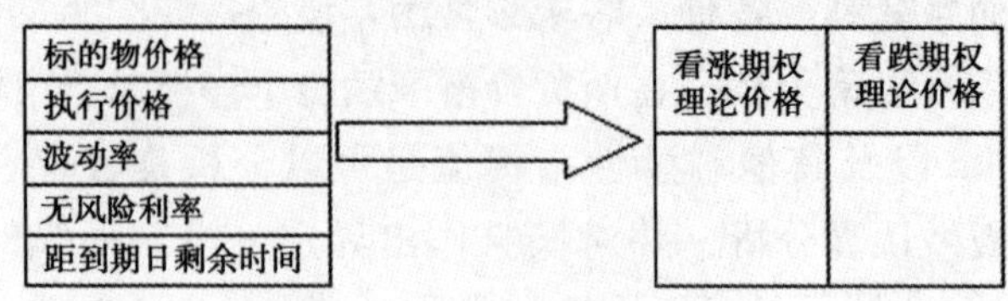

图 6.9 期权计算器输入样式图

13.8，看跌期权的理论价格为 23.8，其他的敏感性指标也都一并计算出来（见图 6.10）。

标的物价格	1 610
执行价格	1 620
波动率	10%
无风险利率	5%
距到期日剩余时间	30

	看涨期权	看跌期权
价格	13.8	23.8
Delta	0.418	–0.578
Gamma	0.008	0.008
Theta	–2.217	–2.207
Vega	1.801	1.801
Rho	–0.011	–0.120

图 6.10 期权计算器计算结果示意图

左边的任何一个数字变化，都会引起右边所有数字的变化。

那么，按照模型计算出的权利金是否就是“正确”的价位呢？未必。市场表现的价位才是期权的“正确”价位。期权定价模型只是告诉投资者，期权价格在市场上是如何变化的，是如何随着确定期权价格的 5 个因素的改变而改变，其计算结果仅供参考。这就像飞行员不可能只看仪表而不看机舱外一样。其实，仪表盘显示飞机的经纬度、高度。我们有时会想，雾虽然很大，飞机只管按跑道起飞就是了，方位和高度不是有仪表盘吗？所以仪器是供参考的，飞行员还是要使用自己的眼睛。期权市场上，仅依靠定价模型操作如同驾驶员驾驶飞机不看窗外情况一样。期权定价模型类似于提供信息的仪表，它们不应该完全替代观察窗外的环境。无论期权定价模型多么完美，进行期权交易时都应当看“窗外”。因此，即便按模型计算了理论价格，也要根据市场价格情况来考虑真正的出价。然后，理论确实为我们提供了一个识别明显差异和利用这些差异的框架。

2. 影响期权定价的因素分析

权利金由内涵价值和时间价值决定。权利金 = 内涵价值 + 时间价值。

影响期权定价的 5 个因素中，执行价格与期货价格的关系决定内涵价值，而时间价值顾名思义就是到期日之前剩余时间所具有的价值。这个时间价值又由两个因素决定：

（1）剩余时间。权利金随剩余时间的减少而快速递减，尤其在最后两周，时间价值递减更快，所以期权交易中存在：明明看对方向（比如涨）也做对部位（比如买进看涨期权），但是却无法赚到钱，甚至赔钱（期货上涨幅度小，时间一天天过去，价值损失）！时间价值递减规律如图 6.11 所示。

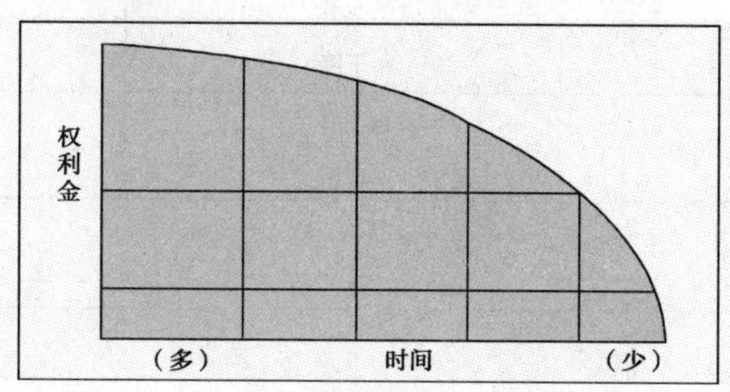

图 6.11　时间价值递减图

从图 6.11 中可以看出，离到期日越近，权利金中的时间价值递减越快。这种时间的消逝对买方不利，对卖方有利。如下所示：

选择权卖方的优势：

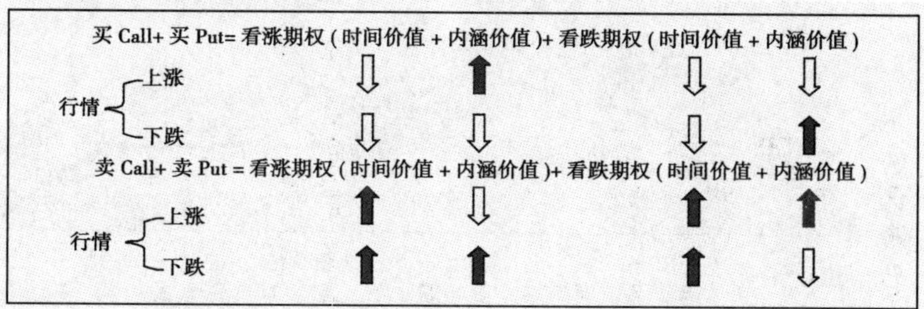

时间价值不管是看涨期权或看跌期权，都是对卖方有利的，而内涵价值对买方有利，从上述分析可以看出卖方胜算为：3∶1。

做期权与期货一样要重视方向判断，尤其是卖方方向正确几乎可以说是获利几率相当高。但是买方就不一样了，他必须方向正确，同时还要有速度感。在韩国和中国台湾，期权刚上市时，有部分投资者利用赌博心态，说是以小搏大、强调风险低获利高，因此盲目大量使用买进看涨期权或买进看跌期权，结果每次赔小钱是没有错，但是一赔就是 100%，而且是重复性的，导致交易者对期权丧失信心。这里关键就是不懂时间价值的损失。比如，期货价格为 1 770，买一个 WS705C1800，权利金为 30，而期货价格就是不怎么波动，即便上涨看对了方向，但波动幅度不大，这样时间价值就损失很快，离到期日越近越是如此（参见第五章表 5.14）。

（2）波动率。到期日价值即便一天天减少，但是只要期货价格波动率高，则时间价值也一样会提高。图 6.12、表 6.12 显示看涨期权的权利金随期货价格的涨（跌）而涨（跌），但时间价值并未完全如此。时间价值没有因为时间减少而每天减少，这就是背后有波动率在起作用，但在到期日前，时间价值的确损失很快。

表 6.12

期权	波动率	权利金
看涨期权	上升 下降	上升 下降
看跌期权	上升 下降	上升 下降

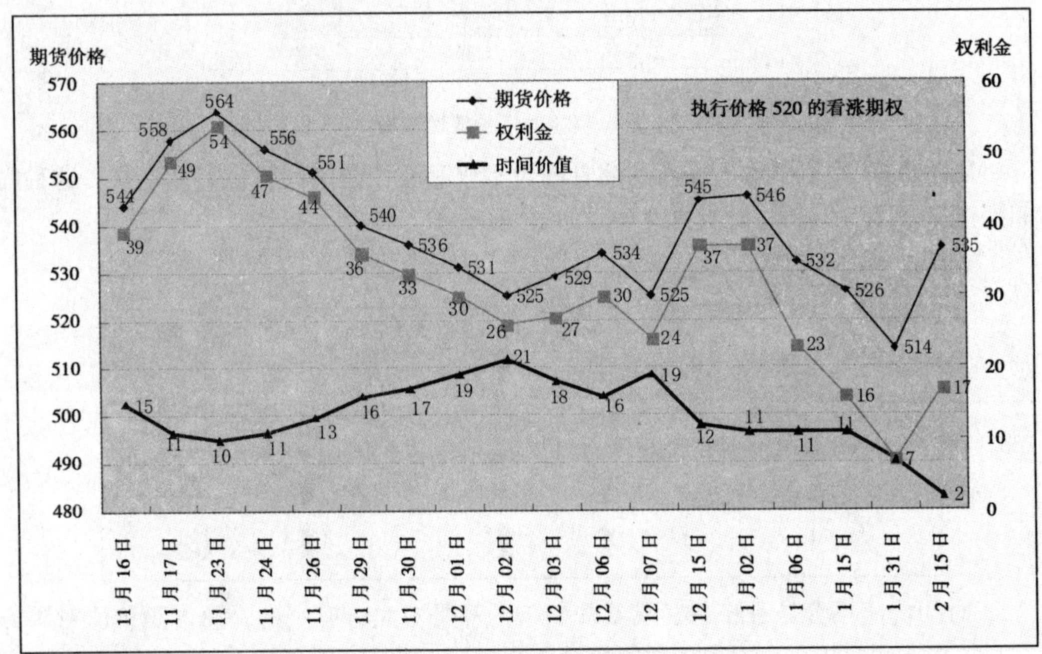

图 6.12 CBOT 3 月小麦期货价格与权利金变动对比图

总之，时间价值随时间的减少而递减的总趋势或总规律是不变的，这是做期权要牢记的！

二、隐含波动率

1. 波动率

波动率包括：未来价格波动率、历史价格波动率、预测价格波动率以及隐含价格波动率、季节价格波动率。

（1）未来价格波动率。每位交易者都希望知道未来的价格波动率，它将说明标的合约未来价格分布。就理论上来说，期权定价模型应该输入未来的价格波动率。如果交易者知道未来的价格波动率，他也知道未来价格的正确概率分配，通过定价模型就可以计算期权的正确理论价值（权利金）。在这种情况下，虽然可能因为短期的运气不佳而发生亏损，但就长期来说，交易者可以掌握胜算。但是，我们无法知道还没有发生的事件。

（2）历史价格波动率。虽然我们无法预知未来的事件，但如果希望运用理论定价模型，还是需要通过某种合理的方式猜测未来的价格波动率。期权就如同其他的领域一样，历史资料是一个很好的起点。标的合约在过去某段时间之内的价格波动率通常是多少？假定过去 10 年以来的价格波动率都是介于 10% 至 30% 之间，在这种情况下，将未来的价格波动率设定为 5% 或 40% 就不太合理。当然，“不合理”并不代表“不可能”（在期权的交易之中，不可能的事件迟早总是会发生），但根据过去的资料显示，如果没有特殊的缘故，将价格波动率设定在 10% 与 30% 的极限之内应该比较合理。虽然 10% ~30% 是一个很宽的区间，但这至少是一个起点。通过其他的资料，可以把这个区间缩小。

请注意，历史价格波动率的计算方法有很多种，但大部分的方法都取决于两个参数：计算价格波动率的整体历史期间与每个价格变动的涵盖期间。

$$\sqrt{\frac{\sum(R_t - \bar{R}_t)^2}{N-1} \times 365}$$

一般为 250 天或 365 天

$$R_t：报酬率 = \ln\left(\frac{S_t}{S_{t-1}}\right)$$

从统计的估计角度看，历史数据越多，对波动率的波动性质的估计就越准确。但是所用历史数据越多，意味着我们要用到过去更长时间的数据来估计未来的波动率，而越是更早的数据与未来就越不相干。所以我们要在尽量多地利用历史数据和这些数据的有效性之间取得一个平衡。经验上一般采用与所考虑的期权的生命期长短相仿的过去时间段上的数据。整体历史期间可以是 10 天、20 天、30 天、1 个月、6 个月、1 年或交易者所希望考虑的任何期间。较长的期间通常比较能够反映价格波动率的平均或典型性质，较短的期间比较会受到极端情况的影响。为了充分了解某个合约的价格波动率性质，交易者往往需要考虑许多不同期间长度的历史资料。图 6.13 为 CBOT 的小麦历史波动率，这些为小麦期权交易者提供了很好的参考。当然，更详细的数据您可以到 CBOT 的网站下载。

图 6.13 上线、中线、下线分别代表 1980 年 1 月至 2005 年年均最高波动率线、平均波动率线、最低波动率线。

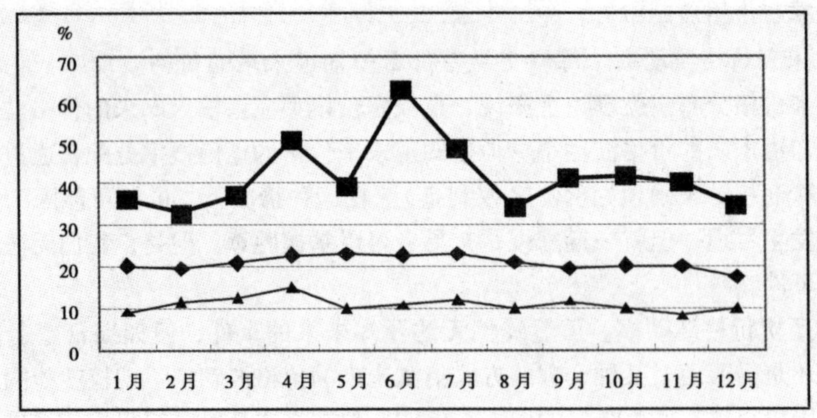

图 6.13　CBOT 小麦历史价格波动率

图 6.14、图 6.15 列示了 CBOT 大豆波动率的历史情况。

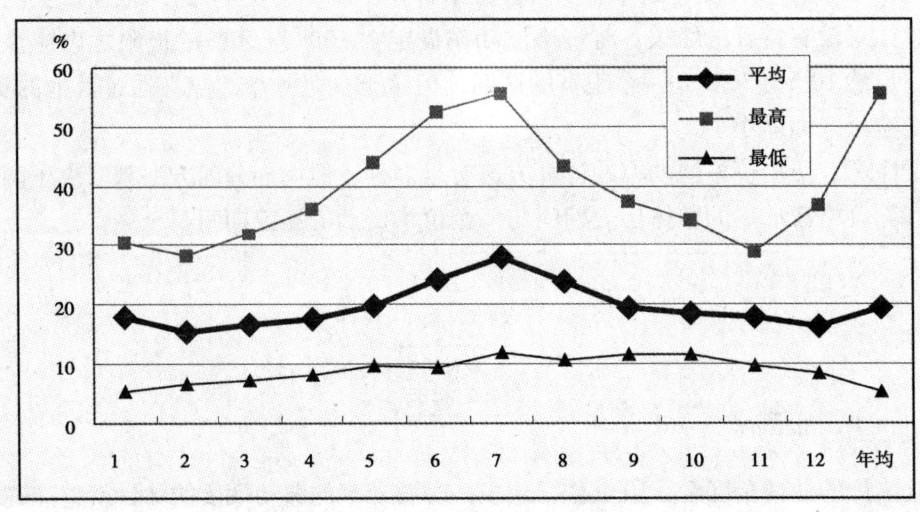

图 6.14　CBOT 大豆历史价格波动率

从图 6.13、图 6.14、图 6.15 我们可以看出，期权历史波动率有一个平均值，历史波动率总是围绕一个平均值上下波动的。当波动率越来越远离平均值时，就有回归均值的趋向，并且离开越远，回归的速度越快，这与期货价格的波动不同。期货价格在一定时期内，可能会单向不断向上或向下走，创出“历史高点”或“历史低点”。因此，参考历史波动率，给投资者预测未来波动率提供了极大的方便。历史波动率虽然不能精确地确定未来波动率，但是至少为我们提供了一个范围。

交易者必须决定每个价格变动所涵盖的期间长度。究竟应该用每天的价格变动，每周的价格变动，每一个月的价格变动，还是采用不寻常的期间，例如，根据每两天或每 1.5 周的资料计算价格变动。某个合约的每天收盘价可能出现重大波动，但一周

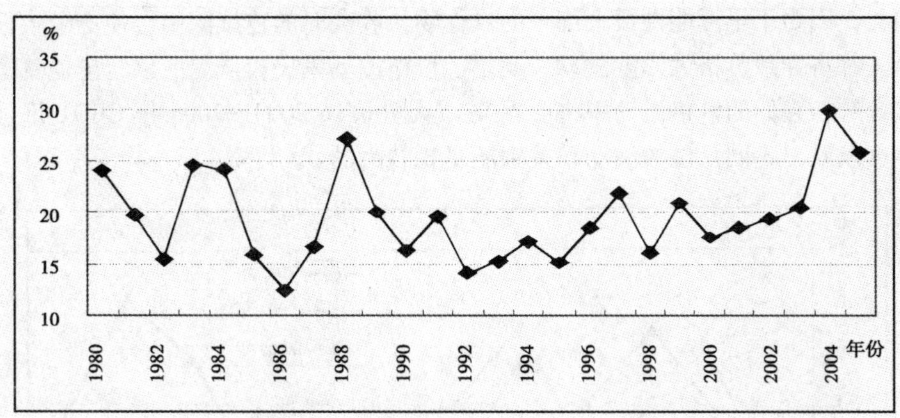

图 6.15 1980－2005 年 CBOT 大豆年均波动率

结束之后，价格却没有明显的变化。这种可能性当然存在，但发生的可能性毕竟不高。一般来说，如果某个合约根据每天价格变动计算的波动率偏高，则根据每周或每个月收盘价变动计算的波动率也应该很高。

（3）预测价格波动率。许多信息公司会对未来的价格发展方向进行预测。同理，也有一些信息公司尝试预测未来的价格波动率。这类的预测可能涵盖任何的期间，但涵盖期间通常都是期权的剩余合约期间。如果期权是每 3 个月到期一次，信息公司将预测未来 3 个月、6 个月与 9 个月的价格波动率。如果期权是每 1 个月到期一次，信息公司将预测未来 1 个月、2 个月与 3 个月的价格波动率。由于期权是一种相对新颖的产品，价格波动率的预测技巧很不成熟，最多算得上是一种不精确的科学，虽说如此，但如果交易者希望猜测未来的价格波动率，还是可以参考这方面的资料。

（4）隐含价格波动率。不论是未来、历史或预测的价格波动率，它们都是代表标的合约而言。可是，我们也可以由期权本身——不是标的物合约的角度解释价格波动率。期权定价模型中的期货价格、执行价格、剩余时间和利率都是可以确定的，要知道市场上别人的报价或市场成交价使用了什么波动率，只需要把市场价格输入模型，就可以倒推波动率，这个波动率就是隐含波动率。也就是说，市场上成交的价格所反映的内在波动率或隐含在市场价格中的波动率就是隐含波动率。一旦您在期权交易中输入了价格，就决定了您心中的波动率，一旦成交反映的就是隐含波动率。因为我们是先观察市场价格，再回测交易者心中的标的物波动率，所以这个隐含在权利金中的波动率，即称为隐含波动率。抓住隐含波动率便盯住了期权价格。隐含波动率的变动对于研判市场多空变化相当有帮助。一般投资者以隐含波动率的过高或过低评判权利金的高估或低估。不过，必须注意的是，隐含波动率不代表任何多空变化的意义，而且它必须与期货价格的涨跌一起观察和比较，才具有方向感。

（5）季节性价格波动率。商品交易者还必须处理另一种价格波动率。某些农产品的价格波动对季节性的气候因素非常敏感，例如，小麦、玉米、黄豆。夏季的月份尤其如此，因为干旱可能摧毁大部分的农作物，收获时的连续阴雨会使产量较低或质量下降，都将导致价格大幅度波动。反之，价格波动率比较低。所以，涵盖夏季月份的期权合约，它们的价格波动率将会提高。从图 6.16 2003—2005 年 CBOT 每月的波动率中可以看出不同月份的波动率差别还是比较大的。

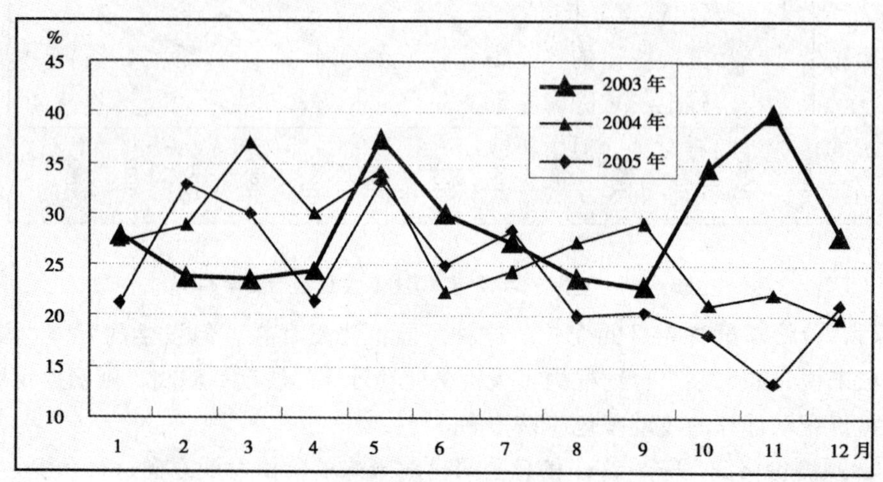

图 6.16　2003—2005 年 CBOT 小麦价格月波动率图

由于价格波动率非常重要，态度严肃的期权交易者都会花费大量的时间与精力在这个方面。利用历史与隐含价格波动率，以及农产品的季节价格波动率等资料，交易者试图判断未来的价格波动率，然后，拟定期权策略。当他判断正确时可以获利，万一判断错误也不致于造成严重的损失。同时，因为价格波动率的预测相当的困难，交易的策略必须留下足够的安全余地。假定交易者预测的价格波动率是 15%，如果实际的数据是 16%，则不应该因为高出 1 个百分点而考虑对应策略。就价格波动性的善变性来说，1 个百分点的安全余地等于没有安全余地。

虽然期权交易者所谈论的价格波动率有 5 种不同的类型，但其中最重要的两种是未来价格波动率与隐含价格波动率。标的合约的未来价格波动率将决定其期权的价值，隐含价格波动率是反映期权的价格。任何的交易者都关心价值与价格，而不仅仅是期权的交易者。如果某种合约的价值偏高而价格偏低，交易者希望成为买方。反之，如果某种合约的价值偏低而价格偏高，交易者希望成为卖方。

2. 隐含波动率的特性

隐含波动率与真实波动率是亦步亦趋的。隐含波动率越高，真实波动率也会较高；隐含波动率低，真实波动率也会较低。

从期权交易实践看，隐含波动率平均来说比真实波动率高。这个现象也代表期权的价值是高估的，在期权市场对卖方长期而言是比较占优势的。波动率越高，期权执行的机会越多，期权的价格即权利金势必因此越高。

隐含波动率越高，权利金越高。以平值期权来说，隐含波动率每上升10%，权利金就会跟着上涨1倍；到了虚值三档左右，隐含波动率只要上升5%，权利金就会上涨1倍。隐含波动率越低，则表示市场对未来的看法趋向保守，波动性不大的几率越高。

隐含波动率波动方向与标的物价格波动方向会不一致。隐含波动率常常令投资者捉摸不定。标的物价格上涨，隐含波动率下降；标的物价格下跌，隐含波动率上涨。有时卖出期权的方向看对了，但由于波动率狂升也令投资者无法获利。有时，买入跨式期权赌行情大幅波动，但由于隐含波动率降低而令投资者无法享受标的物价格波动带来的获利。

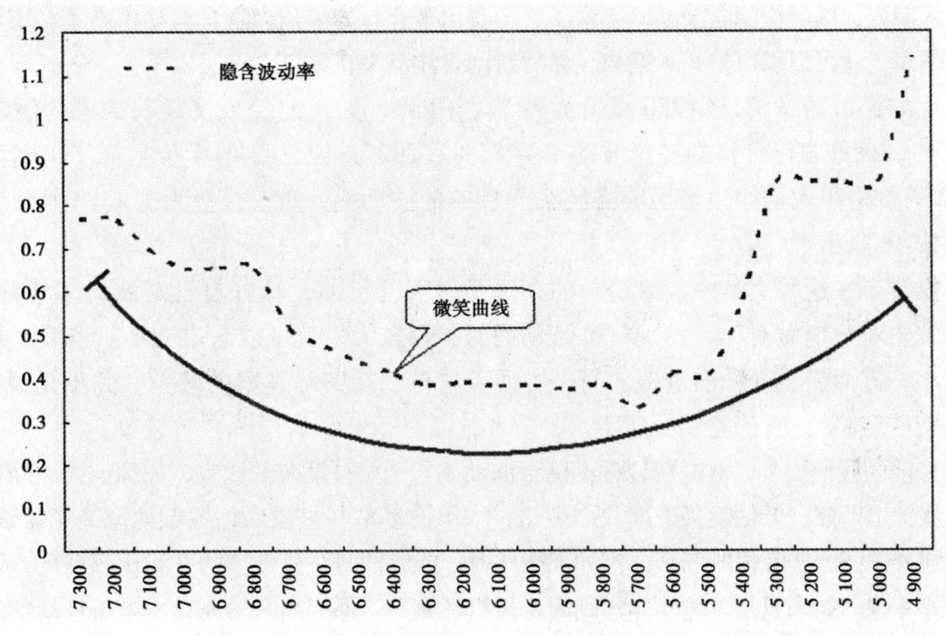

图 6.17 微笑曲线图

不同执行价格的隐含波动率呈“微笑”曲线。图 6.17 中是同一月份不同执行价格由高到低的看涨期权隐含波动率。按照理论上说，同一月份的历史波动率或未来波动率只能有一个，也就是不同执行价格的波动率应该相同，但是，实践中却有差别。微笑曲度越大，就表示平值执行价格的权利金被低估许多。

隐含波动率可以作为交易策略运用的依据。如果隐含波动率相对低于预期的未来价格波动率，交易者可以买进期权；如果隐含波动率相对高于预期的未来价格波动率，交易者可以卖出期权。当然，未来价格波动率永远都是未知数，我们仅能够根据历史来预测价格波动率与季节波动率。当标的物价格急跌时，会出现跌幅过大而反弹的走势，这时的最佳策略就是卖出看跌期权。因为标的物价格急跌的时候，隐含波动率必定上升，权利金就相对较高，卖出看跌期权就相对较高，卖出期权也因此获得较高的权利金。另外，行情急跌后必有反弹，标的物价格上涨隐含波动率势必因此下降，提前卖出也是相对有利的。标的物反弹，看跌期权权利金下跌，卖方可以说是标的物和隐含波动率双赢的赢家。

3. 隐含波动率的使用

（1）隐含波动率交易。期权交易，一方面要根据波动率计算理论的权利金，然后根据市场价格作出买卖与否的决策，另一方面也可以根据市场上反映的隐含波动率，与自己计算的历史波动率以及预测波动率相对比，如果认为隐含波动率低了，就可以以市价买入期权，然后待隐含波动率正常了，再卖出平仓；如果认为隐含波动率高了，市场价被高估了，就可以以市价买入期权，然后待隐含波动率正常了，再买入平仓。

比如：市场 WS711C1780 报价为买 30、卖 32，如果此价成交反映的隐含波动率为 10%，而您自己计算的理论波动率为 15%，那就是说，32 的卖价是低了，则可以以 32 的价格买入。如果市场价格反映了 15% 的波动率，盘上报价为买 48、卖 50，则可以按 48 卖出平仓。

投资者在这种交易中，最简单的办法是每天开市前，算好自己对波动率的看法，然后拿实时行情做对比，发现与自己预测的差别较大，就可以入市交易。当然，差别的大小一方面要看品种的价值，另一方面要看自己在实际观察的感觉。并不是说 2% 的差别一定小，4% 的差别一定大。

在前面我们提到，有时可以根据隐含波动率与历史波动率的比较，如果认为波动率被高估就卖出期权、低估就买进期权，但是，如果波动率一直被高估或低估您又能赚钱吗？所谓强者恒强、弱者恒弱怎么办？如果操作时，能够同时买进低估的并卖出高估的，则效果会好一些。如果只是单边操作，则属于投机性交易，那么当时的波动率是否被高估或低估就是一个很大的问题。所以，单向买卖还是有争议的，请大家在操作时注意。

（2）隐含波动率与行情预测。隐含波动率只代表市场认为的波动幅度，必须结合期货价格的波动方向使用，才能更完整地呈现市场波动的真正意图与方向。表 6.13 可以为投资者提供很好的参考。以此了解市场走向，对持有大部位的交易者非常重要。

表 6.13　　隐含波动率变化与期货价格走势对照表

期货	看涨期权隐含波动率	看跌期权隐含波动率	未来走势
上升	上升	上升	未来走势波动大，当时走强则强，走弱则弱
上升	上升	下降	多方推动上涨行情，空方认赔出场当中
上升	下降	下降	市场认为多头过热

续表

期货	看涨期权隐含波动率	看跌期权隐含波动率	未来走势
上升	下降	上升	空方认为多头即将结束
盘整	上升	上升	多空激战，容易出现大行情
盘整	上升	下降	市场追高意愿强烈，认同偏多格局的空方者众
盘整	下降	下降	多空双方退场，观望者众
盘整	下降	上升	市场杀低意愿强烈，认同偏空格局的多方者众
下降	上升	上升	市场认为空头过热
下降	上升	下降	多方认为空头即将结束
下降	下降	下降	未来波动小，常出现在盘整或盘弱格局中
下降	下降	上升	空方推动下跌行情，多方认赔出场当中

看涨期权隐含波动率表示市场多头对于未来波动幅度的期待心理，看跌期权隐含波动率表示市场空头杀低意愿的高低。

（3）隐含波动率与部位建立。在第三章我们介绍的建立起始部位也可以考虑隐含波动率的使用，如表 6. 14 所示。

表 6. 14　　建立起始部位建议表

	偏多格局 ↑	偏空格局 ↓	盘整格局 →
波动率上升 ↑	买进看涨期权	买进看跌期权	多头跨式策略 多头宽跨式策略
波动率下降 ↓	卖出看跌期权	卖出看涨期权	空头跨式策略 空头宽跨式策略
波动率盘整 →	做多期货	做空期货	合成部位

那么如何判断目前的格局是偏多还是偏空呢？请参考表 6. 15 给出的建议。

表 6. 15　　期货与期权市场格局分析

价格	空盘量	成交量	原因	趋势
上升	上升	上升	新多单进场	多方主导
上升	上升	下降	新多单进场	多方优势
上升	下降	下降	空单平仓出场	空方观望
上升	下降	上升	空单平仓出场	空方弃守
盘整	上升	上升	多空交战激烈	多空同步扩张

续表

价格	空盘量	成交量	原因	趋势
盘整	上升	下降	多空同步进场	多空势均力敌
盘整	下降	下降	多空静待变化	多空观望为主
盘整	下降	上升	多空持续出场	多空加速离场
下降	上升	上升	新空单进场	空方主导
下降	上升	下降	新空单进场	空方优势
下降	下降	下降	多单平仓出场	多方观望
下降	下降	上升	多单平仓出场	多方弃守

表中“价格”既可以是期货价格，也可以是期权价格。

下面稍做解释，其他内容请投资者自酌。

多方主导：这种情况与多方优势只差一个成交量的增加或减少，会使得多方具备主导权的情况，涨价是绝对必要的，但空盘量代表一多一空的总量，但在同量的多空情况下，价格能上涨，空盘量增加就显示多方进场意愿速度比空方进场速度强许多，因此才让多方有主导权。

多方优势：价格持续上涨过程中，空盘量持续增加，显示多方具有一定优势，才能让价格持续上涨，此时成交量并未持续增加，显示后续的拉升力量受到阻碍，市场格局就只是多方优势状态。

空方观望：这种情况与空方弃守差别在于成交量减少，空方交易意愿也是与多方相关联的，因为成交量没有明显增加，反而是减少，显示空方的速度没有过度，在没有过度出场情况下，就以空方观望思考。

空方弃守：价格上涨过程中，空盘量减少，显示多空都有出场现象，但因为价涨，显示空方出场意愿高于多方出场意愿。当然，速度上也是空方出场速度大于多方出场速度，同时成交量增加，也代表这个速度是在加速当中，因此以空方弃守思考。

三、多空心态分析——PCR

PCR 是 Put/Call Ratio 的简写。Put 被列在分子，而 Call 被列在分母，可见这个比率越小，表示偏空思考的交易者正在减少当中；相对的，这个比率越高，表示偏空的交易者正在逐渐增加。但是 Put 包括偏向大跌的 Buy Put 和偏向小涨的 Sell Put 两部分力量。另一个 Call 也是一样，有偏向大涨的 Buy Call 和偏向小跌 Sell Call 两种力量。这里需要说明的是 Sell Put 和 Sell Call 都是针对市场没有方向看法的交易者（认为行情不会有大波动），故在考虑多空净部位时大可忽视卖方的存在。

在美国期权市场，又把 PCR 分为成交量之比和持仓量之比两种。

成交量 PCR——Put 的成交量除以 Call 的成交量。比例越大，表示 Put 的交易量较 Call 的交易量活跃，市场偏空的气氛越浓；反之亦然。但要注意其趋势性。

但是，交易量大或者说比例大是否就代表价格下跌呢？在股票市场交易量大小与股票价格涨跌可能关系较大，但期货和期权没有股票的发行量限制，交易量有放大效应，像韩国期权一天的成交量达到 1 000 万手以上。从国外市场来看，成交量比率不具备计算涨跌的依据，比如中国台湾期权交易量有一半是做市商完成的，而做市商是中性策略。因此，分析成交量 PCR 意义不大，也只能解释为多空心态。

如果说期货价格上涨的过程中，交易量 PCR 也跟着提高，则说明上涨过程中做空的人增加。

如果说期货价格下跌的过程中，交易量 PCR 也跟着下降，则说明下跌过程中做空的人减少。

所以，也有人把交易量 PCR 说成是一种反向指标（见图 6.18），但请投资者在交易时连续观察，看是否符合自己所交易的市场。

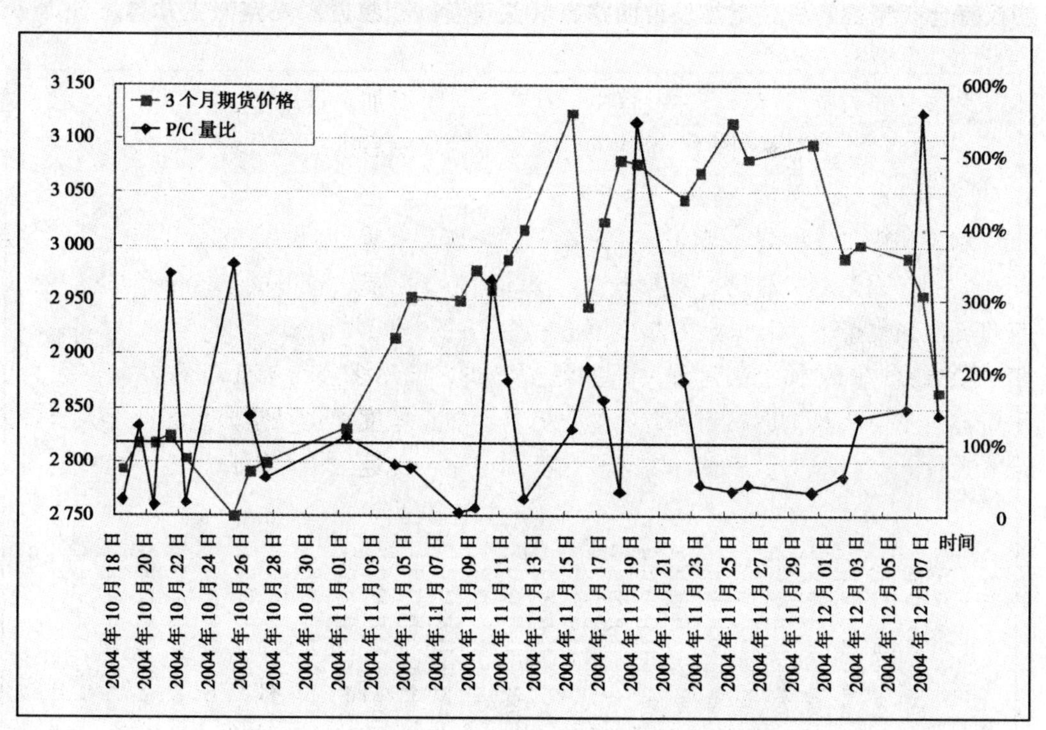

图 6.18 LME 铜期货价格与交易量 PCR 走势对比图

持仓量 PCR——Put 的持仓量除以 Call 的持仓量。比例越大，表示 Put 的持仓量较 Call 的持仓量大，也代表市场偏空的气氛越浓；反之亦然。但要注意其趋势性。

Put 的部分是把同一月份所有执行价格的看跌期权持仓量相加，Call 的部分是把同一月份所有执行价格的看涨期权持仓量相加，之后将两个量相除得到持仓量比率。也就是做空部位与做多部位的比值，即做空者与做多者的比率。如果说，比率为 321%，则表示市场上有 1 手的期权多单，就有 3.21 手的空单。

虽然看涨期权与看跌期权是两个不能互相作为平仓对象的市场，但却是两个关系相当密切的交易空间，它们交易的标的都是同一品种的期货，因此有极高的相关性。但是，从中国台湾 2000 年 12 月 24 日期权上市以来，持仓量 PCR 与台指走势大体一致，台指价格上涨，PCR 也跟着提高，说明中国台湾市场的一般交易者，并没有明确的顺势操作，而是在台指上涨过程中，PCR 增加，表示散户逢高放空的操作；当台指下跌时，散户却又喜欢按逢低吸纳的方式操作，这可能是受到期权买方风险有限的影响。国内期权上市后，会如何呢？请大家多关注。

从中国台湾和韩国等市场来看，持仓量 PCR 与标的物价格走势有一致趋势。标的物价格越涨，比率越高；标的物价格越跌，比率越低（见图 6.19）。这似乎与多空双方的力道不符，但道理如前所述，可能主要是散户行为，这是否也能说明，为什么国际市场上买方亏钱的比较多，而卖方赚钱的几率很高。期货价格一路上涨，而看跌期权持仓（空方）一路增加，说明空方（买进看跌期权方）一路做错方向。

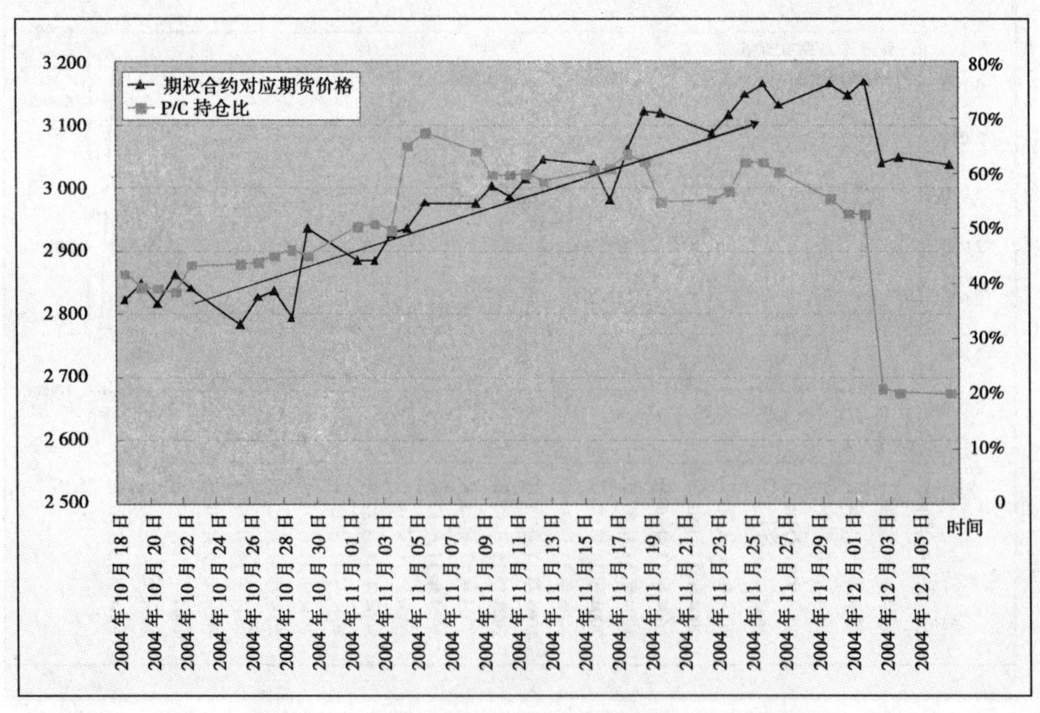

图 6.19 LME 铜期货价格与持仓量 PCR 走势对比图

从图 6.20 上我们可以看到，持仓量 PCR 是小于 70% 的，这就是说看涨期权的持仓比看跌期权的持仓多，而在到期日一段时间期货价格是下跌的，而看涨期权的持仓一直比看跌期权的多，这说明看涨期权的多头是亏损的。LME 铜的情况也是如此。另外，从铜和卖的持仓看，PCR 都是小于 1，这说明看涨期权持仓比看跌期权多。

因此，在国内期权上市初期，也要多关注我们的市场情况，看看空头的风险是否真比多头大。

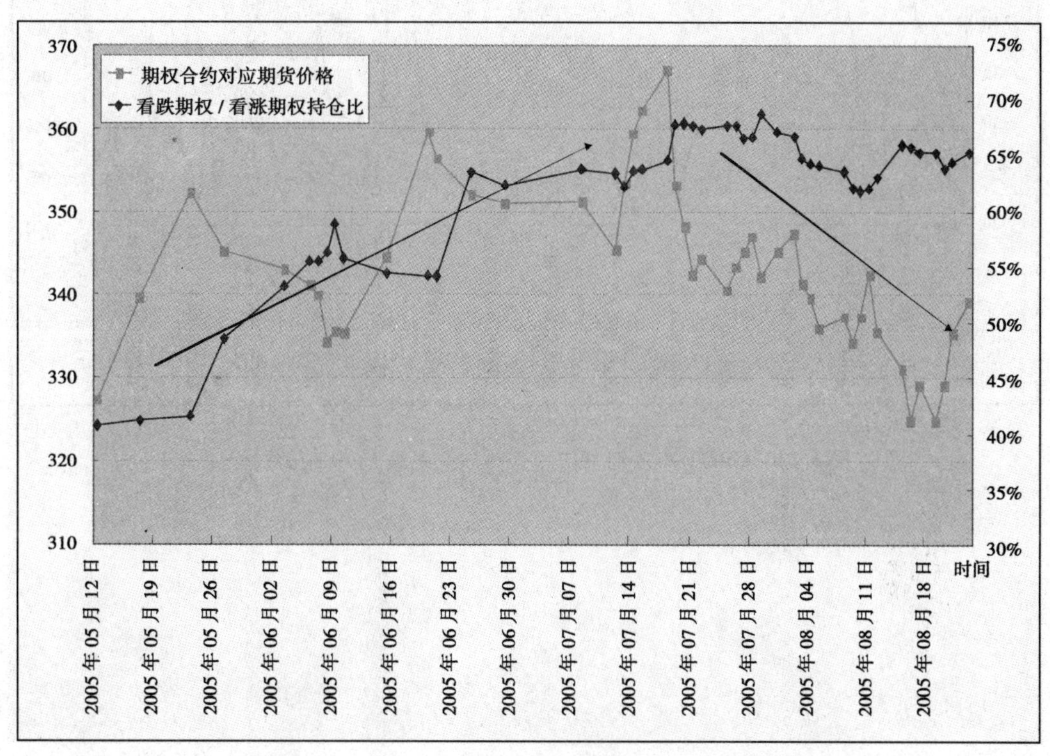

图 6.20　CBOT 小麦期货价格走势与持仓量 PCR 走势对比图

图 6.19、图 6.20 显示，看涨期权持仓量比看跌期权大，而图 6.18、图 6.21 又显示，看跌期权的交易量大部分情况又比看涨期权多（PCR 大于 1），这又是为什么？请大家在实践中品味。

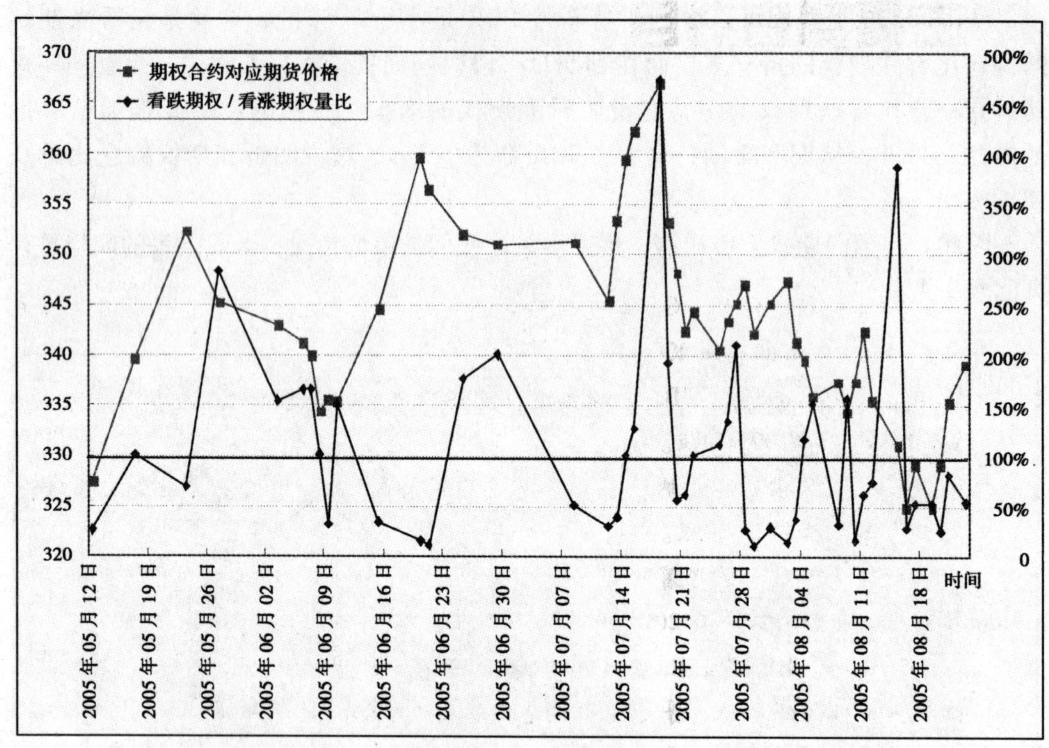

图 6.21　CBOT 小麦期货价格走势与交易量 PCR 走势对比图

主要参考书目

1.【美】劳伦斯·G. 麦克米伦著，郑学勤、朱玉辰译：《麦克米勒谈期权》，机械工业出版社 2008 年版。

2.【美】杰姆斯·B. 比德曼著，陈建瑜等译：《股票期权交易》，中国财政经济出版社 2008 年版。

3.【美】卡利·加纳，保罗·布里廷著，赵蓉译：《商品期权》，中国财政经济出版社 2011 年版。

4.【美】盖·柯恩著，李荣祥、刘世平译：《选择权易利通》，台湾培生教育出版股份有限公司 2005 年版。

5.【美】RUSELL R. WASENDORF 等著：《选择权学习百科》，台湾寰宇证券投资顾问公司译、普贤王印刷有限公司 1998 年版。

6.【中国台湾】秦华成著：《前进选择权实战 30 招》，普林特斯咨询有限公司 2007 年版。

7.【中国台湾】李先明著：《台指选择权绝技 1 之多头黄金战术》，普林特斯咨询有限公司 2006 年版。

8.【中国台湾】李先明著：《台指选择权绝技 2 之反市场操作》，普林特斯咨询有限公司 2006 年版。

9.【中国台湾】黄怡中著：《交易选择权》，环宇出版有限公司 2005 年版。

10.【中国台湾】郑澜著：《期权必胜实战》，普林特斯咨询有限公司 2005 年版。

11.【中国台湾】刘建忠著：《选择权 36 招式》，众财咨询股份有限公司 2008 年版。

12.【中国台湾】林仓祥等著：《期货选择权与其他衍生性产品》，群正有限公司 2006 年版。

13.【中国台湾】范任钧著：《第一次操作选择权》，雅书堂文化事业有限公司 2008 年版。

图书在版编目（CIP）数据

期权操作/魏振祥，左宏亮著．—北京：中国财政经济出版社，2012.4
ISBN 978－7－5095－3435－9

Ⅰ.①期…　Ⅱ.①魏…②左…　Ⅲ.①期权交易　Ⅳ.①F830.91

中国版本图书馆 CIP 数据核字（2012）第 032915 号

责任编辑：樊　闽　　　　责任校对：李　丽
封面设计：汪俊宇　　　　版式设计：兰　波

中国财政经济出版社 出版

URL：http：//www.cfeph.cn

E－mail：cfeph@cfeph.cn

社址：北京市海淀区阜成路甲 28 号　邮政编码：100142

营销中心电话：88190406　北京财经书店电话：64033436　84041336

北京中兴印刷有限公司印刷　各地新华书店经销

787×1092 毫米　16 开　18.5 印张　370 000 字

2012 年 4 月第 1 版　2013 年 12 月北京第 2 次印刷

定价：50.00 元

ISBN 978－7－5095－3435－9/F·2907

（图书出现印装问题，本社负责调换）

本社质量投诉电话：010－88190744

反盗版举报热线：88190492　88190446